거룩과 순종으로 걷는 광야 여정

한국성서학연구소는 종교개혁의 신학 전통을 이어받아 다양한 성서해석 때문에 갈등을 겪는 한국 교회를 하나님의 말씀 위에 바로 세우기 위하여 일하고 있습니다.한국교회가 안고 있는 현실 문제에 대한 성서적이고 올바른 신학적 해석을 제시함으로써 이 땅의 문화가 그리스도의 이름 아래 세워질 때까지 이 일을 계속해 나가겠습니다.

구약학자의 민수기 설교
거룩과 순종으로 걷는 광야 여정

초판 1쇄 발행 2024년 12월 30일
지은이 윤동녕 외 17명
펴낸이 김지철
펴낸곳 도서출판 한국성서학
등록 제2022-000036호 (1991.12.21.)
주소 서울 광진구 광장로5길 25(광장동), 2층
전화 02-6398-3927
이메일 bibleforum@bibleforum.org
홈페이지 http://www.bibleforum.org
총판 비전북(전화 031-907-3927 / 팩스 031-905-3927)
인쇄·제본 성광인쇄

값 25,000원

ISBN 979-11-91619-26-3 03230

구약학자의 민수기 설교

거룩과 순종으로 걷는 광야 여정

The Book of Numbers

윤동녕 배정훈 김정훈 강성열 방기민 최현준
김선종 이은우 양인철 하경택 김태훈 조용현
서재덕 허신욱 김회권 오택현 이미숙 이 삭

한국성서학연구소
KOREA INSTITUTE OF BIBLICAL STUDIES

머리글

민수기 설교집은 통합구약학회 회원들의 학문적 성찰을 영적으로 승화시켜 설교로 녹여낸 노작[勞作] 입니다. 통합구약학회는 대한예수교장로회 통합 소속 신학교를 졸업하고 교단 신학교나 일반 대학교에서 가르치시거나 교회 현장에서 목회하시는 구약학 박사 학위자들의 모임입니다. 이 모임은 장로회신학대학교 원로교수이신 강사문 교수님의 후원으로 시작되었으며, 박동현 교수님[장신대]이 첫 번째 회장을 맡으신 후, 정중호 교수님[계명대], 김태훈 교수님[한일장신대], 강성열 교수님[호신대], 천사무엘 교수님[한남대], 배정훈 교수님[장신대]께서 2년 임기의 회장직을 승계하며 현재까지 이어지고 있습니다.

통합구약학회는 구약 연구를 통해 교회와 목회 현장을 섬길 수 있는 방안을 늘 생각해 왔습니다. 그래서 목회자들이 설교하기 어려운 성경과 본문을 선택하여 구약학자의 설교라는 제목의 시리즈로 설교집을 출간하여 왔습니다. 현재까지 우리 회원들은 소예언서, 종교개혁, 시편, 잠언, 스가랴서의 본문을 선택해 『구약학자들의 소예언서 설교』[2016], 『구약성경, 개혁의 교과서』[2017], 『구약학자들의 시편 설교』[2018], 『구약학자들의 잠언 설교』[2019], 『네 왕이 내게 임하시나니』[2023]를 출간하여 목회자들의 설교에 도움을 주고자 하였습니다.

이번에 선택한 민수기도 설교하기 쉽지 않은 책입니다. 민수기는 광야의 책으로 알려져 있습니다. 광야는 예측할 수 없는 장소입니다. 갑작스러운 기상변화와 예상치 않은 돌발 사태는 지형을 바꾸고 여정을 뒤죽박죽으로 만듭니다. 광야의 책으로서 민수기의 구조도 이와 비슷합니다. 인구조사 뒤에 율법이 등장하고, 여행기 대신에 갑자기 반역 이야기가 전개되는 등 일관성이 없어 보일 때가 있습니다. 이처럼 민수기가 광야의 예측 불가능한 상황을 다양한 방법으로 기술하고 있기에 설교하기가 까다롭습니다. 전통적으로 구약학자들은 역사비평 같은 다양한 성서 비평 방법론을 동원하여 민수기를 해석하려고 하였습니다. 하지만 우리 통합구약학회 회원들은 학문적인 논쟁을 피하고 강단에 초점을 두며 목회자들이 민수기를 어떻게 설교해야 하는지를 연구하였습니다. 그래서 개신교 전통, 특히 장로교 전통 안에서 교회를 위한 민수기 해석의 모범적인 길을 제시하려고 노력하였습니다. 하나님의 말씀인 신구약의 통일성을 염두에 두고, 민수기에 등장하는 다양한 메시지를 잘 전할 수 있도록 준비하였습니다.

민수기 설교집 발간을 위하여 필진으로 참여해 주신 모든 교수님들과 목사님들에게 감사를 드립니다. 그리고 책의 기획과 편집을 위해 수고해 주신 통합구약학회 전임회장이자 한국성서학연구소 소장이신 배정훈 교수님과 출판을 위해 도와주신 한국성서학연구소의 김도현 목사님과 박도준 전도사님께 감사드립니다. 아울러 통합구약학회의 임원으로 섬기고 계신 양인철 교수님[총무], 방기민 교수님[서기], 이미숙 교수님[회계]에게도 감사드립니다.

2024년 11월 경안골에서

통합구약학회 회장 윤동녕

차례

민수기 개관 1

민수기를 어떻게 설교할 것인가?

배정훈
장로회신학대학교

민수기를 어떻게 설교할 것인가? 이것은 설교자들의 큰 고민이다. 오경 중의 한 책이기에 중요하다는 것은 알지만, 사실상 민수기 전체인 36장을 설교하는 것은 난감한 일이다. 그나마 우리에게 익숙한 이스라엘 백성의 실패 이야기13-14장나 모세의 실패20장 등은 자신 있는데, 제사장 문헌에 해당하는 제사법, 제사장과 레위인의 직책 등은 낯설다. 이야기와 제사법이 반복되는 민수기에서 제사법을 다루지 못한다면 민수기 전체를 설교하기는 힘들 것이다. 칭의에 익숙한 개신교 목회자라면 더욱이 유대교 율법주의를 연상하는 제사장 본문들이 쉽지 않을 것이다. 그런데 이러한 제사법은 지루하고 단조로운 제사법이라고 제쳐둘 것이 아니다. 오히려 제사법은 출애굽의 여정 가운데 상황에 따라 거룩한 하나님과 동행하기 위하여 주어진 것이다. 그러므로 민수기에서 중요한 것은 이스라엘 백성의 반역 이야기만이 아니라, 하나님과의 거룩한 동행을 강조하는 제사장 문헌들을 어떻게 다루는가이다. 그렇기에 민수기 본문 전체를 조화롭게 설교할 방법을 생각해 보기로 하자.

민수기 연구 방법

민수기는 오경의 네 번째 책이다. 칠십인역은 이 책을 '아리스모이' *arithmoi*, 즉 "민수기"로 부르며, 히브리어 마소라 본문[MT]은 이 책을 '베미드바르' *be-midbar*, 즉 "광야에서"라고 부른다. 개역한글성경은 칠십인역을 따라 "민수기"라고 부르면서 인구조사[1장과 26장]를 강조하고, 히브리어 성경에서는 "광야에서"라는 이름을 통해 이 책에 담긴 내용들이 광야에서 일어난 사건임을 강조한다.

민수기에 관한 연구는 두 가지 형태로 나타난다. 첫째는, 통시적인 방법으로서 민수기 본문을 오랜 기간의 편집 과정을 통해 이루어진 것으로 보는 견해이다. 이러한 주장을 하는 학자들은 민수기가 주로 야웨-엘로힘[JE] 자료와 제사문서[P]로 이루어졌다고 본다. 이 방법의 장점은 본문이 형성되어 가는 과정에 나타난 공동체의 정체성과 소명을 보여준다는 것이다. 그러나 이 방법은 본문 형성에 대한 가설에 근거한 자의적인 해석과 최종 본문의 통일성을 경시할 위험이 있다. 둘째는, 공시적인 방법으로, 성서의 최종 본문의 권위를 인정하며, 본문의 통일성을 전제하는 연구이다. 이 경우, 본문의 통일성이란 처음부터 한 저자가 한 번에 썼다기보다는, 본문이 원저자와 후대의 제자들을 통하여 편집되었다 할지라도, 교회 공동체가 최종 본문을 정경으로 인정하는 전통을 따라 통일성을 고려하면서 본문을 읽는 것이다. 공시적인 방법의 장점은 최종 본문에 담긴 하나님의 계시를 파악할 수 있다는 것이며, 약점은 본문의 형성 과정에서 나타난 공동체의 역동성을 간과할 위험이 있다는 것이다. 이상적인 연구는 먼저 본문 통일성의 전제 아래 본문의 의미를 찾으면서, 추적할 수 있는 가능한 통시적인 연구 결과를 통하여 공동체의 역동성을 찾는 것이다. 이 연구는 주로 최종 본문의 권위 아래 통일성에 기초한 공시적 연구로 진행하되, 통시적인 연구의 통찰을 활용하는 것이다.

민수기의 중요한 주제

오경은 다음과 같은 흐름으로 이해할 수 있다.

A. 원역사 (창세기 1-11장)
B. 족장사 (창세기 12-50장)
C. 출애굽과 광야 여정 (출애굽기-민수기)
  1. 이스라엘의 구원 (출애굽기 1-18장)
  2. 시내 광야에서의 계시 (출애굽기 19장-레위기 27장)
    1) 시내산에서: 언약 체결과 성막의 완성 (출애굽기 19-40장)
    2) 회막에서: 제사와 윤리 (레위기 1-27장)
  3. 광야 여정: 시내 광야에서 모압 땅까지 (민수기 1-36장)
D. 모세의 고별설교: 가나안 땅을 바라보며 (신명기 1-34장)

오경을 전체적으로 보면 원역사[창 1-11장]와 족장사[창 12-50장]는 민족이 형성되기 이전이고, 신명기는 모세의 고별설교로서 새로운 세대가 가나안 땅에 들어가 어떻게 살아야 하는지를 보여준다. 이 사이에 있는 출애굽기, 레위기, 민수기는 애굽을 탈출하여 모압 땅에 이르는 연속적인 출애굽 세대의 이야기로서 출애굽과 광야 여정을 다룬다. 이스라엘 백성은 애굽에서 탈출하여[출 1-18장], 시내산에서 언약을 체결하고 성막을 완성하며[출 19-40장], 제사와 윤리에 관한 율법을 받는다[레 1-27장]. 민수기는 레위기와 신명기 사이에 있는 책으로 시내산을 출발하여 가나안 땅이 바라보이는 모압 땅에 이르기까지의 "광야 여정"을 보여주는 책이다.

민수기는 광야에서의 온갖 실패에도 불구하고 시내산을 떠나 약속의 땅인 가나안을 눈앞에 두기까지 하나님의 백성이 걸었던 광야 여정이다. 광야에서 이스라엘 백성을 향한 하나님의 계획이 인간의 반역으로 실패했지만, 약속은 폐기되지 않고 지연되었을 뿐이다. 민수기의 초점은 사랑함에도 불구하고 반역하여 탕자가 되어버린 당신의 백성을 향한 하나님의 마음에 있다. 이스라엘 백성들이 처음 출발할 때도 하나님은 당신의 백성을 향하여 기대하셨다. 출애굽 세대가 실패하여 가나안 땅에 들어가지 못한 이후에도 가나안 땅에 들어갈 새로운 세대를 향해 동일하게 기대하셨다. 그렇게 한결같이 이스라엘 백성을 향해 가지셨던 하나님의 기대는 바로 거룩과 순종이다. 하나님은 이스라엘을 당신의 백성으로 선택한 직후부터 언약의 수립[출 19-24장]과 갱신[출 32-34장]을 통하여 순종을 가르치시고, 성막의 건립[출 25-31장; 35-40장]과 제사법을 통하여 하나님과의 동행으로 이루어지는 거룩을 가르치신다. 즉, 이스라엘은 신앙공동체로 처음 시내산을 출발할 때부터, 긴 광야의 여정을 지나 가나안 땅에 이를 때까지 한결같이 순종과 거룩을 민족의 정체성으로 삼았다.

이러한 의미에서 민수기는 **"거룩과 순종으로 걷는 광야 여정"**이라고 볼 수 있다. 이러한 표제에 민수기가 담은 네 개의 주제는 **광야 여정, 거룩, 순종, 그리고 세대 교체**이다. 첫째로, 민수기는 광야 여정을 담고 있다. 이스라엘 백성은 애굽을 떠나 가나안을 향해 가는 도상의 존재로서, 하나님만 바라보고 하루하루를 살아가는 나그네 같은 존재이다. 가나안이 그들이 도달해야 할 목표이지만, 동시에 가나안에 이를 때까지 혹독한 광야 여정까지도 그들의 삶의 일부로 여겨야 한다. 광야는 장을 담그듯이 실패와 성공을 통해 하나님의 사람을 만들어 가는 훈련장이다.

둘째로, 민수기는 이스라엘 백성이 하나님과의 동행을 통해 거룩을 배우도록 돕는다. 광야 여정에서 이스라엘 백성은 성막을 중심으로 진영을 배치하고, 하나님은 상황에 따라 정결과 관련된 율법을 주셔서 백성들이 하나님과 동행하도록 도우신다. 하나님과의 거룩한 동행은 출애굽 세대가 시내산을 출발할 때부터 요구되었고, 백성의 실패에도 포기되지 않았으며, 실패 후에도 여전히 다음 세대에게 요구된 명령이다.

셋째로, 민수기는 하나님을 향한 백성의 불순종과 순종을 다룬다. 하나님을 최고의 자리에 모시고, 하나님이 세우신 권위에 순종하는 자만이 가나안 땅에 들어갈 수 있었다. 출애굽 세대는 백성, 제사장, 그리고 모세에 이르기까지 총체적으로 불순종을 통하여 가나안 땅에 들어가지 못하였다. 이 실패는 영원한 약속의 폐기가 아니라, 지연이었다. 당신의 백성을 가나안 땅으로 인도하시려는 하나님의 계획은 다음 세대를 통하여 계속된다. 다음 세대는 출애굽 세대가 실패한 직후부터 모압 땅에 이르기까지 믿음의 승리를 통한 순종을 보여주면서 가나안 정복을 준비한다.

넷째로, 민수기는 실패한 출애굽 세대 대신 다음 세대로의 전환을 통해 가나안 땅을 향한 하나님의 꿈이 계속됨을 강조한다. 다음 세대는 출애굽 세대의 실패를 교훈 삼아 하나님이 기대하시는 거룩과 순종을 통하여 마지막 광야 여정을 마무리한다. 이들은 군사적인 가나안 정복을 준비하며, 가나안 정착을 위하여 제사법을 따르고 땅 분배를 준비한다.

민수기의 문학적 구조와 주요 내용들

민수기의 문학적 구조에 대하여 다양한 견해가 있지만, 다음과 같은 세 단계를 가장 무난한 견해로 보고 진행하기로 한다.

1부: 광야 여정의 준비와 출발 (1-10장)
2부: 출애굽 세대의 광야 여정 (11-25장)
3부: 다음 세대의 광야 여정 (26-36장)

1부에 해당하는 민수기 1-10장은 광야 여정을 위하여 거룩한 하나님과의 동행 방법을 제시할 뿐 아니라, 여정의 출발까지 포함한다. 학자들의 문서가설에 의하면 10장 11-36절을 따로 분리하지만, 11장부터 백성들의 실패가 나타남으로 10장 11-36절을 1부에 포함하여 1부의 제목을 광야 여정의 준비와 출발이라고 잡는 것이 합리적으로 보인다. 1부에 담긴 하나님과의 거룩한 동행은 서론에 그치는 것이 아니라, 민수기 전체에서 전제되는 중요한 주제로 나타난다. 2부와 3부는 모두 시내산을 떠나 모압 땅에 이르는 광야 여정에 속한다. 2부와 3부를 어떻게 나눌 것인지에 대해서는 많은 견해가 있지만, 26장에 나오는 인구조사를 기점으로 나누는 것이 합리적으로 보인다. 그래서 두 번째 인구조사 이전인 11장부터 25장까지를 2부로 보고, 두 번째 인구조사 이후인 26장부터 36장까지를 3부로 나눌 수 있다.

2부는 출애굽 세대의 광야 여정이며, 3부는 새로운 세대의 광야 여정이라고 볼 수 있다. 2부와 3부에서는 주제가 다양해서 연속적인 장들보다는 주제별로 분류하는 것이 합리적이다. 2부는 출애굽 세대의 광야 여정이다. 2부에서 중요한 주제는 백성으로부터 지도자에 이르는 모든 이스라엘의 실패[11-14장, 16장, 20장], 제사법과 제사장직[15-19장], 그리고 가나안 정복을 위한 준비이다[21-25장]. 3부는 새로운 세대가 가나안 정착을 준비하는 마지막 광야 여정에 관한 이야기인데 크게 두 부분으로 나타난다. 하나는 가나안 정복 준비를 위한 준비로서 인구조사, 지도자 교체, 출애굽 노정 회고 등이며, 둘째는 선취된 가나안 정복을 의미하는 제사법, 요단 동편 땅의 분배,

가나안 땅의 경계선, 도피성 등을 다루고 있다. 그리하여 좀 더 세부적인 문학적 구조는 다음과 같다.

Ⅰ. 광야 여정을 위한 거룩한 동행 준비 (1-10장)
  A. 인구조사 (1-4장)
  B. 진영 정화와 성막 봉헌 (5-8장)
  C. 광야 여정 준비와 출발 (9-10장)
Ⅱ. 출애굽 세대의 광야 여정 (11-25장)
  A. 광야에서의 실패 (11-14, 16, 20장)
    1) 백성의 불평 (11장)
    2) 아론과 미리암의 비방 (12장)
    3) 백성의 실패 (13-14장)
    4) 고라, 다단, 아비람의 반역 (16장)
    5) 모세와 아론의 실패 (20장)
  B. 제사법, 그리고 제사장과 레위인 (15, 17-19장)
    1) 제사법 (15장)
    2) 대제사장과 레위인의 직분 (17-18장)
    3) 부정을 정결하게 하는 물 (19장)
  C. 가나안 정복에 대한 소망 (21-25장)
    1) 가나안 주변 지역 정복 (21장)
    2) 발람의 메시아 예언 (22-24장)
    3) 싯딤에서의 배교와 비느하스 (25장)
Ⅲ. 새로운 세대의 광야 여정 (26-36장)
  A. 가나안 정복의 준비 (26-27, 31, 33장)
    1) 인구조사 (26장)
    2) 새로운 지도자 (27장)

3) 미디안 전쟁 승리 (31장)

4) 출애굽 노정 (33장)

B. 선취된 가나안 정착 (27-32, 34-36장)

1) 제사, 절기, 그리고 서원 (28-30장)

2) 요단 동편 땅의 분배 (32장)

3) 가나안 땅의 경계선 (34장)

4) 레위인의 기업과 도피성 (35장)

5) 딸들의 상속권 문제 (27:1-11; 36:1-13)

민수기에서 다룰 설교 주제

민수기를 어떻게 설교할까? 민수기가 모두 36장이나 되는데, 그냥 순서대로 설교만 한다면 설교자나 청중 모두 지루할 수밖에 없다. 맥을 잡고 적절하게 주제를 염두에 두고 조화롭게 설교하려고 노력해야 한다. 일부 유명한 갈렙과 여호수아 이야기, 정탐꾼 이야기, 다단과 아비람의 반역, 그리고 모세의 실패 이야기만 강조하고, 익숙하지 않은 나머지 이야기를 가볍게 여기면 안 된다. 특별히 광야에서 하나님과 동행하는 데 필요한 제사법을 거룩의 여정에 필수적인 것으로 읽어내야 한다. 출애굽 세대의 실패를 영원한 실패로 규정하지 않고, 새로운 세대에게 다시금 하나님의 꿈을 담으시는 하나님의 마음을 읽어야 한다. 민수기를 박진감 있는 설교의 연속으로 만들기 위하여 다음 몇 가지 주제를 염두에 두어보자.

1) 민수기가 애굽을 떠나 가나안을 향해 가는 이스라엘의 광야 여정이라는 것은 신앙인이 구원받은 이후에 어떻게 성화의 길을 걸어야 할지를 보

여준다는 의미이다. 광야 여정은 곧 거룩의 여정을 뜻한다. 신앙인은 한 번도 죄를 범하지 않는 존재가 아니라, 실패와 좌절을 딛고 일어서서 하나님 은혜를 따라 다시 출발하는 존재이다. 민수기는 그렇게 인간의 연약함에도 불구하고 하나님의 임재 안에서 서서히 변화되어 가는 신앙의 과정을 보여준다. 광야는 이스라엘 백성에게 두 가지 의미를 부여한다. 하나는 하나님의 돌보심 안에서 신앙의 연단을 받는 장소이다. 다른 한편 광야는 거역, 저항, 반역과 불순종의 장소이다. 광야는 반역과 신앙 성장의 갈림길 사이에서 결단하여 다시금 신앙의 여정을 걸어갈 수 있도록 돕는 곳이다.

2) 민수기는 광야 여정 가운데 인간이 거룩하신 하나님과 동행하기를 요청한다. 신앙인은 한편으로 초월하신 하나님을 대면함으로 거룩해지고, 다른 한편 악에 저항하고 악을 씻고 정결함으로 날마다 거룩하게 살아가는 것이다. 민수기 전체에 흩어져 있는 제사법을 유대교의 잔재라고 무시할 것이 아니라, 이스라엘로 하여금 하나님의 임재를 갈망하며 거룩하게 만드시려는 하나님의 명령으로 읽어야 한다. 민수기에서 주기적으로 나타나는 제사법을 쉽게 건너뛰지 말고, 거룩을 향한 여정으로 설교할 수 있도록 시도해야 한다. 성막을 중심으로 제사장과 레위인이 둘러서고, 지파들의 진영을 배치하여 거룩한 공간을 만들었고, 절기를 지킴으로 시간을 거룩하게 하였다. 이 밖에도 성막의 봉헌을 통한 하나님과의 소통, 제사법, 제사장과 레위인의 직책, 부정을 정결하게 하는 물, 서원 및 도피성 등을 다룬다.

3) 민수기에서 단연 두드러진 부분은 불순종과 순종의 이야기이다. 출애굽 세대의 광야 여정에는 지도자를 향한 백성의 불평과 실패[11장, 13-14장],

모세와 아론의 권위에 저항한 고라, 다단, 아비람의 반역[16장] 그리고 지도자인 아론, 미리암, 그리고 모세의 실패[12장, 20장]에 이르기까지 온 이스라엘의 실패 역사가 담겨 있다. 동시에 새 시대를 이끌어갈 다음 세대의 순종 이야기가 이어진다. 호르마에서 처음으로 가나안 백성에 대한 승리를 거두고[21:1-4], 이스라엘의 바알브올 우상숭배 앞에서 비느하스는 하나님을 향한 열심으로 영원한 제사장직을 얻는다[25:1-13]. 이스라엘 자손의 원수인 미디안과의 전쟁 승리로 가나안 정복을 기대하게 한다[31장]. 새 시대를 준비하면서 율법을 새롭게 해석하여, 세 지파 반의 땅 분배[32장]와 슬로브핫의 딸들 기업 문제[27:1-11; 36:1-12] 등의 위기를 지혜롭게 해결한다.

4) 민수기는 출애굽 세대와 다음 세대의 세대교체에 관한 이야기이다. 애굽을 탈출하여 가나안 땅을 향하여 희망차게 시작한 출애굽 세대에게 광야의 역사는 지도자와 백성의 전면적인 반역의 역사였다. 백성의 실패에 이어 지도자 모세와 아론이 실패하고, 가나안을 향한 이스라엘 백성의 전진은 멈추게 된다. 그러나 이 실패는 영원한 실패를 의미하지 않는다. 하나님은 이 행동에 책임을 져야 할 출애굽 세대는 포기하지만, 다음 세대가 가나안 땅에 들어가는 것을 허락하신다. 출애굽 세대는 가나안 땅에 들어가는 것이 좌절된 후에, 다음 세대를 향하여 이렇게 외쳤을 것이다. "다음 세대여! 현재는 절망스럽지만, 소망을 가져라. 우리 세대는 죄와 반역으로 실패하였지만, 너희들은 우리가 범한 그 뼈아픈 실수를 반복하지 말아라." 실패하여 더는 기회가 주어지지 않는 출애굽 세대에게 새로운 세대는 희망이다. 이 희망은 실패에서 저절로 이어지는 성공이거나, 새로운 세대의 능력 때문에 이루어지는 것이 아니다. 이는 오직 전적인 하나님의 은혜 때문에 가능한 희망이다. 민수기에는 절망적인 지금 세대와 하나님께만 소

망을 둔 다음 세대의 조합이 있다. 민수기에서 우리는 실패 후에 새로운 세대에게 남겨진 하나님의 꿈을 발견한다. 민수기 말미에 출애굽 세대 대신 다음 세대가 선취된 가나안 정착을 누리면서 가나안 정복을 준비한다. 민수기에는 그렇게 출애굽 세대가 이루지 못한, 그렇지만 새로운 세대로 다시 시작하시는 하나님의 꿈이 담겨 있다.

민수기 개관 2

민수기를 어떻게 이해할 것인가?

- 민수기 주석가들의 주요 주장

윤동녕
서울장신대학교

히브리 성경은 민수기를 첫 문장의 주요 단어를 따라 'bemidbar'[광야에서]라고 부르지만, 칠십인역은 'Arithmoi'[숫자들], 라틴어역은 'Numeri'로 부르고 있다. 민수기에는 많은 숫자나 숫자 명세표가 열거되어 있다[1:20-46; 3:14-51; 7:10-83; 26:5-51; 28:1-29, 38; 31:32-52].

그레이[G. B. Gray]는 민수기가 J[10:29-32; 11:4-15, 18-24a, 31-35, 22:22-35], E[11:16-17a, 24b-30; 12:1-15; 20:14-21; 21:21-24a; 22-24장], 그리고 P의 합작이라고 주장한다. 민수기 대부분은 P이지만 통일적인 자료가 아니다. 왜냐하면, P는 바벨론 포로기에 기록된 제의 제도를 다룬 Pg와 이야기들을 기록한 Ps[예, 31장]와 율법 자료인 Px[예, 15:22-31]로 구성된 복합체이기 때문이다.[1] P는 민수기를 열고[1:1-10:10], 닫는 데[26-36장] 사용되며 민수기 중간에 삽입된 율법과 이야기를 구성하는 중요자료로서, 제사장 신학은 민수기 전체를 주도하는 신학이다.

1 G. B. Gray, *Numbers*, ICC (Edinburgh: T&T Clark, 1903), xxix-xxxix.

노트M. Noth에 따르면 민수기는 지시사항이나 일람표가 자주 길게 열거되지만 한 편의 민담으로 볼 수 있다. 그러나 하나의 책으로서의 민수기는 통일성이 없으며 서로 다른 문체와 사상이 담긴 자료들이 혼재되어 있다. 따라서 민수기가 한 저자의 손에 의한 작품이라는 주장은 근거가 부족하다. 그럼에도 민수기를 오경이라는 전체 맥락 안에서 읽고 이해해야 한다. 문서가설로만 민수기를 분석하기는 어려우며, 이를 무리하게 적용할 경우 문제가 생긴다. 이들 자료가 형성되기 이전에 민수기와 관련된 '옛 자료들'alte Quellen이 구전으로 전승되어 왔음을 부정할 수 없다.[2]

레빈B. A. Levine은 민수기를 구성하고 있는 J, E, P 자료와 구별되는 요단 동편의 자료를 추가하고 T=Transjordan로 이름 붙인다. T는 요단 동편의 경험을 반영하며 신명으로 '엘'을 주로 사용하고 있는 시 형식의 자료이다. 이 자료는 E 자료의 하부 자료로 생각된다. JE+T는 주전 7세기에 형성되었으며 후대에 제사장적 학파priestly school에 의해 재배치되고 수정 및 보완되었다. P는 세대 간의 연속성을 강조하는 JE와는 달리 과거 세대와의 단절을 강조한다. P는 가데스 지역을 떠나기 전에 이미 출애굽 첫 세대의 시대가 종료되었다고 본다. 요단 동편에서의 승리를 자세히 기술한 JE와 달리 P는 가나안의 정복에만 관심을 두고 있다. JE의 실패담은 P에게는 다가올 세대에 대한 희망의 선포이다. 문학적인 관점에서 볼 때 JE는 주로 시와 역사적 이야기 장르를 사용하고 제사장적 자료들은 제의와 제사장 규정에 관심을 두고 있다. 제사장 축복문에서 볼 수 있듯이 제사장은 시인이자 JE 자료를 확장하고 재구성하는 역사가이다. 제사장 자료는 이야기라는 매체를 사용

---

2 마틴 노트, 『민수기』, 국제성서주석 (서울: 한국신학연구소, 1986), 13-23.

해 율법을 설명하고 이해시키려고 하고 있다.[3]

밀그롬[J. Milgrom]은 민수기가 포로기나 포로 후기 시대의 산물이 될 수 없다고 본다. 왜냐하면, 민수기는 주전 2천년대 고대 근동의 언어와 관습을 반영하고 있기 때문이다. 민수기 본문에서 볼 수 있는 반복과 평행구 등은 히브리 문학의 특징이다. 편집의 산물로 여겨지는 요소들은 치밀하게 구성된 문학 작법의 결과로 보아야 한다. 그는 민수기에 다음과 같은 다양한 문학 장르가 사용되었다고 본다: 이야기[4:1-3], 시[21:17-18], 예언[24:3-9], 승리의 노래[21:27-30], 기도[12:13], 축복[6:24-26], 조롱 조 비판[22:22-35], 외교 서한[21:14-19], 시민법[27:1-11], 제의법[15:17-21], 신탁[15:32-36], 인구조사 목록[26:1-51], 성전 보관 문서[7:10-88], 여행기[33:1-49].[4] 민수기에서 가장 주목할 만한 특징의 하나는 율법과 이야기[Narrative]의 교차이다. 1:1-10:10[율법], 10:11-14:45[이야기], 15장[율법], 15-17장[이야기], 18-19장[율법], 20-25장[이야기], 26-27:11[율법], 27:12-23[이야기], 28-30장[율법], 31:1-33:49[이야기], 33:50-56; 34-46장[율법]. 이러한 구조는 이야기와 법 조항이 교차하는 고대 근동의 종주권 조약의 구조와 유사하다.[5]

버드[P. J. Budd]는 민수기를 세 개의 주요 단락으로 나누는데 첫째, '시내에서 공동체의 설립'[1:1-9:14], 둘째, '여행-그 실패와 성공'[9:15-25:18], 셋째, '정착을 위한 마지막 준비'[26:1-35:34]이다. 그에 따르면, 마지막 장[36:1-13]은 17:1-11에 추가된 부록이다. 민수기는 전승과 편집의 결과물이지만 역사적 사실이 전승의 핵심에 자리 잡고 있음을 부정할 수 없다. 제사 의식 자료, 성전 자료, 예언적 자료, 불평 자료, 여행기, 고대 시 자료, 요단 동편 정착 자

---

3 B. A. Levine, *Numbers 1-20*, AB (New York: Doubleday, 1993), 48-84.

4 J. Milgrom, *Numbers*, JPS Torah Commentary (Philadelphia: JPS, 1990), xiii.

5 위의 책, xvi-xv.

료 등은 제사장 문서가 형성되기 이전의 역사를 어렴풋이 보여준다.[6] 땅 소유는 민수기 여행기의 주요 관심사이자 목표이다. 땅을 소유하기 위해서는 신앙과 용기 그리고 적극적인 행동이 필요하다. 종교적 규율은 땅과 자원을 공정하게 분배하여 공동체 정신을 공고히 하는 역할을 하고 있다. 이를 어기는 개인은 실패할 수밖에 없다.[7]

올슨D. T. Olson은 민수기의 많은 부분이 포로기 직후에 기록되었을 것으로 본다. 왜냐하면, 민수기는 구세대의 죽음과 신세대의 희망이라는 구조를 통해 포로기 이후의 다양한 목소리를 대변하고 있기 때문이다. 그래서 민수기를 '성경의 잡동사니 창고'로 지칭하는 해석가도 있다. 민수기는 구세대와 신세대, 이스라엘과 다른 민족, 거룩하신 하나님의 임재와 죄악된 이스라엘, 정결과 부정, 축복과 저주, 의도적인 범죄와 비의도적인 범죄, 하나님의 심판과 하나님의 용서 사이의 갈등과 고심을 통해 대화체 신학dialogical theology을 만들어 내었다. 오늘날 교회도 서로 다른 관심을 가진 '타자'들로 가득 찬 문화적 광야에서 진로를 개척하려 노력하고 있다.[8] 따라서 "민수기는 현대적인 다원주의, 경쟁적인 목소리들, 그리고 21세를 향하여 나아가는 하나님의 백성의 여행의 흔들리는 기초 등을 인도할 수 있는 매우 적절한 원천이라고 말할 수 있다."[9]

두구이드I. M. Duguid는 민수기가 시작도 끝도 명확하지 않은 책이라고 생각한다. 민수기는 광야에서 시작해서 광야에서 끝을 맺는다. 지리적 관점에서 볼 때 민수기는 셋으로 구분할 수 있는데, 시내 광야1:1-10:10, 가데스

---

6 필립 J. 붓드, 『민수기』, WBC (서울: 솔로몬, 2006), 17-36.

7 위의 책, 36-37.

8 데니스 T. 올슨, 『민수기』, 현대성서주석 (서울: 한국장로교출판사, 2000), 25-31.

9 위의 책, 31.

바네아로 향하는 여행[10:11-20:1], 모압 평야[20:1-36:13]로서, 부분적으로는 한 바퀴를 돌아 원점으로 돌아오는 경로를 보인다. 앞으로 진행하지 않고 순환하는 이야기의 구조는 저자의 잘못이 아니라 민수기의 문학적 특성이자 민수기 메시지의 일부이기도 하다. 물론 민수기의 끝이 완전히 처음으로 돌아가는 것은 아니다. 1-25장은 불신앙과 반역으로 죽음에 이르게 된 첫 세대의 이야기이며, 26장 이하는 새로운 세대의 이야기이다. 따라서 민수기는 불신앙으로 인해 죽음에 이른 옛 세대와 믿음으로 생명에 이르게 된 새 세대의 이야기가 연속적으로 이어지는 책이라 할 수 있다.[10]

왕대일은 광야 길을 두 가지 관점에서 해석한다. 긍정적인 면에서 광야 길은 해방의 길[렘 2:2; 31:2-3]이자 하나님의 은혜를 경험하는 길이며[출 13:21-22; 민 9:15-23; 신 8:3-5], 하나님의 사랑을 보고 배운 길이다[호 2:15; 렘 2:2]. 한편, 부정적인 면에서 광야는 출애굽 백성이 저질렀던 불순종, 저항, 거역, 실패로 얼룩진 장소이다[민 13-14장; 20:2-13; 27:12-14]. 이러한 점에서 광야는 애굽으로 돌아가도록 유혹하는 장소이다. 따라서 "'베미드바르'는 후대의 이스라엘이 반드시 듣고 배워야 할 선대 이스라엘의 실패와 성공을 전하는 교과서 구실을 한다. 민수기의 광야살이를 하나의 비유[mashal]로 읽는 것이다."[11] 민수기는 이스라엘이 시내산과 모압 평지 사이에 있다는 것을 가르친다. 민수기는 광야에서 겪은 일을 증언하고 고발하고 해석한다. 약속의 땅으로 가는 길은 단순한 여행이 아니라 영적인 여행이자 '토라에 이르는 길'[the way

10 I. M. Duguid, *Numbers: God's Presence in the Wilderness*, Preaching the Word (Wheaton: Crossway Books, 2006), 17-18.

11 왕대일, 『민수기』, 대한기독교서회 창립 100주년 기념 성서주석 (서울: 대한기독교서회, 2007), 39-40.

to Torah을 찾아 나서는 여행이다.[12]

정중호는 민수기가 평신도를 세워 거룩한 백성이 될 수 있도록 인도하는 역할을 하고 있다고 주장한다. 70인의 장로를 세워 모세를 돕는 사건을 기록한 11장은 평신도인 백성들이 하나님의 영을 받을 때 예언자가 될 수 있음을 보여주고 있다. 평신도들의 옷자락에 '치치트'옷단 귀의 술를 달게 하여 평신도를 하나님 앞에서 거룩한 사람이 되도록 하였다15장. 제사장만 집전할 수 있는 속죄제를 평신도에게도 허용하여 붉은 암소의 재를 활용하여 부정하게 된 사람을 정결하게 하였다19장. 인터넷 시대에 하나님과 개인 사이를 중재할 제사장보다는 하나님 앞에서 바로 서서 판단하고 결단해야 하는 개인의 역할이 더 중요해졌다.[13] 그래서 정중호는 민수기를 평신도를 깨우는 책으로 규정한다.[14]

도즈먼T. B. Dozeman은 제사장 신학을 오늘의 그리스도인에게 어떻게 적용할 수 있는지를 설명한다. 그에 따르면 성전은 하늘과 인간이 만나는 곳이자 창조 사역의 핵심부이다. 하나님은 장막에서 제의 제도를 통해 인간과 소통하신다. 오늘날의 교회 탑은 성전이 위치한 (상징적인) 산과 같이 메시지를 전하는 역할을 한다. 교회 탑은 하늘에 닿았으며 하늘과 땅 사이의 소통의 수단이 된다. 하나님께 드리고 응답받는 양방의 소통방식을 가능케 하는 제의 제도는 오늘날 성만찬이 계승하고 있다. 세례와 성찬은 그 안에 거하도록 선택하신 하나님에 대한 그리스도인의 응답이다. 성막에서

---

12 위의 책, 71-72. 왕대일, "민수기와 오경-토라 속의 민수기," 목회와신학 편집부, 『민수기 어떻게 설교할 것인가』, HOW주석 (서울: 두란노아카데미, 2009), 69-85.

13 정중호, "민수기 해석과 설교," 목회와신학 편집부, 『민수기 어떻게 설교할 것인가』, HOW주석 (서울: 두란노아카데미, 2009), 47-50.

14 정중호, "민수기 연구의 최신 동향과 메시지," 「성서마당」 89(2009), 82.

진행되는 희생제의와 오늘날의 성만찬은 제사장과 위임받은 성직자만 진행할 수 있다는 점에서 공통점이 있다. 제사장 종교에서 하나님은 인간과 친밀한 친교를 나누는 친구가 아니다. 하나님과 인간 사이에는 거대한 틈이 가로 놓여있어 양자를 완전히 구분한다. 하지만 제의 제도를 통해 속된 인간이 거룩하신 하나님을 만날 수 있도록 하였다. 하지만 하나님과의 만남은 자의적이거나 개인적인 것이 아니다. 철저하게 공동체적이며 규칙적인 제의를 통해서 가능하며 제사장적인 중재자를 요구한다.[15]

15 T. B. Dozeman, "The Book of Numbers," *NIB* 2, 13-15.

하나님의 인구조사

민수기 1:1-54

윤동녕
서울장신대학교

도입

고대로부터 인구조사는 주로 징수, 징병 그리고 부역을 목적으로 시행되었습니다. "최후의 날의 책"Doomsday Book이라는 앗수르 시대의 문헌은 고대의 인구조사 형식을 잘 보여줍니다. 이 책은 고대 메소포타미아의 하란 지역에 거주하던 가족들을 대상으로 한 인구조사 문헌인데, 우선 맨 위에 가장의 이름을 기록하고 그 아래 가족 수를 기재하고 있습니다. 자녀 중 아들의 경우 이름을 기재한 사례도 있지만, 대부분 숫자만 기록하는데 머물렀습니다. 아내는 이름을 밝히지 않고 단순히 '부인'으로만 표기하였고, 딸도 이름 없이 숫자만 기록하였습니다. 그리고 가족과 더불어 이들이 소유한 토지나 가축, 노예 같은 재산이 기재되어 있습니다. 이 조사가 오늘날의 인구조사와 다른 특징 중 하나는 가장의 이름만 밝히고, 나머지 가족은 숫자만 밝힌다는 점입니다. 이러한 점은 고대 인구조사가 숫자 중심임을 알려줍니다.

이러한 인구조사 형식은 사무엘하 24장에 등장하는 다윗의 인구조사에도 사용되었을 것입니다. 다윗은 정복 사업을 통해 왕국의 영토 규모와 인구수가 얼마나 확장되고 증가하였는지를 알아보고자 했을 것입니다. 이러한 점에서 그의 인구조사는 인간적이라 할 수 있습니다. 하지만 같은 내용을 기록한 역대상 21장이 성전 터와 다윗의 건설 준비 작업을 기술한 22장과 연결된 것으로 보아 다윗의 인구조사에는 종교적 목적도 일부 포함되었을 것으로 보입니다. 사실 고대의 인구조사는 제의나 종교와 밀접히 연관되어 있습니다. 주전 18세기 바벨론 지역에 위치했던 마리 왕국의 경우 인구조사를 시행하기 전 정결례를 시행해야 했습니다. 로마 시대의 인구조사도 마찬가지입니다. 인구조사는 거룩한 의식으로 여겨져 정결례가 사전에 시행되었습니다. 따라서 누가복음 1장에 기록된 로마제국의 인구조사도 정결례가 요구되었을 것입니다.

고대에 시행된 인구조사는 그 형식과 내용이 어떠하든 간에 공통점이 있습니다. 그것은 인구조사가 인간의 주도하에 인간의 목적과 이익을 위해 시행되었다는 점입니다. 그리고 인구조사가 갈등과 분란을 일으키는 원인이 되어 때로 비극적인 결말을 가져왔다는 공통점도 있습니다. 그래서 인구조사를 아주 신중히 생각했습니다. 이러한 점에서 구약에 등장하는 하나님의 인구조사와 인간이 주도하는 인구조사에는 큰 차이가 있습니다. 출애굽기 30장 11절 이하에서 하나님께서는 모세에게 출애굽 백성을 계수하도록 명하셨습니다. 이때 어떤 방식으로 이들을 계수하였는지는 알 수 없습니다. 하지만 하나님이 주도하신 이 인구조사에는 하나님이 원하시는 목적과 목표가 있었습니다. 출애굽기의 인구조사는 성전세를 징수하기 위한 것입니다. 즉 하나님의 일을 이루기 위한 목적이 있었습니다. 때문에, 민수기 1장의 인구조사도 역시 단순히 사람의 숫자를 세는 데 그 목적이 있지 않음을 알 수 있습니다. 하나님이 주도하신 인구조사에는 하나님의 분명한 목표와 목적이 포함되어 있습니다.

본문 강해

1. 민수기 1장의 개요

민수기 1장은 일반 백성들의 인구조사를 다룬 1-46절과 레위인의 인구조사를 다룬 47-54절로 나눌 수 있습니다. 1-46절은 다시 인구조사의 규칙을 다룬 1-3절, 인구조사를 시행할 각 지파의 지도자들을 열거한 4-16절, 인구의 계수를 다룬 17-46절로 나눌 수 있습니다. 하나님께서는 출애굽 후 둘째 해 둘째 달 첫날에 이스라엘 백성의 인구를 조사하라고 명령하셨습니다. 모세는 전쟁에 나가 싸울 수 있는 20세 이상의 남성을 대상으로 인구조사를 하였으며 그 결과 총 60만 3,550명이 계수되었습니다. 이 숫자에는 레위 지파가 포함되어 있지 않았는데, 그들에게는 병역이 면제되었기 때문입니다[47-49절]. 인구조사 총계는 출애굽기 12장 37절의 60만이라는 출애굽 백성의 숫자와 거의 일치합니다. 60만은 각 지파가 평균적으로 50,000명의 인구를 소유하고 있음을 보여줍니다. 인구조사 결과 유다, 잇사갈, 스불론, 시므온, 단, 납달리의 여섯 지파는 50,000명 이상이며, 르우벤, 갓, 에브라임, 므낫세, 베냐민, 아셀의 여섯 지파는 50,000명 이하입니다. 가장 인구가 많은 지파는 74,600명의 유다이며, 가장 적은 지파는 32,200명의 므낫세입니다. 므낫세는 요셉을 대신한 지파의 하나로서 형제 지파인 에브라임의 40,500명을 합하면 72,700명으로서 유다 지파에 버금가는 크기를 갖고 있습니다.

첫 번째 인구조사의 특이점은 무엇보다 역사적으로 작은 지파로 알려진 잇사갈, 스불론, 단, 납달리가 가나안 정착 후 북쪽 지역의 주도권을 쥐게 될 에브라임의 인구를 능가한다는 점입니다. 또 다른 특이점은 인구가 가장 많은 유다 지파와 가장 적은 므낫세의 차이가 약 삼만 명 가량 되지만 모든 지파가 비교적 균일한 인구수를 지니고 있다는 점입니다. 가나안 정착 후 정치적, 경제적, 지역적, 종교적 역량에 따라 인구수의 편차가 벌어지겠지만, 최소한 출애굽 당시에는 모든 지파가 거의 동등한 조건에서 출발했음을 알 수 있습니다.

2. 인구조사의 목적

하나님은 "이십 세 이상으로 싸움에 나갈 만한 모든 자"[3절]를 계수하라고 명령하셨습니다. 하지만 이 인구조사는 단순히 징병이나 징수를 위해 실시한 인간 주도적 인구조사와는 차이가 있습니다. 왜냐하면, 하나님께서는 인구조사를 통해 출애굽으로 펼치셨던 하나님의 구원 역사를 이루어 나가고자 하셨기 때문입니다.

인구조사에 나타나는 원칙을 보면 인구조사를 명하신 하나님의 목적을 알 수 있습니다. 첫째, 인구조사는 각 사람을 세는 방식으로 이루어졌습니다. 2절에 "너희는 이스라엘 자손의 모든 회중 각 남자의 수를 그들의 종족과 조상의 가문에 따라 그 명수대로 계수할지니"라고 하였습니다. 즉 인구계수의 원칙은 "명수대로" 세어야 한다는 것입니다. "명수대로"는 직역하면 "머릿수대로"인데, 각 사람을 한 사람씩 세었음을 의미합니다. 이처럼 하나님의 인구조사의 첫 번째 원칙은 개인별 등록이었습니다. 노예 생활에는 개인의 자유가 없습니다. 집단노동을 해야 하는 노예는 개인이 아닌 집단으로 분류되었습니다. 때문에, 개인은 늘 집단의 일부로 간주되었으며 개인의 권리와 권위는 인정받지 못했습니다. 하지만 하나님께서는 양을 세는 목자처럼 한 사람 한 사람씩 세어 출애굽의 구원 역사에서 하나도 배제되지 않도록 하셨습니다.

둘째, 인구조사 시 이름에 따라 등록해야 했습니다. 히브리어 본문과는 달리 『개역개정』에는 '이름'이라는 단어가 보이지 않습니다. 하지만 『공동번역』은 "호명", 『새번역』은 "명단"으로 번역해 이름을 뜻하는 히브리어 단어 '셈'을 번역하고 있습니다. 통상적으로 집단노동을 해야 하는 노예에게는 이름이 중요하지 않습니다. 그래서 노예는 이름 없이 집단으로 분류되거나 숫자로 인식되는 경우가 많았습니다. 따라서 인구조사 시 각 사람을 이름으로 불렀다는 것은 각 개인에게 정체성을 부여했음을 의미합니다. 출애굽 백성은 이제 이름이 없이 부속품처럼 이용되다 버려질 노예가 아닙니다. 각 사람을 이름으로 부를 때 출애굽 백성은 더 이상 노예가 아닌 자기 정체성을 지닌 자유인이 되었습니다.

셋째, 각 개인은 가족과 지파별로 등록되었습니다. "종족과 조상의 가족에 따라" 계수하라는 명령은 가족과 지파별로 조사하라는 뜻입니다. 출애굽 백성 가운데는 이미 가족과 지파에 속해 있었던 사람들도 있었습니다. 특별히 아브라함의 하나님, 야곱의 하나님, 이삭의 하나님을 믿었던 히브리 민족은 가족과 지파의 전통이 강했습니다. 왜냐하면, 비록 노예 생활을 하였지만, 요셉 시대 이후에도 일정한 지역에서 집단생활을 하였기 때문에 민족의 정체성을 유지할 수 있었기 때문입니다. 하지만, 다른 노예들은 사정이 달랐습니다. 그들은 전쟁 포로로 잡혀 와 노예 생활을 하였기 때문에 가족과 전통을 상실하였습니다. 출애굽 백성의 상당수는 가족도 지파도 없었습니다. 출애굽기 12장 38절에 따르면 육십만 가운데는 히브리

인뿐 아니라 애굽인을 비롯한 수많은 민족이 섞여 있었습니다. 그들 중 상당수는 가족도 조상의 전통도 없던 사람들입니다. 출애굽 백성은 다민족, 다인종, 다종교 출신의 노예 공동체였지만 혈통과 인맥으로 이어진 관계가 아니었습니다. 따라서 "종족과 조상의 가족에 따라"라는 규정은 단순히 혈연관계를 따라 분류하라는 명령이 아님을 알 수 있습니다. 이 규정은 종족과 조상이 없는 사람들에게 가족을 형성시키고 조상의 전통을 이어받을 수 있는 공동체로 편입시키라는 명령입니다. 하나님께서는 인구조사를 통해 친족이 없던 노예들에게 가족을 구성케 하고, 조상이 없던 이들을 각 지파에 속하게 해 그들을 새로운 조상의 전통의 일부가 되게 하셨습니다.

이처럼 인구조사는 단순히 전쟁에 나갈 장정의 숫자를 세는 목적만 있었던 것이 아닙니다. 인구조사는 애굽의 바로의 노예였던 출애굽 백성을 하나님의 소유로 삼고 그의 거룩한 백성으로 삼고자 한 구원 역사의 일부였습니다. 출애굽기 19장 5-6절에서 하나님께서는 "너희는 모든 민족 중에서 내 소유가 되겠고 너희가 내게 대하여 제사장 나라가 되며 거룩한 백성이 되리라"라고 하셨습니다. 하나님께서는 애굽에서 바로의 소유로서 노예 생활을 하고 있던 히브리 민족을 구원하셔서 그들을 하나님의 특별한 소유로 삼고자 하셨습니다. 그리고 그들에게 제사장 나라가 되는 특권을 주셨고, 거룩한 백성으로서 살아야 할 책임도 부여하셨습니다. 제사장 나라가 되기 위해서는 레위기의 여러 규례들을 잘 지켜야 했습니다. 그리고 거룩한 백성이 되기 위해서는 훈련이 필요했습니다. 민수기는 이에 대한 훈련 과정을 기록하고 있습니다. 따라서 인구조사는 하나님의 거룩한 백성이 되기 위한 첫 단계로 인식해 읽을 필요가 있습니다. 하나님께서는 인구조사를 통해 이름과 가족 그리고 지파가 없었던 노예들에게 정체성을 갖게 하고 소속감을 불어넣어 하나님의 소유된 거룩한 백성이 되게 하셨습니다.

3. 레위인의 직임

하나님께서는 모세에게 레위 지파는 계수하지 말고 전체 인구 숫자에도 포함하지 말라고 명령하셨습니다. 왜냐하면, 이들에게 특별한 사명이 맡겨졌기 때문입니다. 레위 지파는 전쟁에 나가는 대신 성막을 세우고 성막과 그 안에 있는 비품을 관리하고 이를 운반하는 역할을 하였습니다. 다른 지파들은 자기 지파의 진영에 머물러야 했지만 레위 지파는 성막 주위에 진을 치고 그곳에 머물러야 했습니다. 이들이 성막 사방에 진을 친 목적 중 하나는 이스라엘 회중으로 인해 성막의 거룩성이 손상되지 않도록 하기 위해서입니다. 성막은 하나님의 임재를 상징하는 증거궤가 보관된 곳입니다. 가장 거룩해야 할 곳이 백성들의 손길로 부정하게 되면 거룩함이 크게 손상될 것입니다. 레위인은 또한 성막과 백성 사이에 위치해 고의적이든 비고의적이든 거룩한 장막을 침입해 하나님의 진노를 받지 않도록 백성들을 지키고 보호해야 했습니다. 다윗 시절 웃사는 하나님의 법궤를 붙잡다 죽임을 당하였습니다[삼하 6:1-19]. 그가 하나님의 거룩성을 훼손하였기 때문입니다. 하나님의 거룩을 침범한 자는 죽음을 면치 못합니다. 그리고 이를 어긴 개인의 범죄는 이스라엘 전체의 위기로 확대될 위험이 있습니다. 그래서 레위인들은 하나님과 백성 사이에 위치하여 하나님의 거룩성을 보존하고 백성들의 안전을 유지하는 역할을 하였습니다.

성막의 주요 업무는 제사장의 몫입니다. 제사장은 백성들을 대신하여 하나님께 제사를 드리는 거룩한 업무를 담당합니다. 레위인은 제사장을 돕는 역할을 합니다. 그들은 성막 주위에 배치되어 하나님의 거룩한 성막이 훼손되는 일을 막습니다. 외부로부터 부정한 것이 들어와 성막이나 성막의 기물의 거룩성이 손상되는 것을 막습니다. 제사장이 이 모든 일을 다 감당할 수 없습니다. 때문에, 하나님께서는 레위인들을 일반 백성들로부터 구분하여 따로 두어 제사장을 돕는 역할을 하도록 하였습니다. 그들이 하는 일을 히브리어로 '샤라트'라고 합니다50절. 이 단어는 '섬기다', '봉사하다'라는 뜻입니다. 이 봉사직은 제사를 주재하는 제사장직보다 낮은 것처럼 보일 수 있습니다. 이 단어가 사람에게 적용될 때는 '메샤레트'가 되는데, '수종드는 자'로 번역할 수 있습니다. 그래서 "회막 문에서 수종드는 여인들"출 38:8; 삼상 2:22, "수종드는 레위 사람들"대하 23:6이나 "모세의 수종자"수 1:1로 번역되어 마치 등급이 낮은 일을 하는 것처럼 오해를 받게 합니다. 하지만 이 단어는 제사장에게도 사용됩니다. "성소에서 수종드는 제사장들"겔 45:4, "여호와께 수종드는 제사장"욜 1:9, "제단에 수종드는 자들"욜 1:13처럼 제사장의 업무도 같은 단어를 사용합니다. 때문에, 영어 성경은 이 단어를 '섬기다'를 뜻하는 "serve"로만 번역하지 않고, '근무하다', '사역하다'를 뜻하는 "minister"라고도 번역하고 있습니다.

제사장의 업무든지 레위인의 업무든지 하나님의 일을 하는 데 있어 경중이 있을 수 없습니다. 단지 성막에서 이루어지는 업무의 기능상의 차이 때문에 명령과 수행의 관계가 있을 수 있습니다. 레위인의 역할은 신약의 집사의 업무를 생각나게 합니다. 사도들은 말씀 전하는 일에 전념하기 위해서 집사를 임명하고 그들에게 교회 행정업무를 맡겼습니다행 6:1-7. 이처럼 교회는 말씀 전하는 자에 의해서만 운영되지 않습니다. 행정업무를 담당하는 제직들이 그 직무를 원만하게 수행해야 교회가 바로 설 수 있습니다. 제사장과 레위인을 상하관계로 잘못 인식하여 오늘날 교회 교역자와 제직 간에 갈등이 생겼다고 볼 수 있습니다. 고린도전서 12장 5-6절에 "직임은 여러 가지나 주는 같으며 또 사역은 여러 가지나 모든 것을 모든 사람 가운데서 이루시는 하나님은 같으니"라고 하였습니다. 사도 바울은 모두

머리가 될 수도 없고 또한 모두가 손이 될 수는 없을 것이라고 하였습니다. 신체의 모든 부분은 각자의 역할이 있습니다. 각기 제 기능을 발휘해야 몸을 건강하게 유지할 수 있습니다. 교회의 직분도 이와 같습니다.

레위기가 그 이름과는 달리 제사와 제사장에 대해서 주로 언급한다면 민수기는 레위인에 대해 자주 언급하고 있습니다. 민수기는 출애굽기와 레위기의 율법 조항을 보완하거나 수정하는 경우가 종종 있습니다. 민수기는 레위인의 업무를 열거하며 출애굽기와 레위기가 놓친 레위인을 제사장의 동역자로 기술하고 있습니다. 하나님의 나라에는 위아래가 없습니다. 물론 지도자와 이를 수행하는 사람들이 있습니다. 하지만 하나님 나라에서 수행하는 각자의 업무에는 우열이 없습니다. 왜냐하면, 주님을 섬기는 모든 일이 거룩한 업무, 성직이기 때문입니다.

4. 하나님의 군대로서의 사명

하나님의 백성으로서의 사명 중 하나는 하나님의 나라를 지키는 일입니다. 그래서 20세 이상으로서 전쟁에 나갈 자를 조사하였습니다. 그런데 "계수하다"로 번역된 히브리어 동사 '파카드'는 여러 가지 의미로 번역될 수 있습니다. 이 단어는 "소집하다"사 13:4, "점호하다"왕상 20:15라는 군사적인 의미도 있지만, "찾다"삼상 14:17, "처리하다"왕하 9:34, "갈망하다"겔 23:21, "돌보다"창 21:1, "임명하다"창 38:4, "~에게 ~을 맡기다"왕상 11:28와 같은 뜻도 있습니다. 민수기 본문이 말하고자 하는 바는 단순히 스무 살 이상 된 남성들을 군대로 소집하는 데 있지 않습니다. 그들에게 하나님의 군대로서의 사명을 맡기는 데 목적이 있습니다. 그 목적은 단순히 적을 공격하여 무찌르고 정복하는 데 있지 않습니다. 공동체를 안전하게 지켜 하나님께서 그들에게 맡기신 사명을 성취할 수 있도록 돕는 데 있습니다. 왜냐하면, 각 지파의 군기와 진영은 적으로부터 하나님의 거룩성을 지킬 수 있도록 성막을 중심으로 빙 둘러 배열되어 있기 때문입니다.

따라서 민수기의 군대는 단순히 외적으로부터의 침입을 막기 위한 군대가 아님을 알 수 있습니다. 이러한 점에서 민수기의 군대는 하나님의 전신갑주로 완전 무장한 그리스도의 군사들을 생각나게 합니다. 에베소서 6장에 따르면 그리스도의 군사는 진리로 허리띠를 띠고 정의로 가슴에 무장을 하고, 손에는 믿음의 방패를 잡고 있으며, 구원의 투구와 성령의 칼을 쥐고 있습니다[엡 6:13-17]. 이들이 이처럼 하나님의 무기로 무장한 것은 그들의 싸움이 단지 인간과의 싸움이 아니기 때문입니다. 사도 바울은 "우리의 씨름은 혈과 육을 상대하는 것이 아니요 통치자들과 권세들과 이 어둠의 세상 주관자들과 하늘에 있는 악의 영들을 상대함이라"[엡 6:12]라고 하였습니다. 민수기의 군대 역할도 비슷합니다. 그들은 전투부대처럼 진영을 나누고 기를 내세우지만, 그들은 전투를 벌이지 않습니다. 진영의 가장 중요한 목적은 장막을 지키는 일입니다. 장막을 둘러 진영을 쌓은 것은 이 군대의 목적이 무엇인지 잘 보여줍니다. 심지어 행진할 때도 법궤를 중심으로 행진하였습니다. 민수기의 군대는 성막을 보호하며 그리스도의 군사처럼 보이지 않는 적과 싸우는 거룩한 군대의 사명을 감당하고 있습니다.

이러한 거룩한 사명은 레위인들의 인구조사에 잘 표현되어 있습니다. 레위인은 성막 주위 사방에 진을 쳤습니다[50, 53절]. 그들의 사명은 증거의 성막의 기구를 관리하며 운반하는 종교적인 임무에만 국한되지 않았습니다. 그들은 성막 사방을 지키며 "외인"들이 가까이 오면 그들을 제거하여야 했습니다. 외인은 하나님의 거룩하신 성막을 침입하여 그것을 손상시키는 자들입니다. 이들은 이스라엘 백성 중 레위인 이외의 다른 지파 사람들을 의미합니다. 하지만 외인은 이스라엘 백성이 아닌 이방 사람일 수도 있고, 하나님의 거룩하심에 도전하는 영적 세력일 수도 있습니다. 레위인은 나중에 성전의 문지기와 창고지기, 그리고 재판관의 사명을 감당하였습니다대상 26:1-32. 문지기는 단순히 성전을 드나드는 사람을 지키는 수비대 역할을 한 것이 아닙니다. 그들은 거룩한 성전의 문 앞에서 하나님을 찬양하며 외인이나 악한 세력으로부터 하나님의 거룩하심을 지키는 사역을 감당하였습니다. 민수기의 레위인은 증거의 성막에 대한 책임을 다하기 위해 다른 이스라엘 자손처럼 군사의 역할을 하였습니다. 그들은 성막 군대였으며, 하나님의 거룩하심을 가장 가까이에서 지키는 거룩한 군대였습니다.

결단의 말씀

민수기에 기록된 명단과 숫자에는 만민을 구원하시기 위한 하나님의 출애굽 이념이 담겨 있음을 잊어서는 안 됩니다. 인구조사는 집단 속의 이름 없는 구성원이었던 노예들을 부르셔서 하나님의 백성으로 삼고자 한 조치였습니다. 인구조사에 나타난 하나님의 구원 역사는 출애굽 백성에게만 해당하는 것이 아닙니다. 별들의 수효를 세시고 그것들을 이름대로 부르시는 하나님시 147:4은 죄인인 우리를 하나도 놓치지 않으시고 각자의 이름을 부르시며 구원하시는 하나님이십니다. 하나님은 또한 우리의 머리털까지 세실 정도로 우리를 세심하게 보호하시고 지키시는 분이십니다마 10:30. 광야에서 개개인의 이름을 부르시며 그들의 수효를 세셨던 하나님은 오늘도 우리의 이름을 부르십니다. 모세는 "주께서 기록하신 책에서 내 이름을 지워 버려 주옵소서"출 32:32라고 기도하며 하나님의 책에 기록되지 못하는 것이 얼마나 큰 불행인지를 우리에게 보여주었습니다. 하나님께서 기록하신 책에 기록되지 못한 자는 구원받지 못합니다. 출애굽 백성 모두가 인구 조사에 부름받아 응답하였듯이, 여러분도 하나님의 어린양의 생명책계 13:8; 20:12에 기록되어 구원을 누리시는 축복을 누리기를 간절히 축원합니다.

하나님의 군대

민수기 2:1-34

윤동녕
서울장신대학교

도입

무리는 동물이나 사람이 여럿 모여 다니는 것을 말합니다. 무리는 '떼' 혹은 '떼거리'라고도 하며 동물들의 무리를 가리킬 때 주로 사용합니다. 무리의 특징은 조직이 잘 되어 있지 않다는 점입니다. 그래서 동물 떼는 우두머리 중심으로 모이기도 하지만 대부분 곧 흩어집니다. 사람들의 무리도 지도자가 없는 경우가 많습니다. 때로 선동가들이 무리를 이끌기도 하지만 공통 관심사가 사라지면 곧 흩어집니다. 민수기에 등장하는 고라의 무리도 이와 비슷합니다[16:5, 6, 11, 16, 27, 40; 26:9, 10; 27:3]. 이들은 하나님을 거역하다 죽었고 이스라엘 공동체에 큰 혼란을 야기했습니다. 이처럼 자기 이익에 따라 모이기와 흩어지기를 반복하는 무리는 공동체에 큰 피해를 미칩니다.

예수님께서는 자신을 따르는 "무리를 보시고 불쌍히 여기시니 이는 그들이 목자 없는 양과 같이 고생하며 기진함이라"라고 하신 바 있습니다[마

9:36. 하지만 하나님께서는 출애굽 백성을 가리켜 무리라고 부르거나 그들을 불쌍히 여기지도 않으셨습니다. 왜냐하면, 출애굽 백성은 가나안 땅이라는 분명한 목표가 있었으며, 모세라는 지도자가 이들을 이끌고 있었기 때문입니다. 하나님께서는 이스라엘 백성을 목적 없는 군중이나 무리가 아닌, 군대 단위로 조직하여 하나님의 뜻을 이루고자 하셨습니다. 그래서 민수기 2장에는 군대를 뜻하는 히브리어 단어 '짜바'가 자주 등장합니다4, 6, 8, 11, 13, 15, 19, 21, 23, 26, 28, 30절. 하나님께서 그들을 군대로 칭하신 것은 단순히 그들을 조직화시키기 위해서가 아닙니다. 군대라는 단어는 하나님께서 아브라함에게 약속하신 자손들에 대한 축복의 성취를 표현한 것입니다. 따라서 군대의 숫자는 단순히 부대의 크기만을 의미하지 않습니다. 이 단어는 하나님께서 조상에게 하신 약속을 여전히 잊지 않고 계시며 그 약속을 지키고 계신다는 점을 잘 보여줍니다.

본문 강해

1. 민수기 2장의 개요

민수기 2장은 이스라엘 백성이 편성할 진영에 대해 말씀하고 있습니다. 본문은 크게 셋으로 나뉘는데, 1-2절은 서론적 지침, 3-31절은 부대의 편성과 행군 순서에 관한 지시, 32-34절은 요약으로서 각 진영에 소속된 사람들의 총계가 기록되어 있습니다. 인구조사를 마친 뒤 하나님께서는 모세와 아론에게 각 지파의 진영을 편성하고 행군 순서를 지정하도록 명령하셨습니다. 열두 지파는 동서남북으로 나뉘어 각 방향으로 세 개 지파씩 배치되었습니다. 동쪽은 잇사갈, 유다, 스불론3-9절, 남쪽은 갓, 르우벤, 시므온[10-18절], 서쪽은 베냐민, 에브라임, 므낫세[18-24절], 북쪽은 아셀, 단, 납달리[25-31절]가 진을 쳤으며, 유다, 르우벤, 에브라임, 단이 각 진영을 대표하였습니다. 이 진영은 회막을 중심으로 바깥 사방 둘레에 포진하는 형태입니다. 이처럼 네 방향으로 진영을 나눈 이유가 여럿 있겠지만, 최소한 나중에 차지할 땅의 위치와는 큰 관계가 없습니다. 비록 북쪽 진영의 지파들은 가나안 북쪽 지역에 거주하게 되지만 일부러 이렇게 배치한 것 같지는 않습니다. 왜냐하면, 단 지파의 경우 북쪽에 거주하지만 본래 약속된 땅은 남쪽의 유다 지파 인근 지역이었기 때문입니다.

2. 진영의 의미

동서남북 네 진영의 안쪽에는 제사장과 레위 사람들이 회막 사면에 진을 치고 있었으며, 행군할 때는 회막이 레위인의 진영과 함께 모든 군대의 가운데에 자리 잡은 채 나아가게 됩니다[17절]. 이 형태는 고대 근동의 왕들이 전쟁에 나갔을 때 펼친 진영과 비슷합니다. 부대는 왕의 천막을 중앙에 두어서 외적이나 제의적 부정 등으로부터 왕을 보호하게 됩니다. 민수기 2장에 기록된 진영의 목적도 군사적입니다. 군기, 기호, 진영과 같은 단어들은 이 편성이 외부로부터 있을 수 있는 적의 침입이나 야생 동물의 공격을 방어하기 위한 목적임을 알려줍니다. 따라서 회막을 중심으로 사방으로 편성된 진영은 공동체의 경계이자 방어막이라 할 수 있습니다. 한편, 행진할 때는 유다가 대표하는 진영이 제일 앞에 서고, 르우벤 진영이 뒤따랐으며, 회막과 레위인이 가운데 서고, 그 뒤를 에브라임과 단 진영이 뒤따랐습니다.

이처럼 회막을 중심으로 진영을 구축하는 것은 하나님께서 이 군대의 중심이심을 잘 보여줍니다. 회막은 하나님의 임재를 상징합니다. 하나님께서는 행진할 때나 진영을 구축할 때나 늘 그들 가운데 임재하셨습니다. 이스라엘의 조상 야곱은 출애굽 백성처럼 광야에서 머문 때가 있었습니다. 그는 아무도 없는 광야에서 외로움과 두려움에 사로잡혔습니다. 하지만 하나님께서는 꿈속에서 그에게 나타나 "내가 너와 함께 하리라", "내가 너를 지켜 주리라", "내가 너를 돌아오게 하리라"고 약속하셨습니다[창 28:15]. 야곱에게 하신 약속은 그의 후손인 이스라엘 백성에게 여전히 유효합니다. 하나님은 회막을 통해 그들과 동행하시고, 그들을 지키시고, 그들을 가나안 땅으로 인도하고 계십니다.

이처럼 광야에서 이스라엘 백성을 인도하신 하나님은 오늘 우리와도 함께 하십니다. 하나님은 먼 데에 있는 하나님이 아니라 가까운 데에 계신 하나님이십니다[렘 23:23]. 이스라엘 백성의 진영 안에 있던 회막은 이제 우리 안에 있습니다. 우리가 바로 하나님의 성전이며 하나님이 우리 안의 성전 안에 계시기 때문입니다[고전 3:16]. "하나님이 우리와 함께하신다"라는 임마누엘의 약속은 예수 그리스도를 통해 성취되었습니다. 하나님은 우리 각 사람에게서 멀리 떨어져 계시지 않습니다[행 17:27]. 광야에서 동행하셨던 하나님은 오늘도 우리와 늘 동행하시는 임마누엘의 하나님이십니다.

3. 진영의 배치

일반적으로, 진영 배치와 행진 순서는 지파의 중요도에 따른 것이라고 생각합니다. 예를 들면, 인구조사의 경우 장자인 르우벤이 제일 먼저 지목되고, 행진 때는 앞으로 지도적 역할을 담당해야 하기에 유다가 제일 앞에 위치했다고 합니다. 또 진영의 배치도 중요도에 따라 동, 남, 서, 북으로 배치되었다고 합니다. 하지만 민수기 1-2장은 지파 순서와 진영 배치의 이유를 전혀 언급하고 있지 않습니다. 규정이라면 1장 2절과 2장 34절에 공통적으로 등장하는 "종족과 조상의 가문에 따라"라는 문구뿐입니다. 이 문구는 중요도나 순서보다는 공동체적 책임과 소속감을 강조한 것으로 보입니다. 인구조사와 진영 배치 그리고 각기 다른 열두 지파의 순서목록창 35:22-26; 민 1:5-15; 1:20-43; 2:2-31은 각 상황에 따른 지파들의 역할과 기능의 변화를 보여줍니다. 따라서 순서와 배치가 바뀐 것은, 어느 지파의 중요성이나 우선권 때문이 아니라 각 상황에 따른 역할과 기능상의 차이에서 온 것으로 보아야 합니다. 하나님의 일을 하는 데 있어 질서가 필요합니다. 하지만 질서가 순위를 나타내는 것은 아닙니다. 늘 위에 있는 자가 항상 우선권을 갖는 것이 아닙니다. 상황이 변하면 지위가 변화하고 역할도 바뀔 수 있습니다.

주석가들이 진영의 배치와 순서를 각 지파의 중요도의 차이로 인식하고 있는 것은 아마도 진영이 직각 형태로 배치되었다고 생각해서일 것입니다. 직각 형식의 진영 배치는 고대 근동의 전쟁 진영 형식입니다. 하지만 이스라엘 백성의 진영은 전쟁을 위한 것이 아닙니다. 때문에, 직각 형식을 유지할 필요가 없습니다.

2절에 "회막을 향하여 사방으로 치라"라고 하였습니다. "회막을 향하여" '미네게드'는 '거리를 둔다'라는 의미입니다창 21:16; 출 19:2; 신 34:52. 이는 하나님을 중심으로 진영을 구축하되 거룩하신 하나님의 회막과 거리를 두어 부정으로부터 회막을 보호하는 울타리 역할을 해야 한다는 뜻입니다. 한편, "사방으로" '사비브'는 '원형을 이루며', 혹은 '빙 둘러'라는 뜻입니다. 회막을 중심으로 각 진영과 지파는 원형을 이루며 빙 둘러 배치되어야 합니다. 왜냐하면, 모든 지파와 진영은 하나님이 임재하시는 회막과 동일한 거리를 유지해야 하기 때문입니다. 중요하다고 생각하는 지파는 가까이하고, 덜 중요한 지파는 멀리 있어서는 안 됩니다. 힘이 강하다고 가까이하고, 힘이 약하다고 멀리 있어서도 안 됩니다. 회막과의 거리는 지위고하, 남녀노소에 상관없이 모두 같은 거리를 유지해야 합니다. 왜냐하면, 하나님은 모두의 하나님이시며 모든 자녀를 차별 없이 사랑하시기 때문입니다. 따라서 누구도 차별 없이 하나님께 나아갈 수 있어야 합니다. 피터 네일러P. J. Nayler라는 학자가 제시한 원형의 진영 배치도는 하나님과 이스라엘 백성 사이의 차별 없는 거리의 의미를 잘 보여 줍니다『IVP 성경주석 구약: NBC 21세기판』, 236.

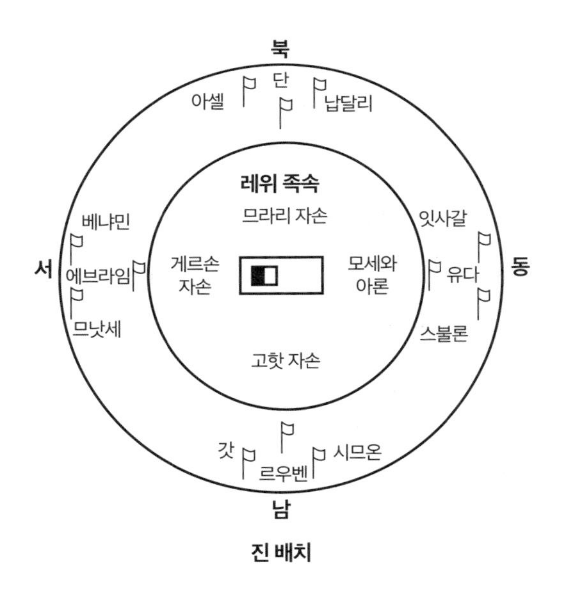

진 배치

4. 군기와 기호

2절에 "이스라엘 자손은 각각 자기의 진영의 군기와 자기의 조상의 가문의 기호 곁에 진을 치되"라고 하였습니다. 각 진영은 군기와 조상의 가문의 기호를 세웠습니다. "군기"'데겔'는 각 진영을 표시하는 깃발입니다. '데겔'은 중대나 대대처럼 한 깃발 아래 배치된 부대 단위를 의미하기도 합니다. "기호"는 히브리어 '오트'의 번역어로서 군기처럼 깃발의 형태일 수 있지만, 군기와 기능상의 차이가 있습니다. "조상의 가문"이 명시하듯 기호는 한 부대 속에 섞인 부족들을 서로 구분하기 위한 표시입니다. 이처럼 군기와 기호를 통해 구분함으로써 서로 다른 가족이나 부족이 섞이지 않게 하여 진영과 명령계통이 질서를 갖추도록 하였습니다.

깃발은 또한 소속감을 표현하기도 합니다. 인구조사를 통해 각 가족과 종족 그리고 지파로 배치된 사람들은 자신의 소속을 정확하게 표현해 줄 표시가 필요했습니다. 깃발은 또한 의사소통 수단이었습니다. 오늘날과 달리 당시에는 글을 읽고 쓰는 사람이 많지 않았습니다. 때문에, 깃발은 의사를 소통할 수 있게 하는 비언어적 도구로 사용되었습니다. 민수기 10장에 등장하는 은 나팔도 이와 비슷한 역할을 합니다. 말로 명령을 전달하는 대신 나팔 소리의 장단과 고저 그리고 빠르기 등으로 명령을 전달했습니다. 깃발은 은 나팔과 비슷하게 행진의 방향, 진행과 멈춤, 속도 등을 알려 주었습니다.

깃발은 또한 하나님의 동행과 승리를 표현하는 시각적 수단입니다. 모세는 르비딤에서 아말렉과 싸워 이긴 후 제단을 쌓고 "여호와 닛시"로 명명했습니다[출 17:15]. "닛시"는 깃발을 뜻하는 히브리어 '네스'에서 나왔습니다. 모세는 깃발을 통해 하나님의 임재와 승리를 표현하려 하였습니다. 깃발을 들고 행진하는 이스라엘 백성들은 르비딤에서 승리케 하신 하나님이 늘 동행하시고 전쟁에서 승리를 가져다주실 것을 확신했습니다. 비록 군기와 기호의 모양과 색깔과 크기가 달랐지만, 모두가 승리를 상징하는 여호와의 깃발이라는 점에서는 공통점이 있었습니다.

오늘날도 깃발이 장식되어 있는 교회를 종종 보게 됩니다. 만국기나 교회기 혹은 다양한 색깔의 깃발을 교회에 장식해 놓은 경우가 있습니다. 이러한 깃발은 꼭 민수기의 깃발과 같은 의미로 사용되었다고는 할 수 없지만, 깃발을 통해 메시지를 전하기도 합니다. 하지만 이보다 더 강한 메시지를 전하는 깃발이 있습니다. 바로 목회자 가운의 스톨과 강대상의 휘장입니다. 스톨과 휘장은 교회력에 따라 색깔이 바뀝니다. 그래서 색깔을 통해 그리스도의 탄생, 고난, 부활, 생애 등의 메시지를 전달하게 됩니다. 그리스도는 우리의 군기입니다. 사도 바울은 "푯대를 향하여 그리스도 예수 안에서 하나님이 위에서 부르신 부름의 상을 위하여 달려가노라"빌 3:14라고 하였습니다. "푯대"로 번역된 헬라어 '스코포스'는 멀리서 보는 표식을 뜻합니다. 바울이 좇아가는 표식은 그리스도의 십자가입니다. 오늘 우리에게 민수기 2장의 깃발은 십자가입니다. 이스라엘 백성들처럼 우리도 그리스도의 십자가를 따라 행진해야 하겠습니다.

5. 무기 없는 군대

군기와 기호 곁에 각 지파가 진영을 세우라는 하나님의 명령은 군사적인 면에서 한 가지 치명적인 오류가 있습니다. 각 진영이나 부대가 갖추어야 할 무기와 군장에 대해서 언급하고 있지 않기 때문입니다. 민수기 1장에서 20세 이상을 대상으로 인구조사를 한 목적은 전쟁에 나갈 장정을 계수하기 위한 것입니다. 또 민수기 2장에서 사면으로 진영을 갖추게 한 것도 전쟁을 위한 것입니다. 하지만 이 군대에는 무기가 없습니다. 행진할 때도 지파의 순서만 제시되어 있지 어떤 무기를 장비해야 하는지, 어떤 전략을 갖추어야 할지에 대해서 전혀 언급하고 있지 않습니다. 이처럼 무기가 없는 것은 전쟁의 승리 여부가 칼과 창에 있지 않기 때문입니다. 다윗은 블레셋의 거인 골리앗 앞에 서서 "너는 칼과 창과 단창으로 내게 나아 오거니와 나는 만군의 여호와의 이름 곧 네가 모욕하는 이스라엘 군대의 하나님의 이름으로 네게 나아가노라"삼상 17:45라고 하였습니다. 하나님의 군대는 무기가 없습니다. 다윗은 무기 없는 군인이었습니다. 하지만 다윗이 하나님의 이름으로 나가 싸울 때 블레셋의 거인 골리앗을 물리치고 승리하였습니다.

민수기 2장의 이스라엘 백성은 무기가 없는 군대였습니다. 하지만 그들에게는 하나님이 계셨습니다. 하나님의 임재를 상징하는 회막이 늘 중앙에 있었습니다. 회막에서는 하나님의 말씀이 선포되었습니다. 하나님의 말씀은 그 어떤 무기보다 강합니다. 히브리서 4장 12절에 "하나님의 말씀은 살아 있고 활력이 있어 좌우에 날 선 어떤 검보다도 예리하여 혼과 영과 및 관절과 골수를 찔러 쪼개기까지 하며 또 마음의 생각과 뜻을 판단하나니"라고 하였습니다. 하나님의 군대는 칼과 창과 단창의 군대가 아닙니다. 하나님의 말씀으로 무장하고 하나님의 이름으로 나가 싸우는 군대입니다. 때문에, 출애굽 백성은 각 군기 옆에 진영을 세웠지만 무기가 필요 없었습니다.

오늘날 많은 사람들은 세상에서 나가 싸울 무기를 갖추라고 권유합니다. 그 무기는 지략일 수 있으며, 체력일 수 있으며, 학력일 수 있으며, 인맥일 수 있습니다. 그리고 이런 모든 것을 축적한 스펙이 세상과 싸워 승리할 무기라고 말합니다. 하지만 우리 그리스도인의 무기는 결코 스펙이 아닙니다. 우리의 무기는 하나님의 말씀입니다. 우리가 하나님의 이름으로 나아갈 때 하나님께서 우리를 대신하여 싸우실 것입니다.

6. 행진하는 하나님의 군대

하나님의 군대인 이스라엘 백성은 군사령관이 아닌 하나님의 명령에 따라 행진하였습니다. 34절에 "이스라엘 자손이 여호와께서 모세에게 명령하신 대로 다 준행하여 각기 종족과 조상의 가문에 따르며 자기들의 기를 따라 진 치기도 하며 행진하기도 하였더라"라고 하였습니다. 이스라엘 군대는 늘 행진만 했던 것은 아닙니다. 하나님의 명령에 따라 진을 치고 멈추어 섰다가, 하나님의 명령이 내리면 진을 거두고 앞으로 나아갔습니다. 이들은 군대처럼 군기를 들고 진을 쳤지만, 군사령관의 명령이나 전략과 전술에 따르지 않았습니다. 겉모양은 사람의 명령에 따라 행군하는 군대 같아 보였지만 실은 하나님의 명령에 따라 행진하는 하나님의 군대였습니다.

하나님께서는 17절에 "그들의 진 친 순서대로 각 사람은 자기의 위치에서 자기들의 기를 따라 앞으로 행진할지니라"라고 명하셨습니다. 행진에는 열두 지파 모두가 참여해야 합니다. 그러나 각자 "자기의 위치"를 지켜야 합니다. 무기를 잘 다룰 줄 알든 모르든, 힘이 세든 약하든 각자 자기의 위치를 지킬 때 진영을 유지하며 행진할 수 있습니다. "앞으로"는 이 진영의 구성원들이 나아가야 할 방향을 제시하고 있습니다. 옆으로 가도, 뒤로 물러가도 안 됩니다. 자기의 위치에서 앞으로만 행진해야 합니다. 만일 누군가 옆으로 가거나 뒤로 물러가게 되면, 그 때문에 진영이 무너지고 행렬도 엉망이 되고 말 것입니다. 이처럼 각자의 위치에서 앞으로 나아갈 때 한 사람도 낙오 없이 최종 목적지인 가나안에 이를 수 있습니다.

예전에 나사NASA에서 쏘아 올린 우주선이 폭파된 적이 있었습니다. 검사 결과 작은 링의 결함 때문임이 판명 났습니다. 현대 과학의 총아라는 우주선도 작은 부속품 하나에 결함이 생기면 폭발합니다. 자동차도 마찬가지입니다. 자동차 타이어는 엔진에 비해 중요하지 않을 수 있습니다. 하지만 타이어에 바람이 빠지면 아무리 엔진이 좋아도 달릴 수가 없습니다. 또 타이어의 바람이 일정하지 않으면 차체가 흔들려 자동차가 쉽게 망가지고 사고가 나기까지 합니다. 부품이 각자 "자기 위치"에 바로 잡아 그 기능을 발휘할 때 "앞으로" 나아갈 수 있습니다. 하나님의 군대도 마찬가지입니다. 각자 자기 위치에서 행진할 때 하나님이 목표하신 곳에 다다를 수 있습니다.

결단의 말씀

자기 위치에서 앞으로 나아가야 하는 하나님의 군대는 오늘날 교회의 모습과 비슷합니다. 교회의 머리는 그리스도이시며 성도는 머리에 연결된 몸입니다. 몸의 각 지체는 서로 연결되어 각 부분이 자기의 위치에서 자신의 맡은 분량대로 활동해야 그리스도께 이르게 됩니다엡 4:15-16. 만일 각 지체가 자기의 위치를 벗어나거나 서로 연결되고 결합되지 않으면 교회는 생명력을 상실하게 됩니다. 민수기에 등장하는 하나님의 군인들은 자기 위치를 지키며 앞으로 나아갔습니다. 우리도 교회의 머리이신 그리스도의 지체로서 서로 협력하여 앞으로 행진하여야 하겠습니다. 교회의 무기는 부활과 생명의 말씀입니다. 십자가 군기를 들고 하나님의 말씀으로 무장하고 앞으로 나아가 승리하는 여러분이 되기를 간절히 축원합니다.

그들은 내 것이 될 것임이니라

민수기 3:1-51

김정훈
부산장신대학교

도입

최근 들어 부쩍 한국의 기독교는 여러 사람의 입방아에 오르내립니다. 물론 여기에는 기독교에서 파생한 이단들도 포함됩니다. 기독교인이 아닌 사람들은 이단과 기독교를 그렇게 엄밀히 구분하지 않는 듯합니다. 그래서 이단 교주들이 도덕적으로나 사회적으로나 정치적으로 물의를 일으키면, 그들을 향한 곱지 않은 시선을 이내 기독교인들에게도 돌립니다. 그런데 문제는 그런 시선을 받을 때 기독교인들의 행실이 이단 나부랭이들이 하는 행태와는 달라야 하는데, 바깥에서 제삼자의 눈으로 보면 그리 달라 보이지 않기도 하다는 데 있습니다. 거대한 덩치의 교회들에서 목회자와 성도들 사이에 갈등하는 모습, 목회자가 부정을 저지르는 모습, 성도들이 일상의 삶에서 전혀 구별되지 않고 남들보다 더 세속적인 세계관에 찌들어 있는 모습 등. 이런 모습들이 우리 한국 교회에 없다고는 아무도 말하지 못할 것입니다. 그것이 과연 대형 교회와 그 교회에 속한 사람들만의 문제일까요? 소형 교회의 목회자나 성도들은 혹시 대형 교회와 마찬가지로 세속적인 욕망과 바람을 가지고 있지는 않을까요? 혹시 한국 교회 전체의 세속화가 교회를 향한 부정적인 시각을 부추기고 있지는 않을까요?

과연 문제는 무엇이고, 해결책은 무엇일까요? 한국 교회가 일찌감치 성장세를 멈춘 것이 과연 우연일까요? 아니면 교회의 본질, 성도의 본질을 잊은 채 스스로 세속화의 늪에 빠져들어 가고 있는데 깨닫지 못하고 있는 것은 아닐까요? 오늘 이런 위기의 한국 교회를 향해서 하나님은 무슨 말씀을 하실까요? 분명한 것은 한국 교회가 이런 자기 모습을 스스로 깨닫고 본질로 돌아가지 않는다면, 하나님이 그 일을 하실 것이고, 그때는 한국 교회에는 매서운 심판의 때가 될 것입니다. 그 전에 우리는 오늘 민수기 3장의 말씀을 통해서 교회 공동체로서, 더 나아가서 성도로서 본질을 깨닫고 말씀 앞에 겸손히 엎드릴 필요가 있겠습니다.

본문 강해

1. 본문 해설

먼저 오늘 본문 민수기 3장의 내용을 함께 훑어봅시다. 민수기는 1장부터 인구조사로 시작합니다. 이제 본격적으로 약속된 땅을 향해 진군하는데 스스로 어느 정도 규모가 되는지를 아는 것은 중요합니다. 더욱이 2장에서는 이스라엘 백성 전체의 이스라엘의 열두 지파가 어떻게 진영을 펼칠지, 진군은 어떤 순서로 할지를 정해줍니다. 이런 배경에서 본문 3장은 동서남북 이스라엘 열두 지파가 둘러싸고 있는 한 가운데, 회막을 지키고 운반하며, 회막의 업무를 보는 제사장과 레위인들의 인구조사와 그들의 직무를 규정하는 본문이 이어집니다. 어떻게 보면 이 본문은 이 세상에서 교회와 그 공동체와도 비슷한 모습을 보여준다고 하겠습니다.

본문 1-4절에서는 3절의 표현대로 "제사장 직분을 위임받은", 히브리식 표현을 그대로 옮기면 "제사장의 일을 하도록 그 손을 채운" 아론의 아들들 이름을 듭니다. 이것은 본문에서 말하는 대로 기름 부음을 받고 따로 거룩하게 구별해서 뽑은 제사장 가문의 전통을 강조하는 대목이겠습니다. 그런데 여기서 아론의 네 아들인 나답과 아비후, 엘르아살과 이다말을 다 들고, 특히 4절에서는 첫째와 둘째 아들 나답과 아비후의 죽음 이야기를 다시 꺼냅니다. 이 이야기는 원래 레위기 10장 1-7절에 있지요. 나답과 아비후는 하나님이 명령하시지 않은 불로 분향하려 하다가 여호와 앞에서 나온 불에 삼켜져 죽었습니다. 제사장 일을 도맡을 아론과 그 아들 엘르아살과 이다말만 언급해도 아무런 문제가 없는 문맥에서 나답과 아비후의 죽음을 이야기하는 것은 분명히 의도가 있을 것이고, 이 본문을 읽는 독자들은 그 의도를 곰곰이 생각하게 됩니다.

이어서 5절부터 39절까지는 길게 성막에서 여러 가지 일을 도맡아 할 레위 지파의 구체적인 일과 인구조사 이야기가 이어집니다. 6-8절에 따르면, 레위인은 제사장 앞에서 그와 함께 일하였습니다. 레위인이 해야 할 일은 크게 두 가지였습니다. 하나는 제사장을 도와 회막의 여러 일을 도맡는 것이었습니다. 그리고 또 하나는 7절에서는 "온 회중의 직무"라 하였고, 8절에서는 "이스라엘 자손의 직무"라고 한 일입니다. 여기서 "직무"로 옮긴 히브리어를 그대로 옮기면 "지킬 것"이라고 할 수 있습니다. 이것은 문맥에서 이스라엘 백성을 대신하는 레위인의 특별한 위치를 말해줄 수 있습니다.

9-13절에서는 위에서 말한 레위인의 직무를 다시 더 풀어서 설명합니

다. 9-10절에서는 레위인들이 "아론에게 온전히 맡겨진 자들"이라고 하고, 10절에서는 그들과 뚜렷이 구분되어 하나님께 드리는 제사와 관련한 "제사장 직무"를 수행하는 제사장들의 지위를 강조함으로써 레위인들의 첫째 일인 회막 관련 직무를 강조합니다. 그리고 11-13절에서는 레위인이 이스라엘 모든 맏이를 대신하며, 하나님의 것으로 드려졌음을 말하면서 7절과 8절에서 말한 직무를 해설하는 것으로 읽을 수 있겠습니다. 그 까닭은 출애굽 때 마지막 재앙에서 이스라엘 백성의 맏이들이 살아났으므로, 그들은 다 하나님의 것이라고 말씀합니다. 그러니 모든 이스라엘 백성이 맏이를 하나님께 드려야 하지만, 그 대신에 레위인이 그들의 일을 대신한다는 것이지요.

14절부터 37절까지는 레위 지파의 세 가문 게르손, 고핫, 므라리 집안에서 1개월 이상 된 모든 사람의 인구조사와 그들의 구체적인 직무, 그리고 성막을 가운데 둔 그들이 진을 칠 위치가 전해집니다. 이것은 레위인의 첫째 직무를 한 번 더 길게 설명하는 셈이라고 볼 수 있습니다.

성막의 서쪽에 진을 치는 게르손 가문은 7,500명인데, 성막과 뜰의 휘장, 성막과 제단 사방에 있는 문들과 그것을 고정하는 줄을 담당합니다. 성막의 남쪽에 진을 치는 고핫 가문은 8,600명인데, 증거궤와 제단과 성소에서 쓰이는 기구들과 휘장 등을 맡습니다. 마지막으로 성막의 북쪽에 진을 치는 므라리 가문은 6,200명인데, 성막의 널판과 띠, 기둥과 받침, 말뚝과 그 줄 등을 담당합니다.

38절에서 성막의 동쪽에는 마침내 모세와 아론과 그 아들들이 진을 치고 제사장의 직무를 수행합니다. 그리고 10절과 38절에서는 이들의 직무가 얼마나 거룩한지를 강조하기 위해서 외인이 접근하면 사형이라는 규정도 엄격하게 듭니다.

39절에서는 인구조사의 결과 1개월 이상 된 레위인이 22,000명이라고 합니다. 그런데 흥미롭게도 이것은 앞서 든 레위인의 합과 다릅니다. 앞에서는 게르손과 고핫과 므라리 가문의 총합이 22,300명입니다. 그러니까 이 구절에서는 300명을 더 적게 부릅니다. 그래서 그리스어 역본인 칠십인역은 므라리 가문을 6,200명이 아니라 6,500명이라고 번역하여 합계를 맞추었습니다. 어떤 이들은 고핫 가문이 8,600'쉐쉬 므오트'명이 아니라 8,300'쉘로쉬 므오트'명이라고 하여 맞추기도 합니다. 첫 본문이 오늘 우리 손에 오기까지 수천 년 동안 이런 필사 오류나 수정의 과정을 겪었을 수도 있습니다. 하지만, 정확한 숫자보다 더 중요한 것은 레위인 모두가 한 사람 한 사람 구별되어 직무를 할 사람으로 계수되었다는 사실입니다.

40-51절은 앞서 이야기한 레위인이 이스라엘 자손의 직무를 위해 하나님의 것으로 구별된 이야기를 더 풀어 갑니다. 앞서 11-13절에서 레위인이 이스라엘 백성 모든 맏이를 대신해서 하나님의 것이 되었다고 말했습니다. 여기서는 구체적으로 그것이 무엇을 뜻하며, 어떻게 해야 하는지를 규정합니다. 먼저 하나님은 모세에게 이스라엘에서 1개월 이상 된 처음 태어난 남자, 그러니까 맏아들을 계수하라고 명령하십니다. 모세가 그들을 계수했더니 22,273명이었습니다. 앞서 39절에서 말한 22,000명보다 273명이 더 많은 셈입니다. 그래서 44-51절에서 하나님은 이 273명의 속전으로 한 사람에 다섯 세겔, 합쳐서 1,365세겔을 세금으로 징수하라고 명령하십니다. 1세겔이 대략 12그램 정도이니 16킬로그램이 넘는 무게 단위입니다.

결국 민수기 3장의 본문에서는 거룩한 하나님이 임재하시는 성막에서 제사장들을 도와 이스라엘 백성을 대신해서 성막의 일을 도맡을 레위인의 존재와 그들의 일, 그리고 그들과 이스라엘 백성 사이의 관계를 설정해 주는 것이 핵심입니다. 그리하여서 출애굽하여 하나님의 백성으로 언약을 맺은 이스라엘 백성들과 그 가운데 임재하시는 하나님 사이의 중재자인 제사장과 레위인의 존재와 역할을 규정해 줍니다.

2. 본문의 메시지

이제 이 본문을 통해서 하나님이 우리에게 주시는 교훈의 음성을 새겨 봅시다.

1) 우선, 앞서 말씀드린 대로 아론과 그의 아들들을 언급하는 데서 나답과 아비후의 이야기를 굳이 꺼낸 대목을 좀 더 깊이 묵상해 보겠습니다. 본문 3절에서 말씀하듯, 제사장은 기름부음을 받고, 거룩하게 구별되어 회막에서 제의와 관련한 일을 하는 사람들입니다. 그러므로 그에 걸맞은 몸가짐과 마음가짐을 가져야 하는 것은 당연합니다. 제사장으로서 이런 몸가짐과 마음가짐의 기본은 무엇일까요? 여기서 우리는 나답과 아비후의 이야기 끝에 이어진 레위기 10장 8-10절을 주목해 볼 필요가 있습니다. 함께 읽어 봅시다.

> [8]여호와께서 아론에게 말씀하여 이르시되 [9]너와 네 자손들이 회막에 들어갈 때에는 포도주나 독주를 마시지 말라 그리하여 너희 죽음을 면하라 이는 너희 대대로 지킬 영영한 규례라 [10]그리하여야 너희가 거룩하고 속된 것을 분별하며 부정하고 정한 것을 분별하고

나답과 아비후가 술에 취한 채로 하나님의 말씀에 어긋난 행동을 했는

지는 알 수 없습니다. 그러나 여기서 포도주와 독주는 분별력을 흩트리는 몸가짐과 마음가짐을 상징한다고 볼 수 있습니다. 왜냐하면, 10절에서 제사장의 임무가 하나님과 사람들 사이에 맺는 관계에서 거룩함과 속됨, 부정함과 정함을 "분별"하는 것이라고 말씀하기 때문입니다.

민수기 본문에서 제사장을 언급하면서 굳이 나답과 아비후를 언급했다는 점에서 이런 의도를 읽고 교훈을 새겨봄 직합니다. 여러분, 오늘 입방아에 오르내리는 한국 교회의 목회자들, 교회, 그리고 그 교회 공동체의 성도들을 봅시다. 과연 이들이, 우리가 나답과 아비후와 같은 속되고 부정한 몸가짐과 마음가짐으로 신앙인인 체하고 있지는 않은지 겸허하게 돌아보아야 하겠습니다.

2) 이제 레위인들의 인구조사 이야기에서 들려주시는 하나님의 음성에 귀 기울여 봅시다. 우리는 본문을 읽으면서 3장 전체가 레위인들의 두 가지 일에 집중하고 있음을 보았습니다. 하나는 실제로 제사장을 도와서 회막의 일을 담당하는 것이며, 둘째는 상징적으로 이스라엘 모든 맏이를 대신하여 하나님께 드려지는 존재가 되는 일입니다.

먼저, 첫째 일을 생각해 봅시다. 레위 지파의 사람들은 게르손, 고핫, 므라리 가문이 제각각 광야에서 이스라엘 백성들이 진영을 옮길 때마다 회막을 세우고, 해체하고, 운반하는 일을 하였습니다. 아무도 그들을 도와주지 않았고, 그래서도 안 되었습니다. 이 일이 이스라엘 백성들 한가운데 하나님이 임재하시는 데 정말 중요한 일이고 또 없어서는 안 되는 일인 것은 분명합니다. 그런데 한 번 생각해 보십시오. 이들이 하는 일은 절대로 드러나거나 주목받지 못하였을 것입니다. 레위인들이 회막을 세우고, 해체하고, 운반한다는 것은 이스라엘 백성들이 다 잘 알지만, 누구도 그 일을 레위인들이 구체적으로 어떻게 하는지 주목하지 않았을 것입니다. 회막이 세워지고 나면, 정작 레위인들은 제사장들이 직무를 수행하는 회막 근처에도 가지 못했습니다. 그들은 그저 다른 이스라엘 백성들과 마찬가지로 제사장들이 앞에서 희생 제사를 드리는 것을 볼 수밖에 없었습니다.

문득 이 모습을 보면서, 예수님이 하신 말씀이 떠오릅니다. 예수님은 예루살렘에 올라가며 누가 더 높은 자리를 차지할지 다투는 제자들에게 마가복음 10장 42-45절에서 말씀하십니다.

> 42예수께서 불러다가 이르시되 이방인의 집권자들이 그들을 임의로 주관하고 그 고관들이 그들에게 권세를 부리는 줄을 너희가 알거니와 43너희 중에는 그렇지 않을지니 너희 중에 누구든지 크고자 하는 자는 너희를 섬기는 자가 되고 44너희 중에 누구든지 으뜸이 되고자 하는 자는 모든 사람의 종이 되어야 하리라 45인자가 온 것은 섬김을 받으려 함이 아니라 도리어 섬기려 하고 자기 목숨을 많은 사람의 대속물로 주려 함이니라

사람들은 누구나 자기가 한 일에 상응하는 인정을 받고 싶어 합니다. 그것은 세상에서나 교회에서나 매한가지입니다. 그런 인정은 남들 보기에 그럴듯한 가시적인 재화, 지위 등이 될 수도 있겠습니다. 어쩌면 오늘날 세상의 입방아에 오르는 교회의 목회자들, 성도들의 근본적인 문제도 여기서 시작하지 않을까 합니다. 하지만 예수님은 제자들에게, 그리고 오늘 우리에게 분명히 말씀하십니다. 사람들에게 인정받는 큰 자, 으뜸인 자가 되기를 추구하지 말고, 드러나지 않더라도 하나님과 다른 사람을 섬기고, 종처럼 낮은 자리에서 묵묵히 맡은 일을 하라고 말이지요. 심지어 그런 삶이

자신을 희생하더라도 그렇게 하라고 가르쳐 주셨습니다. 본문 12절의 말씀대로 레위인들은 하나님의 것이었고, 그래서 비록 남들에게 드러나지 않고, 보잘것없어 보이는 일이라도 묵묵히 하였습니다. 레위인들의 이 모습에서 우리는 오늘 우리의 모습을 분명히 비추어 보고 반성해야 할 것입니다.

둘째로 레위인들은 이스라엘 모든 맏이를 대신해서 하나님의 것이 되었고, 성소의 일을 담당하였습니다. 11-13절에서 밝히는 대로 레위인들은 그렇게 이스라엘 모든 맏이를 대신해서 "하나님의 것"으로 드려졌습니다. 이것은 레위인들에게나 이스라엘에게나 매우 중요한 사실입니다.

먼저 레위인들에게는 자신들 존재의 본질을 규정하는 말씀이 됩니다. 그러니까 레위인들은 태어나면서부터 하나님의 것이 되었습니다. 그러므로 본문에서 보는 것과 같이 태어난 지 1개월 이상 된 모든 레위인은 너나 할 것 없이 모두 "하나님의 것"입니다. 그러므로 레위인들은 태어나면서부터 이스라엘의 거룩함을 대신하고, 또 거룩한 회막의 일을 할 사람으로 규정되었습니다. 그러므로 당연히 이 지파의 가정에서는 이런 존재의 자의식을 기르는 교육을 해야 했을 것입니다. 존재의 자의식이 어느 한순간에 생기지 않으므로 어려서부터 4장과 8장에서 언급하듯 25세, 또는 30세가 되어 이 나이에 대해서는 4장 본문 해설 참조 회막의 일과 성소의 일을 본격적으로 할 때까지, 준비가 되어 있어야 합니다. 특히 민수기 8장을 보면 이런 준비가 얼마나 섬세하게 완결되는지를 잘 알 수 있습니다.

이 대목에서 오늘날 한국 교회를 돌아보게 됩니다. 레위 지파 구성원들이 그 직무에 임하기 전 자의식을 충분히 갖추고 거룩하게 임하듯, 그런 마음가짐과 존재의 자의식과 책임감을 가지고 신앙생활을 하고 있는지요?

다시금 우리 자신을 돌아보고 반성할 수 있어야 하겠습니다.

둘째로 다른 이스라엘 지파들에게 레위인들이 "하나님의 것"으로 드려진 사실이 어떤 의미였을지를 새겨볼 필요가 있겠습니다. 본문 13절에서 말씀하듯, 출애굽부터 이스라엘의 모든 맏아들은 하나님의 것이었으며, 하나님께 드려져야 했습니다. 그런데 그것을 대신해서 레위 지파를 드렸습니다. 그러니 레위 지파를 볼 때, 이스라엘 백성들은 자신들을 대신하는 사람들로 보아야 했으며, 그들이 하는 일도 자신들이 해야 할 일을 대신하는 것으로 보아야 했습니다. 달리 말하자면, 레위 지파를 볼 때, 이스라엘 백성들은 하나님의 것으로 대신 드려져서 그 일을 대신 해 주는 존귀한 사람들로 여겨야 했음을 알 수 있습니다. 실제로 민수기 8장 23-26절을 보면, 레위인들은 회막에 들어갈 나이가 될 때까지 자기 성읍에서 생계를 돌보는 일을 하다가, 그 이후 50세에 은퇴하기까지는 오로지 회막의 일만 해야 했습니다. 이 일을 시작할 때, 이스라엘 백성들이 다 보는 앞에서 거룩하게 의식을 치러서 알고 존중할 수 있도록 했습니다.

이 모습에서 우리는 우리 교회 공동체 안에서 서로 다른 사람들을 바라보는 시각을 되돌아보면 좋겠습니다. 사실 교회 공동체에서는 누구나 모든 일을 하고 서로 섬기는 것이 당연합니다. 하지만, 실제로 어느 교회든 성도 대부분은 예배에만 참석하고, 교회가 운영되고, 예배를 드리며, 교육하는 데 꼭 필요한 일들은 몇몇 성도가 도맡아 하는 것이 현실입니다. 과연 예배만 참석하는 대다수의 성도는, 또 교회에서 여러 일을 도맡아 하는 이들은 서로를 어떻게 바라보고 있습니까? 자칫 한쪽은 다른 이들이 얼마나 힘겹게 고귀한 섬김을 실천하는지 전혀 모를 수 있습니다. 또 다른 한쪽은 근거 없는 우월감에서 다른 사람들을 무시하거나 얕잡아 볼 수도 있습니다. 교회 안에서 일어나는 수많은 갈등이 이런 데서 시작되기도 합니다. 민수기 본문에서는 레위인들의 직무와 존재 의미를 분명히 밝혀서, 존중과 질서를 강조하였습니다. 오늘 우리 교회 공동체에서도 각자 맡은 바 직책과 직무와 존재 의미에 대해 존중하고 귀하게 여기려는 마음가짐이 절실히 필요하다 하겠습니다. 그런 뜻에서 고린도전서 12장 4-7절은 마음 깊이 새겨보아야 할 말씀입니다.

[4]은사는 여러 가지나 성령은 같고 [5]직분은 여러 가지나 주는 같으며 [6]또 사역은 여러 가지나 모든 것을 모든 사람 가운데서 이루시는 하나님은 같으니 [7]각 사람에게 성령을 나타내심은 유익하게 하려 하심이라

결단의 말씀

성도 여러분!

교회는 우리 주님의 몸된 공동체입니다. 그러므로 우리는 머리이신 주님을 섬기는 공동체답게 본질에 충실하기 위해 노력하여야 할 것입니다. 오늘 민수기 3장 본문은 우리에게 주님의 공동체로서 교회의 본질을 다시금 돌아보게 합니다.

우리 교회 공동체는 무엇보다 먼저 오로지 말씀의 본질을 추구하며, 유한한 세속화의 유혹을 초월하여 영원하고 무한하신 하나님 나라를 추구하는 몸가짐과 마음가짐을 거듭 되새겨야 하겠습니다. 그리고 교회 공동체 안에서 낮아지고 섬기는 자세로 묵묵히 주님을 섬기고 서로 섬기려 애써야 할 것입니다. 또한 거룩한 주님의 백성으로서 존재의 자의식을 가지고 서로 맡은 바 직분에 충실하며 성령 안에서 하나 되려는 주님의 공동체가 되기에 힘써야 할 것입니다. 이것이 오늘 레위인들을 하나님의 것으로 따

로 구별하여 인구조사를 한 민수기 3장 말씀을 통해 주님이 우리에게 주시는 음성일 것입니다.

꼭 해야 할 일과 절대로 하면 안 되는 일

민수기 4:1-49

김정훈
부산장신대학교

도입

우리는 아침에 눈을 떠서, 저녁에 눈을 감을 때까지, 그리고 혼자 밥을 먹고 사람들의 말을 알아듣기 시작하면서부터 세상에서 마지막 눈을 감기 전 몸을 스스로 움직일 수 있을 때까지 어떤 형태로든 "일"을 합니다. 이 일의 개념은 경제활동만 포함하지 않습니다. 인간으로서, 그리고 한 사회의 구성원으로서 하는 모든 행동을 다 포함합니다. 흔히들 이런 일은 네 가지로 나눕니다. 그것은 반드시 해야 할 일, 하면 좋을 일, 안 하는 편이 좋을 일, 절대로 하면 안 되는 일로 나눌 수 있습니다. 이런 일들의 우선순위를 정확히 인지하고 제대로 실행하느냐 그렇지 못하냐에 따라, 인간으로서, 그리고 사회구성원으로서 수많은 분야의 성패가 좌우되곤 합니다. 물론 우리는 하면 좋을 일과 안 하는 편이 좋을 일보다는 반드시 해야 할 일과 절대로 하면 안 되는 일을 우선순위에 두어야 합니다. 그런데 인생이 참 흥미롭게도 반드시 해야 할 일은 하기 싫을 때가 많고, 절대로 하면 안 되는 일은 하고 싶을 때가 많습니다. 반드시 해야 하는 일은 대개 의무인 경우가 대부분이고, 절대로 하면 안 되는 일은 자칫 사회적으로나 윤리적으로 죄로 이어지는 경우도 더러 있습니다. 그러니 반드시 해야 할 일이 하고 싶은 일이 되고, 절대로 하면 안 되는 일이 하기 싫은 일이 되는 경우가 가장 이상적이고 행복할 것입니다.

과연 신앙생활에서, 하나님 나라의 백성으로서는 어떨까요? 오늘 민수기 4장의 본문에서 하나님은 모세와 아론에게 레위인들 가운데 30-50세까지 남자들의 인구조사를 하라고 명령하십니다. 그리고 그들을 고핫, 게르손, 므라리 자손으로 나누어 제각각 가문에 따라 해야 할 일을 구체적으로 규정하십니다. 레위인들은 3장에서 보았듯이 이스라엘 백성들의 모든 맏아들을 대신해서 하나님의 것으로 드려집니다. 그래서 좋거나 싫거나 회막에서 30-50세까지 회막의 일을 섬기며 제사장들을 도와야 했습니다. 모든 레위인에게 이 의무가 다 하고 싶은 일이었을까요? 반드시 그렇지는 않을 것입니다. 그런데도 레위인들은 이스라엘 다른 지파의 백성들이 군사로 복무하듯, 그렇게 회막에 배치되어 있었습니다. 그러니 그 일의 소중함을 깨닫고 마음에 새기며 하지 않는다면, 정말 하고 싶지 않지만, 반드시 해야 하는 의무에 지나지 않을 것입니다. 하지만 오늘 민수기 4장의 본문에서 말하는 레위인들의 직무과 그 의미를 제대로 깨닫고 하나님의 뜻을 헤아린다면, 회막의 일보다 더 즐겁고 행복한 일은 없을 것입니다.

오늘은 이런 관점에서 레위인들의 인구조사를 명령하고 실행하는 본문을 통해서 하나님의 음성을 새겨봅시다.

본문 강해

1. 본문 해설

민수기 4장에서는 레위 자손들의 직무와 인구조사를 전합니다. 특히 세 가문, 고핫 자손과 게르손 자손, 므라리 자손을 중심으로 이야기가 전개됩니다. 이 본문에서는 레위인으로 성소의 일을 직접 감당하는 30-50세의 남자들을 조사합니다. 그런데 성경을 자세히 읽다 보면, 레위인들이 성소에서 일하는 나이가 전하는 본문마다 조금씩 다르다는 사실을 알 수 있습니다. 가령, 민수기 8장 23-26절에서는 25세에 시작해서 50세에 은퇴한다고 전합니다. 그런가 하면 역대상 23장 24절, 역대하 31장 17절, 에스라 3장 8절 등에서는 20세에 직무를 시작한다고 전하고 언제까지 직무를 계속하는지는 언급하지 않습니다. 많은 사람이 추측하듯, 아마도 이런 불일치는 본문이 생성된 시대에 따라 직무를 시작하는 나이에 대한 전통이 조금씩 달랐던 것을 반영한다고 볼 수도 있겠습니다. 어쨌거나 본문은 구체적으로 성소에서 일할 레위인들의 직무를 규정합니다.

먼저 본문 전체가 1, 17, 21절 등에서 거듭 되풀이하는 "여호와께서 모세[와 아론]에게 말씀하여 이르시되"로 시작하고, 본문 마지막에서 "여호와께서 모세에게 명령하신 대로 그들이 계수되었더라"로 끝마치는 얼개로 이루어진 점이 눈에 띕니다. 곧 레위인들의 조직과 직무에 관한 모든 규정은 하나님이 직접 명령하셨음을 강조하여, 이들의 직무가 얼마나 중요한지를 드러낸다고 하겠습니다.

먼저 1-20절에서는 고핫 자손의 인구조사 명령과 그들이 맡을 일을 세세히 규정합니다. 1-3절은 고핫 자손에 대한 인구조사 명령입니다. 인구조사를 뜻하는 히브리어 표현은 직역하면 "머리를 들어라"인데, 이것은 민수기에서 인구조사를 뜻하는 고유한 표현으로 자주 쓰입니다[1:2, 49; 4:2, 22; 26:2; 31:26, 49]. 그리고 우리말 성경에서 "회막에서 복무하고"[23, 30, 35, 43절]로 옮겨진 말[히브리어에는 3, 39절에도 있음]은 실제로 군 복무를 일컫는 데 쓰이는 말입니다. 아마도 이스라엘 다른 지파의 조직이 군사 조직인 것과 평행하여 쓰인 말로 여길 수 있겠습니다.

4-14절에서 구체적으로 고핫 자손이 진영을 이동할 때 회막에서 맡아서 옮겨야 할 일들을 자세히 설명합니다. 한 마디로 고핫 자손이 맡은 일은 성소의 성물들을 포장하고 옮기는 일입니다. 다른 두 가문에 비해서 훨씬 더 길게 규정하는 것은 이들이 맡아야 하는 일이 성소의 성물들이기 때문일 것입니다. 그래서 다른 지파에는 없는 명령이 더 있습니다. 가령, 15절에서는 "성물은 만지지 말라 그들이 죽으리라"라고 하고, 20절에서는 "성소를 보지 말라 그들이 죽으리라"라고 엄중히 경고합니다. 그러니 고핫 자손들은 특히 직무를 수행하는 데 조심해야 했습니다. 그들은 무엇을 만질 수 있고 만져야 하는지, 또 무엇을 절대로 만지거나 보아서는 안 되는지를 뚜렷이 구분하여야 했습니다. 그들이 맡은 성물들은 증거궤[5-6절], 진설병 상·대접·숟가락·주발들·붓는 잔들[7-8절], 등잔대·등잔·불집게·불똥 그릇·기름 그릇[9-10절], 금제단[11절], "성소에서 봉사하는 데에 쓰는 모든 기구"[12절], 그리고 제단·불 옮기는 그릇·고기 갈고리·부삽·대야[13-14절] 등이었습니다. 이것들은 대개 청색이나 홍색, 자색 보자기로 먼저 싸고, 해달 가죽으로 한 번 더 쌌습니다. 그리고 옮길 수 있도록 채나 메는 틀을 마련해서 이동에 수월하도록 준비했습니다.

그리하여 고핫 자손들은 진영을 옮겨야 해서 회막을 이동할 때, 이것들을 옮겼습니다. 그런데 15절에서 이들은 아론과 그의 아들들, 그러니까 제사장들이 성물들을 덮고 나면 메고 이동하는 일만 해야 했습니다. 이와 관련해서 16절에서는 제사장 아론과 엘르아살이 레위인들과 달리 맡아야 할 성물들, 그러니까 등유 태우는 향, 항상 드리는 소제물, 관유, 장막, 성소와 그 모든 기구를 명시합니다. 이것은 제사장들과 레위인들의 직무를 분명히 구분하는 대목입니다.

17-20절은 고핫 자손들을 향한 명령을 따로 전합니다. 어떤 이들은 이것이 본문의 흐름을 깨고 있어서 나중에 덧붙여진 것이라고 여기기도 합니다. 어쨌거나 이 본문은 크게 세 가지로 구분됩니다. 먼저 18절에서 하나님은 절대로 고핫 자손들이 레위인들 가운데 끊어지게 해서는 안 된다고 힘주어 말씀하십니다. 이는 일종의 과장법으로 고핫 자손이 성물을 함부로 대하면 죽임을 당해 자칫 가문이 멸족할 가능성을 말하는 것입니다. 이어서 19절에서는 이들이 성물에 접근할 때 죽지 않으려면 반드시 아론과 그 아들들의 지휘를 받으라고 경고합니다. 부지중에라도 성물을 함부로 대하지 않도록 특별히 유의하라는 뜻입니다. 한 걸음 더 나아가서 20절에서는 아예 성소또는 성물를 보지도 말라고 명령합니다. 잘못 보다가는 죽을 수도 있다고 경고합니다. 이토록 경고에 경고를 더하는 것은 4장 본문 전체에서 매우 도드라져 보입니다. 그만큼 이 본문을 읽는 독자들에게도 깊은 인상을 주어 하나님께 직접 제물을 드리는 일에 사용되는 성물이 얼마나 거룩한지를 다시금 생각하게 해 줍니다.

이어서 21-28절은 게르손 자손의 인구조사 명령과 그들이 맡을 일을 세세히 규정합니다. 이 본문도 앞선 고핫 자손과 마찬가지로 21-23절에서 도입 구문이 등장합니다. 24-26절이 회막을 이동할 때 게르손 자손이 맡을 일인데, 주로 성막과 회막 뜰에 쓰는 휘장들, 그 문과 그것을 묶는 줄, 그에 따른 기구들입니다. 이것들도 주로 해달 가죽으로 한 번 더 싸서 이동합니다. 고핫 자손들과 달리 게르손 자손들에게는 죽을 것이라는 경고는 없고, 다만 아론의 아들 이다말이 게르손 자손의 일을 감독하도록 합니다. 그리고 "그들이 멜 짐을 그들에게 맡길 것이니라"라고 해서 직무 수행의 자율성과 책임성을 부여합니다.

마지막으로 므라리 자손의 인구조사 명령과 그들이 맡을 일이 언급되는데 29-33절로 가장 짧습니다. 29-30절에서는 앞선 두 가문에 비해 조금 짧은 도입 구문이 전해집니다. 변주와 요약으로 본문을 다양화하고 있다고 볼 수 있겠습니다. 그런 뒤에 31-32절에서 므라리 자손들이 회막을 이동할 때 해야 할 임무를 규정합니다. 31절에 따르면 므라리 자손들은 장막의 널판과 그 띠, 기둥, 받침 등을 옮깁니다. 그리고 32절에 따르면, 뜰 둘레에 있는 기둥과 받침, 말뚝과 줄 등을 옮깁니다. 33절에 따르면, 이들도 아론의 아들 이다말의 지휘 아래 "그 직무대로 회막에서 행할 일"을 합니다.

레위 지파 세 가문이 제각각 해야 할 일을 규정한 뒤에 34-45절에서는 실제로 30세부터 50세까지 레위인들의 인구조사를 한 결과를 전합니다. 그 결과 고핫 자손은 2,750명, 게르손 자손은 2,630명, 그리고 므라리 자손은 3,200명이었습니다. 46-49절에는 인구조사의 결과가 요약되어 있습니다. 이에 따르면, 30세부터 50세까지 "회막 봉사와 메는 일에 참여하여 일할 만한 모든 자"47절는 8,580명이었습니다. 3장 39절에서 1개월 이상 레위인의 모든 인구가 22,000명이었으니 전체 레위 인구 대비 회막 봉사자는 39% 정도였습니다. 이것은 평균 연령을 80세로 보고 연령대별로 균등하게 배분했을 때, 기대되는 인원수대략 5,500명보다 많은 수입니다. 특히 므라리의 경우는 전체 인구의 절반을 넘습니다참조, 3:33-37; 6,200명. 하지만, 고대 사회의 연령분포가 아무래도 노령층보다는 저연령층이 많았을 것을 고려한다면, 어느 정도는 수긍할 수 있는 수입니다.

어쨌거나 마지막 49절에서는 앞서 말씀드린 대로 이 모든 일이 "여호와께서 모세에게 명령하신 대로" 진행되었음을 강조하면서 본문을 마무리합니다.

2. 본문의 메시지

1) 레위인들이 꼭 해야 할 일

먼저 레위인들이 가문별로 해야 할 일을 생각해 봅시다. 사실 레위인들이 하는 일은 제사장들에 비해서 그리 눈에 띄지 않고, 귀하지 않아 보일 수 있습니다. 이 사람들은 자신들은 만지지도 보지도 못하는 성물들을 다 감싼 뒤에 옮기는 일만 합니다. 그리고 의미를 찾기도 어려운 휘장들과 줄, 말뚝들과 기둥, 받침 등 각종 물건을 그저 싸고 옮기는 일만 합니다. 아주 단순한 일이기 때문에 의미를 찾기란 쉽지 않습니다. 이런 생각을 하기 시작하면, 제사장의 화려한 의복과 그들이 하는 중요한 제사 행위들과 자기네가 하는 단순한 일들을 비교하게 됩니다. 그러면서 상대적 상실감에 빠지기 십상입니다. 그러면 반드시 해야 하는 일이 지옥같이 자신을 옥죄는 사슬로 보이고, 이 일에 20년을 꼬박 봉사해야 하는 자신의 처지가 한심해 보이고 불행해질 수 있습니다.

그러나 그 일은 정결하지 않은 이스라엘 백성들 한가운데 친히 임재하시는 하나님의 처소출 40:34-38를 매번 진영을 옮길 때마다 마련하는, 이스라엘 백성에게는 가장 핵심이 되는 일입니다.

세상은 점점 빠르게 돌아갑니다. 그리고 세상에서 추구하는 가치는 그 가운데서 가시적으로 드러나는 것들입니다. 하지만 그렇게 가시적으로 드러나는 가치들은 이 세상에 있으므로 유한합니다. 유한한 것들은 누릴 수 있는 사람들의 수도 제한적일 수밖에 없습니다. 제한적이고 유한한 가치들을 선점하려 하다 보니 자연스레 세상에는 경쟁이 생겨납니다. 경쟁은 사람들의 가치를 상대화해 버립니다. 사람들은 제한적이고 유한한 가치들을 선점할 수 있는 상대적으로 우월한 사람들과 그렇지 못한 상대적으로 열등한 사람들로 구분합니다. 그 구분은 결국 종속관계를 만들어 냅니다. 상대적으로 우월한 사람들이 상대적으로 열등한 사람들 위에 서기 시작하고, 가치 선점을 무기로 지배까지 합니다. 더 나아가서 그런 계층 구분은 대물림으로 이어지고, 결국에는 사회의 양극화까지 나아갑니다. 이런 구도는 이 세상의 어느 나라, 어떤 집단에서건 예외가 없어 보입니다. 심지어 우리나라에서는 어떤 기업 광고에서 "아무도 2등은 기억하지 않습니다"라는 슬로건을 내걸고 1등을 지향하기까지 했습니다. 이 세상의 유한한 가치로는 절대로 모두가 1등을 할 수 없습니다. 그래서 1등을 하지 못하는 사람들은 상대적 박탈감에 시달리고, 다른 한편으로는 어떻게든 1등이 되어야 한다는 강박에 시달리게 합니다. 우리나라에서 수많은 청소년이 그 고귀한 생명을 스스로 끊어버리게 만든 것이 이런 부조리 아니겠습니까?

여러분! 레위인들이 해야 하는 일을 하나하나 뜯어보면 하찮아 보이기도 합니다. 상대적으로 제사장들보다 열등해 보일 수도 있습니다. 그러나 그 일들이 없다면, 하나님은 이스라엘 백성들 한가운데 임재하지 못하십니다. 그래서 그들이 하는 행동 하나하나는 그 무엇도 하나님 앞에서 귀하지 않은 것이 없습니다. 그런 까닭에 하나님은 직접 모세와 아론에게 레위인들이 해야 할 일들을 세심히 규정하신 것입니다.

오늘 여러분은 이 세상에서, 그리고 교회 공동체 안에서 어떤 일을 하십니까? 더러는 다른 사람들의 눈에 잘 드러나고 빛이 나는 일을 하실 수도 있습니다. 하지만 어떤 분들은 아무리 땀이 나게 일을 해도 아무도 알아주지 않는 일을 하실 수도 있습니다.

언젠가 제가 교육전도사 시절에 여름수련회에서 겪은 일입니다. 여름수련회에는 종종 학생들이 이곳저곳을 다니며 야외 활동을 하는 프로그램이 있지요. 저는 그때 강원도 어느 산속에 있는 수련회장에서 그런 프로그램을 계획하고 있었습니다. 프로그램 당일 아침 일찍 저는 미리 야외 활동 장소를 점검하러 나갔습니다. 그때 교회 버스를 운전하시는 집사님이 손에 낫을 들고 땀을 뻘뻘 흘리며 오고 계셨습니다. 제가 어디 다녀오시냐고 여쭈었더니, 학생들이 야외 활동을 하다 혹시라도 다칠까 해서 일일이 풀을 다 베고 오셨다고 했습니다. 그러면서 아무 일 없다는 듯 유유히 사라지셨습니다. 그분은 그 일을 아무에게도 알리지 않으셨고, 내색도 하지 않으셨습니다. 그분의 삶이 늘 그러했습니다. 교회 관리를 할 때도 그랬고, 어떤 일이든 다 그러했습니다. 저는 지금도 그분의 넉넉하고 행복한 미소를 잊을 수 없습니다.

레위인들이 해야 하는 이 일들이 얼마나 중요한지를 깨달을 때, 그들의 삶이 행복해질 수 있었을 것처럼, 오늘 우리도 우리가 하는 일이 하나님 앞에서 어떤 의미가 있는지 깨닫는다면 그런 넉넉하고 행복한 미소로 삶을 누릴 수 있을 것입니다.

2) 레위인들이 절대로 하면 안 되는 일

레위의 세 가문 가운데 특히 고핫 자손들에게는 다른 가문들보다 훨씬 더 자세하고 엄격한 규정이 있습니다. 그들이 성소의 성물을 다루기 때문입니다. 특히 17-20절에서는 드러나게 고핫 자손들을 향한 금지 규정이 명시되어 있습니다. 이 사람들은 직무의 특성상 성소의 성물에 접근할 수밖에 없습니다. 그리고 그 성물들을 옮겨야 했습니다. 하지만 그들은 절대로 성물을 만져서도 안 되었고[15절], 성소를 바라보는 것도 금지되었습니다[20절]. 하나님은 이 금지령을 어기면, 고핫 자손이 이스라엘 백성들 가운데서 끊어지더라도 죽을 수밖에 없다고 엄히 명령하십니다[18절]. 사실 이것은 쉬운 일이 아니며, 효율적이지도 않습니다. 고핫 자손들은 제사장들이 성물들을 정리해서 감쌀 때까지 그 근처에 가서 보면 안 되었습니다. 다 싸고 난 뒤에야 가서 그것들을 옮길 수 있었습니다. 이들은 직무수행의 효율성을 위해서 이 정도는 고핫 자손들에게 허용해 줘도 되지 않을까 하는 생각을 했을 수도 있습니다.

하지만 온전히 거룩하신 하나님이 거룩하지 않은 이스라엘 백성들 가운데 거하시는 성소는 특별하게 관리해야 했습니다. 제사장들은 이 성소를 중심으로 정결함과 부정함, 거룩함과 속됨을 엄격히 판가름해야 했습니다[레 10:8-10]. 그렇지 않으면, 어느 순간에 선을 넘어서 하나님의 거룩함을 속되게 하고, 그분의 정결함이 부정하게 더럽혀질 수도 있었습니다. 그것은 이스라엘 백성들의 신앙을 순수하게 유지하는 데 필요한, 최소한으로 지켜야 할 선이었습니다. 따라서 고핫 자손에게 특별히 금지된 성물과 성소에 관한 규정은 비효율적이고 가혹해 보이더라도 절대로 잊어서는 안 되는 중요한 규정이었습니다.

이것은 오늘날 교회 공동체에 드는 모든 구성원이 반드시 기억해야 할 교훈을 줍니다. 특히 개신교회의 성직과 예배에 대한 비교적 자유로운 관점에서 반성해야 할 부분이 있습니다. 사실 개신교회의 성직은 가톨릭교회와는 크게 다릅니다. 개신교회 목회자의 역할은 가톨릭교회의 사제와는 굉장히 다릅니다. 목회자는 설교 사역과 목회 사역을 감당하는데, 이 사역이 다른 사역보다 구별되기는 하지만 절대적 권위를 가지는 가톨릭교회만큼은 아닙니다. 물론 이것이 개신교회가 가톨릭교회와 구분되는 중요한 장점이기도 한 것은 틀림없습니다. 권위주의보다는 직분과 은사 관점에서 차이를 강조하기 때문입니다. 하지만 그러다 보니 목회자이건 평신도이건 예배와 성직 자체를 함부로 여길 수 있는 위험도 함께 안고 있습니다. 누구나 아무 사역이라도 아무렇게나 할 수 있는 것으로 오해하고, 예배가 콘서트와 구분되지 않을 정도로 세속화될 우려도 없지 않습니다. 그러다 보면 경외심 없는 태도가 하나님을 대하는 신앙 자체의 세속화와 부정함으로 이어질 수도 있습니다.

민수기 4장에서 엄격히 금지 규정으로 경고하는 고핫 자손을 향한 말씀도 이런 우려를 고려했을 것입니다. 사실상 성물이 물리적으로 일상생활의 용품들과 다르지는 않습니다. 용도도 그렇습니다. 궤는 무엇을 넣는 용도이고, 상은 무엇을 올려놓는 용도이며, 촛대는 불을 밝히는 용도입니다. 그것은 다르지 않습니다. 그러니 효율성과 실용성을 놓고 보자면, 고핫 자손이 직접 이 물건들을 싸고 옮기고 풀어 설치하는 것이 맞습니다. 그러나 그러다 보면 하나님의 거룩함조차 대수롭지 않게 범해버릴 수 있지요. 마찬가지로, 오늘날 신앙인들도, 특히 개신교인들도 적어도 성직과 예배에 관해서는 목회자 평신도 할 것 없이 효율성이나 실용성보다는 본질을 먼저 생각하고 엄격히 구분할 필요가 있겠습니다.

객관적인 현상만 놓고 보자면, 목회자라고 해도 평신도와 다르지 않은 사람입니다. 예배실이라고 해서 다른 공간과 다르지 않습니다. 예배 시 쓰는 용품들이나 내용들이 물리적으로는 일상의 것과 다르지 않습니다. 그러나 이들은 분명히 거룩하신 하나님께 드려진 사람들, 물건들이며, 그분을 섬기는 일에 쓰입니다. 그러므로 물리적인 관점이 아니라, 하나님 앞에서 정결함과 거룩함의 관점에서 몸가짐과 마음가짐을 다잡고 대해야 합니다. 고핫 자손들을 향한 금지 규정을 보면서 우리는 오늘 우리 교회에서 드리는 예배와 목회자들에 대한 현상보다는 본질을 기억해야 할 것입니다.

결단의 말씀

주님의 사랑하시는 성도 여러분!

주님께서는 옛 이스라엘의 레위 지파를 부르셨듯이 오늘 우리도 그분을 섬기는 일에 부르십니다. 오늘 다시금 부르심을 받은 우리 자신의 모습을 말씀 앞에서 되돌아볼 수 있어야 하겠습니다.

우리는 과연 주님의 일을 위해 기꺼이 레위인들처럼 섬김의 본질을 깨닫고 행복하게 모든 일에 임할 수 있습니까? 아무도 알아주지 않고 빛나지 않더라도 레위인들이 30-50세까지 기꺼이 봉사했던 것처럼 주님의 일에 헌신할 수 있습니까? 레위인들이 꼭 해야 했던 일들을 보며 스스로 돌아볼 수 있어야 하겠습니다.

우리는 과연 주님의 일을 할 때 본질을 잘 기억하고 주님 앞에 겸허히 나아가고 있습니까? 고핫 자손들은 매번 옮기는 성물과 그것들이 있는 성소를 절대로 보지 않았습니다. 그것이 비효율적이고 비실용적일 수 있지만, 그것은 지극히 거룩하고 정결하신 주님을 혹시라도 범하지 않으려는 마음가짐이었습니다. 과연 우리는 오늘 신앙생활 가운데 그런 마음으로 주님의 일을 대하고 있습니까? 혹시 부지중에라도 부정하고 속된 몸가짐과 마음가짐으로 그분 앞에 나아가고 있지는 않습니까? 고핫 자손들이 절대로 해서는 안 되었던 일들을 보며 스스로 돌아볼 수 있어야 하겠습니다.

부정함을 없애는 길

민수기 5:1-31

강성열
호남신학대학교

5장

도입

민수기는 광야 유랑 여정에 대한 기록들에 맞추어 크게 세 부분으로 나눌 수 있습니다. 첫째는 시내 광야에서의 출발 준비를 다루는 본문[1:1-10:10]이고, 둘째는 시내 광야에서 가데스 바네아까지의 여정을 다루는 본문[10:11-20:13]이며, 셋째는 가데스 바네아에서 모압 평지까지의 여정을 다루는 본문[20:14-36장]입니다. 첫째와 둘째가 불신앙과 반역에 대한 처벌 내지는 심판에 초점을 맞추고 있다면, 셋째는 첫 세대의 종말과 더불어 출현한 광야 세대의 새로운 희망에 초점을 맞추고 있다고 볼 수 있습니다.

오늘 다루는 본문은 첫째 부분의 중간에 자리한 것으로, 세 개의 단락으로 나누어집니다. 첫째 단락은 질병이나 사체 접촉으로 부정해진 사람을 어떻게 할 것인지를 다루고 있으며[1-4절], 둘째 단락은 죗값의 배상 문제를 다루고 있습니다[5-10절]. 그리고 5장의 70% 정도를 차지하고 있는 세 번째 단락은 아내의 간통을 밝히는 절차를 다루고 있습니다[11-31절]. 이 세 단락은 이스라엘 공동체를 온갖 부정함으로부터 정결케 하는 데 필요한 기본적인 조치들을 다루고 있다는 공통점을 가지고 있습니다. 한마디로 말해서 이스라엘 공동체에서 부정함을 없애는 길을 다루고 있다는 얘깁니다. 그리고 공동체를 정결케 하는 일에 제사장이 중심 역할을 수행하고 있다는 사실도 세 단락이 공통적으로 강조하고 있는 점이라 할 수 있습니다. 이 점을 염두에 두면서, 민수기 5장 본문을 주해함과 아울러, 설교의 중심 주제들도 겸하여 살펴보도록 하겠습니다.

본문 강해

1. 부정해진 사람들의 처리법 (1-4절)

이스라엘 공동체에서 부정함을 없애는 방법들이 무엇인지를 상세하게 설명하는 5장은 세 개의 단락들 서두에서 한결같이 그러한 규정들이 야웨께서 모세에게 명하신 것임을 분명하게 밝히고 있습니다[1, 5, 11절]. 먼저 질병이나 사체 접촉으로 인하여 육체적으로 부정하게 된 사람들을 어떻게 처리할 것인지를 다루는 1-4절 단락을 살펴보도록 하겠습니다. 질병이나 사체 접촉으로 부정해진 사람들의 처리법이 야웨께서 모세에게 말씀하신 것임을 1절에서 밝힌 본문은, 2절에서 세 종류의 부정해진 사람들에 대해서 언급합니다. 나병 환자와 유출병이 있는 사람, 그리고 사체 접촉으로 부정하게 된 사람 등이 그렇습니다.

이 세 종류의 부정함은 그다음에 이어지는 5-10절이 사람들과의 수평적인 관계에서 비롯되는 도덕적이고 윤리적인 정결함의 회복을 중점적으로 다루는 것과는 달리, 하나님과의 수직적인 관계에서 비롯되는 제의적인 정결함의 회복을 중점적으로 다루고 있습니다. 그 첫 번째인 나병은 구약 시대의 의학 수준에서는 도무지 치료할 길이 없던 불치병인 데다가, 전염성이 매우 강한 "악성 피부병"『표준새번역』이었습니다. 그 까닭에 구약 시대에는 무조건 나병에 걸린 사람을 하나님 앞에 부정한 사람으로 간주하여, 진영 밖으로 내보냄으로써 그들을 격리시킬 것을 강하게 명하고 있습니다레 13:1-46; 4, 5, 21, 26, 31, 33절, "가두어둘 것이며".

민수기 12장을 보면, 미리암이 아론과 함께 구스 여인을 취한 모세의 행동을 비난한 일로 인하여 나병에 걸린 탓에, 모세가 야웨 하나님의 명을 따라 미리암을 일주일 동안 진영 밖에 가두어둠으로써, 나병 환자를 격리 추방해야 한다는 법이 실천에 옮겨지고 있음을 확인할 수 있습니다. 나병 때문에 성읍 안으로 들어갈 수 없었던 네 명의 나병 환자에 관한 이야기왕하 7:3-8나 야웨 하나님의 징벌로 인해 죽는 날까지 나병 환자가 되어 별궁에 갇혀 지내야만 했던 남왕국의 열 번째 왕 웃시야=아사랴의 이야기왕하 15:5도 같은 맥락에서 이해할 수 있습니다.

본문이 두 번째로 언급하고 있는 유출병은 레위기 15장에서 매우 상세하게 규정하고 있는 것으로, 상한 피부에서 고름남자이나 피여자 등의 유출물이 흘러나오는 질병을 가리킵니다. 그래서인지 『공동번역』과 『표준새번역』은 제각기 "고름이 흘러나오는 사람"이나 "고름을 흘리는 사람"으로 번역하고 있습니다. 마지막으로 세 번째는 주검에 닿아 부정하게 된 사람을 가리키는 바민 9:6, 10; 11:39-40; 17:15-16; 19:11-12; 31:19, 레위기 21장 1-4절과 11절은 특히 제사장들에게 죽은 자를 만짐으로 말미암아 스스로를 더럽히지 말 것을 강하게 명하고 있습니다.

이상의 세 가지 격리 명령에는 두 가지 목적이 함축되어 있습니다. 그 하나는 하나님 앞에서 부정해진 사람들을 격리시킴으로써 이스라엘 공동체의 제의적인 정결함을 유지하기 위한 목적이고, 다른 하나는 공중 보건과 위생학적 차원에서 이스라엘 공동체를 지키기 위한 목적입니다. 첫 번째와 두 번째가 동일하게 이 두 가지 목적을 염두에 두고 있는 것이라면, 사체 접촉으로 인한 부정을 다루는 세 번째는 무엇보다도 제의적인 정결을 염두에 두고 있는 것이라 할 수 있습니다. 3절 하반절의 "진영을 더럽게 하지 말라"는 명령이 그 점을 잘 보여줍니다.

그리고 이 단락의 마지막인 4절 하반절은 이스라엘 백성이 이처럼 부정해진 자들을 진영 밖으로 내보냄으로써, 야웨께서 모세에게 명하신 대로 순종하였음을 밝히고 있습니다. 물론 위에서 말한 세 가지 종류의 부정함을 최종적으로 판단하고 부정해진 사람들을 공동체로부터 격리하는 일은 당연히 제사장들에게 맡겨진 일이었기에, 4절 하반절이 말하는 이스라엘 백성의 순종은 사실상 제사장들의 순종이나 다름이 없는 것이라 할 수 있습니다. 공동체의 정결함을 지키는 일의 실제적인 업무는 오롯이 제사장들에게 주어진 중요한 책무이기 때문에 그렇습니다.

2. 죗값 배상의 문제 (5-10절)

죗값 배상의 문제는 배상에 관한 법을 다루는 출애굽기 22장 1-15절과 속건제에 관하여 규정하는 레위기 5장 14절부터 6장 7절까지에도 나오는 것으로, 자신의 이웃과 하나님을 향한 배상이 요청되는 상황들을 다루고 있습니다. 1-4절 단락과 마찬가지로, 이 규정이 야웨께서 모세에게 명하신 것임을 먼저 5절에서 밝히고 있는 5-10절 단락은, 이 율법이 궁극적으로는 이스라엘 공동체를 부정함으로부터 정결케 하기 위한 도덕적이고 윤리적인 목적을 가지고 있기에, 남자들뿐만 아니라 여자들에게도 똑같이 적용되는 것임을 분명하게 밝히고 있습니다6절, "남자나 여자나".

그 서두인 6-7절은 남녀를 불문하고 다른 사람들에게 어떤 특정한 잘못을 저질러서 손해를 끼치고『개역개정』, "사람들이 범하는 죄를 범하여" 이로 인하여 야웨 하나님을 거역하는 죄를 범할 경우, 그 범죄자는 그 죄로 인하여 피해를 보게 된 사람에게 죗값=피해액을 온전히 갚되, 레위기의 제사법에 규정되어 있는 속건제의 경우와 마찬가지로레 5:16; 6:5 거기에다가 오 분의 일을 더하여 배상해야 한다고 규정합니다. 이 규정은 다른 사람에게 피해를 주는 행위가 궁극적으로는 야웨 하나님을 거역하는 죄가 되는 것이라고 말함으로써, 죗값 배상이 도덕적인 차원을 넘어서서 신앙적인 차원에 속한 것임을 분명하게 밝히고 있습니다.

속건제 규정인 레위기 6장이 이 점을 잘 보여줍니다.

> [2]누구든지 여호와께 신실하지 못하여 범죄하되 곧 이웃이 맡긴 물건이나 전당물을 속이거나 도둑질하거나 착취하고도 사실을 부인하거나 [3]남의 잃은 물건을 줍고도 사실을 부인하여 거짓 맹세하는 등 사람이 이 모든 일 중의 하나라도 행하여 범죄하면 (레 6:2-3)

이것은 십계명이 신앙적이고 수직적인 차원의 계명을 담고 있는 전반부1-4계명와 도덕적이고 수평적인 차원의 계명을 담고 있는 후반부5-10계명의 강한 결합으로 이루어져 있다는 사실과 무관하지 않을 것입니다. 그리고 보디발의 아내가 주인의 권세를 앞세워 요셉에게 자신과 동침할 것을 명하는 상황에서, 자신의 동침 행동이 도덕적으로만 문제가 되는 것이 아니라 야웨 하나님께도 범죄하는 행위가 된다고 말한 요셉의 항변창 39:9도 같은 맥락에서 이해할 수 있을 것입니다.

5장

그리고 이 규정에서 또 한 가지 주목할 것은, 7절 상반절이 그 범죄자에게 먼저 자신의 죄를 자복할 것을 명하고 있다는 사실입니다. 왜 그럴까요? 설령 그 이웃에게 피해를 배상한다고 해도 그가 자신의 잘못을 인정하고 고백하지 않는다면, 배상 행위 자체가 의미 없는 것이 되고 말기 때문입니다. 죄의 고백과 반성이 따르지 않은 채로 단순히 물질적인 배상만 한다는 게 무슨 의미가 있겠습니까? 그래서 하나님은 죗값 배상의 진정성을 담보하는 차원에서 피해액에 더하여 통상적인 추가 배상 비율에 해당하는 오 분의 일레 22:14; 27:13, 31을 추가로 배상하라고 명하신 것입니다. 그 까닭에 원금에 더하여 배상해야 하는 오 분의 일은 사실상 범죄자가 하나님과 피해자 앞에서 자신의 잘못을 인정하고 고백했음을 뒷받침하는 물질적 표현이라고 해도 틀리지 않을 것입니다. 아울러 그것은 범죄자가 피해자에게 단순히 물질적인 손해를 넘어서서 정신적인 피해까지도 배상해야 함을 뜻하기도 할 것입니다.

그렇다면 만약에 죗값 배상을 받아야 할 피해자가 일찍 세상을 떠나는 바람에 이 땅에 존재하지 못함으로 인하여 배상을 받을 수 없게 되는 경우에는 어떻게 해야 할까요? 배상받을 피해자가 없으니 배상의 의무가 면제되는 것일까요? 전혀 그렇지 않습니다. 죄의 책임은 피해자가 죽고 없다고 해서 사라지는 것이 결코 아닙니다. 8절이 이 경우를 잘 설명해 주고 있습니다. 이 규정에 의하면, 범죄자가 갚아야 할 배상액은 먼저 그 피해자의 가까운 친척'고엘'=레 25:25의 "기업 무를 자", 곧 피해자를 대신하여 재산권을 행사하고 또 그의 가문을 이어줄 책임을 안고 있는 친척에게 돌려주어야 합니다. 그러나 아주 드문 상황이긴 해도, 만약에 그럴 만한 친척조차도 없다면, 어떻게 해야 할까요? 그럴 경우에, 범죄자는 자신의 죄를 용서받기 위하여 바치는 숫양레 6:6과 함께 그 배상액을 제사장에게 줌으로써, 그것이 하나님을 대리하는 제사장의 직무수행에 대한 대가고전 9:13; 갈 6:6로 사용될 수 있게 해야 합니다.

그리고 일반적으로 이스라엘 자손이 야웨께 들어 올려서 바치는 모든 성물=거제물, 민 15:19-21; 18:24, 26-29; 31:29, 41, 52도 결국에는 하나님께 드렸다가 다시 하나님께로부터 돌려받는 것이기에 무조건 제사장의 소유가 됩니다9절. 각자가 구별하여 가지고 온 거룩한 제물은 본래 그것을 가져온 사람 자신의 소유물이지만, 일단 그것이 하나님께 바쳐지게 되면, 그것은 제사장에게 바쳐진 것이나 마찬가지여서 당연히 제사장의 몫이 될 수밖에 없습니다10절. 8절 하반절이나 9-10절의 이러한 규정은 이스라엘 백성의 거룩한 삶을 위해 헌신적으로 봉사하는 제사장들의 생계유지와 사역 지원을 위한 조치레 10:12-15라고 볼 수 있습니다. 물론 제사장들은 이러한 생계 유지비 내지는 사역 지원비를 받기에 합당한 성직 수행에 최선을 다해야 합니다.

3. 아내의 간통을 밝히는 절차 (11-31절)

5장의 세 번째 단락인 11-31절은 이스라엘 공동체의 정결함을 지키기 위한 차원에서 이미 가정을 가진 여인의 간통을 밝히는 절차를 아주 상세하게 규정하고 있습니다. 똑같은 간통죄를 다루고 있는 신명기 22장 22-24절과 레위기 20장 10절은 약혼한 처녀나 이웃집 아내와 간통한 사람이 있고 현행범으로서 그 증거가 확실할 경우, 그 간통한 남자와 여자를 반드시 함께 사형에 처해야 한다고 말합니다. 물론 아무리 증거가 확실하다고 할지라도 누군가를 사형에 처하려면 두세 사람의 증언이 필요합니다민 35:30; 신 17:6; 19:15. 두세 사람의 증언이 일치해야 사형 처벌이 가능하다는 얘기입니다.

복수증인제도를 담고 있는 이러한 규정들과는 달리, 민수기의 이 단락은 구약성서의 다른 책들에서는 찾아보기 어려운 것으로, 증거 없는 유부녀의 간통 행위를 분명하게 드러내는 데 필요한 절차를 구체적으로 설명하고 있습니다. 간통죄를 실제로 범했는지의 여부와는 관계없이, 일단은 간통죄의 증거가 전혀 없으나 그에 관한 합리적인 의심이 생겨나는 상황에서, 그 증거를 찾아내기 위한 이스라엘 공동체 나름의 종교의식이 여기에 전제되어 있습니다. 본문의 이러한 의식은 당연히 자신의 질투심이나 의심을 해소하기 위해 개인적인 보복의 차원에서 함부로 상대방을 책망하거나 정죄해서는 안 된다는 가르침을 전제하고 있습니다. 하나님이 정하신 공적인 절차를 통해서 그러한 문제를 해결해야 한다는 중요한 가르침이 아닐 수 없습니다.

1) 11-15절: 이 단락 역시 앞 단락들과 마찬가지로 이 규정이 야웨께서 모세에게 말씀하신 것임을 먼저 밝힌 다음, 어떤 사람의 아내가 남편에 대한 신의를 저버리고서 남편 몰래 다른 남자와 동침한 경우를 사례로 들고 있습니다[12절]. 이 본문은 남녀 사이에 벌어진 간통 사건의 몇 가지 상황을 가정하고 있습니다. 먼저 13절은 그 아내가 강요받음 없이 스스로 다른 남자와 동침한 사실을 숨긴 탓에 그 일이 드러나지 않았고, 그 여자가 그러한 일로 더러워진 것을 목격한 증인도 없는 데다가, 그 여자가 현장에서 잡히지도 않았을 경우를 가정하고 있습니다. 그리고 14절은 남편이 질투심[a] spirit of jealousy; '루아흐 키느아'; 『개역개정』은 "의심"으로 번역함에 사로잡힌 나머지 자기 아내의 간통을 의심하였는데 실제로 아내가 간통죄를 범하여 더럽혀졌거나, 질투심에 사로잡힌 남편이 아내를 의심하기는 했어도 실상은 아내가 간통

죄를 범한 적이 없어서 더럽혀지지 않았을 경우를 가정하고 있습니다.

아내가 실제로 간통죄를 범했든 그렇지 않았든 간에, 남편은 자신의 질투심과 의심을 풀기 위한 조치를 취할 수 있었습니다. 의심의 소제[a grain offering of jealousy; '미느하트 크나오트'('키느아'의 복수형)] 또는 기억의 소제[a grain offering of memorial]라는 것이 바로 그것입니다[15b절]. 질투심이나 의심을 해소시키기 위한 소제라는 뜻이요, 아내의 잘못을 기억나게 하는 소제라는 뜻입니다. 이 소제에서는 남편이 해야 할 일이 따로 있고, 제사장이 해야 할 일이 따로 있습니다. 먼저 15a절은 남편이 해야 할 일을 두 가지로 규정하고 있습니다. 그 하나는 아내를 제사장에게 데리고 가는 일이고, 다른 하나는 질투심과 의심의 대상이 된 "아내를 위하여" 소제의 기본 재료인 기름이나 향[레 2:1]을 넣지 않은 보릿가루 십분의 일 에바[1에바=22리터]를 제사장에게 바치는 일입니다. 레위기 2장에 규정되어 있는 소제가 이스라엘의 다섯 가지 제사 중에서 유일하게 곡물로 드리는 제사인 것과 마찬가지로, 이곳의 소제 역시 곡물로 드리는 제사로 규정되어 있습니다.

2) 16-22절: 그렇다면 제사장이 할 일은 무엇일까요? 제사장은 남편이 데려온 아내를 자신에게 가까이 오게 하여 야웨[=성막이나 제단] 앞에 서게 한 다음[16절], 번제단 앞의 물두멍[출 30:18; 38:8]에서 떠왔을 법한 거룩한 물[holy water]을 질그릇에 담고 슬픔이나 죽음을 상징하는 성막 바닥의 티끌[수 7:6; 삼상 4:12; 삼하 22:43; 왕하 13:7; 느 9:1; 욥 30:19; 42:6 등]을 긁어모아서 질그릇 안의 거룩한 물과 섞어야 합니다[17절]. 그리고 나서 그는 성막 앞에 서 있는 여인의 머리채를 풀게 함으로써[레 13:45; 참조, 10:6; 21:10] 자신의 부정[不淨]함에 대한 슬픔을 표현하게 하고, 남편이 바친 기억의 소제물을 그녀에게 양손으로 들게 합니다. 그 여인에게는 이러한 행동이 수치심과 모욕감을 안겨줄 수도 있

는 당혹스러운 것이었겠지만, 남성 지배적인 사회 구조 속에서는 그것이 너무도 당연한 것으로 여겨지는 시대였기에, 그 시대의 여자들은 그러한 수치와 당혹감을 감내할 수밖에 없었을 것입니다.

질투심과 의심의 대상이 된 여인이 그렇게 행동하는 동안에, 제사장 자신은 저주를 내리는 쓴 물, 곧 성막 바닥의 티끌과 섞인 질그릇 안의 거룩한 물을 손에 들고서18절, 그 여인에게 저주의 맹세를 하게 합니다. 여기서 말하는 "저주를 내리는 쓴 물"은 28절의 "임신"이라는 표현에 비추어볼 때 임신을 못하게 하거나 임신을 했더라도 출산을 못하게 막는 낙태의 기능을 가지고 있음이 분명합니다21-22, 27절도 마찬가지임. 그리고 제사장이 그녀에게 명하는 맹세는 앞서 언급한 14절의 두 가지 상황과 관련되어 있습니다. 만일에 그 여인이 남편과 결혼한 이후로 다른 남자와 동침함으로써 자신을 더럽힌 일이 전혀 없다고 한다면, 저주를 내리는 쓴 물의 해독이 그녀에게 미치지 못할 것입니다19절. 그러나 만일에 그녀가 남편과 함께 사는 동안에 그를 배반하여 다른 남자와 동침함으로 자신의 몸을 더럽혔다면, 저주를 내리는 쓴 물의 해독이 그녀에게 임할 것입니다20절.

21-22절은 그 쓴 물의 해독이 어떠할 것인지를 잘 설명해 주고 있습니다. 그녀가 남편을 배반하여 다른 남자와 동침하는 간통죄를 범한 것이 사실이라고 한다면, 야웨께서는 저주를 내리는 쓴 물이 그녀의 몸속복부, 『개역개정』은 "창자"로 번역함에 들어가서 그녀의 배가 부어오르게 하고 그녀의 넓적다리여성의 생식기 또는 출산의 자리를 마르게 함으로써, 그녀가 지역 주민들 사이에서 저줏거리가 되고 맹셋거리가 되게 하실 것입니다21-22a절. 그녀가 간통죄를 범하지 않았음이 확인될 경우에는 전혀 해를 받지 않고 도리어 임신이 가능한 상태가 될 것이라는 28절에 비추어볼 때, 이러한 저주의 내용은 심리적이고 신체적인 타격이 그녀에게 가해진 결과, 종국에는 임신이 불

가능한 상태가 될 것임을 암시하는 것으로 보입니다. 특히 21절이 넓적다리를 먼저 언급하고 배를 나중에 언급하는 것과는 달리, 22절과 27절에서는 배를 먼저 언급하고 넓적다리를 나중에 언급하는 것도 같은 맥락에서 이해할 수 있을 것입니다.

제사장이 그 여인에게 이러한 내용의 저주 맹세를 시키면, 그녀는 "아멘, 아멘"으로 응답해야 합니다[22b절]. 그 여인이 실제로 간통죄를 범했다면 어쩔 수 없이 저주의 맹세에 아멘으로 응답하는 것이 당연한 일이었겠지만, 설령 그녀가 간통죄를 범하지 않았다 할지라도, 그녀로서는 간통죄를 확인하고자 하는 일련의 수치스럽고 당혹스러운 절차들에 대해서 아무런 이의 제기도 할 수 없었습니다. 억울하고 부당하기는 해도, 그러한 절차에 순종하면서 제사장을 통하여 주어지는 맹세의 내용에 아멘으로 화답해야만 했습니다. 남성 지배적인 사회 구조가 주는 한계가 아닐 수 없습니다. 적어도 가부장적인 남성 중심의 사회에서 그것은 연약한 여인들의 통제권 밖에 있는 암담한 현실이었습니다.

3) 23-28절: 저주를 포함하는 맹세의 내용을 해당 여인에게 주지시키고 그것에 대한 아멘의 응답을 받아낸 제사장은, 그러한 저주의 맹세[21-22절]를 두루마리에 기록한 후, 그 두루마리를 그 여인이 마시게 될 질그릇 안의 쓴 물에 담가서 씻습니다[23절]. 이것은 두루마리에 기록되어 있는 저주의 맹세가 질그릇 안의 쓴 물에 스며들게 하기 위한 의식이라 할 수 있습니다. 그녀가 그 물을 마시면 하나님의 초자연적인 개입으로 인하여 그 물에 스며들어 있던 저주의 기운이 그녀의 몸속으로 들어가서 그녀를 고통스럽게 할 것이기 때문입니다[24절].

제사장이 해야 할 일이 하나 더 남아 있습니다. 그것은 그 여인의 남편이 가져온 소제물을 하나님께 바치는 일입니다. 앞서 제사장이 그 여인에게 남편이 바친 기억의 소제물을 양손으로 들게 해야 한다는 18절의 설명이 있었지요? 제사장은 그 소제물을 여인에게서 받아서 야웨 앞에서 흔들고 제단으로 가지고 갑니다. 그리고서는 그 소제물 중에서 한 움큼을 취하여 제단 위에서 불사른 다음에 그 여인에게 질그릇 안의 쓴 물을 마시게 합니다[25-26절]. 여기서 제사장이 소제물 중에서 취한 한 움큼 이외의 것은, 레위기 2장 2-3절의 소제물 규정에서 보듯이, 당연히 제사장의 몫이 되었을 것입니다.

만일에 그 여인이 자기 남편을 배반하고서 다른 남자와 동침함으로 간통죄를 범하여 자기 몸을 더럽힌 것이 사실이라고 한다면, 저주를 불러일으키는 그 물이 그 여인의 몸에 들어가서 그녀를 고통스럽게 할 것이요, 그녀의 배가 부어오르게 하고 넓적다리가 마르게 함으로써 임신과 출산이 불가능하게 만들 것입니다. 그뿐만 아니라 그녀는 이 일로 인하여 지역 주민들에게 저줏거리가 될 것입니다[27절]. 야웨께 범죄한 백성들이 받게 될 저주의 본보기가 될 것이라는 얘깁니다. 그러나 만일에 그 여인이 질투심에 사로잡힌 남편의 의심과는 달리 전혀 간통죄를 범한 적이 없고 따라서 자기 몸을 더럽힌 일도 없다고 한다면, 설령 저주를 불러일으키는 쓴 물을 마실지라도 하나님의 기적적인 개입에 힘입어 아무런 해도 입지 않을 것이요, 남편의 신뢰와 사랑 및 명예 등을 온전히 회복함과 아울러 정상적인 임신과 출산도 가능하게 될 것입니다[28절].

4) 29-31절: 이어지는 29-31절은 이상에서 설명한 질투심의 법the law of jealousy; '토라트 하크나오트'; 『개역개정』은 "의심의 법"으로 번역함을 요약 · 정리하면서, 이 법이 남편을 배반하고서 간통죄를 범함으로 자기 몸을 더럽힌 아내에게 적

용되는 법이요[29절], 질투심에 사로잡힌 남편이 아내를 의심할 때에도 아내에게 적용되는 법[30a절]임을 밝히고 있습니다. 제사장은 그렇게 의심을 받게 된 여인을 야웨[=성막이나 제단] 앞에 세워두고서 위에서 상세하게 설명한 내용대로 행동해야 합니다[30b절]. 아내가 실제로 간통죄를 범한 경우에는 27절에 언급된 것처럼 그 여인은 벌을 받을 것이요, 남편에게는 당연히 죄가 없겠지만, 설령 아내가 전혀 간통죄를 범한 적이 없는데도 순전히 남편의 질투심과 의심의 대상이 되어 저주를 불러일으키는 쓴 물을 마시게 된다고 할지라도 남편에게는 죄가 없다는 것이 이 법의 결론입니다[31절]. 남편의 질투심이나 의심이 잘못된 것이었음이 확인된다고 할지라도, 그에게는 아무런 책임이 없다는 얘깁니다.

그런 점에서, 죄 없는 아내를 지나치게 의심하여 누명을 씌운 남편에게 신체적인 징벌을 내림과 아울러, 아내의 장모에게 은 일백 세겔의 벌금을 지불하도록 규정한 신명기 22장 13-19절은 좀 더 후기의 한층 엄격해진 시대 상황을 반영하고 있지 않을까 하는 추측을 불러일으킵니다. 구체적으로는 아내를 싫어하게 된 남편이 아내에게서 처녀의 표를 발견하지 못했다고 비방거리를 만들어 누명을 씌웠으나, 그 아내의 부모가 자기들의 딸이 처녀였음을 나타내는 증거로 딸의 자리옷을 증거물로 제출하였을 경우에, 그 남편은 사람들 앞에서 아내가 수치를 당하게 한 행동에 대해서 책임을 져야 한다는 것입니다.

현대 의학의 시각에서 본다면, 이처럼 아내의 간통죄나 불륜을 의심하는 행동이 일종의 정신 질환으로 여겨질 수도 있겠지만, 남성 중심의 가부장적 사회 구조 속에서는 남편의 그러한 행동이 크게 문제 되지 않았습니다. 그러나 시대적인 한계를 뛰어넘어 오늘 우리 시대의 정황을 염두에 둘 경우, 이 본문은 역설적이게도 구체적인 증거나 신뢰할 만한 자백 없이 막연한 추정이나 의심만으로 또는 세간에 떠도는 소문만으로 사람을 정죄하는 일이 없어야 함을 가르쳐 주기도 합니다. 오늘의 본문이 단순히 질투심과 의심만으로 상대방을 개인적으로 문책하거나 정죄하기보다는 하나님께서 정하신 방법에 의존할 것을 가르치려는 분명한 의도를 가지고 있음을 잊어서는 안 될 것입니다. 특히나 사이버 공간을 이용한 각종 범죄 행위가 범람하고 있는 오늘의 상황 속에서는, 비이성적인 여론몰이를 통해 누군가를 음해한다거나 억울하게 인권을 침해하는 일이 없도록 세심한 주의를 기울여야 할 것입니다.

결단의 말씀

출애굽 집단인 이스라엘 공동체는 광야 유랑 기간뿐만 아니라 나중에 가나안 땅에 정착해서 사는 동안에도 일상생활 속에서 하나님의 백성으로서의 정결함을 지켜야 했습니다. 민수기 5장은 바로 그 점을 잘 설명해 주는 본문입니다. 이 본문은 이스라엘 공동체의 정결함 유지를 크게 세 가지로 나누어 설명하고 있습니다. 그 첫 번째인 1-4절은 나병과 유출병 및 사체 접촉 등으로 인한 부정의 제거에 초점을 맞추고 있으며, 두 번째인 5-10절은 공동체 구성원들 사이에 발생하는 경제적 이해관계의 충돌을 해결하는 일에 초점을 맞추고 있습니다. 그리고 마지막 세 번째인 11-31절은 아내의 간통을 밝히는 절차를 상세하게 설명함으로써 결혼과 가정의 신성함을 지키려는 의도를 분명하게 드러내고 있습니다.

오늘의 교회와 그리스도인들은 민수기 5장의 이러한 의도를 가슴에 새기고 자신과 공동체의 정결함을 유지하기 위해 많은 노력을 기울여야 할 것입니다. 요즘은 의술이 발달해서인지 나병이나 유출병 또는 사체 접촉

등으로 인한 부정함이 오늘의 시대에까지 적용되지는 않는다고 할지라도, 이와 비슷한 방식으로 자신과 공동체를 부정하게 만드는 것들이 참으로 많습니다. 특히 자본주의 시대를 살아가는 우리에게는 과도한 탐심이야말로 자신과 공동체를 부정하게 만드는 매우 중요한 요인임을 우리는 너무도 잘 알고 있습니다. 그 점에서 우리는 자신의 영과 마음을 청결하게 하기 위해서라도 탐심을 물리치고 과도한 욕심을 멀리해야 할 것입니다. 심령이 가난한 자에게 복이 있다고 훈계하신 주님의 말씀을 일상생활 속에서 실천하는 데 조금도 소홀함이 없어야 할 것입니다.

그리고 일상생활을 영위하는 중에 다른 사람에게 피해를 입혔을 경우에는 원가에 더하여 오 분의 일을 더한 죗값을 배상해야 한다는 하나님의 말씀을 실천하려고 노력해야 합니다. 물론 그리스도인이라면 가능한 한 다른 사람들에게 피해를 주지 않는 선하고 의로운 삶을 사는 일에 최선을 다해야 합니다. 그러나 세상을 살다 보면 그렇게 되지 않을 때가 많습니다. 그럴 때마다 우리는 남에게 피해를 입히는 행동이 궁극적으로는 하나님 앞에서 죄가 된다는 사실을 인식하고서, 다른 사람들에게 피해를 준 자신의 잘못된 행동을 솔직하게 인정하고 고백함과 아울러, 본래의 피해액에 오 분의 일을 더하여 다른 사람들이 입은 정신적인 상처까지도 배려할 줄 아는 착한 하나님의 사람들이 되어야 합니다. 예수님을 만나 변화된 세리장 삭개오가 자신의 죄를 철저하게 뉘우치면서 자기 소유의 절반을 가난한 자들에게 주고 속임수를 써서 빼앗은 것이 있으면 네 배나 갚겠다고 고백한 것[눅 19:8]처럼 말입니다.

마지막으로 11-31절 단락에 가부장적 사회 구조의 흔적이 많이 담겨 있기에 오늘의 그리스도인들에게 선뜻 전달되기 어려운 점이 없잖아 있지만, 본질적으로는 이 본문이 사람들에게 가정과 결혼의 중요성을 인식시

킴과 아울러 이스라엘 공동체의 정결함을 지키려는 의도를 가지고 있음을 통찰할 수 있어야 합니다. 이에 기초하여 오늘의 그리스도인들은 하나님께서 창조하신 가정의 질서를 지키는 일에 조금도 부족함이 없어야 합니다. 그리스도 안에서 부부간의 도리를 지켜야 하고 서로를 향한 사랑과 성결 및 신뢰의 태도를 일평생 간직할 수 있어야 합니다. 가정이야말로 한 사회의 건강을 지탱하는 가장 중요한 세포 조직이나 다름이 없기 때문입니다. 그렇다고 해서 가정을 지킨다는 명분으로 확실한 증거도 없이 상대방을 모함하거나 의심하는 태도를 함부로 용납해서도 안 될 것입니다. 본문의 상세한 설명에서 보듯이, 남편으로서는 아내에 대한 의심이 사실무근인 것으로 판정되었을 경우, 곧바로 자신의 잘못을 사죄하고 아내를 향한 사랑과 신뢰를 속히 회복하여 가정의 평화를 지키는 데 최선을 다해야 할 것입니다.

성경 속 나실인들

민수기 6:1-12

방기민
강남대학교

도입

교회사를 살펴보면, 그리고 오늘날의 교회 공동체 속을 살펴보면 하나님께 특별한 서원을 하고 자신을 거룩하게 구별했던 사람들이 있었습니다. 초기 교회에서는 대표적으로 자신이 가진 것들을 팔아서 이웃에게 나누어주고 자신을 스스로 구별하며 은둔과 수도 생활을 했던 수도자 안토니우스주후 251-356년라는 분이 있었습니다. 그분은 동·서방교회를 통틀어 수도원 운동의 창시자로 존경받는 분인데, 그는 원래 유복한 집안에서 태어났지만, 마태복음 19장 21절의 말씀"네가 온전하고자 할진대 가서 네 소유를 팔아 가난한 자들에게 주라 그리하면 하늘에서 보화가 네게 있으리라 그리고 와서 나를 따르라"을 따르기로 했습니다. 곧 그는 자기 재물을 팔아서 이웃에게 나누어주고, 사막에 가서 자신의 욕망을 억누르고 기도와 노동의 삶을 살아갔습니다. 그의 삶은 삼위일체 신앙을 확립하는데 이바지한 아타나시우스를 비롯한 동시대 사람들에게 많은 감동을 주었으며, 많은 사람이 수도원 운동에 동참하게끔 영향을 끼쳤습니다.

옛 신앙의 선조에게까지 거슬러 올라가지 않더라도, 최근의 신앙인들 가운데에도 예수님의 말씀에 순종하며 여러 사역들을 더 잘 감당하기 위하여 하나님께 특별한 서원을 하며 일정 시기를 하나님께 구별해드린 분들이 있습니다. 대표적으로 선교사님들을 생각해 볼 수 있겠습니다. 선교사님들은 한국에 있는 가족들을 자주 만나는 소박한 꿈을 포기하고, 한국의 익숙한 문화와 음식과 삶을 자발적으로 포기하고 선교지로 떠나 복음의 전파를 위해 전력을 다하는 분들입니다. 서양의 발전된 문명을 포기하고 한국에 와서 복음을 전했던 선교사님들이 계시기 때문에 오늘의 한국 교회가 있다는 점을 생각해 보면, 선교사님들의 서원이 얼마나 귀합니까?

가까이는 우리 성도님들 가운데에도 특별한 소원을 가지고 장기간에 걸쳐 자신을 거룩하게 구별하고자 하시는 분들이 계십니다. 한국 교회의 독특한 기도 전통 가운데 일천번제라고 불리는 전통이 있습니다. 비록 하루 동안에 천 마리의 짐승을 잡아 하나님께 제물로 드린 것을 의미하는 성경 속 솔로몬이 드렸던 일천번제와 조금 다르지만, 우리 한국 교회 성도님들 가운데에는 한국의 천일기도 전통을 기독교 신앙에 맞게 상황화해서 천일 동안 새벽기도와 공예배에 빠짐없이 참여하면서 기도의 삶, 헌신의 삶을 살아가는 분들이 계십니다. 일천번제 기도 역시 서원하여 일정 기간 자신을 거룩하게 구별하여 드리는 사례라고 할 수 있겠습니다.

수도자 안토니우스의 서원, 선교사님들의 서원, 그리고 일천번제 기도와 관련한 서원의 모델이 되는 성경 본문이 있다면 어떤 것이 있을까요? 그것은 바로 민수기 6장입니다. 민수기 6장을 통해 하나님께서 이스라엘 백성들에게 가르치신 나실인 규례가 오늘 우리에게 어떤 메시지를 전해주는지 함께 살펴봅니다. 그리고 나실인 서원을 했던 분들이 구약과 신약 속에 몇몇 분들이 나오는데, 그중에 중요한 사례를 살펴보면서 은혜 나누기 원합니다.

본문 강해

먼저 본문을 살펴보면요, 민수기 6장은 크게 두 부분으로 나눌 수 있는 하나님의 말씀입니다. 1절부터 21절까지는 나실인의 법을 기술하고 있고, 22절부터 마지막 절인 27절까지는 제사장이 백성들을 어떻게 축복해야 하는지를 가르칩니다. 우리가 때때로 제사장의 축복기도문[22-27절]만을 가지고 성경 말씀을 배우기도 하고, 혹은 나실인 규정[1-21절]만을 살펴보기도 하지만 사실 이 두 가지 본문은 서로 연결되어 있다고 볼 수 있습니다. 하나님께 서원하여 자신의 인생을 구별하여 드리기로 결심하는 나실인 규례가 나온 뒤에 가장 유명한 축복기도문이 뒤따라오는 것은 결코 우연이 아닐 것이기 때문입니다. 아마도 하나님께 자신의 시간과 삶의 부분을 구별하여 드릴 때, 하나님께서 서원한 사람을 놀랍게 사용하시고 서원한 그 사람뿐만 아니라, 온 이스라엘을 크게 축복하신다는 것을 암시하는지도 모릅니다. 따라서 오늘 말씀 선포 중에는 민수기 6장 앞부분만을 살피게 되지만, 집에 가셔서 1절부터 27절까지 6장 전체를 통으로 읽어보시며 묵상해 보시는 것도 신앙생활에 큰 유익이 있을 것이라 믿으며 권면 드립니다.

나실인 규례 본문을 좀 더 꼼꼼하게 살펴보면 크게 세 부분으로 구성됩니다. 첫째 단락은 나실인이 지켜야 할 금기를 전반적으로 안내해 주는 1절에서 8절까지의 말씀입니다. 두 번째 단락은 나실인으로 서원한 기간에 몸을 더럽히게 되었을 때 어떻게 하면 자신의 서원을 새롭게 갱신할 수 있는지에 대한 규정을 꼼꼼하게 설명하는 9절에서 12절입니다. 마지막으로 나실인 서원 기간을 마치고 그 기간을 무사히 마칠 수 있도록 도와주신 하나님께 감사하며 일종의 축하 예식을 벌이는 방법을 설명하는 13절에서 21절까지의 말씀입니다.

학자들에 따라서는 태어나면서부터 나실인이었던 사례삼손, 사무엘와 후에 일정 기간 나실인으로 서원한 경우를 따로 구분해야 한다고 주장하기도 합니다. 태어나면서부터 나실인이 될 때는 본인이 아니라 부모, 특히 어머니의 서원으로 나실인이 되는 것이고, 민수기 6장과 같이 일정 기간 나실인으로 서원하는 것은 본인이 직접 서원해서 나실인이 되는 등의 차이가 있기 때문입니다. 그런데 어떤 방식으로 나실인이 되든지 나실인으로서 지켜야만 하는 금기는 똑같습니다. 나실인은 여호와께 거룩한 자로서 살아가야 했기 때문입니다.

1절에서 8절에 따르면 나실인은 서원한 기간 동안 거룩하고 구별된 자로 살아가야 했는데요. 그러기 위해서 몇 가지를 지켜야 했습니다. 먼저, 나실인은 포도주와 독주최근의 연구에 따르면 맥주로 추정를 멀리해야 했습니다. 즉 술을 마시지 말아야 한다는 것입니다. 둘째, 포도나무의 소산으로 만들어진 음식은 먹지 말아야 했습니다. 셋째, 시체를 가까이하지 말아야 했습니다. 마지막으로, 머리에 삭도를 대지 말아야 했습니다.

나실인이 지켜야 하는 금기 가운데 몇몇 금기는 성경의 다른 맥락을 참고하면 충분히 이해할 만합니다. 술을 절제하라는 명령은 성경 곳곳에 나타나기 때문에 비교적 이해하기 쉽습니다. 그리스도인들이 어쩔 수 없이 음주하게 되거나, 바울이 디모데에게 해주었던 권면과 같이 건강상의 이유로 약간의 음주를 하게 되는 것은 괜찮지만딤전 5:23, 거룩한 하나님의 일을 하려는 사람이 술을 지나치게 즐기는 경우에는 하나님의 일을 하기에 적합하지 않은 것으로 보는 문화가 성서 속에도 있고, 오늘날 한국 교회에도 남아 있을 정도로 술을 절제하라는 명령은 나실인과 관련한 규정 가운데 가장 이해할 만하다고 하겠습니다.

포도나무의 소산으로 만들어진 음식은 먹지 말아야 한다는 것은 이스라엘의 포도 맛을 알고 있는 한 사람으로서 제법 어려워 보이기도 합니다. 이스라엘은 민수기 13장에서 열두 정탐꾼들이 약속의 땅을 둘러본 이후에 대표적인 소산물로 포도를 가져왔을 정도로 정말 맛있는 포도가 나는 곳입니다. 뜨거운 햇볕을 견디기 위해 포도 껍질이 두꺼워서 포도 열매를 씹으면 아삭아삭한 맛이 나고, 이스라엘의 여름 일조량이 풍부해서 포도 열매의 당도가 매우 높습니다. 이스라엘 슈퍼마켓에서 저렴한 가격으로 구입한 포도조차도 한국에서 가장 비싸게 팔리는 포도보다 맛이 좋다고 설명드리면 이해될 것입니다. 이런 맥락에서 나실인이 포도나무 소산은 씨나 껍질이라도 먹지 말아야 한다는 말을 영적인 의미로 생각해 볼 때 세상의 큰 즐거움을 포기하는 것과 비슷하다는 생각이 듭니다.

나실인은 구별된 기간 동안 시신을 만져서는 안 된다는 금기도 어려워 보입니다. 우리 한국의 장례문화만 보더라도 입관 예식을 치르기 전에 고인의 시신을 마지막으로 만져보고 작별하는 것은 유가족들에게 아주 특별한 의미를 가지지 않습니까? 그런 까닭에 거룩한 삶을 추구해야 하고 일반적으로는 시신을 만지면 안 된다고 하는 일반 제사장들도 직계존속이 세상을 떠났을 때만큼은 예외적으로 시신을 만짐으로 부정해지는 것을 허락받을 수 있었습니다[레 21:1-4]. 물론 대제사장만큼은 직계존속이 세상을 떠났을 때라도 시신을 만짐으로 부정해져서는 안 된다고 성경이 기록합니다[레 21:11]. 어떠한 상황에서도 대제사장은 거룩함을 추구해야 했기 때문일 것입니다. 그런데 대제사장과 같은 규정이 나실인에도 적용되고 있습니다. 나실인이 서원한 기간만큼은 어떤 측면에서 대제사장급의 거룩함을 추구해야 한다는 의미가 됩니다. 나실인이 제사장은 아니었지만요.

마지막으로 가장 중요해 보이지만 동시에 가장 이해하기 어려운 금기는 나실인으로 서원하여 드리는 날 동안에는 삭도를 절대로 머리에 대지 말아야 한다는 점입니다. 신체발부身體髮膚는 수지부모受之父母라고 하면서 머리카락을 자르면 안 된다고 여겼던 조선시대도 아닌데 왜 많은 신체 부위 가운데 머리카락이 그렇게 중요하게 여겨졌는지의 이유는 우리가 잘 모르는 부분입니다. 구약학자들 사이에서도 의견이 갈립니다. 다만 나실인의 서약 기간이 끝나고 드리는 제사에서 나실인이 깎은 머리를 화목제물을 태우는 불에 함께 태운다는 점18절을 볼 때 머리카락에 특별한 힘이나 상태가 부여된다는 것을 짐작할 수 있습니다.

나실인이 지켜야 하는 금기를 살펴보니 나실인은 제법 불편하고 힘든 삶을 살아야 했던 것이 분명합니다. 나실인들은 서원한 기간에는 먹는 것에나, 외모에서나, 가족관계에서나 불편함을 감수해야 했습니다. 오늘날의 나실인에 해당하는 분들도 마찬가지로 불편함을 겪습니다. 선교사님들도 그렇고, 일천번제를 위해 천 일 동안 경건한 삶을 추구하시는 분들도 마찬가지입니다. **그렇다면 어째서 고대 이스라엘 사람들은, 우리 신앙의 선조들은, 그리고 우리의 이웃들은 이런 불편함을 감수하면서도 자신을 서원하여 하나님께 드릴 수 있었을까요?** 여러 가지 이유가 있었을 것입니다.

먼저, 하나님을 너무나 사랑해서 하나님께 자기 몸을 가장 귀한 예물로 드리고 싶은 마음이 그분들에게 있었을 것입니다. 성경 속 나실인들은 자신의 삶을 하나님께 바친 사람들이었습니다. **또한, 그분들이 가진 큰 소원을 이루기 위하여 하나님께 구하는 목적에서 서원했는지도 모릅니다.** 아이를 나실인으로 드린 부모님들이 공통으로 아이를 가지지 못하며 마음이 간절한 시점에서 나실인의 서원을 했다는 점, 그리고 나실인으로 자신을 스스로 구별했던 사람들이 그 이후 하나님께 위대하게 쓰임 받았던 사람들이라는 측면에서, 서원을 통해 하나님을 기쁘시게 하고 결과적으로 자신의 소원을 이루기 위한 목적도 있었음을 짐작할 수 있습니다.

그러면 성경 속 나실인들은 어떤 분들이 있었을까요? 나실인 가운데 좋은 사례와 부정적인 사례로 나누어 살펴볼 수 있겠습니다.

첫째, 사무엘과 바울을 긍정적인 의미에서의 나실인들이라고 볼 수 있겠습니다. 어머니 한나의 서원으로 태어나면서부터 나실인이 된 사무엘은 사사시대 말기 혼란스러웠던 이스라엘을 안정시키고, 나라를 위기에서 건지며, 하나님께 크게 쓰임 받았던 사람이었습니다. 목동 소년 다윗을 이스라엘의 지도자로 세운 것은 하나님의 선택과 명령으로 된 것이기도 하지만, 결국 다윗을 기름 부어 왕으로 세우는 중요한 역할에 사무엘이 쓰임 받았습니다.

바울은 어떻습니까? 바울은 다메섹 도상에서 예수님을 만난 이후 자신의 인생을 하나님께 구별하여 드렸던 사람이었습니다. 바울이 나실인의 서원을 했다는 사실은 사도행전 18장 18절을 보면 알 수 있습니다. 하반절에서 "바울이 일찍이 서원이 있었으므로 겐그레아에서 머리를 깎았더라"라고 기록하는 것은 바울이 나실인의 서원을 했음을 말해주는 것입니다. 바울이 언제부터 언제까지를 서원했는지는 알 수 없지만, 바울은 하나님께서 자신을 마음껏 쓰시도록 자신을 나실인처럼 구별하고 매사에 조심하며 살아가는 삶을 살았던 것입니다.

다른 한 편 바울이 나실인으로의 서원을 소중하게 여겼지만 이를 우상화하지는 않았음도 사도행전이 기록하고 있습니다. 사도행전 21장을 보면 예루살렘에 있는 유대인들에게 바울이 율법을 무시하는 사람이라는 소문이 돌았고, 결과적으로 바울에 대한 큰 반감이 일어난 상황이 기록되어 있습니다. 그때 야고보의 조언을 받아서 바울이 했던 행동을 살펴보면 놀랍습니다. 나실인의 서원을 했던 다른 네 사람을 데리고 나실인의 금기 중 하나를 함께 어기는 방식으로 결례를 행한 것입니다. 그래서 머리를 깎고 나실인의 서약을 새롭게 시작하는 의식을 위한 비용을 바울이 지불한 것이었습니다. 결과적으로 그렇게 해서 바울이 율법을 존중하는 사람이라는 것을 보여줄 수 있었습니다. 덕분에 닫힐 뻔했던 유대인 전도의 문이 다시 열릴 수 있었던 것입니다.

바울이 율법에 얽매인 사람이었다면 나실인의 금기를 어기는 것과 같은 일을 감히 하지 못했을 것입니다. 그런데 바울은 계명을 엄격하게 지키는 것보다 더 중요한 것이 복음을 잘 전하는 것이라고 생각했고, 나실인의 금기를 어기는 그것조차도 복음을 위해서 감수할 수 있었습니다.

둘째, 부정적인 의미에서의 나실인으로 대표적인 사람은 삼손이라고 할 수 있겠습니다. 경건한 부모님 슬하에서 태어난 삼손은 태어날 때부터 나실인으로 부름을 받았습니다. 나실인으로 여러 가지 능력을 받았고, 사사의 직무까지 받게 되었던 삼손이었지만, 그는 젊은 혈기와 다소 방탕한 삶을 살아가면서 나실인의 금기 중 여러 가지를 어기기 시작했습니다. 나실인은 부모님이 돌아가셨을지라도 그 시신을 만져서는 안 되고 자기 몸을 거룩하게 유지해야 하는데, 삼손은 죽은 사자의 시체에서 나온 꿀을 먹는데 조금도 주저하지 않았습니다[삿 14:5-9]. 사실, 이때 나실인의 서원이 더럽혀졌기 때문에 하나님으로부터 삼손이 버림받았어야 했을 것 같습니다. 그러나 자비로우신 하나님께서는 삼손을 포기하지 않으시고 그에게 기회를 주셨습니다.

바로 이어서 삼손은 잔치를 베풀었습니다삿 14:10. 이 잔치는 음주를 동반한 잔치였습니다. 성경 구절에서 말하는 것처럼 '청년들이 행하는 것과 같은 방식'으로 폭음을 동반한 잔치였을 것입니다. 이때 삼손은 포도주나 독주를 마시면 안 된다는 금기와 함께 어쩌면 포도나무의 소산을 먹어서는 안 된다는 금기도 어겼을 것입니다. 하나님의 계명을 가볍게 여기기 시작하니까 하나씩 하나씩 나실인으로의 정체성을 지켜주는 방벽이 무너지기 시작했습니다. 그럼에도 불구하고 이때도 하나님께서는 삼손을 포기하지 않고 그에게 기회를 주셨습니다.

마지막으로 삼손은 들릴라라는 여성을 하나님보다 사랑하여서, 자신이 나실인으로 지키는 마지막 금기까지도 누설하게 되었고, 결국 머리카락이 밀리면서 하나님이 주신 모든 힘을 잃어버리고 비극적인 최후를 맞이하게 되었던 것입니다.

결단의 말씀

성도 여러분, 나실인은 불편함이 있지만 축복된 자리입니다. 그들을 통하여 하나님께서는 나라를 살리고, 공동체를 살리고, 복음이 널리 전파되게 하는 귀한 일을 하셨습니다. 그러므로 저는 여러분 가운데에도 자신을 스스로 하나님께 구별하여 드릴 수 있는 복된 사람들이 나올 수 있기를 기원합니다.

다른 한 편, 저는 삼손의 이야기를 읽으면서 여러 가지 경각심을 가지게 되었습니다. 특히 나실인이 지켜야 하는 금기 가운데 하나씩 어기는 가운데에도 깨닫고 회개하지 않고, 더 많은 잘못을 범하는 삼손의 모습을 보게 되었습니다.

오늘날 교회의 중직자들 가운데에도 때로는 그리스도인의 금기를 하나씩 어기기 시작하다가 결국에는 돌이킬 수 없는 상황까지 가게 되는 경우들이 있습니다. 삼손의 비극적인 최후를 생각하면서, 또 우리 주변에 있는, 때로는 교계 뉴스에 언급되는 사례들을 생각하면서 경각심을 가지면 좋겠습니다.

구별된 삶을 살아가기 위한 경각심도 가져야 하겠지만, 자신에게 허락된 기간을 무사히 마치고 나서 가질 잔치 자리[13-21절]를 기대하면서 기쁜 마음도 함께 가지면 좋습니다. 마치 바울이 남겼던 담대한 믿음의 고백처럼 말이지요. 디모데후서 4장 6-8절을 읽어드리며 말씀을 마무리하도록 하겠습니다.

> [6]전제와 같이 내가 벌써 부어지고 나의 떠날 시각이 가까웠도다 [7]나는 선한 싸움을 싸우고 나의 달려갈 길을 마치고 믿음을 지켰으니 [8]이제 후로는 나를 위하여 의의 면류관이 예비되었으므로 주 곧 의로우신 재판장이 그 날에 내게 주실 것이며 내게만 아니라 주의 나타나심을 사모하는 모든 자에게도니라

지휘관들의 헌물로 성막의 역할이 시작되다

민수기 7:1-89

배정훈
장로회신학대학교

도입

민수기 1장 1절부터 10장 10절은 광야 행진에 대한 준비를 보여줍니다. 1-6장은 가나안 정복을 위한 준비로서 인구조사, 진영의 조직과 정비, 그리고 정결을 다룹니다. 7장 1절부터 10장 10절은 이스라엘 백성이 광야에서 어떻게 하나님과 동행해야 하는지를 보여줍니다. 7-8장은 특별히 이스라엘 백성 가운데 성막의 역할이 시작되는 과정을 보여줍니다. 7장에서는 행진을 하기 전에 지파 지휘관들이 헌물을 드림으로 성막에서 하나님과 모세가 소통을 시작합니다. 헌물을 드리는 시기는 성막을 완성하고 기름으로 거룩하게 한 때입니다. 첫 번째 헌물은 성막을 이동할 때 필요한 운반도구인 수레와 소를 드려 레위인들이 직임대로 회막 봉사에 쓰게 하였습니다. 두 번째 헌물은 제단에 봉헌하는 헌물로서 지파마다 동등하게 드리되, 지휘관들이 직접 성막으로 나아가 드렸습니다. 성막을 거룩하게 하고, 지휘관들이 헌물을 드린 후에 비로소 성막의 증거궤 위에 앉아계시는 하나님께서 공식적으로 모세와 대화를 시작하십니다.

7장은 네 단락으로 이루어집니다.

A. 시기: 모세가 성막과 제단을 거룩하게 한 때 (1절)
B. 지파의 지휘관들이 헌물을 드리다 (2-88절)
  1. 성막 이동을 위한 헌물 (2-9절)
  2. 제단 봉헌을 위한 헌물 (10-88절)
C. 모세가 지성소에서 하나님과 대화하다 (89절)

본문 강해

1. 시기: 모세가 성막과 제단을 거룩하게 한 때 (1절)

첫 단락1절은 지휘관들이 헌물을 드린 때가 언제인지 보여줍니다. 모세가 성막을 거룩하게 한 때입니다. 1절에서 "장막"이라고 번역한 단어는 '미슈칸'מִשְׁכָּן 인데, 이는 단순한 장막이 아니라 하나님께서 지시한 대로 완성하여 하나님이 거하시기로 한 성막을 뜻합니다. 또 "지휘관"으로 번역한 '나시'נָשִׂיא라는 말은 두목 또는 족장을 뜻합니다. 헌물을 드리는 시점은 완성된 성막을 "기름을 발라 거룩하게 한 후"입니다. 성막이 어떻게 거룩하게 되었는지는 민수기 7장 이전에 나타납니다. 성막과 성막에 속한 기구, 그리고 제단과 제단의 기물을 거룩하게 하는 방법은 기름을 바르는 것입니다. 하나님께서 모세에게 거룩하게 하는 방법을 가르치셨습니다. 관유예식용 기름(『새번역』); 성별하는: 향유(『공동번역』)를 가져다가 성막과 성막 안에 있는 기구, 번제단과 번제단 안에 있는 그 모든 기구, 그리고 물두멍과 받침에 발라 거룩하게 하라고 말씀하십니다출 40:9-11. 또한 제사장 직분을 행하는 사람들도 기름을 부어 거룩하게 하라고 명령하셨습니다출 40:12-15. 모세는 이 명령을 그대로 행하였습니다출 40:16. 즉, 민수기 7장 1절에서 기름을 바르는 시점은 민수기 1-6장보다 앞서서 출애굽기 40장 16절 직후 이루어진 것으로, 기름을 부은 행동은 출애굽기 40장 16절에서 명령대로 행한 행동입니다. 출애굽기와 민수기에서 나타난 연대기를 비교해 봅시다.

출애굽기 40:16	출애굽 후 2년 1월 1일
민수기 1:1	출애굽 후 2년 2월 1일
민수기 7:1	출애굽 후 2년 1월 1일
민수기 10:11	출애굽 후 2년 2월 20일

본문의 사건 전개를 연대기를 염두에 두고 살펴본다면 다음과 같습니다. 민수기 1장 1절에서 언급하는 출애굽 후 2년 2월 1일은 민수기 6장까지 이어져서 시내산 행군을 앞두고 진을 정비하는 내용과 함께 아론의 축복으로 마무리됩니다. 이어서 7장 1절에서는 성막의 완성과 성막의 기름 부음을 다시 언급하는데, 이는 민수기 10장 10절까지 이어지는 사건으로 출애굽기 40장 16절 직후에 나오는 출애굽 후 2년 1월 1일과 연결됩니다. 새로운 단락인 민수기 10장 11절에 언급된 연대기는 민수기 6장과 연결되어 출애굽 후 2년 2월 20일입니다. 즉, 민수기 1-6장은 10장 11절로 연결되고, 7장 1절부터 10장 10절까지는 6장 이후에 일어난 사건이 아니라 출애굽기 40장 직후에 일어난 사건이지만, 민수기 1-6장 이후에 배치된 것입니다. 자료를 연대기적으로 배치하지 않고 기능적으로 배치한 것입니다. 7-8장이 이곳에 배치됨으로 지파 지휘관의 헌물을 통해 성막의 역할이 시작되

고[7장], 제사장과 레위인의 직무[8장]가 확정되는 것을 보여줍니다.

2. 지파의 지휘관들이 헌물을 드리다 (2-88절)

두 번째 단락[2-88절]은 지파의 지휘관들이 헌물을 드리는 장면입니다. 지휘관들이 성막에 헌물을 드려서 레위인들이 수레와 소를 성막 이동을 위하여 사용하도록 하는 것과, 제물을 드려 제단을 봉헌하는 장면이 나타납니다.

1) 성막 이동을 위한 헌물 (2-9절)

먼저 지휘관들이 성막 이동을 위하여 수레와 소를 헌물로 드립니다[2-9절]. 지파를 대신하여 헌물을 드리는 자들은 지휘관들인데, 각 지파마다 우두머리로서 지파의 지휘관으로 임명된 자들입니다[2절]. "계수함을 받은 자의 감독된 자들"[2절]이란 이스라엘의 인구조사 대상을 감독하는 자들로 뽑혔던 자들을 말합니다[민 1:16]. 인구조사를 위하여 지파에서 뽑힌 지도자가 지파를 대신하여 헌물을 드립니다. 각 지파에서 한 명씩 모두 12명이었습니다. 지휘관들이 성막 앞에서 드린 헌물은 수레와 소인데, 이것들은 성막 이동을 위하여 필요한 도구였습니다[3절]. 덮개 있는 수레란 짐을 싣는 수레입니다. 수레가 6대, 소가 12마리라는 말은 곧 소 두 마리가 끄는 짐수레 6대를 의미합니다. 지휘관 두 명당 수레 하나씩, 그리고 지휘관 각자가 소 한 마리를 헌물로 드린 것입니다.

지휘관들이 드린 헌물은 성막의 이동을 맡은 레위인들에게 할당되어, 그들이 각기 맡은 회막 봉사를 할 때에 필요한 대로 내주도록 하나님께서 명령하십니다[4절]. 레위 자손 중에서 게르손 자손에게는 수레 둘과 소 네 마리, 므라리 자손에게는 수레 넷과 소 네 마리를 주었고, 고핫 자손에게는 주지 않았습니다. 므라리 자손이 게르손 자손보다 더 많은 수레와 소를 받은 것은 므라리 자손이 부피가 크고 무거운 성막 기둥과 같은 것을 운반해야 하기 때문입니다[민 4:31-32]. 게르손 자손은 성막의 휘장과 외부 부속품을 운반해야 하므로 수레 둘을 배분받았습니다[민 4:25-26]. 회막 봉사를 맡은 또 다른 레위인인 고핫 자손에게 수레와 소를 할당하지 않은 이유는 그들이 맡은 일이 어깨로 성물을 메고 나르는 일이었기 때문입니다[민 4:15].

2) 제단 봉헌을 위한 헌물 (10-88절)

두 번째로, 지휘관들이 제단 봉헌을 기념하여 12일 동안 계속해서 헌물을 드렸습니다[10-88절]. 10절에서 "제단에 기름을 바르던 날"이라는 언급을 통해 1절을 상기하여 제단에 헌물을 봉헌하는 일이 제단에 기름을 바르던 날에 이루어졌음을 강조합니다. 제단을 봉헌한다[하누카]는 말은 제단을 처음으로 사용하는 날을 기념한다는 의미입니다. 좀 더 자세하게 말한다면 낙성식이라고 번역하는 것이 적절합니다[신 20:5; 왕상 8:63; 대하 7:9; 느 12:27]. 유대인들은 마카비에 의하여 성전을 회복한 후에 하누카 절기를 유대인의 겨울 축제로 지키게 되었습니다. 지휘관들은 제단을 처음 사용하는 날에 봉헌하는 것입니다.

지휘관들이 제단에 봉헌하는 본문은 대단히 길지만 구조는 단순합니다. 12지파의 지휘관들은 소속과 이름만 다를 뿐 그들이 제단 앞에 드리는 헌물의 종류와 양은 동일합니다. 지휘관들이 제단의 봉헌을 위하여 헌물을 드렸다는 전체적인 서술[10절]이 나오고, 지휘관들이 하루 한 사람씩 헌물을 봉헌하라고 모세를 향한 하나님의 명령이 나옵니다[11절]. 이어서 12지파의 지휘관들이 12일 동안 유다 지파로부터 납달리 지파에 이르기까지 순서대로 헌물을 봉헌합니다[12-83절]. 마지막으로 헌물의 총계를 요약합니다[84-88절].

12일 동안 순서대로 헌물을 드린 각 지파의 지휘관 12명은 다음과 같습니다. 첫째 날에 유다 지파 암미나답의 아들 나손이며[12절], 둘째 날에 잇사갈의 지휘관 수알의 아들 느다넬이며[18절], 셋째 날에 스불론 자손의 지휘관 헬론의 아들 엘리압이며[24절], 넷째 날에 르우벤 자손의 지휘관 스데울의 아들 엘리술이며[30절], 다섯째 날에 시므온 자손의 지휘관 수리삿대의 아들 슬루미엘이며[36절], 여섯째 날에 갓 자손의 지휘관 드우엘의 아들 엘리아삽이며[42절], 일곱째 날에 에브라임 자손의 지휘관 암미훗의 아들 엘리사마이며[48절], 여덟째 날에 므낫세 자손의 지휘관 브다술의 아들 가말리엘이며[54절], 아홉째 날에 베냐민 자손의 지휘관 기드오니의 아들 아비단이며[60절], 열째 날에 단 자손의 지휘관 암미삿대의 아들 아히에셀이며[66절], 열한째 날에 아셀 자손의 지휘관 오그란의 아들 바기엘이며[72절], 열두째 날에 납달리 자손의 지휘관 에난의 아들 아히라[78절] 입니다.

본문은 각 지파의 지휘관들이 봉헌한 헌물의 내용을 자세하게 서술하고 있습니다. 이 내용은 마치 문서 작성 요령에 따라 기록된 카탈로그처럼 보입니다. 열두 지파의 지휘관의 이름은 다르지만, 그들이 드린 헌물의 내용은 동일하고, 열두 지파의 순서대로 12번 반복됩니다. 즉, 유다 지파의 지휘관이 드린 헌물 목록[13-17절]과 다른 11지파의 헌물 목록이 정확히 동일합니다[19-23절; 25-29절; 31-35절; 37-41절; 43-47절; 49-53절; 55-59절; 61-65절; 67-71절; 73-77절; 79-83절]. 각 지파의 지휘관이 드린 헌물은 다음과 같은 목록으로 이루어져 있습니다. 소제물을 위한 은쟁반[은반] 1개[130세겔]와 은대접[은바리] 1개[70세겔; 13, 19, 25, 31, 37, 43, 49절], 향을 채운 금 그릇 1개[10세겔], 번제물을 위한 수송아지 1마리, 숫양 1마리, 어린 숫양 1마리, 속죄제를 위한 숫염소 1마리, 그리고 화목제를 위한 소 2마리, 숫양 5마리, 숫염소 5마리, 어린 숫양 5마리입니다. 제단 봉헌 헌물 순서를 살펴보기로 합시다. 실제 제사를 드릴 때는 속죄제를 먼저 드리고, 감사 제사인 번제, 소제, 화목제의 순서로 드립니다. 그런데 제단 봉헌을 드릴 때는 헌물의 크기, 비용 등을 고려하여 소제, 분향, 번제, 속죄제. 화목제의 순서로 드리고 있습니다. 이러한 방식은 제사 드리는 순서가 아니라 성전에서 행정적으로 기록하는 형식으로 보입니다. 본문은 특히 모든 지파가 균등하게 헌물을 드림으로 골고루 성막 유지와 관리를 책임졌음을 보여줍니다.

첫째 날 헌물을 바친 자는 유다 지파에 속한 암미나답의 아들 나손인데, 처음에 언급하고, 헌물을 자세히 설명한 후에[12절], 마지막으로 이름을 다시 언급합니다[17절]. 즉, 목록의 처음과 마지막에 이름을 반복함으로써 지파 간에 혼동을 피하려는 것으로 보입니다. 이 같은 형식은 다른 지파의 경우도 마찬가지입니다[18, 23절; 24, 29절; 30, 35절; 36, 41절; 42, 47절; 48, 53절; 54, 59절; 60, 65절; 66, 71절; 72, 77절; 78, 83절]. 모든 지파의 헌물 봉헌을 서술할 때마다 처음과 마지막은 헌물을 봉헌한 지파의 지휘관의 이름이 나타납니다. "헌물"이라는 말의[13절] 히브리어 단어는 '코르반'으로, 성소에 봉헌한 물건을 지칭하는 것으로서 그릇이나 짐승에 모두 적용됩니다[막 7:11]. 무게를 다는 기준은 "성소의 세겔"[13절]인데, 한 세겔은 약 12그램입니다. "은반"은 은쟁반[『표준새번역』], 또 "은바리"는 은대접[『표준새번역』]으로 무게가 은반은 130세겔[약 1.5kg], 은바리는 70세겔[800g] 나갑니다. 은쟁반은 밀가루같이 물기가 없는 성분을 담는 그릇으로 사용되었고, 은대접은 술이나 피같이 액체를 담는 데 사용된 것으로 보입니다.

84-88절에서는 제단을 봉헌하던 날, 이스라엘 12지파의 지휘관들이 12일 동안 봉헌했던 헌물들의 총계를 보여줍니다. 이는 성전 창고에 보관된 물품들의 목록에 가깝습니다. 130세겔인 은쟁반 12개, 70세겔인 은대접[바

리 12개, 합계는 2,400세겔입니다. 10세겔인 금 그릇이 12개로 모두 120세겔입니다. 번제물로 사용된 짐승으로 수송아지 12마리, 숫양이 12마리, 일 년 된 어린 숫양이 12마리입니다. 여기에 소제물을 곁들여 바쳤습니다. 속죄제물로 숫염소가 12마리입니다. 화목제물로 수소가 24마리, 숫양이 60마리, 숫염소가 60마리, 일 년 된 어린 숫양이 60마리입니다.

3. 모세가 지성소에서 하나님과 대화하다 (89절)

민수기 7장의 마지막은 모세가 회막에서 하나님의 음성을 듣는 장면입니다89절. 먼저 여기에서 "회막"the tent of meeting, '오헬 모에드'이라는 단어는 "성막"the tabernacle, '미슈칸'을 의미합니다. 원래 회막과 성막은 서로 다릅니다. 성막은 진 안에 세워져 제사장이 집례하는 제사를 드리는 곳이며, 회막은 모세가 진 바깥에서 세운 장막으로서 다음 구절에서만 나타납니다: 출 33:7-12; 민 11:16-17; 민 12:4-5; 신 31:14-15. 처음에는 성막과 회막이 구별되어 사용되었지만, 차츰 성막 전승이 회막 전승을 흡수하여 회막과 성막을 구별하지 않고 성막의 뜻으로 사용하게 됩니다출 39:32; 40:2, 6, 29. 그래서 진 바깥의 회막을 뜻하는 구절 이외의 다른 구절에서 나타나는 회막은 대부분 성막을 뜻합니다. 특히 성막 전승에서 회막을 사용하는 경우는 순수한 제의를 다루는 장들레 1-5장; 6-7장과 제사장의 임직을 위한 장소를 지칭할 때입니다출 29장; 레 8-9장.

민수기 7장 89절에 나오는 회막은 성막을 뜻합니다. 이스라엘 백성이 성막을 완성한 이후 성막에서 제사에 관한 하나님의 명령을 받습니다레 1-5장; 6-7장. 또한 제사장이 처음으로 회막에서 제사를 드릴 때, 하나님이 불로 응답하셨습니다. 7장 89절의 사건의 시기는 성막을 거룩하게 한 때민 7:1

이후이기 때문에, 성막이 건립되고 거룩하게 된 출애굽기 40장 이후와 모세가 회막에서 제사에 관한 하나님의 계시를 받는 레위기 1장 앞에 둘 수 있습니다. 민수기 7장 89절은 이스라엘 백성이 성막을 세우고 기름을 부어 거룩하게 한 후에 하나님이 중보자인 모세와 어떻게 소통하는지를 보여줍니다. 하나님은 지성소에 있는 증거궤 위, 속죄소 위의 두 그룹 사이에 계시면서 모세에게 말씀하십니다. 이어지는 민수기 8장에서 하나님이 모세에게 말씀하심으로 성막의 역할이 발효됩니다. 89절에서 "모세가 여호와께 말하려 한다"는 것은'다바르 에트', דבר את 일방적인 말이라기보다는 상호적인 대화의 의미가 있습니다. 하나님이 계신 곳은 증거궤'아론 하에둣' 위 속죄소'캅포렛' 입니다. 속죄소와 언약궤는 하나님의 임재를 나타내는 두 가지 상징입니다. 속죄소는 여호와의 보좌를 가리키면서 초월적인 하나님의 임재를 상징하고, 증거궤언약궤는 돌판을 통해 말씀하시는 내재적인 하나님의 임재를 상징합니다.

결단의 말씀

첫째, 민수기 7장에서 중요한 내용은 이스라엘 백성 가운데 시작된 성막의 역할을 이해하는 것입니다. 민수기 7장은 성막이 일정한 절차를 거쳐 이스라엘 백성 가운데 하나님의 임재를 경험하는 도구로 자리를 잡았다고 이해합니다. 1절에서 성막이 본격적으로 그 역할을 담당할 수 있도록 성막과 성막의 모든 도구, 그리고 제단과 제단의 모든 기물에 기름을 발라 거룩하게 하였다고 말합니다. 하나님의 명령에 따라 성막과 제단이 제작되었고, 명령에 따라 거룩하게 되는 절차를 따랐으므로, 이제 성막과 제단이 그 역할을 하게 되었습니다. 이스라엘 백성이 성막에서 중보자를 통하여 하나님의 임재를 경험할 수 있으며, 제단에서 죄를 속하는 제사와 감사의 제사를 드릴 수 있게 되었습니다. 이제 이스라엘 종교에서 이스라엘 백성이 개인적인 차원을 벗어나 공동체로서 하나님을 예배하는 절차가 완성된 것입니다. 성막과 제단은 오늘날 교회에서 어떻게 사용되고 있나요? 성막은 하나님의 임재를 경험하는 곳입니다. 합법적인 제사장 또는 목회자가 예배당에서 예배를 인도할 때, 하나님은 그곳에 나타나셔서, 모든 공동체의 예배자들이 하나님의 임재를 경험할 수 있습니다. 특히 제단에서 이루어지는 짐승을 죽여서 이루어지는 속죄와 감사는 예수의 피를 통하여 이루어집니다. 예수의 피는 우리가 구원받을 때만 필요한 것이 아니라. 한 주동안 지은 죄를 씻는 영적 세수를 통하여 정화를 이루고 신앙인들이 거룩한 삶을 살 수 있도록 돕습니다. 성막과 제단의 역할은 구약에서만이 아니라, 신약에서도 우리에게 적용되는 원리입니다.

둘째로, 성막의 제작이 끝난 후에도 성막의 역할을 시작하기 전에 해야 할 일이 있었습니다. 민수기 7장은 성막과 제단이 거룩하게 되었지만, 이스라엘 백성이 해야 할 일을 제시합니다. 성막 자체는 하나님의 명령대로 완료되어 문제없지만, 백성들의 행진 중에 성막을 이동시키기 위하여 수레와 소가 필요합니다. 레위인들이 성막을 이동하는 일을 할 때 필요한 수레와 소는 하늘에서 뚝 떨어지는 것이 아니라, 백성들이 자발적으로 드리는 헌물로 이루어져야 합니다. 이스라엘 백성은 이 일을 합리적으로 계산하여 처리하고 있습니다. 수레는 곧 덮개 있는 수레를 뜻하는데, 수레당 소가 두 마리씩 필요했습니다. 이 일은 레위인들인 게르손 자손들, 므라리 자손들, 고핫 자손이 담당하기로 되어 있었습니다[민 4장]. 레위 지파가 성막 이동의 책임을 수행하기 위하여 수레와 소가 얼마나 필요한지를 분석하였습니다. 게르손 자손에게 수레 둘, 소 네 마리, 므라리 자손에게는 수레 넷과 소 여덟 마리가 필요하다고 판단하였습니다. 마지막으로 고핫 자손들은 어깨로 메는 일을 하므로 수레와 소가 필요하지 않았습니다. 그래서 전체적으로 수레가 여섯, 소가 열두 마리가 필요하였습니다. 레위 지파는 하나님의 일을 하도록 부름을 받았지만 땅을 분배받지 않았기에, 경제적인 부담은 세속적인 12지파가 감당해야 하는 것이 마땅합니다. 이 헌물을 준비하기 위하여 열두 지휘관 중에서 두 지휘관이 각각 수레 하나, 모든 지휘관이 각각 소 한 마리씩을 드려야 했습니다. 이 거룩한 일을 위하여 모든 지파가 동일한 예물을 드리도록 했습니다. 돈이 많다고 더하거나, 돈이 적다고 적게 하는 것이 허락되지 않았습니다. 각 지파의 경제적인 수준이나 인원이 다르다고 해도 하나님 앞에서 모두 평등하며 똑같이 헌신해야 한다는 것을 가르쳐야 합니다. 하나님의 일을 할 때 가장 중요한 거룩한 성막 이동을 위해서 필요한 소와 수레를 지파가 균일하게 정해서 드린 것입니다. 성막을 이동하는 일을 할 때마다 이스라엘 백성은 자신들이 지파별로 균등하게 드린 헌물을 통해 성막이 이동되고 있음을 알고 있었습니다. 오늘날 교회에서 하나님의 일을 위하여 교역자에게 필요한 것이 있다면, 온 교회가 힘을 합하여 해결해야 합니다. 일은 교역자가 하지만, 필요한 경비는 교회가 적절하게 분담하여 감당하는 것이 필요합니다.

셋째로, 민수기 7장에서 제단을 거룩하게 한 후에, 제단에 첫 번째로 헌물을 드릴 때 모든 지파가 참여하기로 하였습니다. 그리고 지파를 대표해서 헌물을 드리는 사람은 지파의 지휘관입니다. 각 지파가 대표로 드릴 때 가져오는 헌물도 동일하게 해야 합니다. 가장 강한 지파나 약한 지파나 상관없이 헌물을 동일하게 해야 합니다. 헌물을 드릴 때 지파 간에 차이를 두

지 않음으로, 헌물의 차이로 인하여 서로 우선권을 강조하거나 다툼이 일지 않도록 합니다. 이 원칙은 지파들이 차별 없이 하나님 앞에서 똑같은 존재임을 강조합니다. 하나님 앞에서 12지파가 평등하며, 한마음이 되어 예배할 것을 강조하는 것입니다. 이러한 행동의 정신은 하나님의 거룩한 사역을 위하여 일할 때 교회나 개인이 힘을 합하되, 일치를 깨지 않도록 주의해야 한다는 것입니다. 경제적으로 부유하거나, 숫자가 많거나, 하나님의 일을 과분하게 한다는 것을 명예로 삼거나 자랑으로 삼아서는 안 됩니다. 모든 교회와 개인이 하나님 앞에 동등하기에, 감동 받은 대로 하나님의 일을 하고, 그저 일하게 하신 하나님께 겸손하게 감사하여야 합니다.

넷째로, 성막의 이동 도구가 채워지고, 각 지파의 대표들에 의하여 제단의 헌물이 완료됨으로, 성막의 원래 기능 중의 하나인 중보자인 모세가 지성소에서 하나님을 대면하여 백성들을 위하여 계시를 받는 일이 가능하게 되었습니다. 하나님께서는 당신의 지시대로 건립된 성막에서 중보자인 모세와의 대화를 통하여 당신의 백성에게 계시를 주십니다. 모세는 향후 회막에서 하나님의 음성을 들을 수 있는 중보자의 역할을 맡게 됩니다. 이스라엘 백성이 하나님의 뜻이 필요하면 모세에게 간청하고 모세는 성막[회막]에서 하나님의 음성을 듣는 것입니다. 이 일을 위하여 하나님은 증거궤 위 속죄소에 앉아계십니다.

속죄소와 언약궤는 하나님의 임재를 나타내는 두 가지 상징입니다. 두 그룹으로 둘러싸인 속죄소는 여호와의 보좌를 가리키면서 초월적인 하나님의 임재를 상징하고, 증거궤[언약궤]는 돌판을 통해 말씀하시는 내재적인 하나님의 임재를 상징합니다. 초월하신 하나님은 하늘 보좌에 앉아계시는 분이지만, 동시에 지상의 성막 또는 성전에 있는 속죄소 위 보좌에 앉아 계시는 분이십니다. 모세는 지성소에 들어가 초월하시는 하나님을 체험하며, 하나님으로부터 시작된 거룩은 지성소를 지나 성막의 성소와 뜰로 퍼져가며 성전 바깥 땅에까지 퍼져갑니다. 증거궤는 하나님의 발등상 또는 보좌 받침대로 간주되면서, 그 안에는 만나를 담은 금항아리, 아론의 싹 난 지팡이, 언약의 두 돌판이 있습니다. 모두 이스라엘 백성이 광야에 머물 때 하나님이 임재하신 사건들을 기억나게 하는 내용물들입니다.

만나는 하늘에서 내린 양식을 먹고 사는 이스라엘 백성이 하나님께 의존하는 존재로서 날마다 하늘로부터 오는 은혜로 살아가고 있음을 가르칩니다. 아론의 싹 난 지팡이는 하나님이 세우신 대제사장인 아론의 지도력에 저항했던 무리 앞에서 아론의 지도력을 확인시켜 준 증거로써 하나님이 세우신 지도력에 대한 순종을 강조합니다. 두 돌판은 모세를 통해 이스라엘 백성이 받은 계명, 곧 이 땅에서 하나님의 백성으로 하나님을 최고로 여기는 삶을 살기 위해 지켜야 할 계명을 담고 있습니다. 역사적 기억이 담긴 내용물들이 지성소에 있다는 사실은, 초월하신 하나님에 대한 체험과 더불어 하나님의 임재를 체험한 이스라엘 백성들이 일상을 치열하게 살아가면서 기억해야 할 신앙 내용을 보여줍니다.

결론적으로 7장은 성막과 제단이 기름을 발라 거룩하게 된 후에 어떻게 성막이 그 역할을 수행하게 되었는지에 대한 이야기입니다. 성막의 이동을 위하여 레위인들에게 필요한 수레와 소를 위하여 모든 지파가 균등하게 헌물한 것은, 거룩한 성막을 위해 필요한 헌물은 모든 지파가 균등하게 하여 불평이나 자랑이 없어야 함을 보여줍니다. 하나님의 일을 위하여 필요한 것들을 모든 성도들이 힘을 합하여 준비해야 하는 것이 원칙임을 보여줍니다. 제단의 봉헌을 위하여 모든 지파의 지휘관이 동일하게 헌물을 드림으로, 지파의 통일성과 함께 평등성을 제공하여 지파 간 차별 없이 공정하게 헌신하는 방법을 제공합니다. 이들이 헌물을 드리는 예를 통하여, 하나님의 성막을 섬기고 봉사하는 일들을 위하여 모든 지파가 어떻게 헌신해야 하는지 기준을 제공합니다. 즉, 하나님께 드리는 헌신은 남들에게 자랑하기 위함이 아니라 각자의 신앙고백일 뿐임을 기억해야 합니다. 또한 성막과 제단이 그 역할을 수행하면서 이제부터 모든 지파들의 광야 행진이 시작됩니다. 레위인들은 지파들이 공평하게 준비한 짐 수레를 통하여 성막 이동의 역할을 감당하고, 지파들은 공평하게 제단에 헌물을 드리는 법을 배웁니다. 또한 성막에서 하나님은 인간에게 계시를 전하고, 모세는 하나님께 백성을 위하여 중보할 수 있는 길이 열리게 되었습니다. 이 땅에서 천국을 향한 순례의 길을 걸어갈 때 공동체가 함께 구별된 거룩한 성소에서 초월하시는 하나님의 임재를 통해 천국의 기쁨을 누리고, 일상에서 말씀을 통해 다가오시는 하나님의 음성을 듣고 순종하는 삶을 살아가게 됩니다.

광야 여정을 위한 마지막 준비

민수기 8:5-26

방기민
강남대학교

도입

이스라엘의 광야 생활은 여행과 같습니다. 종 되었던 애굽 땅을 떠나 약속의 땅 가나안으로 가는 여행 말입니다. 물론 오늘날의 여행과는 다른 점이 있습니다. 우선 여행 기간에 큰 차이가 있습니다. 또 오늘날에는 잘 준비된 숙소를 예약하고 모든 것이 편안한 여행을 떠난다면, 출애굽과 광야 생활은 잘 갖추어지지 않은 갑작스럽고 불편한 여행이라는 점입니다. 첫 번째 유월절 밤에 급히 준비해서 나오느라 짐을 제대로 싸지 못한 측면이 있었을 것입니다. 그래서 중간에 시내 산에 경유하면서 광야 생활을 준비하는 시간을 가진 것이 출애굽기 19장부터 민수기 10장까지의 내용이라고 할 수 있습니다.

이 시기 동안 이스라엘 민족은 하나님과 서로 약속했습니다. 하나님은 이스라엘의 하나님이 되시고, 이스라엘은 하나님의 백성이 되기로 했습니다. 십계명 돌판과 계약[언약]의 책[출 20:22-23:18]을 계약서 삼고 하나님과 백성 사이의 새로운 관계를 시작했습니다. 법궤와 성막도 만들고, 제사법을 배우고, 하나님 앞과 사람 사이에서 어떻게 살아야 하는지에 대한 상세한 가르침율법으로 번역되는 히브리어 '토라'의 첫 번째 의미는 '가르침'임을 받았습니다.

오늘 본문 이후에 나오는 9장에서는 두 번째 유월절을 지키게 되고, 10장부터는 나팔을 불며 새롭게 진군하는 내용을 담고 있으므로, 이제 광야 여정을 준비하기 위한 마지막 단계에 있는 것을 알 수 있습니다. 길을 떠나기 전의 마지막 준비는 중요합니다. 빠뜨린 것이 없는지 잘 점검하지 않으면 나중에 마음이 불편해지거나 몸이 불편해지게 됩니다.

혹시 여러분, 집을 나서기 전에 가스 불은 잘 끄고 오셨습니까? 여러분 중에 몸은 예배의 자리에 나와 있지만, 마음으로는 집에 가스 불을 잘 끄고 왔는지, 에어컨이나 보일러는 잘 끄고 나왔는지 확신이 들지 않아서 마음이 뒤숭숭하며 불편한 분들이 계시지 않습니까? 밖에 나와서 불편한 상황을 겪지 않길 원한다면 우리는 마지막 준비를 잘해야 합니다. 차근차근 꼼꼼하게 준비해야 합니다.

오늘 성경 말씀인 민수기 8장을 통하여 이스라엘 백성들이 광야 생활을 본격적으로 시작하기 전에 마지막으로 했던 준비를 살펴봅시다. 우리 신앙생활도 일종의 광야 생활이라고 할 수 있는데, 이스라엘이 믿음의 여정 전에 점검했던 것들을 통하여 우리 삶 가운데 점검해야 할 것들을 깨닫고, 하나님께서 우리에게 원하시는 것이 무엇인지 함께 생각해 봅시다.

본문 강해

민수기 8장의 전반적인 짜임새는 두 부분으로 나눌 수 있습니다. 먼저 첫 단락1-4절에서 하나님께서는 등불을 켤 때 사용할 등잔대와 관련한 지침들을 주십니다. 등불은 집안에 사람이 살고 있다는 것을 나타내주기 때문에 생명의 상징으로 여겨지기도 했습니다. 등불이 꺼지는 것은 한 집안이나 가문, 나라의 몰락을 의미하기도 했습니다[참고, 왕하 8:19]. 따라서 등잔에 대한 상세한 지침을 다시 한번 주시며 강조하는 것은 필요한 것이었습니다. 또 등잔은 사람의 집을 밝히기 위해서만 사용되는 것이 아니라 하나님을 예배하는 장소에서 사용되기 때문에 하나님의 임재를 상징하거나, 하나님을 향한 백성들의 마음을 상징한다는 측면에서 더욱 중요했을 것입니다. 등잔대와 관련한 지침을 주신 이후에 오늘 우리가 함께 읽은 레위인들을 성별하는 것과 관련한 내용이 나오면서 레위인의 직무에 관한 지침도 함께 주십니다[5-26절].

사실 8장의 주요 내용인 성소에서 켜는 등잔에 관한 내용도, 레위인들을 거룩하게 성별해야 한다는 내용도 앞의 다른 율법서에서 이미 다루었던 내용들입니다. 한번 다루었던 것이지만 재차 이야기하는 것은 매우 중요하기 때문입니다. 외출하기 전에 집의 가스 불이나 전깃불을 껐는지 여러 번 재차 확인하는 것처럼, 성소에 켜는 등잔을 준비하는 일과 이스라엘의 등불과 같은 역할을 하는 레위인들을 거룩하게 성별하는 일도 너무나 중요한 것이기 때문에 여정을 떠나기 전에 다시 한번 점검하는 것이라고 이해할 수 있겠습니다.

오늘 우리가 구체적으로 살펴볼 5절에서 26절까지의 내용은 레위인들을 정결하게 하는 것인데, 레위인들을 정결하게 하는 것은 사실 제사장들을 성별하여 거룩한 성소에서 일할 수 있도록 하는 것[출 29장; 레 8장]과는 약간의 차이가 있습니다. 제사장들은 정결하게 준비한 뒤에 기름을 부어 안수하고 나면, 성소와 성물과 접촉해도 될 만큼 거룩한 신분을 얻게 됩니다. 가장 거룩하게 구별된 사람들이라고 할 수 있습니다.

반면 레위인들은 제사장들과 다르게 성막에 들어가거나 제단에 가까이 다가가서 제사를 집례하는 일을 할 수는 없습니다민 18:3-4. 그럼에도 불구하고 레위인들이 이 시점에서 정결하게 되어야 할 이유가 있는데, 밀그롬이라는 구약학자가 지적하듯이 이제 곧 성막을 분해하여 나르는 역할을 레위인이 담당해야 하기 때문입니다. 법궤는 레위인들이 어깨에 메고 운반해야 하고, 다른 어떤 부분은 수레에 실어서 나르게 되는데, 성막과 성물을 나르고 새로운 장소에 성막을 칠 때까지 성막과 성물이 거룩함을 유지할 수 있도록 하는 중요한 사명을 레위인들이 맡았기 때문에 레위인들은 정결해야만 하는 것입니다. 만약 레위인들이 정결하지 않거나, 성막과 성물을 대하는 적절한 방법을 사용하지 않으면 베레스웃사 사건과 같은 비극삼하 6:1-8이 일어나기 때문입니다. 베레스웃사 사건은 법궤를 옮길 때에는 레위인들이 어깨에 메고 운반해야 하는데 율법을 잘 몰라서 수레에 싣고 가다가 생긴 비극이었지 않습니까?

한편 레위인들을 오늘날의 어떤 분들과 비유하여 이해할 수 있을까요? 물론 오늘날의 어떤 직분도 제사장이나 레위인과 동일하지 않습니다. 우리는 종교개혁 이후로 모든 사람이 제사장과 같이 하나님께 나아갈 수 있음을 고백하고 있기도 하고요. 또 고대의 제사장과 레위인의 직분을 현대의 특정 직분과 1대 1로 짝을 맞추기에는 여러 가지 어려움과 위험성이 있습니다. 그럼에도 우리의 이해를 돕기 위하여 조심스레 비유해 볼 수는 있겠습니다.

제 생각에 레위인들은 비유컨대 오늘날 교회를 섬기는 제직들과 비슷하다고 할 수 있겠습니다. 제사장은 아니지만 곳곳에서 하나님의 거룩한 일을 맡은 사람들이 바로 레위인들입니다. 마찬가지로 목회자는 아니지만 교회 곳곳에서 하나님의 거룩한 일을 맡은 분들을 중심으로 교회의 제직회를 구성하며 교회의 여러 가지 일들을 돌보게 됩니다. 그런 측면에서 레위인과 제직은 비슷합니다.

직무를 살펴보면 더 확실해집니다. 레위인들이 어떤 일들을 했는지 성경이 기록하고 있는데요. 성물을 나르는 일 외에도 성물을 정결하게 하면서 성전에서 섬기는 일, 진설병과 소제물, 무교전병 및 과자를 굽거나 반죽하는 일, 하나님께 감사하며 찬송하는 일, 성전을 지키는 일 등이 포함될 수 있습니다참고, 대상 23:28-31. 오늘날로 생각하면 교회 건물을 관리하는 일, 성찬을 준비하고 성례전을 돕는 일, 주방 봉사, 찬양대, 주차 봉사일종의 성전 문을 지키는 일 등 교회의 제직들이 일상적으로 섬기는 대부분의 일들을 포함하는 것입니다.

교회가 바로 서 나가기 위해서는 제직들의 헌신이 필요합니다. 영적인 광야 생활 속에서 교회가 승리하며 하나님과 동행하는 일을 잘 해내기 위해서는 제직으로 구별된 분들의 역할이 무척 중요합니다. 그런 점에서 이 본문은 한 해의 사역을 시작하기 위해 제직들을 준비시키는 제직 수련회와 같은 장면을 보도하는 본문이라고 할 수 있겠습니다.

레위인들에게 주어진 본문 말씀을 통하여 오늘날 우리 제직들에게 필요한 하나님의 가르침이 있다면 어떤 것들이 있을까요? 세 가지 정도만 추려서 살펴보도록 하겠습니다.

첫째, 성경은 오늘날의 제직과 비슷한 레위인들이 정결해야 한다고 말씀합니다. 하나님은 너무나 거룩하시고 정결하신 분이셔서 정결하지 않으면 하나님께 가까이 나아갈 수 없습니다. 그래서 모세와 아론의 가족과 친척으로서 기본적으로 신앙교육을 잘 받았고 평소에 상대적으로 선한 삶을 살았을 레위인들도 하나님의 일을 하기 전에는 정결함을 점검해야 했고,

재확인해야 했습니다.

최대한 정결하고 깨끗하기 위해 레위인들이 행했던 행동의 목록7-10절을 보면 얼마나 철저하게 스스로를 점검했는지 모릅니다. 속죄의 물을 뿌리고, 온몸의 털을 깎았습니다. 예전에는 각 사람에게 옷이 한두 벌밖에 없어서 자주 옷을 빨아 입을 수 없었을 텐데, 그럼에도 옷도 새로 세탁해서 깨끗하게 하고, 물이 부족한 가운데에도 목욕하여 몸을 정결하게 했습니다. 위생적인 측면에서, 제의적인 측면에서 최대한 단정하고 깨끗한 모습으로 하나님 앞에 나서기 위해 자신을 점검했던 것입니다.

우리 성도님들께서 예배드리러 올 때 최대한 복장을 깔끔하게 하고 오시는 분들이 많이 계십니다. 잘하고 계십니다. 하나님께서 기뻐하실 것입니다. 겉모양뿐만 아니라 속 사람까지도 예수님 보혈의 은혜로 정결해져서 하나님이 주시는 거룩한 사명들을 잘 감당하시길 바랍니다.

둘째, 성경은 오늘날의 제직과 비슷한 레위인들이 하나님께 드려진 사람들이 되어야 한다고 말씀합니다. 10절까지 레위인을 정결하게 하는 방법들을 설명한 뒤에 11절부터 매우 독특한 표현이 나타납니다. 개역개정 성경으로 보면, "흔들어 바치는 제물" 혹은 '요제'로 레위인들을 드려야 한다는 말입니다.

'요제'의 의미를 이해하기 어려운 측면이 있으므로 여러 학자들이 오랜 시간 연구했는데요, 가장 많은 사람이 따르는 두 가지 견해로 요약할 수 있습니다. 그중에 한 가지는 개역개정이 번역하듯이 '흔들어 바치는 제물'이라는 뜻으로 이해하는 것입니다. 그런데 사람을 흔들어 바치라고 하니 이해하기 어렵습니다. 그래서 두 번째 뜻을 사전에서 찾아볼 수 있는데요. 그것은 '들어 올려서 바치는 제물'이라는 뜻입니다. 이것은 최근에 더 많은 학자가 주목하는 의미입니다. 아무래도 여러 사람이 레위인을 붙잡고 위로 들어 올리는 상징적 행동을 통하여 하나님께서 레위인을 받으시게끔 하는 것일 수 있습니다. 요제를 흔들어 바치는 것으로 이해하든지, 들어 올려서 바치는 것으로 이해하든지 간에 요제는 어떤 것을 희생 제물로 드리는 것이 아니라 마음을 담아서 하나님께 드리는 것입니다.

옛날 인기 있던 복음성가 가운데 이런 가사를 가진 곡이 있었습니다. "내 손을 주께 높이 듭니다. 내 찬양받으실 주님." 이 노래 가사에서, 그리고 성경 속에서 찬양할 때 손을 높이 드는 행위는 하나님을 찾는 간절한 마음을 담은 것이었습니다. "하나님, 제 손 잡아주세요", "하나님, 저를 받아주세요"하는 마음을 담은 고백이었던 것입니다. 마찬가지로 하나님께 드리는 예물을 높이 들어 올리는 행위 역시 하나님을 찾는 간절한 마음의 표현입니다. 하나님께 드리는 예물을 높이 들어 올릴 때, 또 하나님께 헌신하기로 작정한 레위인들을 공동체가 높이 들어 올릴 때, 그것은 하나님께서 받아주시길 간절하게 바라는 마음의 표현인 것입니다.

얼마 전에 한국인 예배학자인 김종현 박사님이 "Money Offerings in Korean Presbyterian Worship"이라는 제목의 논문을 대표적인 예배학 학술지인 *Worship*에 게재했습니다. 이 논문은 한국인이 하나님께 드리는 헌금에 대해 깊이 고찰한 논문인데요. 그중에 우리 한국인들이 헌금을 드릴 때 두 손으로 드리는 것과 관련된 내용이 있었습니다. 김종현 박사님이 미국인 교회에서 두 손으로 헌금을 드리니까 미국 친구들이 무척 신기하게 보면서 조크를 한마디 했다고 합니다. "종현, 네 헌금은 무거운가 보구나?""Jonghyun, is your money heavy?". 보기에 가벼운 봉투인데 한 손이 아니라 두 손으로 들고 헌금을 드리는 것이 미국인의 눈에는 무척 신기했던 것입니다.

미국 사람들과 달리 우리 한국 기독교인들이 헌금 봉투를 두 손으로 들고 드리는 이유는 무엇일까요? 헌금 봉투 속에 지폐가 여러 장 들어 있으니까 한 손으로 들기에 무거워서일까요? 그렇지 않은 것은 여러분들이 잘 알고 계실 것입니다. 헌금을 두 손으로 드리는 것은 그 속에 하나님을 향한 우리의 간절한 마음이 담겨 있기 때문입니다. 지폐가 무거워서 두 손을 사용하는 것이 아니라, 그 속에 담긴 마음이 소중한 것입니다. 요제도 마찬가지입니다. 레위인이든지 제직이든지 하나님의 거룩한 일을 하는 사람들은 하나님께 드려져야 하는 사람들인데요. 하나님께 드려지는 간절한 의미를 담은 요제의 의미를 깊이 생각하면서, 하나님께 헌신하며, 하나님의 기쁨이 되는 사람들이 됩시다.

셋째, 성경은 오늘날의 제직과 비슷한 레위인들이 정해진 임기가 끝나도 성막에서 봉사를 돕는 일을 계속할 것을 권면합니다. 24절부터 26절까지를 살펴보면 레위인들이 회막에 들어가서 복무하는 나이에 관해 이야기합니다. 민수기 4장 3절에서는 삼십 세부터 오십 세까지 레위인이 일하는 것으로 나와 있는데, 민수기 8장에서는 이십오 세부터 오십 세까지 일하는 것으로 나옵니다. 레위인으로 회막에서 일하는 것을 시작하는 나이가 다른 이 차이를 설명하기 위해 학자들이 노력하고 있으며 몇몇 설득력 있는 설명방식이 제안되었지만, 이 시간 모두 말씀드리기는 어렵고요. 그것보다 더 중요한 것은 25절과 26절입니다.

> [25]오십 세부터는 그 일을 쉬어 봉사하지 아니할 것이나, [26]그의 형제와 함께 회막에서 돕는 직무를 지킬 것이요, 일하지 아니할 것이라. 너는 레위인의 직무에 대하여 이같이 할지니라.

직무를 쉬는 것과 관련한 나이는 어떤 본문에서든지 50세로 같은데요. 흥미롭게도 오십 세가 된 이후부터 "일"은 쉬어 봉사하지 않지만, 그의 형제와 함께 "회막에서 돕는 직무"를 유지하라고 합니다. 힘겨운 고된 노동을 정해진 직무의 나이 이후에도 하라는 이야기가 아니고요. 주변에서 할 수 있는 만큼 일을 도우면 좋겠다는 말입니다.

오늘날 대부분의 교회에서는 오십 세가 아니라 칠십 세가 되면 은퇴하게 됩니다. 오십 세가 아니라 칠십 세가 기준이 되는 까닭은 아무래도 하나님께서 복을 주셔서 오늘날 사람들이 더 건강하게 살아가기 때문입니다. 또 몇몇 교회는 육십오 세에 은퇴하도록 하기도 하고, 간혹 일부 교단에서는 칠십오 세가 되면 교회의 각종 봉사에서 은퇴하도록 하는 경우가 있습니다. 예컨대, 이민교회에서는 젊은 이민자들이 점점 적게 유입되고 있어서 장로님이나 권사님들이 칠십오 세까지 교회를 섬기시고 은퇴하시는 경우들이 있었습니다.

레위인들이나 제직들이나 나이가 섬김의 절대적인 기준은 아니었습니다. 건강상 허용되는 시간까지 최선을 다해서 섬기고, 충분한 건강을 유지할 수 없는 나이가 되었을 때 섬김의 일에서 은퇴하지만, 은퇴 후에도 봉사직을 유지했습니다. 하나님과 공동체를 섬기는 것이 부담스러운 일이 아니라 자신에게도 기쁨이 되기 때문에 가능했을 것입니다.

결단의 말씀

성도 여러분, 출애굽 광야 공동체가 39년간의 긴 여정을 떠나기 전에 마지막으로 점검했던 것은 바로 레위인들이었습니다. 그 이유는 레위인들이 바로 서야만 출애굽 광야 공동체가 긴 여정 동안 바로 설 수 있기 때문이었습니다.

오늘날의 광야 공동체인 교회가 새로운 한 해의 사역을 준비하려고 하는 이 시점에 오늘날의 레위인과 같은 역할을 하는 우리 제직분들이 바로 서는 것이 중요합니다. 오늘 성경 말씀 중에 나온 것처럼 우리는 스스로의 정결을 점검해야 합니다. 우리의 마음을 하나님께 올려드려야 합니다. 나이와 상관없이, 심지어 은퇴했더라도 주님의 교회를 지키고 하나님께서 맡기신 사명을 끝까지 감당해야 합니다.

이로써 하나님께서 주시는 축복을 온전히 누리며, 한 사람도 빠짐없이 주님께서 우리에게 약속하신 땅 천국에 들어가는 은혜가 우리 공동체 가운데 함께 있기를 축원합니다.

하나님의 계획과 순종

민수기 9:1-23

최현준
대전신학대학교

도입

이 시간 하나님의 말씀 구약성경 민수기 9장을 통해 우리에게 주시는 하나님의 계시를 함께 나누기를 원합니다. 먼저 오늘 본문이 속해있는 민수기에 대해서 알아보는 것이 좋겠습니다. 민수기는 수백 년 동안 바로의 압제 아래 있었던 이스라엘 백성들이 애굽에서 탈출한 후 광야에서 하나님과의 관계를 정립하고 규칙을 따르는 과정에 관한 내용을 담고 있습니다.

민수기는 몇 가지 중요한 내용들을 다루고 있습니다. 첫 번째로 민수기는 인구조사를 기록하고 있습니다. 인구조사는 두 차례 이루어졌는데, 하나는 민수기 1장에서 시내 산에서 출발하기 전 가나안 입성을 염두에 둔 이스라엘 백성의 군사력을 확인하려는 목적으로 행했고, 다른 하나는 민수기 26장에서 가나안에 들어가기 전에 새로운 세대를 계수하기 위해 수행되었습니다.

두 번째로 민수기는 이스라엘 백성들이 하나님의 구속하심으로 애굽을 탈출하여 가나안 땅에 이르기까지의 여정을 상세하게 기록하고 있습니다. 이스라엘 백성들이 겪은 사건들과 하나님의 인도하심을 역사적으로 기억하고자 했던 것입니다. 더 나아가 이는 미래 세대에게 하나님의 신실하심과 조상들의 불순종을 교훈 삼게 하려는 의도가 있었습니다.

세 번째로 민수기는 다양한 율법과 규례를 언급하고 있습니다. 이는 이스라엘 백성이 광야에서 살아가며 지켜야 할 규정들을 명확히 제시하고, 가나안 땅에 들어가서도 하나님의 백성들로서 어떻게 살아가야 하는지를 가르치기 위한 목적으로 기록하고 있는 것입니다.

네 번째로 민수기는 이스라엘 백성들이 하나님을 신뢰하고 순종하는 일이 얼마나 중요한지를 강조하고 있습니다. 즉, 불순종의 결과로 이스라엘 백성들이 경험한 광야에서의 방황과 고통을 통해 신앙적 교훈을 주려는 목적이 있습니다.

마지막으로 민수기는 제사장과 레위인들의 역할과 의무, 그리고 그들과 관련된 규례들을 상세히 기록하고 있습니다. 이는 광야의 삶뿐만 아니라 이후 가나안 땅에서 이스라엘의 신앙적 질서를 어떻게 유지할 것인가를 가르치려는 의도를 가지고 있습니다.

본문 강해

특별히 오늘 본문인 9장에서는 크게 두 가지 중요한 주제를 언급하고 있습니다. 첫째로 '유월절 규례'를 이야기하고 있고, 둘째로 '구름과 불기둥으로 인도되는 하나님의 임재'를 말씀하고 있습니다.

하나님은 애굽에서 400년간 노예 생활을 하던 이스라엘 백성들을 당신이 세우신 종 모세를 통해 구속하심으로 해방하셨습니다. 출애굽 해방 사건은 이스라엘 민족에게는 매우 중요한 전환점입니다. 하나님이 그들을 애굽의 속박에서 해방시키고 당신의 백성으로 삼으신 과정이었기 때문입니다.

하나님은 이스라엘의 조상 아브라함에게 그를 통해 큰 민족을 이루시겠다는 언약을 수차례 하셨고, 그의 아들 이삭, 그리고 야곱과 그의 아들 요셉을 통해 당신의 약속을 실행해 가셨습니다. 그리고 출애굽을 통해 이스라엘 백성을 구속하시고 그들과 특별한 관계를 맺으셨던 것입니다.

민수기 9장은, 이스라엘 백성들이 첫 유월절을 지내는 장면으로 시작됩니다. 유월절은 이스라엘 백성들이 노예였던 애굽에서의 탈출을 기념하는 절기로, 이날에 하나님이 애굽의 모든 장자를 치신 사건을 기억하고 감사하는 의미가 있습니다. 이 장에서는 유월절을 지키지 못하는 상황에서의 규례도 언급되는데, 이는 유월절이 이스라엘 백성의 정체성을 나타내는 데 얼마나 중요한지를 강조하며, 하나님과의 언약을 재확인하는 중요한 계기가 됩니다.

출애굽 이후 이스라엘 백성들은 가데스 바네아에서의 불순종으로 인해 가나안 땅에 들어가지 못하고 광야에서 40년간 생활하며, 하나님이 약속하신 가나안 땅으로 가는 긴 여정을 시작합니다. 하나님께서는 이 광야에서 낮에는 구름 기둥으로 밤에는 불기둥으로 그들을 인도하셨습니다. 하나님이 주신 이 구름 기둥과 불기둥은 살아계신 하나님의 임재와 하나님이 이스라엘 백성들을 보호하시고 인도하심을 상징하고 있습니다. 하나님은 구름 기둥과 불기둥을 통해 그들의 여정 가운데 언제 행진을 시작하고 언제 머물러야 하는지를 알려주셨던 것입니다.

출애굽 할 때 다양한 족속들이 함께 모세의 인도에 따라서 애굽을 떠났습니다. 하지만 이스라엘 백성은 아직 하나님에 대해 잘 알지 못했습니다. 그래서 애굽에서 하나님이 행하셨던 열 개의 재앙조차도 보이지 않는 하나님의 역사라고 생각하기보다는 모세가 행한 기적이라고 생각했습니다. 그리고 하나님이 홍해를 가르셔서 그들을 구원하시고, 그들을 쫓던 바로의 병사들이 홍해에서 침수되는 모습을 보면서도, 그들은 그것이 하나님이 행하신 일이라는 것을 깨닫지 못했습니다.

그래서 시내산에서 하나님은 이스라엘 백성들과 특별한 계약을 맺으셨습니다. 그분은 이스라엘 백성의 하나님이 되시고 그들은 하나님의 백성이 되었음을 선포하시고, 그들에게 율법을 주셨습니다. 아직 하나님이 누구신지를 잘 알지 못했고 믿음이 없었던 이스라엘 백성들을 하나님은 광야에서 훈련시키시며, 하나님에 대한 믿음과 신뢰, 그리고 순종을 가르치셨던 것입니다. 이러한 이유에서 민수기 9장에서 강조되는 유월절 준수와 하나님의 인도에 따른 행진 규칙은 이스라엘이 하나님의 명령에 순종하고 신앙을 유지하는 것이 얼마나 중요한지를 보여줍니다. 이들은 광야에서 겪는 어려움을 통해 신앙의 성숙과 하나님의 인도하심을 경험하게 된 것입니다.

이러한 역사적 배경을 통해 민수기 9장은 이스라엘 백성이 하나님과의 관계를 정립하고, 그분의 명령에 따르는 과정을 상세하게 보여줍니다. 이는 그들의 신앙생활과 공동체 생활의 중요한 기초를 형성하는 내용입니다.

그 중 첫 번째 중요한 내용을 담고 있는 것이 9장 1절에서 14절까지의 '유월절 규례'입니다.

유월절은 이스라엘 백성들을 바로의 압제로부터 구원하신 하나님의 은혜에 대한 기억을 상징합니다. 하나님은 모세에게 말씀하여 이스라엘 백성이 출애굽한 이듬해 첫째 달에 유월절을 지키라고 명령하십니다. 유월절은 애굽에서 구원받은 사건을 기억하는 중요한 절기이기 때문입니다. 또한, 부정하게 되었거나 먼 길을 떠난 자들도 둘째 달에 유월절을 지킬 수 있도록 허락하심으로 구원의 기억을 간직하게 하셨습니다. 이는 이스라엘 백성을 향한 하나님의 사랑과 배려를 보여줍니다. 하나님은 소외된 자나 연약한 자, 그리고 어려움을 당한 자들을 외면하시는 분이 아니십니다. 그는 당신을 따르는 모든 자들에게 성실하시며 자비를 베풀기를 그치지 않으시는 분이십니다. 그렇기에 우리도 다른 사람들에게 포용과 배려를 베푸는 일에 옹색해서도 안 되며 그쳐서도 안 될 것입니다. 모두가 하나님의 은혜를 누릴 수 있도록 돕는 것이 하나님의 백성이요 자녀 된 도리라는 것을 기억해야 합니다.

오늘 본문은 우리에게 우리의 삶 속에서 하나님께서 베풀어 주신 구원의 은혜를 어떻게 기억하며 응답하고 있는지를 돌아보라고 말씀합니다. 더 나아가서 구원받은 우리들 주변을 돌아보며, 포용과 배려가 필요한 사람들을 향해 손을 내밀고 그들에게 우리가 받은 하나님의 사랑을 전하라고 말씀하고 계신 것입니다.

두 번째로 9장 15-23절에서 언급하고 있는 중요한 주제인 '구름 기둥과 불기둥으로 인도하심'의 의미도 생각해 보아야 합니다.

하나님이 명령하신 성막이 세워진 날부터 '구름이 성막을 덮었고, 밤에는 불같은 모양으로 나타났다'고 본문은 말씀하고 있습니다. 낮의 구름 기둥은 이스라엘 백성들이 행진할 때 언제 진행하고 멈추어야 하는지를 알려주는, 하나님의 인도하심의 표징이었습니다. 이스라엘 백성들은 구름 기둥이 움직일 때 따라 행진하고, 그것이 멈춰 머무르면 같이 멈추어야 했습니다.

이 이야기는 우리의 삶 가운데 임하시는 하나님의 임재를 의미합니다. 하나님은 그의 백성과 언제나 함께하셨습니다. 그들의 일거수일투족을 보고 계셨고 알고 계셨습니다. 하나님께서 시내 산에서 이스라엘 백성들을 당신의 백성 삼으신 순간부터 하나님은 그들에게 당신의 시선을 떼지 않으셨습니다. 그리고 이스라엘 백성들이 하나님의 임재를 깨닫고 그분 앞에 순종하기를 원하셨습니다. 임재는 사전적 의미로 '은혜'나 '도움'을 의미합니다. 하나님의 임재라고 할 때, 이것은 하나님의 은혜나 구원을 의미합니다. 나아가 하나님의 임재는 인류를 죄에서 구원해 주시는 하나님의 자비와 은혜를 보여줍니다. 그리고 하나님은 이스라엘 백성들처럼 우리들에게도 동일한 순종을 요구하고 계십니다. 우리가 우리의 삶 속에서 하나님이 살아계셔서 역사하시고 계시다는, 그분의 임재를 경험하기를 원하고 계십니다. 우리가 하나님의 인도하심을 신뢰하고 순종하는 삶을 살기를 원하시고 계시다는 것을 기억해야 합니다.

또한 이스라엘 백성들은 하나님이 세우신 구름 기둥과 불기둥을 따라 움직였습니다. 하나님께서는 우리를 당신의 길로 인도하고 계십니다. 하나님의 인도하심에는 계획과 목적이 있습니다. 민수기를 통해 말씀하시는 하나님의 계획은 이스라엘 백성들이 약속하신 가나안 땅에 들어가는 것이었습니다. 하나님은 이스라엘 백성들이 광야에만 머물러 있기를 바라지 않으셨습니다. 하나님의 궁극적인 목적은 이스라엘 백성들이 광야에서의 훈련을 거쳐, 축복의 땅 가나안에 들어가 대대손손 하나님의 축복을 누리며 살아가는 것이었습니다.

이러한 하나님의 인도하심에는 중요한 조건이 있었습니다. 그것은 바로 하나님의 인도하심에 대한 철저한 순종이었습니다. 하나님께서는 이스라엘 백성들에게 율법을 주시고 그것에 철저히 순종하라고 말씀하십니다. 율법은 하나님이 주신 신앙과 삶의 규칙입니다. 일종의 법입니다. 이는 하나님께 대해 순종하는 방법을 구체화시키는 역할을 했습니다. 어떻게 행하는 것이 순종하는 것인지를 명확히 하고 구체화함으로써, 실천으로 이끌어 주셨던 것입니다.

하나님께서는 우리에게도 하나님의 인도하심에 대한 신뢰와 믿음, 그리고 순종을 요구하십니다. 또한 하나님이 우리의 삶을 이끌고 방향을 제시해 주시고 계시는데, 선택의 순간마다 우리가 당신의 뜻에 따라갈 수 있도록 도우고 계십니다. 이러한 하나님의 섭리를 우리가 깨닫기 위해서 우리는 다음의 삶을 실천하도록 노력해야 합니다.

첫째로, 하나님은 우리가 하나님의 뜻을 헤아릴 수 있는 길을 주셨는데, 그것은 바로 성경입니다. 하나님은 성경을 통해 하나님이 누구신지, 무엇을 원하시며, 어떻게 당신의 백성들이 살아가기를 원하시는지를 계시해 놓으셨습니다. 따라서 우리는 말씀을 묵상하는 일을 게을리하거나 그쳐서는 아니 될 것입니다. 성경 말씀을 통해서 하나님의 뜻이 무엇인지를 끊임없이 배우고 고민하며, 어떻게 삶 속에 실천할 것인지를 찾아가야 합니다. 말씀을 통해 우리의 삶의 방향을 찾는 훈련을 해야 한다는 의미입니다.

둘째는 기도입니다. 하나님께서 허락하신, 당신의 뜻을 헤아리는 다른 방법이 바로 기도입니다. 하나님은 당신의 독생자 예수 그리스도를 통해, 우리에게 하나님과 영적으로 소통하는, 기도라는 방법을 가르쳐 주셨습니다. 기도를 통해 우리 주님의 뜻을 찾아가는 것은 너무 중요합니다. 우리는 기도를 통해 하나님과의 소통을 강화하고, 묵상을 통해 우리 주님의 뜻을 깊이 찾아가는 훈련을 해야 합니다.

세 번째로 우리는 혼자서 하나님의 뜻을 깨닫는 것이 어려움을 잘 알고 있습니다. 그래서 예수님은 우리에게 보혜사 성령을 보내주셨습니다. 성령께서 우리 속에 내주하셔서 우리들은 그의 도우심으로 하나님의 뜻을 헤아릴 수 있습니다. 나아가 우리가 그분의 뜻을 깨닫는 데 그치지 아니하고, 그에 따라 행동으로 옮길 수 있도록, 성령께서는 돕고 계심을 기억해야 합니다.

네 번째로 하나님은 우리의 삶에서 겪는 다양한 경험과 사건들을 통해서도 당신의 인도하심을 깨닫게 하십니다. 우리의 삶에서 일어나는 모든 일들은 우연한 것이 없습니다. 모두 하나님의 섭리 가운데 그의 주권 아래 일어나는 일입니다. 하나님은 그런 다양한 사건들과 상황들을 통해서도 우리에게 당신의 뜻을 깨닫도록 인도하고 계신다는 사실을 잊어서는 안 됩니다.

결단의 말씀

결론을 맺습니다. 하나님은 이스라엘 백성들을 노예 되었던 애굽에서 구원하시고, 가나안으로 가기 위한, 38년 동안의 긴 세월 광야의 삶을 통해 그들에게 당신의 뜻을 보이시고 가르치셨습니다. 그러나 가나안에 들어간 이스라엘 백성들은 어떠했는지요? 가나안 땅을 차지하고 정착했지만, 곧 하나님을 버리고 가나안 족속들이 섬기던 바알과 아세라를 따라 섬기며 숭배하는 죄를 저지르지 않았습니까? 그리고 이스라엘 백성들은 이방인들과 혼인하며 하나님의 백성으로서의 순결함을 잃어버렸고 하나님을 떠나지 않았습니까? 하나님의 율법을 무시하고 도덕적으로 타락하는 모습은 구약성경에 수없이 언급되어 있습니다. 신앙이 무너지고 나니 불의와 억압, 부정부패, 그리고 약자를 핍박하는 일들이 자행되었다고 성경은 증언하고 있습니다.

구약성경의 역사 속에서 하나님은 이스라엘 백성들에게 율법을 지키고 당신의 말씀에 순종하라고 명령하셨지만, 그들은 끊임없이 하나님의 명령을 기억하지 않았습니다. 더 이상 안식일도 지키지 않았고 희년의 규정도 무시하였습니다. 하나님은 선지자들을 보내셔서 이스라엘 백성들에게 회개를 촉구하고 하나님께로 돌아오라고 하셨지만, 그들은 그것을 무시하고 오히려 선지자들을 박해하였습니다. 이 모든 것은 그들의 죄로 인한 결과였습니다. 그들의 죄들로 인해 이스라엘 백성들은 하나님의 징계를 받았으며, 궁극적으로는 나라가 분열되고 바벨론에 의해 멸망하게 되는 결과를 맞이했습니다.

이 모든 비참한 결과의 원인은 무엇이었을까요? 그것은 이스라엘 백성들이 하나님의 뜻이 무엇인지를 헤아리지 못했고 바로 깨닫지 못했기 때문입니다. 하나님은 이스라엘을 향해 끝없는 사랑과 회복을 약속해 주셨지만, 이를 깨닫지 못하고 회개하지 못했던 이스라엘의 죄의 결과였습니다.

지금 우리는 얼마나 하나님의 뜻을 헤아리며 살아가고 있습니까? 오늘 민수기 9장은 유월절 규례와 구름 기둥의 인도를 통해 하나님의 구원과 인도하심을 보여줍니다. 우리는 구원의 은혜를 기억하고 감사해야 하며, 하나님의 임재와 인도를 신뢰하며 순종하는 삶을 살아야 함을 가르치고 있습니다. 우리 모두 하나님께서 우리와 함께하시는 삶, 그의 인도를 신뢰하며 나아가는 삶을 살기를 바랍니다.

삶 일 길을 가는 마음

민수기 10:33-36

김선종
정읍중앙교회

도입

인생은 나그네입니다. 죽기 전까지 이곳저곳을 떠돌아다니며 살아갑니다. 아무리 한곳에 오래 머무른 사람이라도, 결국 이 땅을 떠나게 됩니다. 모든 것과 이별할 준비를 하며 살아갑니다. 그래서 완전한 정착, 안정, 평안이라는 것은 이룰 수 없는 꿈에 불과합니다. 이러한 나그네 인간의 삶을 그리는 대표적인 구약의 책이 민수기입니다. 민수기에는 '떠나다'라는 동사 '나사'נָסַע가 여든아홉 번 등장하여, 성경에서 가장 많이 나타납니다. 그도 그럴 것이, 민수기는 이스라엘 백성이 이집트에서 탈출해서 하나님이 약속하신 가나안 땅에 이르기까지, 광야에서 40년 동안 걸어간 순례의 길을 보여주기 때문입니다. 40년 동안 그들이 한 일은 짐을 풀고 싸고, 또 짐을 풀고 싸서 떠나는 일이었습니다.

민수기 10장 35절과 36절은 '법궤의 노래'라고 불리는 본문으로, 이스라엘 백성이 가나안을 향해 떠나는 여정을 보여줍니다. 이 노래의 내용은 아주 간단합니다. 백성이 광야 길을 갈 때, 법궤에 임재하신 하나님이 이스라엘보다 삼 일 길을 앞서서 가셨고, 그러한 광야 길을 걸어가면서 모세는 하나님께 백성과 동행해 달라고 기도했다는 내용입니다. 많은 신앙인들은 고난에 처해 있을 때 자신이 당하는 고난을 광야에 투영하여 이야기합니다. 하지만 어려움에 처해 있는 백성과 함께 광야 길을 가시는 하나님의 마음에 대해서는 생각하지 않습니다. 백성보다 삼 일 길을 앞서가시는 하나님의 마음, 과연 어떤 마음이었을까요?

본문 강해

1. 하나님의 마음

민수기 10장 33절은 하나님에 대한 중요한 정보를 알려줍니다. 이스라엘이 이집트에서 나온 다음 광야 길을 걸어갈 때, 하나님께서 이스라엘보다 사흘 길 동안 앞서가셨다는 내용입니다. 단순히 하나님이 이스라엘보다 삼 일 길 앞서가셨다는 것이 중요하지 않습니다. 왜 앞서가셨는지가 중요합니다. 33절의 말씀입니다.

> 그들이 여호와의 산에서 떠나 삼 일 길을 갈 때에 여호와의 언약궤가 그 삼 일 길에 앞서가며 그들의 쉴 곳을 찾았고

하나님은 백성이 쉴 곳을 찾으시기 위해 삼 일 길을 앞서가신 것입니다. 우리가 어려움에 빠져 있을 때, 하나님은 구경하고 계시지 않고, 이 땅에서 우리보다 삼 일 길을 앞서가셔서, 우리가 쉴 곳, 우리가 가야 할 길을 찾고

계십니다.

2. 외롭고 서글픈 마음, 쓰라린 마음

삼 일 길을 홀로 가시는 하나님의 마음은 어떤 마음이었을까요? 외롭고 서글픈 마음, 쓰라리고 아린 마음이었을 것입니다. 삼 일 길을 가시며 하나님은 과거 이스라엘이 행한 모습들을 곰곰이 떠올리셨을 것이기 때문입니다. '이스라엘이 언제나 나만을 사랑한 것은 아니었는데, 나를 기다리지 못하고 금송아지를 만들었는데'라는 생각입니다. 이스라엘은 고기를 달라고, 물을 달라고, 가나안에 들어가기가 두렵다고 불만의 소리를 높인 과거 전력이 좋지 않은 백성입니다. 다시 이집트로 돌아가서 종노릇하겠다고 한 백성이었습니다. 그들의 마음은 불만과 불평으로 가득 차 있었습니다. 그런데 왜 하나님은 이러한 백성을 위해 삼 일 길이나 앞서가시며 먼지를 뒤집어쓰셔야 했을까요? 왜 하나님은 백성을 버리지 아니하시고 그들 앞서 고난을 자처하셨겠습니까?

그것은 이스라엘과 한 약속 때문입니다. "나는 너희 중에 행하여 너희의 하나님이 되고 너희는 내 백성이 될 것이니라"레 26:12. 시시때때로 하나님을 저버리는 백성과 달리 하나님은 스스로 하신 약속을 어기실 수 없으셨습니다. 스스로 자신을 언약으로 얽어매신 하나님은 그 언약을 벗어 버리시지 아니하셨습니다. 루터Luther의 말을 빌리면, 하나님이 하나님과 싸우셨던 것입니다. 반역한 백성을 심판하셔야 하는 하나님과 그러한 죄인을 사랑하시고 용서하시려 애쓰시는 하나님이 싸우셨던 것입니다. 『하나님의 아픔의 신학』에 나오는 기타모리 가조北森加藏의 말을 빌리면, 하나님은 어떻게 해도 감싸 안을 수 없는 것을 감싸 안으시기 위해, 그 자신이 부서져

상처 입고 아프셨던 것입니다.

이러한 하나님의 애달픈 모습은 예수님의 모습에서도 나타납니다. 신학대학교에 재학 중인 신학생으로 처음으로 교육전도사 사역을 하던 교회에서 저는 초등학교 3, 4학년, 초등부를 맡고 있었습니다. 그 해 어느 주일에 저는 고린도후서 2장에 나타난 그리스도의 향기에 관한 설교를 하고 있었습니다. "여러분, 예수님의 향기가 어떤 향기일까요?" 그러자 어느 여자 어린이가 손을 들더니, "전도사님, 예수님의 향기는 향수 냄새에요."라고 대답합니다. 선생님들과 다른 어린이들은 흡족하게 생각하는 것 같았습니다. 그 뒤에 4학년 남자 어린이가 손을 들자, 선생님들은 모두 긴장하였습니다. 그 어린이는 그 몇 주 전에 제가 아브라함의 아들이 누구냐는 질문에 최부라함이라고 대답했던 장난꾸러기였기 때문입니다. 역시나! 그 어린이는 그리스도의 향기에 대해 "땀 냄새요. 지린내요."라고 대답했습니다. 그러자 옆에 앉아 계시던 선생님은 민망해하시며 그 어린이의 입을 틀어막으셨습니다. 그런데 그렇게 생각하는 이유가 무엇이냐는 질문에 그 어린이는 놀랍게도 예수님은 가난하고 병든 사람들을 맨발로 평생 동안 찾아다니셨기 때문이라고 대답합니다. 그 아버지의 그 아들, 예수님도 삼 일 길을 앞서가신 하나님의 길을 따라 힘들고 지친 길, 십자가의 길을 우리보다 앞서가셨던 것입니다. 하나님은 자기 혼자 광야에서 먼지를 뒤집어쓰는 것이 모자라, 아들마저 십자가에 달려 돌아가시게 했던 것입니다.

3. 지치고 피곤한 마음

삼 일 길을 가는 하나님의 마음은 또 어떤 마음이었을까요? 지치고 피곤한 마음이었을 것입니다. 하나님께서 삼 일 길을 앞서가신 둘째 이유는 이스라엘의 대적을 물리치시기 위해서였기 때문입니다. 35절 말씀입니다.

> 궤가 떠날 때에는 모세가 말하되 여호와여 일어나사 주의 대적들을 흩으시고 주를 미워하는 자가 주 앞에서 도망하게 하소서 하였고

성경에는 하나님의 대적이라고 나와 있지만, 실제로는 이스라엘 백성의 적입니다. 자기의 적을 물리치기 위해 하나님의 도움을 구합니다. 모세는 자신이 백성의 대장 되어 하나님의 대적을 물리치겠다고 하는 것이 아니라, 반대로 자신들의 대적을 물리쳐 달라고 하나님께 부르짖습니다. 하나님께 우리 방패, 우리 군사가 되어달라고 기도했던 것입니다. 하나님을 조릅니다. 대적을 물리치기 위해 하나님은 가장 앞에서 홀로 싸움을 싸우셔야 했습니다. 광야를 둘러싸고 있는 온갖 대적들을 이겨내기 위해서는 긴장을 풀고 편히 쉴 수만은 없었던 것입니다.

이처럼 하나님이 삼 일 길을 가시는 데서 우리는 피곤하신 하나님의 모습을 발견할 수 있습니다. 어떤 분은 이렇게 물어보실지도 모르겠습니다. '전지전능하신 하나님이 피곤하시다니요? "이스라엘을 지키시는 이는 졸지도 아니하시고 주무시지도 아니하시리로다"시 121:4라고 하는데, 하나님이 조시다니요? 주무신다니요?'라고 말입니다. 하지만 이 시편은 평화로운 시절, 1년에 세 차례 성전에 계신 하나님을 순례하는 사람들의 노래입니다. 순례시에 해당합니다.

반대로 민수기는 전쟁 상황입니다. 모세가 기도한 내용을 보면 전쟁터에서 피곤해하시는 하나님의 모습을 찾아볼 수 있습니다. "일어나소서, 야웨여!" 모세는 감히 하나님을 깨우고 있습니다. 하나님보고 일어나라고 말하고 있습니다. '일어나소서, 야훼여!'라는 히브리말은 '쿰마, 아도나이'입

니다. '쿰'קום 이라는 히브리어는 일어나라는 명령인데, 이 말씀을 예수님께서도 하신 적이 있습니다. 죽은 어린 여자 어린이의 손목을 꼭 잡으시며 소녀야 일어나라, '탈리싸쿰'ταλιθα κουμ 이라고 말씀하셨던 것입니다막 5:41. 일어서 있는 사람에게 일어나라고 합니까? 일어나라는 말은 앉아있는 사람, 누워있는 사람, 더 나아가 예수님이 명하신 것처럼 죽어있는 사람에게 하는 말입니다. 그런 말을 모세는 감히 살아계신 하나님께 합니다. '일어나십시오. 야웨여.' 삼 일 길을 가는 하나님의 마음, 이처럼 하나님은 먼지 속에서 피곤해하셨는지도 모릅니다. 그래서 또다시 모세는 하나님께 외칩니다. 36절입니다.

궤가 쉴 때에는 말하되 여호와여 이스라엘 종족들에게로 돌아오소서 하였더라

밤이 되어 광야에 장막을 칠 때 모세는 하나님께 이스라엘에게로 돌아오시라고 말씀드립니다. 거친 들에서 피곤한 행진을 잠깐 쉬시고 편안히 쉬시라는 말입니다. 얼마나 당돌합니까? 하나님보고 일어나라니요? 진으로 돌아오셔서 쉬시라니요? 어떻게 모세는 이런 권세를 가질 수 있었겠습니까? 삼 일 길을 가신 하나님의 마음을 헤아릴 줄 알았기 때문입니다. 하나님이 먼저 걸어가신 그 고난의 길을 모세도 함께 걸었기 때문입니다. 그래서 출애굽기 33장 11절은 모세에 대하여 최고의 찬사를 합니다. "사람이 자기의 친구와 이야기함 같이 여호와께서는 모세와 대면하여 말씀하시며." 이 세상에 수많은 친구가 있지만, 모세는 하나님을 벗 삼아 하나님과 대화하고, 언제나 크고 작은 일에 하나님께 도우심을 구한 사람이었습니다.

10장

4. 대반전

삼 일 길을 앞서가신 하나님, 법궤의 노래로 화답한 모세. 얼마나 아름답습니까? 얼마나 낭만적입니까? 본문이 여기에서 끝나면 더할 나위 없을 것입니다. 하지만 안타깝게도 그렇지 않습니다. 본문의 바로 다음 구절인 11장 1절의 말씀입니다.

> 여호와께서 들으시기에 백성이 악한 말로 원망하매 여호와께서 들으시고 진노하사 여호와의 불을 그들 중에 붙여서 진영 끝을 사르게 하시매

도대체 무슨 일입니까? 하나님은 삼 일 길을 먼저 가셔서 백성을 도와주시고, 모세는 아름다운 법궤의 노래로 화답하지만, 결국 인간은 다람쥐 쳇바퀴 돌듯, 하나님을 배신합니다. 배반과 반역의 역사를 반복합니다. 죄악으로 가득 찬 사람의 본성을 보여줍니다. 하지만 하나님은 바로 그처럼 나쁜 백성을 구원해 주실 뿐 아니라, 여전히 구원의 도구로 삼으십니다. 사랑하는 백성 앞에 눈이 먼 가련하신 하나님, 배반당할 것을 아시면서도 사랑을 포기하지 못하시는 어리석은 하나님의 모습, 제자에게 팔릴 것을 알면서도 십자가 지신 예수님의 모습이 나타납니다. 사람의 반응과 상관없이 남은 40년 동안 작은 네모 상자, 법궤에 계셔서 거친 광야 길을 묵묵히 걸어가셨던 것이지요. 그래서 어느 신학자는 이러한 하나님을 '기어가시는 하느님'이라고 부르기도 했습니다박종천, 『기어가시는 하느님』(1995).

우리는 루터Luther와 칼뱅Calvin의 후예, 개혁가들입니다. 루터와 칼뱅은 당시 부패한 가톨릭 기득권 세력과 싸웠습니다. 반박문을 대자보로 붙이는 것을 두려워하지 않았습니다. 그래서 결국 자신들의 지위를 박탈당했

습니다. 칼뱅의 후예들, 위그노 교도들은 심지어 교회 안에서 화형을 당하기도 했습니다. 그야말로 자기의 운명에 개의치 않았습니다. 결과적으로 새로운 기구와 조직을 만들었습니다. 하지만 500년이 지난 그들의 후예들이 개혁가들의 공로와 결과만을 생각하는 경우가 있습니다. 그들은 결코 자신의 공로를 주장하지 않았습니다. 기존의 공동체를 파괴하여 새로운 공동체를 만드는 데 목적이 있지도 않았습니다. 투쟁과 헌신이라는 행동을 하기 이전에, 보이지 않는 골방에서 독일어로 성경을 번역하며 프랑스어로 성경을 주석하는 가운데, 하나님의 마음, 하나님이 진정 원하시는 것을 알려고 노력했기 때문에 개혁이 가능했던 것입니다. 이들은 진정 하나님이 원하시는 것이 무엇인지 알려 달라고 처절하게 기도했습니다. 자신의 양심과 더불어 하나님의 마음을 헤아리는 묵상이 결여된 개혁은 많은 사람들의 마음은 움직일 수 있을지언정, 결코 성공하지는 못할 것입니다.

결단의 말씀

법궤의 노래 - 우리의 노래

우리를 위해 삼 일 길을 앞서가신 하나님, 죄인을 위해 십자가에서 피 흘리신 예수 그리스도. 삼위일체 하나님은 지금도 우리 앞서 삼 일 길을 걸어가고 계십니다. 이러한 하나님의 마음은 여전히 아프고 지친 마음이시겠지요. 하나님의 마음을 헤아리기를 원합니다. 우리를 위해 십자가 지신 그리스도의 십자가의 남은 고난을 짊어지기를 원합니다.

탐욕의 무덤과 칠십 인의 장로를 세움

민수기 11:1-35

이은우
장로회신학대학교

도입

민수기 11장은 불신앙과 반역의 광야 유랑 여정에서 두 번째 부분인, 시내 광야에서 가데스 바네아까지의 여정을 다루는 부분[10:11-20:13]에 속하는 본문으로, 이스라엘 백성들이 광야에서 하나님께 불평하는 장면과 이에 대한 하나님의 반응을 다룹니다.

11장의 내용은 크게 여섯 개의 단락으로 나눌 수 있습니다. 첫째 단락은 다베라에서의 불평과 불만을 다루고[1-3절], 둘째 단락은 고기와 먹을 것에 대한 불만을 다루며[4-9절], 세 번째 단락은 모세의 지도자로서의 고통과 하나님의 응답을 다룹니다[10-17절]. 네 번째 단락은 하나님께서 메추라기를 보내시는 내용을 다루고 있으며[18-23절], 다섯 번째 단락은 칠십 명의 장로에게 성령이 임하는 내용을 다루고[24-30절], 여섯 번째 단락은 탐욕에 대한 심판의 내용을 다룹니다[31-35절].

이 본문은 하나님의 백성이 광야와 같은 시련의 상황에서 하나님께 불평하고 물질 앞에서 탐욕을 드러내기 쉬운 연약한 존재임을 보여줍니다. 민수기 11장 본문을 주해하며 본문에 나타나는 메시지를 찾아보도록 하겠습니다.

본문 강해

1. 다베라에서의 원망 (1-3절)

민수기 10장에서 가나안 땅 진입을 위한 만반의 준비를 하고 광야를 출발한 이스라엘 백성들은 무슨 이유에서인지 11장 1절에서 하나님께 악한 말로 원망을 하기 시작합니다. 그 이유가 무엇인지는 나타나 있지 않습니다. 11장 전체의 문맥에서 보면 그것이 먹거리 때문일 수도 있어 보입니다. 이에 하나님은 진노하셔서 불을 보내시고, 백성들 중의 일부를 태웁니다. 모세가 중보의 기도를 하여 불이 멈추게 됩니다.

1절에 보면 이스라엘 백성은 광야에서 어려움을 겪으면서 악한 말로 원망하기 시작합니다. 이 원망은 힘든 광야 생활에 대한 불만일 수 있지만, 단순한 불만이 아니라 하나님이 주신 약속에 대한 불신을 나타내는 행위입니다. 하나님은 그들의 원망을 들으시고 진노하셔서, 불을 그들 중에 붙여서 진영 끝을 불사르십니다. "진영 끝"이라는 표현은 이스라엘 백성 중 일부가 하나님의 진노로 벌을 받았음을 의미합니다. 실제로 불이 내렸는지, 아니면 심판의 상징으로 불이 언급된 것인지는 명확하지 않지만, 이 일로 이스라엘 진영의 일부가 심판을 받은 것은 분명해 보입니다.

2절에서 "백성이 모세에게 부르짖으므로 모세가 여호와께 기도하니" 불이 꺼집니다. 모세는 백성의 요청에 곧바로 하나님께 중보의 기도를 올립니다. 여기에서 모세의 중재자로서의 역할이 두드러집니다. 모세의 기도로 하나님의 진노의 불이 꺼지고, 하나님은 자비와 용서를 보여주십니다.

3절에서 그곳 지명인 다베라가 "여호와의 불이 그들 중에 붙었기 때문"임을 설명합니다. 이곳은 기원론적으로 이스라엘 백성이 하나님의 진노의 벌을 받은 사건을 기억하는 곳입니다.

하나님 백성의 삶이 늘 좋을 수만은 없습니다. 특히 광야에서의 삶은 더욱 그렇습니다. 이스라엘 백성들은 광야에서의 어려움 때문에 하나님께 불평하기 시작했습니다. 이들은 하나님의 인도하심과 보호하심을 잊어버리고, 상황에 대한 불만을 쏟아냈습니다. 이 장면에서 우리는 인간의 연약함과 하나님께 대한 신뢰의 결여를 볼 수 있습니다. 하나님의 명령에 대한 원망과 불평은 불신을 반영하는 것이고, 이는 신앙 공동체를 불안하게 하며 공동체에 해를 끼칠 수 있습니다. 하나님은 공동체의 악한 원망에 진노하셨지만, 모세의 중재로 불을 멈추게 하십니다. 지도자의 진심 어린 중보기도에 하나님은 공동체에 자비와 용서를 베푸십니다.

2. 애굽의 먹거리를 그리워함 (4-9절)

백성들은 이집트에서 먹던 고기와 생선과 채소를 그리워하며, 하나님께서 내려주신 만나에 대한 감사함을 잊고 그들의 불신앙을 드러냅니다.

4-9절에 보면 이스라엘 자손 중에 다른 인종이 있었던 것으로 보입니다. 그들은 아마도 출애굽기 12장 38절에 나타나는, 이스라엘과 함께 출애굽한 '수많은 잡족'이었을 것입니다. 이스라엘 자손은 그 다른 인종과 함께 애굽에서 먹던 고기와 생선과 다양한 채소를 회상합니다. 그들이 그곳에서 겪었던 노예 생활의 고통은 잊은 채, 좋았던 기억만 떠올리며 불평을 늘어

놓습니다. 6절에 보면 이들은 광야의 고통스러운 상황으로 인해 영적으로나 육체적으로 지쳐 기력이 쇠하였습니다. 일상의 단조로움 속에 하나님께서 매일 선물로 내려주시는 만나도 은혜임을 잊은 채, 감사하지 않고 오히려 애굽의 음식을 그리워하며 불평합니다. 7절은 "만나는 깟씨와 같고 모양은 진주와 같다"라고 설명합니다. 8절에서는 이것을 백성이 거두어 다양한 형태로 조리하여 먹었다고 말하고, 9절에 보면 이 만나는 '이슬'과 함께 내려서, 하나님께서 계속해서 내려주셨다는 것을 보여줍니다. 만나가 이슬과 함께 내렸다는 것은 생명의 양식이 하나님의 지속적인 은혜에 의해 공급되었음을 나타내며, 이스라엘 백성이 전적으로 하나님을 의지했어야 한다는 것을 강조합니다. 그러나 이스라엘 백성은 그렇게 살지 못했습니다. 그들은 하나님의 은혜에 감사하기보다는 오히려 불평을 늘어놓았습니다.

3. 모세의 고통과 하나님의 응답 (10-17절)

10-17절은 이스라엘 백성이 하나님께 불만을 표출하는 가운데, 모세가 그 부담을 느끼며 하나님께 호소하는 장면을 묘사합니다. 모세의 고백은 지도자로서의 고난과 함께 이스라엘 백성에 대한 그의 사랑과 책임을 담고 있으며, 지도자로서의 처지와 더불어 그의 인간적인 한계를 잘 보여줍니다. 이 단락은 지도자는 어려운 상황 속에서도 하나님께 솔직히 나아가야 함을 상기시켜 줍니다. 또한, 하나님은 동역할 수 있는 또 다른 지도자를 예비해 주시고, 세워주신다는 사실을 강조해 줍니다.

10절에 보면, 이스라엘 백성이 각자 자기 장막에서 우는 소리를 듣고, 하나님도 심히 진노하시고 모세도 화가 나서 기쁘지 않았음을 알 수 있습니다. 이 구절은 이스라엘 백성이 장막 문에서 울며 하나님께 직접 불만을 토로했음을 보여줍니다.

11절에서 모세는 하나님께서 자신에게 맡기신 백성을 책임지는 것이 얼마나 힘든 일인지 호소합니다. '하나님께서 이 모든 백성을 자신에게 맡기셔서 그 짐을 지게 하셨다'는 모세의 표현은, 이스라엘 백성의 불만과 하나님께 대한 원망이 모세에게 돌아오는 상황을 나타냅니다. 이는 모세가 하나님과 백성 사이에서 느끼는 부담과 갈등을 표현하며, 지도자로서의 고뇌를 보여줍니다.

12절에서 모세는 자신의 고통을 더욱 강조하기 위해 출산의 고통을 언급합니다. "이 모든 백성을 내가 배었나이까 내가 그들을 낳았나이까"라는 말은 그가 이 백성을 책임지는 부모와 같은 존재임을 나타냅니다. 이는 모세의 깊은 정신적 부담과 더불어 그들에 대한 사랑과 책임감을 표현하는 부분입니다.

13절에서 모세는 칭얼거리는 백성의 요구를 들어주기가 힘들다고 밝히며, 자신은 그들에게 필요한 것을 공급할 수 있는 힘이 없다고 말합니다.

14절에서 모세는 자신의 한계를 인식하고, 이스라엘 백성을 혼자 감당할 수 없다고 호소합니다. 이 구절은 지도자의 외로움과 부담을 강조합니다. 그의 좌절감은 백성의 불만과 그의 역할에 대한 압박감에서 비롯되며, 그는 하나님께 도움을 요청하는 기도를 통해 해결책을 찾고자 합니다.

15절에서 모세는 그 상황이 너무 힘들어 하나님께 생명까지 포기하겠다고 탄원합니다. "나를 죽여 내가 고난 당함을 내가 보지 않게 하옵소서"라는 표현은 그의 극도의 절망감을 나타내며, 이스라엘 백성을 온전히 지도하지 못하는 자신의 한계를 강하게 드러내는 표현입니다. 이는 모세의 지도자로서의 고난과 고립된 감정을 보여주는 강력한 구절입니다.

16절에서 하나님은 모세의 요청에 응답하여, 이스라엘 백성을 돕기 위해 칠십 명의 장로를 세우라고 지시하십니다. 이 지시는 함께 일할 동역자를 세움으로써 모세의 부담을 덜어주시려는 하나님의 의도를 보여줍니다. "그들을 데리고 와 회막에 이르러 거기서 너와 함께 서게 하라"는 표현은 그들이 하나님의 임재 앞에서 모세와 함께 일할 것임을 나타냅니다. 이는 공동체의 지도력을 강조하는 부분입니다.

17절에서 하나님은 모세에게 직접 내려와 말씀하시겠다고 약속하시고, 모세에게 임한 영을 장로들에게 나누어 주겠다고 말씀하십니다. 이는 그들이 하나님의 뜻을 이해하고, 더 효과적으로 백성을 인도하도록 돕기 위한 것입니다. 하나님께서는 모세에게 주신 영이 이제는 칠십 명의 장로들과도 함께하게 될 것임을 말씀하시며, 이들의 책임도 중대하고 이들이 모세의 짐을 나누어 담당하게 될 것임을 강조하십니다.

4. 메추라기를 보내심 (18-23절)

하나님은 백성들의 고기 요구에 응답하여 메추라기를 풍성히 보내기로 약속하십니다. 그러나 하나님은 그들이 먹은 고기에 대해 심판을 내리실 것입니다.

18절에서 하나님은 모세를 통해 백성에게 고기 먹을 준비를 하라고 지시하십니다. "몸을 거룩히 하여"라는 말은 그들이 하나님 앞에 자신을 준비시켜야 함을 나타냅니다. 또한 하나님은 그들의 원망을 들으셨음을 밝히시며 그들에게 고기를 주실 것이라고 약속하십니다. 이는 하나님께서 백성의 부르짖음에 응답하시고, 그들에게 필요한 것을 공급하시는 신실한 분이심을 보여줍니다.

19-20절에서 하나님은 백성에게 고기를 한 달 동안 먹이겠다고 약속하시며, 그들의 욕구가 충족될 것임을 선언하십니다. 이는 하나님이 그들의 요구에 응답하시겠다는 의지를 드러내는 동시에, 그들이 고기를 원한 이유에 대한 경고를 포함하고 있습니다. 이렇게 한 달 동안 고기를 먹는 것은 그들이 겪게 될 고난과 후회, 하나님의 의도에 대한 깊은 성찰이 될 것입니다.

21-22절에서 모세는 하나님께서 비록 고기를 주신다고 하더라도, 어떻게 보행자만 육십만 명이나 되는 많은 사람들을 먹일 수 있을지 의문을 제기합니다. 모세는 양 떼와 소 떼, 바다의 모든 고기를 잡아도 부족하리라고 말하며, 자신의 능력이 미치지 않는 영역에 대해 말합니다. 이는 하나님이 충분히 공급하실 수 있음을 믿지 못하는, 모세의 하나님 이해의 한계를 보여줍니다.

23절에서 하나님은 모세에게 "여호와의 손이 짧으냐"라고 반문하시며, 하나님이 주신 약속이 결코 불가능하지 않음을 강조하십니다. 이는 하나님의 전능함을 믿고 그분의 신실함을 의심하지 말라는 메시지입니다. 하나님은 모세에게 그가 내린 명령이 반드시 이행될 것이라는 확신을 주시며, 가장 중요한 것은 인간의 관점이 아니라 하나님의 능력에 대한 신뢰임을 가르치십니다.

이렇게 18-23절은 하나님께서 모세의 요청에 응답하시고 그를 돕기 위해 이스라엘 백성에게 고기를 공급하겠다고 약속하시는 장면을 다룹니다. 하나님은 모세의 고백에 응답하실 뿐만 아니라, 그들의 필요를 채우기 위해 여러 방법으로 일하실 것입니다. 이렇듯 인간의 불만과 요구를 들으시는 하나님은 우리에게 필요할 때 필요한 것을 공급하시기를 원하십니다. 이 단락은 믿음과 하나님의 능력에 대한 신뢰를 강조하는 중요한 본문입니다.

5. 성령의 강림 (24-30절)

24-30절은 하나님이 모세에게 주신 명령에 따라 하나님께서 선택하신 장로들이 임명되는 과정과 모세에게 임하신 하나님의 영이 장로들에게도 임하시는 장면을 다룹니다. 70명의 장로에게 성령이 임하여 이들은 예언을 하게 되며, 이로 인해 모세의 지도력이 강화됩니다.

24절에서 모세는 하나님께서 주신 지시를 따르며, 백성에게 하나님의 말씀을 전합니다. 장로들을 회막 주위에 세우는 것은 그들이 하나님과의 직접적인 관계 속에서 지도자로서의 책임을 다하도록 준비시키기 위함입니다. 모세의 역할은 단순한 리더십이 아니라, 하나님의 사자로서 백성과 소통하는 중요한 중재자 역할이었음을 나타냅니다.

25절에서 하나님께서 모세에게 주신 영이 장로들에게 임하는 장면에서, 영적 권위와 능력이 어떻게 전달되는지를 볼 수 있습니다. '예언을 하다'라는 표현은 그들이 하나님과 소통하고, 하나님의 뜻을 전달하는 특별한 역할을 맡고 있음을 나타냅니다. 예언은 종종 하나님의 메시지를 전하는 방법으로 사용되었기 때문에, 이는 장로들이 하나님과의 관계에 있어 중요한 역할을 수행하게 됨을 의미합니다.

26절에서 엘닷과 메닷 두 사람은 회막으로 나가지 않았지만, 하나님의 영이 그들에게도 임했습니다. 이는 하나님의 영이 특정한 장소에 한정되지 않고, 필요에 따라 어디에서든 임하실 수 있음을 시사합니다. 이러한 상황은 과거의 전통적 개념에 도전하는 모습으로, 하나님의 섭리가 개인적인 차원에서 어떻게 펼쳐질 수 있는지를 보여줍니다.

27절에서 한 젊은이가 모세에게 이 소식을 전하는 것은 이 상황과 회중의 반응을 모세가 인지하게 하는 중요한 소통 장면입니다. "진중에서 예언

하나이다"라는 표현은 이들이 하나님께서 주신 임무를 감당하고 있으며, 모세에게는 이 상황이 의도치 않은 일이었음을 암시합니다. 이는 또한 사회에서 하나님이 일하시는 방식이 전통적인 구조를 넘어서 일어날 수 있음을 나타냅니다.

28절에서 여호수아는 모세의 수종자로서 강한 충성심을 가지고 있으며, 이러한 상황에서 "그들을 말리소서"라는 요청은 이러한 예언 행위가 구조와 질서에 어긋나는 것으로 여겨질 수 있었음을 나타냅니다. 여호수아의 반응은 전통적인 반발감과 권위에 대한 경계를 내포하고 있으며, 이는 이스라엘 공동체 내에서의 정체성을 중요시하는 태도를 보여줍니다.

29절에서 모세는 여호수아의 편협함을 경고하며 하나님께서 모든 백성에게 그의 영을 주사 예언하게 되기를 바라는 마음을 나타냅니다. 이는 모세가 자신만의 권위를 고수하는 것이 아니라, 모든 이스라엘 백성이 하나님과의 관계에서 더 깊이 나아가기를 원하는 지도자임을 반영합니다. 모세의 지도자로서의 포용력과 공동체를 향한 대승적 개방성을 보여줍니다.

30절은 모세가 하나님과의 특별한 만남이 있는 회막으로 돌아가고, 장로들과 함께 예언의 경험을 공유하지만, 그들이 그 이후로는 더 이상 예언하지 않았음을 보여줍니다. 이는 하나님의 임재와 영이 그들과 함께했지만, 그 경험이 일회성으로 끝났음을 나타냅니다. 또한, 이러한 경험이 이스라엘 공동체에 하나님의 뜻을 잘 전달했음을 묘사해 줍니다.

이렇게 24-30절은 모세가 하나님께서 주신 명령을 따르고, 장로들이 임명되며 하나님의 영이 장로들에게 임하는 과정을 보여줍니다. 이 단락은 공동체의 지도력과 하나님의 영의 주권적인 임재, 그리고 하나님의 뜻이 개인과 공동체에 어떻게 전달되는지를 잘 드러냅니다. 또한, 하나님께서는 특정 장소나 개인에 국한되지 않고 모든 백성이 그의 임재를 경험하며 하나님의 뜻을 실현하길 원하신다는 메시지를 전달합니다. 이를 통해 우리는 리더십의 중요성과 하나님의 주권 아래 사는 것에 대한 깊은 교훈을 얻을 수 있습니다.

6. 불신앙에 대한 심판 (31-35절)

하나님은 많은 메추라기를 보내시지만, 고기를 탐욕스럽게 먹는 백성들에게 심판을 내리십니다. 수많은 사람이 역병으로 죽습니다. 이 장소는 '기브롯 핫다아와'탐욕의 무덤라 불리게 됩니다.

31절에서 하나님께서는 이스라엘 백성의 요청에 따라 메추라기를 공급하십니다. 메추라기는 이스라엘 백성의 불만족스러운 식사를 해결하기 위한 하나님의 응답으로 볼 수 있습니다. 하나님은 바람이라는 자연의 요소를 사용하여 그분의 일을 행하시는데, 이는 그분의 초자연적인 주권을 드러냅니다. 메추라기가 진 주위에 쌓인 모습은 하나님께서 주신 풍족함과 은혜를 표현합니다.

32절에서 백성들은 메추라기를 모으는 데 열중하며, 여기서 사람들의 열망과 기대가 부각됩니다. "적게 모은 자도 열 호멜"을 거두었다는 표현은 메추라기가 풍족하다는 것과, 그들이 필요 이상의 것을 모았다는 것을 보여줍니다. 이는 하나님께서 그들에게 주신 은혜가 크고 풍성했다는 것을 보여줍니다.

33절에 보면 하나님께서 메추라기를 주신 후에 "고기가 아직 이 사이에 있어 씹히기 전에, 심히 큰 재앙으로" 치셨다는 내용이 나옵니다. 이는 그들의 원망과 불신에 대해 하나님께서 신속하게 응답하셨음을 보여줍니다. 하나님의 진노는 백성이 하나님께서 이끄시는 궤도에서 벗어난 결과이며,

이는 신적 재앙으로 이어집니다. 이 구절은 하나님의 공의와 백성의 불신 사이의 간격을 보여줍니다.

34절에 보면 '기브롯 핫다아와'는 '탐욕의 무덤'이라는 뜻으로, 이 구절은 이스라엘 백성이 고기와 같은 세속적인 것들에 대한 갈망으로 인해 처벌받았음을 나타냅니다. 이 이름은 하나님의 경고와 심판의 상징으로 작용하여, 백성이 하나님의 뜻을 무시하고 탐욕을 품었을 때의 결과를 기억하게 만듭니다.

35절에서 이스라엘 백성은 기브롯 핫다아와에서 떠나 하세롯으로 이동합니다. 이 구절은 그들이 환경에서 겪은 고통과 심판 후에도 여전히 하나님과의 관계를 지속하면서 새로운 여정을 시작하는 모습을 나타냅니다. 하세롯은 그들의 다음 목적지로, 새로운 시작을 의미하기도 합니다. 그러나 동시에 이 사건은 그들이 여정 중에 얼마나 하나님만을 신뢰하고 의지해야 하는지 성찰하게 만드는 계기가 됩니다.

이처럼 31-35절은 이스라엘 백성이 하나님으로부터 받은 은혜에도 불구하고 불만을 품고, 그 결과로 하나님의 진노를 받아 고통을 겪는 과정을 보여줍니다. 이 사건은 하나님이 백성에게 주시는 축복을 보여줌과 동시에, 그들이 어떻게 하나님의 의도를 소중히 여기지 않았는지를 강조하며, 탐욕과 불평이 초래하는 결과를 가르쳐줍니다. 이를 통해 우리는 하나님의 진노와 은혜 사이의 균형을 깨닫고, 하나님께 대한 태도가 얼마나 중요한지를 다시 한번 생각하게 됩니다.

결단의 말씀

여러분, 우리는 삶의 광야에서 많은 도전에 직면합니다. 때로는 우리의 믿음과 인내가 부족하여 하나님께 불평을 하곤 합니다. 오늘 우리는 민수기 11장을 통해 광야에서의 불만과 하나님의 응답에 대해 배웠습니다.

첫째, 이스라엘 백성들은 광야에서의 어려움 때문에 하나님께 불평했습니다. 이들은 하나님의 인도하심과 보호하심을 잊어버리고, 상황에 대한 불만을 쏟아냈습니다. 그들의 불평에 대해 하나님은 진노하셨지만, 모세의 중재로 불을 멈추게 하십니다. 이 장면에서 우리는 우리 인간의 연약함과 하나님께 대한 신뢰의 결여를 볼 수 있습니다. 우리는 스스로의 연약함과 믿음의 부족함으로 인해 넘어지지 않도록 노력해야 합니다.

둘째, 백성들은 만나를 지속적으로 먹으며 불평했고, 이집트에서 먹던 고기를 그리워했습니다. 이는 그들의 탐욕과 불신앙을 드러냅니다. 우리는 여기서 인간의 본성이 얼마나 쉽게 감사 대신 불평으로 변할 수 있는지를 깨닫고, 수시로 반성해야 합니다.

셋째, 모세는 백성들의 불만과 요구에 지쳐 하나님께 자신이 혼자 이를 감당할 수 없음을 호소합니다. 하나님께서는 모세의 고통을 이해하시고, 70명의 장로를 세워 모세의 짐을 나누어 주십니다. 이는 리더십에 있어 협력과 나눔의 중요성을 강조합니다.

넷째, 하나님은 백성들의 요구에 응답하여 메추라기를 보내시지만, 그들의 탐욕과 불신앙에 대해 심판을 내리십니다. 이는 하나님께서 우리의 필요를 채우시는 분이시지만, 동시에 우리의 마음 상태와 태도도 중요하게 여기시고, 탐욕과 불신에 대해서는 심판하시는 분이심을 명심해야 합니다.

겸손한 자를 부르시는 하나님

민수기 | 12:1-16

양인철
연세대학교

도입

동서양을 막론하고, “겸손”은 인간이 지켜야 할 최고의 미덕입니다. 한자 사전은 “겸손”을 ‘겸손할 겸’, ‘겸손할 손’으로 기록되어 있어서 그 깊은 의미를 가늠하기가 쉽지 않습니다. 그러나 각 한자의 부수를 살펴보면, ‘겸손’謙遜의 ‘겸’謙은 ‘말씀 언’言과 ‘겸할 겸’兼이 합쳐진 한자이며, ‘말을 겸하다’를 뜻합니다. 즉, 상대방의 입장과 나의 입장을 겸해서 생각해 본다는 의미를 지니고 있습니다. 또한 ‘손’遜은 ‘손자 손’孫과 ‘쉬엄쉬엄 갈 착’辶이 합쳐진 한자이며, ‘손자가 간다’를 의미합니다. 이는 손자가 어른보다 앞서지 않고 천천히 간다는 의미를 지니고 있습니다. 따라서 동양에서 말하는 “겸손”은 상대에 대한 배려와 더불어 공경의 의미를 함께 내포하고 있다고 볼 수 있습니다. 서양에서 “겸손”은 ‘Humility’이며, 그 어원은 라틴어 ‘*Humilitas*’에서 왔습니다. ‘*Humilitas*’는 ‘대지’earth를 의미하는 라틴어 ‘*Humus*’로부터 기원합니다. 이로 미루어 보았을 때, 서양의 관점은 겸손한 자의 미덕은 대지를 밟고 있는 인간이 자신을 낮추는 행동에서 기원하고 있음을 알 수 있습니다.

그렇다면 구약성경에서 겸손한 자는 어떠한 자로 기록되었을까요? 구약성경에서 겸손한 자의 대표적인 인물은 모세입니다. 민수기에 기록된 이스라엘 백성의 광야 생활은 그들이 하나님과 모세에게 도전하고 불평하는 모습을 여러 차례 보여주고 있습니다. 그리하여 그들은 하나님의 심판을 피할 수 없는 상황에 이르게 됩니다. 모세는 그 상황을 외면하지 않습니다. 오히려 모세는 그들의 구원과 회복을 위해 중보하는 모습을 여러 차례 보여줍니다. 민수기 11장에서 모세는 그의 지도권을 의심하고 불평하는 자들을 위해 중보하고, 그들을 보호하고자 했습니다. 민수기 12장에서 아론과 미리암은 모세가 구스 여인과 결혼한 일로 인해 그의 지도력에 의심을 표하고, 그들 또한 하나님과 대화하는 권위가 있음을 강조하였습니다. 이 상황에서 모세는 그들을 비판하기보다는 오히려 미리암이 나병에서 회복하도록 중보하는 태도를 보여주고 있습니다. 이러한 모세의 모습을 통해 우리는 겸손한 자의 모델을 배울 수 있습니다. 민수기 전체는 광야에서 하나님의 백성으로 훈련받는 여정을 그리고 있습니다. 이 여정에서 우리가 기억해야 할 핵심은 하나님의 백성이 갖추어야 할 가장 큰 덕목인 "겸손"을 놓쳐서는 안 된다는 점입니다.

본문 강해

민수기 12장의 배경은 하세롯에서 이스라엘 백성이 거주할 때 미리암과 아론이 모세의 지도권에 도전하는 내용입니다. 민수기 12장은 총 세 개의 단락으로 구분해서 설명할 수 있습니다. 첫 단락은 1-3절이며, 미리암과 아론이 모세의 지도력에 도전하는 내용이 기록되었습니다. 두 번째 단락은 4-10절이며, 하나님께서 모세의 권위를 인정하시고, 그를 비난했던 미리암에게 나병으로 심판하시는 내용을 다루고 있습니다. 세 번째 단락은 11-16절이며, 아론이 모세에게 자신의 죄를 회개하고, 모세가 미리암의 회복을 위해 중보하는 내용을 다루고 있습니다. 세 단락은 겸손한 자가 갖추어야 할 교훈으로서 '자신을 낮추는 자', '하나님께 인정받는 자', '나를 대적하는 자를 위해 기도하는 자'를 모세의 삶을 통해 구체적으로 제시해 줍니다.

첫째, 겸손한 자는 '자신을 낮추는 자'입니다. 1-2절에서 미리암과 아론은 모세가 구스 여인과 결혼한 사건을 빌미로 삼아 모세의 권위에 도전을 합니다. 그들은 하나님이 모세에게만 말씀하시지 않고, 그들에게도 말씀하신다고 이야기합니다. 1절의 히브리어 본문은 한글 『개역개정』의 번역과 달리 모세에게 말한 주체로 미리암을 강조하고 있습니다. 미리암과 아론이 함께 말했다면 3인칭 공성 복수 동사를 사용해야 하지만, '그녀가 말했다'라는 3인칭 여성 단수 동사가 사용되었습니다. 이로 미루어 보았을 때, 모세가 구스 여인과 결혼한 사건에 대해 적극적으로 비판했던 주체는 미리암임을 알 수 있습니다. 12장에서 아론은 하나님의 심판에서 배제되고, 미리암만 피부병에 걸린 것이 그 증거라 할 수 있습니다.

그렇다면 모세가 구스 여인과 결혼한 것이 왜 문제가 되었을까요? 아마도 모세가 이스라엘 지파 출신 여인이 아니라 이방 여인과 결혼했다는 것이 이유일 수 있습니다. 성서학자들은 구스 여인에 관하여 두 가지 가능성을 제시하고 있습니다. 첫째, 구스 여인은 미디안 출신 "십보라"라는 주장입니다. 하박국 3장 7절에서는 "구산의 장막"과 "미디안 땅의 휘장"을 병렬로 배치하여, "구산"과 "미디안"을 동일시하고 있습니다. 또한 아람어 번역본인 탈굼 옹켈로스는 "구산"이라는 지명을 없애고 "아름답다"로 표기하여 십보라의 아름다움을 강조하고 있습니다. 둘째, 구스 여인은 에티오피아 출신 여인이며 모세의 두 번째 부인일 가능성입니다. 출애굽기 18장 2절에서는 모세의 장인 이드로가 모세가 돌려보냈던 십보라를 데리고 오는 장면이 있습니다. 랍비 이스마엘은 출애굽기 18장 2절을 두고 모세가 십보라와 이혼했다고 표기하기도 했습니다. 헬라어 번역본인 칠십인역은 구스Cushite를 에티오피아로 표기하여 모세가 결혼한 여인이 아프리카 출신임을 이야기합니다. 즉, 모세가 미디안 족 출신인 십보라가 아니라 아프리카 출신 여인과 두 번째 결혼한 것으로 예측할 수 있습니다. 모세가 아프리카 출신 여인과 두 번째 결혼을 했다면 미리암이 피부병에 걸려 피부색이 흰색으로 대조되는 효과를 줄 수도 있습니다.

이 사건의 핵심은 모세가 이방 여인과 결혼한 사건을 통해 미리암과 아론이 모세의 지도력에 흠집을 내고자 했다는 점입니다. 사실 모세의 지도력에 대해 도전한 것은 민수기 12장이 처음이 아닙니다. 11장에서는 고기 없이 만나만 먹는 것에 대해 백성들이 모세에게 불평하고, 이 일로 인해 하나님의 진노가 임함을 기록하고 있습니다. 또한, 장막에 거한 70명의 장로가 하나님의 영을 경험하였고, 진 중에 남아 있던 엘닷과 메닷 또한 하나님의 영을 경험합니다. 이 일로 인해 모세의 영적 권위가 손상될 위기가 있었습니다. 그리고 그 위기가 이제는 모세의 가족인 미리암과 아론이 직접적으로 도전하는 것으로 나타나면서 모세의 리더십이 흔들리게 되었습니다.

그러나 이 모든 상황에서도 모세가 그들을 원망하지 않고 '자신을 낮추는 겸손의 자세'를 보여주고 있음을 민수기 12장 3절은 강조하고 있습니다. 본문은 모세가 이 사건을 듣고 어떠한 행동을 보였는지 구체적으로 명시하고 있지 않습니다. 그러나 3절에서 민수기 저자는 모세에 대해 다음과 같이 평가하고 있습니다. "그리고 그 사람 모세는 지면에 사는 모든 사람 중에서도 매우 겸손한 자이다." 『개역개정』이 "온유하다"로 번역한 히브리어 '아나브'는 "겸손하다"가 더 적절한 번역이라 할 수 있습니다. 히브리어 '아나브'는 기본적으로 '자신을 낮추는 행위'를 의미합니다. 잠언 16장 19절에서 "겸손한 자'아나브'와 함께 하여 마음을 낮추는 것이 교만한 자와 함께 하여 탈취물을 나누는 것보다 나으니라"라는 표현은 히브리어 '아나브'와 '마음을 낮추는 자세'가 동일시됨을 알 수 있습니다. 실제로 모세는 민수기 11장에서 엘닷과 메닷 사건으로 인해 자신의 영적 권위가 손상될 위기에 처한 순간에 다음과 같이 이야기합니다. "야웨께서 그의 영을 야웨의 백성에게 주어 그들 모두 예언자가 되었으면 좋겠다."11:29하. 모세는 백성들이 자기보다 뛰어난 것에 대해 질투하기보다는 그들 모두가 하나님의 백성으로 하나님의 영을 체험하기를 원한 것입니다.

둘째, 겸손한 자는 '하나님께 인정받는 자'입니다. 12장 4-10절에서는 하나님께서 이 사건에 직접 개입하십니다. 하나님께서는 모세와 미리암과 아론 세 사람을 회막으로 나오라고 부르십니다. 이때 하나님의 신속한 개입을 반영하는 히브리어 부사 '피트옴'이 사용되었습니다. 이 단어를 헬라어 번역본인 칠십인역은 "즉시"로 번역하였습니다. 이 사건이 이스라엘 백성 전체에게 퍼지지 않게 하기 위해 하나님은 즉시 이 사건에 개입하셨고, 이 사건의 당사자만 회막으로 부르셨습니다. 5절에서 야웨는 회막 입구에서 구름 기둥 가운데 내려오셔서 미리암과 아론에게 야웨의 뜻을 분명히 나타내십니다. 6절은 하나님이 예언자에게 비전과 꿈으로 그의 뜻을 알리시는 방법을 알려줍니다. 여기에서 비전은 히브리어로 '마르아'이며 그 뜻은 '보는 것'을 의미합니다. 꿈은 히브리어로 '할롬'이며 요셉과 다니엘이 꿈을 해석할 때 사용된 단어입니다. 7절에서 하나님은 모세를 "나의 종"이라 명시하시며, 그가 하나님의 집에서 가장 신뢰받는 존재임을 강조하십니다. 개역한글은 히브리어 동사 '네에만'을 "충성함"으로 번역하였는데, 이 히브리어 동사 '네에만'의 원 동사는 '아만'으로 '신뢰하다'를 의미합니다. 즉, 하나님은 모세를 신뢰하시기에 그에게 하나님의 집을 맡기는 종의 역할을 부여하셨음을 알 수 있습니다. 8절에서 하나님은 모세의 예언자로서의 역할을 강조하시며, 그에게는 수수께끼 히브리어 '리다' 로 뜻을 알리지 않고 얼굴 대 얼굴로 대면하여 알리심을 분명히 하고 있습니다. 다만 하나님은 모세와 대면하시되 하나님의 형상으로 그에게 나타나십니다. "형상"은 히브리어로 '테무나'이며, 원뜻은 '비슷함' 출 20:4 을 의미합니다. 하나님은 그분의 모습을 구름 기둥이나 불기둥 혹은 떨기나무와 같은 모습으로 인간에게 나타내실 수 있음을 알 수 있습니다. 그런데 하나님의 임재에 대한 모세의 태도를 주목할 필요가 있습니다. 『개역개정』은 모세가 "여호와의 형상을 본다"로만 번역하였습니다. 여기서 '본다'를 뜻하는 히브리어 '나바트'는 '무언가를 신중하게 보다'를 의미합니다. 즉, 모세가 하나님과 대면할 때, 그가 진지하게 하나님의 음성을 듣고자 노력하고 있음을 알 수 있습니다. 바로 이 부분이 하나님께서 인정하시는, 모세가 미리암과 아론과는 구별되는 차별점이라 할 수 있습니다. 모세는 하나님께 인정받는 자인 것입니다.

하나님께 인정받는 자인 모세에게 도전했던 미리암은 하나님의 심판을 피할 수 없었습니다. 성경에서는 교만한 자가 겪게 될 질병으로 나병을 이야기하고 있습니다. 미리암은 그녀의 교만한 행동으로 인해 처음으로 나병에 걸린 사람이 되었습니다. 미리암이 자기에게 주어진 역할을 넘어 모세의 지도력에 도전하였을 때 그녀는 하나님의 심판을 면할 수 없었습니다. 9절에서 하나님은 미리암과 아론에게 분노하시고 떠나십니다. 10절에서는 하나님의 구름 기둥이 회막으로부터 사라지고, 미리암에게 피부가 하얗게 바뀌는 피부병이 발생함을 기록하고 있습니다. 미리암이 가진 피부병은『개역개정』에서는 "나병"으로 번역하였습니다. 이 "나병"은 히브리어로 '메초라아트'이며 레위기 13-14장의 나병과 관련된 규례에서 등장합니다. 이 규례는 나병에 걸린 환자가 7일간 회중으로부터 격리되었다가 제사장으로부터 병의 진행 상태를 확인받는 과정을 다루고 있습니다. 이 규례대로 민수기 12장 15절에서 미리암은 회중으로부터 7일간 격리됩니다. 하나님께 인정받는 자에 대해 도전했던 미리암은 나병의 심판을 피할 수 없었습니다. 출애굽 당시에 미리암은 하나님의 구원을 찬양하였습니다[출 15:20-21]. 그러나 하나님께 인정받는 자인 모세의 지도력을 의심했던 그녀는 나병에 걸리게 되었습니다. 이와 유사한 예로, 남유다의 웃시야왕이 나병에 걸린 과정을 기억할 필요가 있습니다[대하 26장]. 웃시야왕은 하나님의 도우심으로 남유다 왕국의 군사력을 증강시키고, 하나님의 성전을 견고하게 만들었습니다. 그러나 웃시야왕은 교만하여 하나님 앞에 악을 행합니다. 그는 제사장에게 주어진 향로를 잡고 분향하는 일을 스스로 실행하다가 나병에 걸리게 됩니다. 하나님께 인정받는 자는 자기를 드러내는 교만한 자가 아닙니다. 자기에게 주어진 일에 최선을 다하고 하나님의 인도하심을 구하는 자, 바로 그러한 자를 하나님께서 사용하십니다.

셋째, 겸손한 자는 '나를 대적하는 자를 위해 기도하는 자'입니다. 11-12절은 아론이 나병에 걸린 미리암의 상태를 모세에게 말하고, 그녀의 회복을 위해 간구하는 내용을 담고 있습니다. 11절에서 아론은 모세를 "나의 주님"으로 부르며, 모세의 권위를 인정합니다. 또한, 아론은 미리암과 더불어 그가 지은 죄가 바보 같은 행동임을 고백하며 그들의 죄로 인해 벌을 받지 않도록 간구합니다. 12절에서 아론은 미리암의 상태를 비유로 묘사합니다. "제발 그녀를 죽은 자처럼 만들지 마옵소서. 그녀는 자신의 어머니 모태로부터 나올 때 그녀의 살의 절반이 소실된 상태로 나온 자처럼 되었습니다." 태아가 처음 어머니 모태로부터 나올 때 그 피부가 깨끗한 상태로 태어납니다. 그런데 지금 미리암의 상태는 태아처럼 온전한 피부가 아니라, 그 피부가 절반이나 소실될 정도로 곤경에 처해 있음을 알 수 있습니다. 아론의 절실한 고백은 같은 핏줄을 갖고 태어난 모세의 감정에 호소하는 고백입니다. 이 고백을 들은 모세는 13절에서 자신을 대적했던 미리암의 치유를 위해 중보합니다. 12장 6절에서 말하는 이스라엘 백성을 위한 예언자의 역할인, 중보자의 역할을 모세는 보여주고 있습니다. 히브리어 '나비'는 '선지자' 혹은 '예언자'로 번역이 되는데, 그 원뜻은 '대언자'입니다. 즉, 하나님의 말씀을 그대로 대언하는 자이며, 하나님과 백성 사이 중보자의 역할을 감당하는 자입니다. 13절은 모세의 그러한 역할을 여실히 보여주는 구절입니다.

14-15절에서 하나님은 모세의 중보 기도에 응답하시고, 미리암이 지켜야 할 일을 지시하십니다. 첫째, 미리암의 아버지가 그녀의 얼굴을 향해 침을 뱉도록 명령을 내립니다. 고대 근동 사회에서 상대방에게 침을 뱉는 행위는 두 가지 의미를 내포하고 있습니다. 첫 번째로, 환자의 환부를 치유하는 행동입니다. 예를 들어, 신약성서에서 예수께서 실로암에서 소경의 눈에 침을 뱉은 진흙을 바르시는 장면이 대표적인 치유 방식이라 할 수 있습니다[요 9:1-12]. 두 번째로, 수치심을 유발하는 행동입니다. 고대 근동 사회에서 상대방에게 침을 뱉는다는 것은 수치심을 유발하는 행동이었습니다[신

25:9; 욥 17:6; 30:16. 미리암에게 주어진 명령은 그 두 가지를 모두 경험하게 하는 명령이었습니다. 교만한 자에게 가장 필요한 것은 한없이 낮아지는 상태를 경험하는 것이며, 그 과정을 통해 온전히 회개의 단계로 나아갈 수 있는 것입니다. 14절 하반절에서 15절 상반절까지를 보면, 미리암은 레위기 13-14장에서 정해진 나병 환자의 규례에 따라 진 밖으로 7일간 격리된 상태를 유지하는 명령을 받게 됩니다.

이 모든 과정을 하나님은 미리암 혼자에게만 주어진 명령으로 끝나게 하지 않으십니다. 하나님은 미리암의 사건을 통해 백성 모두가 깨닫게 하기를 원하시는 것입니다. 그래서 15절 하반절을 보면 이스라엘 백성 모두가 미리암이 7일간 격리된 상태에서 벗어날 때까지 그들의 진을 이동하지 않았음을 명시하고 있습니다. 분명 미리암의 심판의 사건은 백성 모두가 모세의 지도력을 깨닫는 과정이며, 미리암의 온전한 치유가 이루어졌을 때 그들의 진을 이동할 수 있음을 분명히 하고 있습니다.

결단의 말씀

모세가 아론과 미리암에게 보여준 겸손의 자세는 예수 그리스도께서 우리에게 보여주신 겸손의 자세를 깊이 묵상하게 합니다. 예수 그리스도는 자신의 성품에 대해 다음과 같이 말씀하셨습니다. 마태복음 11장 28-30절입니다.

> [28]수고하고 무거운 짐 진 자들아 다 내게로 오라 내가 너희를 쉬게 하리라 [29]나는 마음이 온유하고 겸손하니 나의 멍에를 메고 내게 배우라 그리하면 너희 마음이 쉼을 얻으리니 [30]이는 내 멍에는 쉽고 내 짐은 가벼움이라 하시니라

여기 기록된 겸손은 헬라어로 '타페이노스'이며 '자신의 마음을 낮추는 행동'을 의미합니다골 3:12. 그분은 하나님과 동등한 분이시지만 자기를 비워 종의 형체로 이 땅에 오셨습니다빌 2:6-8. 그분은 예루살렘에 입성하실 때 멋진 백마를 타고 입성하지 않으시고 가장 볼품없는 어린 나귀 위에 올라타셨습니다. 그분은 직접 제자들의 발을 씻기시면서 제자들을 섬기셨습니다. 무엇보다 그분을 증오하는 자들을 미워하기보다는 원수를 사랑하라는 명령을 우리에게 주셨습니다마 5:43-44. 결국 예수 그리스도는 모든 인류의 죄를 대속하기 위해 죄인들이 짊어져야 할 십자가를 그 스스로 지시고, 죽으셨습니다. 자신을 낮추시는 분, 하나님의 아들로 하나님께 인정받으신 분, 자기를 증오하는 자들을 위해 중보하시는 겸손을 보여주신 분이 바로 우리 주 예수 그리스도이십니다.

또한, 모세가 미리암과 아론의 반역에 대응하는 모습은 우리에게 시사하는 바가 큽니다. 어느 집단이나 내부 갈등을 피할 수 없습니다. 그런데 그 갈등을 해결하는 과정에서 지도자의 '겸손의 자세'가 갈등을 해결하는 주요 실마리가 된다는 점을 기억해야 합니다. 1907년 평양대부흥 운동의 현장이 된 평양 장대현교회에서 지도자였던 길선주 목사의 자신을 낮추는 회개의 기도는 그 대표적인 예입니다. 추운 겨울 수많은 사람이 장대현교회에 와서 말씀을 듣고 변화 받기를 소원하였습니다. 그러나 그들의 변화는 쉽게 이루어지지 않았습니다. 결국, 사경회 마지막 날 길선주 목사는 회중 앞에 나아가 그가 지은 죄를 자백하고 하나님께 용서를 구하였습니다. 길선주 목사의 진심 어린 고백은 회중들을 감동시켰고, 회중들은 한 사람 한 사람 집회장 앞으로 나아가 자신의 죄를 자백하였습니다. 많은 회중들은 이 사건을 통해 성령을 체험하였고, 이 회개의 기도는 한국 교회의 부흥을 알리는 시작이 되었습니다. 길선주 목사 스스로 자신을 낮추지 않았다면 일어날 수 없는 일이었습니다. 오늘 한국 사회의 지도자는 길선주 목사처럼 겸손한 자가 되어 내부의 갈등을 해결해야 할 것입니다. 각자가 모세처럼 자신을 낮추고, 하나님이 인정하는 자로 성실히 임하고, 나를 증오하는 자들을 위해 중보하는 자의 모습을 보여준다면, 우리가 속한 공동체의 갈등이 회복되리라 믿습니다.

믿음의 눈

민수기 13:1-33

양인철
연세대학교

도입

프랭클린 루즈벨트 대통령은 미국인들이 가장 사랑하는 대통령 중 하나입니다. 그가 미국인들에게 사랑받는 비결이 있다면 무엇일까요? 그 이유는 루즈벨트 대통령은 급변하는 세계 정세와 경제 대공황의 시기에 믿음의 눈으로 미국인에게 비전을 제시한 대통령이기 때문입니다. 그는 미국의 역대 대통령 중 임기를 네 번이나 연임한 대통령이며, 세계 대공황의 위기에 뉴딜 정책을 제시함으로 경제적 빈곤 상태에 있는 미국인들에게 희망을 주었습니다. 또한 제2차 세계 대전의 위기 속에서도 그는 미국인들이 하나님을 믿는 믿음을 굳건히 갖고 위기를 극복할 수 있도록 비전을 제시해 주었습니다. 이런 그에게는 남들에게 잘 알려지지 않은 그의 육체적 질병이 있었습니다. 그것은 바로 소아마비 장애였습니다. 루즈벨트 대통령은 처음부터 소아마비 장애를 앓지는 않았습니다. 그는 유복한 집안에서 건강한 아이로 태어났고, 학문적으로는 하버드 대학에서 법률을 전공하였습니다. 이후 정치계에 진출하여 모두가 부러워하는 대상이 되었습니다. 그런데 그의 나이 39세가 되던 1921년 8월에 캐나다 캄포벨로의 별장에서 휴양 중 수영을 하다가 소아마비에 걸리게 되었습니다. 이후 그는 휠체어에 의존할 수밖에 없었습니다. 루즈벨트 대통령은 절망에 빠져 정계에서 은퇴할 수도 있었습니다. 그러나 그는 육체의 질병에 굴복하지 않았습니다. 그는 믿음의 눈을 가지고 장애를 극복하여, 미국 역사상 가장 위대한 대통령 중 한 명으로 우뚝 설 수 있었습니다. 그가 1934년에 대통령에 취임하면 남긴 유명한 말이 있습니다. "우리가 두려워할 것은 두려움 그 자체이다." 이 문구는 경제 대공황으로 인한 두려움으로 새로운 변화 자체를 어려워하는 미국인들에게 도전을 주는 문구였습니다. 루즈벨트 대통령은 미국인들이 가진 강한 개척 정신을 일깨워주었고, "뉴딜정책"을 통해 과감하고 혁신적인 개혁을 추진하였습니다.

루즈벨트 대통령이 보여준 두려움을 극복하는 믿음은 민수기 13장에 등장하는 갈렙의 믿음을 연상케 합니다. 오늘 본문인 민수기 13장은 믿음의 눈을 가진 자와 두려움으로 인해 부정적인 견해를 보고하는 정탐꾼의 관점을 분명하게 보여주는 본문입니다. 민수기 13-14장은 바란 광야에서 가나안 땅으로 파견된 이스라엘 12지파의 정탐꾼들이 40일간의 정탐 기간을 마치고 돌아와서 보고하는 내용을 다루고 있습니다. 이 본문에서 모세는 하나님의 명을 받아 이스라엘 백성들이 보게 될 가나안 땅의 소산과 민족들의 특성을 보고하도록 지시합니다. 이 지시를 받고 돌아온 정탐꾼들은 두 그룹으로 나누어집니다. 10명의 그룹은 가나안 땅을 젖과 꿀이 흐르는 좋은 땅이지만, 그 땅을 지배하는 아낙 족속을 비롯한 민족들이 이스라엘 백성보다 강대하여 정복할 수 없음을 이야기합니다. 그러나 갈렙과 여호수아는 가나안 땅을 능히 정복할 수 있다는 자신감을 보여줍니다. 12명

이스라엘 정탐꾼의 여정
이스라엘 정탐꾼들의 일반적 경로
르홉
르보하맛
시돈
다메섹
두로
지 중 해
하솔
갈릴리 바다
에드레이
돌
므깃도
벧스안
길르앗 라못
요단강
세겜
욥바
여리고
헤스본
에스골 골짜기
헤브론
사 해
가사
브엘세바
아랏
호르마?
길하레셋
네 게 브
보스라
부논
가데스 바네아

13장

의 정탐꾼은 똑같은 장소를 다녀온 자들이었습니다. 그런데 그들이 가나안 땅을 바라보는 시각이 서로 다른 이유는 무엇일까요? 차이점은 분명합니다. 그것은 믿음의 눈을 가진 자만이 가나안 땅을 쟁취할 수 있다는 확신이 있었다는 점입니다.

본문 강해

민수기 13장의 배경은 12장에서 모세가 지도권을 온전히 회복한 이후, 모세의 명을 받아 이스라엘 12지파의 정탐꾼들이 가나안 땅을 향해 정탐하는 내용을 담고 있습니다. 민수기 13장은 총 네 개의 단락으로 구분해서 설명할 수 있습니다. 첫 단락은 1-16절이며, 야웨의 명령에 따라 소집된 12지파의 대표 정탐꾼들의 명단이 기록되었습니다. 두 번째 단락은 17-20절이며, 모세가 가나안 정탐꾼들에게 지침한 세부적인 명령이 기록된 내용을 다루고 있습니다. 세 번째 단락은 21-25절이며, 40일 동안 12지파 정탐꾼들이 가나안 땅을 정탐하고, 그 땅의 소산인 포도송이를 가지고 오는 내용을 다루고 있습니다. 네 번째 단락은 26-33절이며, 정탐꾼들이 가나안 땅 정복에 대한 부정적인 정보를 전하는 내용과 그들과 달리 긍정적인 보고를 전하는 갈렙의 믿음이 기록되어 있습니다. 네 단락을 통해 우리는 어떠한 자가 '믿음의 눈'을 가질 수 있는가에 대해 구체적인 지침을 얻을 수 있습니다. 바로 '믿음의 눈'을 가진 자는 '하나님의 명령대로 움직이는 자'이고, '하나님의 능력을 의지하는 자'이며, '타인과 비교하지 않는 자'라는 점입니다.

첫째, 믿음의 눈을 가진 자는 '하나님의 명령대로 움직이는 자'입니다. 모세는 야웨의 명령대로 이스라엘 12지파에서 정탐꾼들을 각각 소집하게 됩니다[1-2절]. 이들 정탐꾼들에게 주어진 직분은 히브리어로 '나시'입니다. 히브리어 '나시'는 "지도자" 혹은 "왕자"로 번역이 됩니다. 특히 히브리어 '나시'는 에스겔 40-48장에서 제3의 성전에서 하나님이 새롭게 만들어 내실 이스라엘 공동체의 핵심으로 등장합니다. 이때 히브리어 '멜렉', 즉 "왕"이 존재하지 않으므로, 왕정제도가 아니라 하나님 중심의 공동체가 형성됨을 알 수 있습니다. 즉 새롭게 구성될 제3의 성전에서 이스라엘 백성을 이끄는 지도자인 '나시'는 하나님의 명령대로 움직이는 자들임을 알 수 있습니다. 아마도 '나시'는 하나님의 명령에 순수하게 따를 자들로만 구성되었을 것입니다. 13장 4-16절에서는 제의를 담당하는 레위 지파를 제외하고, 12지파의 대표 정탐꾼들의 이름들을 확인할 수 있습니다. 12지파 정탐꾼들의 이름 중 의미심장한 이름을 찾아본다면 다음과 같습니다. 첫 번째로 르우벤 지파에서 선출된 삭굴의 아들 "삼무아"입니다[4절]. 히브리어 '삼무아'는 히브리어로 '듣다'를 의미하는 '샤마'에서 왔습니다. 즉 '삼무아'는 '하나님의 말씀을 듣는 자'임을 알 수 있습니다. 두 번째로 시므온 지파에서 선출된 "사밧"입니다[5절]. 히브리어 '사밧'은 그 본래 의미가 '재판하다'혹은 '판단하다'를 의미합니다. 세 번째로 유다 지파에서 선출된 여분네의 아들 "갈렙"입니다[6절]. 히브리어 '갈렙'은 '개'를 의미하는 히브리어 '켈레브'에서 왔습니다. 즉, 갈렙은 하나님의 명령에 따라 충성되게 행동하는 자임을 알 수 있습니다. 실제로 갈렙은 13장 30절에서 10명의 정탐꾼들의 시각과 달리 믿음의 눈으로 충성되게 행동하는 모습을 보여줍니다. 이후 그는 또 10명의 정탐꾼들과 달리 가나안 땅으로 입성하는 축복을 받게 됩니다. 특히, 사사기 1장에서 가나안 지파 정복의 상황에서 갈렙은 옷니엘을 사위로 삼으며, 가나안 지파를 정복합니다. 마지막으로 에브라임 지파에서 선출된 눈의 아들 "호세아"입니다8절. 히브리어로 '호세아'는 구원을 의미합니다. 눈의 아들 "호세아"는 '이스라엘 백성을 구원하는 자'임을 알 수 있습니다. 민수기 저자는 정탐꾼의 명단의 마지막 구절에 해당하는 16절에서 특별히 "호세아"의 이름이 "여호수아"로 바뀐 것을 강조합니다. 히브리어로 '여호수아'는 '구원'을 의미하는 '호세아'에 '야웨'를 의미하는 히브리어 접두어 '여'를 추가한 단어입니다. 즉, 여호수아의 이름대로 야웨께서 이스라엘 백성을 구원해 주시리라는 믿음이 담긴 이름이라 할 수 있습니다. 실제로 여호수아는 모세의 죽음 이후 이스라엘 공동체를 위한 지도자로 선출되어 가나안 정복을 성공적으로 이끕니다. 이처럼 하나님의 명령대로 움직인 "갈렙"과 "여호수아"는 그들에게 주어진 이름 그대로 실천하는 자들이었습니다. 그러나 하나님의 명령대로 움직이지 않은 나머지 지파 정탐꾼들은 어떻게 되었을까요? "갈렙"과 "여호수아"를 제외하고, 그들의 이름은 성경책에서 더 이상 등장하지 않습니다. 만약 10명의 정탐꾼들이 그들에게 주어진 이름처럼 하나님의 명령대로 순종하였다면 그들은 후대에까지 기억되는 훌륭한 자들로 남을 수 있었을 것입니다.

둘째, 믿음의 눈을 가진 자는 '하나님의 능력을 의지하는 자'입니다. 17-20절은 모세가 정탐꾼들을 보냈을 때, 모세가 명령한 내용이 기록되어 있습니다. 모세는 정탐꾼들이 보고할 내용을 구체적으로 명시합니다. 가나안 땅의 백성들이 강한 자들인지 확인하라18절. 그 땅이 좋은 땅인지, 그리고 거주민들이 성곽을 쌓았는지 확인하라19절. 가나안 땅에 나무가 있는지 확인하고, 과실이 있거든 과실을 취해서 가지고 와라20절. 이 명령에 따라 정탐꾼들은 신 광야에서 출발하여, 하맛 어귀 "르홉"에 이르게 됩니다21절. "르홉"의 정확한 위치는 알 수 없으나 학자들은 "르홉"을 갈릴리 호수

서쪽에 위치한 장소로 추정합니다. 이들은 다윗 왕국 시대 남쪽 국경 끝에 해당하는 네게브 사막 지대를 지나 "헤브론"에 이르게 됩니다[22절]. 그리고 이 헤브론 땅에서 아낙 자손이 거주함을 확인하게 됩니다. 여기서 우리가 주목해야 할 장소는 "헤브론"입니다. 헤브론이 구약성경에서 처음으로 언급된 본문은 창세기 13장입니다. 창세기 13장에서 아브라함은 자신의 목자들과 롯의 목자들이 다투는 것을 경험하였고, 이후 새로운 땅을 선택해야만 했습니다. 이 당시 롯은 눈을 들어 보기에 좋은 땅인 "소돔과 고모라"를 선택하였습니다. 반면에 아브라함은 믿음의 눈을 들어 하나님께서 보여주신 땅, "헤브론"에 이르게 됩니다. 하나님은 이 헤브론에서 아브라함의 후손이 땅의 먼지처럼 많아질 것이라 말씀하십니다[창 13:16]. 이후에 아브라함은 헷 족속으로부터 막벨라 굴을 구매하고, 헤브론에 그의 아내 사라를 장사합니다[창 23:19]. 헤브론은 가나안 땅 정복 시기에 유다 지파에게 배분되었으며[수 21:11; 대상 6:56], 다윗은 헤브론에서 유다 지파의 왕이 되어 7년을 다스렸습니다[삼하 2:1-11]. 즉, 헤브론은 아브라함부터 시작하여 유다 지파 후손인 다윗 시대에 이르기까지 중요한 성지로서 존재할 수 있었습니다. 10명의 정탐꾼은 장대한 아낙 자손이 거주하던 헤브론을 도저히 정복할 수 없는 도시로 보았습니다. 반면에 유다 지파 갈렙은 아브라함처럼 믿음의 눈을 가지고 하나님의 능력을 의지하였습니다. 그리하여 그는 헤브론을 능히 정복할 수 있다고 보았습니다[30절]. 결국, 하나님께서는 헤브론을 갈렙에게 소유물로 주셨습니다.

이스라엘 10지파는 가나안 땅에서 자라나는 열매를 보았지만, 그 열매 이상으로 축복을 주실 하나님의 능력을 의지하지 않았습니다. 이스라엘 12지파를 대표하는 정탐꾼이 가져온 것은 "포도송이"를 의미하는 에스골 골짜기에서 자라나는 포도송이였습니다[23, 27절]. 이들 정탐꾼은 헤브론 근처에 있는 에스골 골짜기에서 모세가 명령한 대로 포도송이를 가져왔고, 그곳이 젖과 꿀이 흐르는 땅임을 이스라엘 백성에게 보고합니다[27절]. 그러나 그들은 그 열매가 자라나는 에스골 골짜기를 능히 정복할 수 없다고 보았습니다. 왜냐하면, 그곳을 지키는 자들이 강한 요새를 가지고 있고, 자신보다 강하다고 생각했기 때문입니다[28절]. 이스라엘 정탐꾼은 물질의 열매를 가져왔지만, 그 열매 이상으로 축복해 주실 하나님의 능력을 의지하지 않았습니다. 결국, 그들의 후손은 40일 정탐의 시간에 대해, 하루를 일 년으로 계산하여 광야에서 40년 생활을 경험하는 저주를 받게 됩니다[14:33-34]. 또한, 그들은 백성에게 나쁜 소문을 퍼트린 결과로 재앙을 받아 죽게 됩니다[14:37]. 반면에 하나님의 능력을 의지한 여호수아와 갈렙은 가나안 땅으로 들어갈 수 있는 축복을 받았습니다[14:30, 38]. 그들은 포도송이를 자라나게 하는 터전인 그 땅을 소유할 수 있는 축복을 받은 것입니다.

셋째, 믿음의 눈을 가진 자는 '타인과 비교하지 않는 자'입니다. 10명의 이스라엘 정탐꾼은 40일간의 정탐 생활을 한 이후 모세와 이스라엘 백성에게 부정적인 정보를 보고합니다[13:26-33]. 그들의 눈에 가나안 땅은 도저히 정복할 수 없는 도시였습니다. 그들의 보고는 하나같이 가나안 족속과 비교하는 문구로 가득 차 있습니다. 그 땅에 있는 백성은 강하고, 성읍은 견고한 요새이고 매우 크다고 보고합니다[28절]. 이들의 보고로 인해 백성들의 마음에 두려움이 자리 잡았을 것입니다. 동요하고 있는 백성들이 모세에게 불만을 토로하는 상황을 상상할 수 있습니다. 이때 갈렙이 백성들에게 취하는 태도는 회중들의 마음을 효과적으로 안정시키는 방법입니다. 30절에서 히브리어 '하스'는 '조용하게 하다' 혹은 '입을 다물게 하다'를 의미하는데, 갈렙은 백성들을 향해 '하스'를 외칩니다. 갈렙은 가나안 족속과의 비교로 인해 두려움이 가득 찬 백성들을 안정시킵니다. 갈렙은 싸우기도 전에 패배 의식에 물든 백성들을 향해 외칩니다. 이때 갈렙이 사용하는 문장은 히브리어의 강조 어구가 2번 사용됩니다. 그가 설득하는 내용을 직역하면 다음과 같습니다.

> 그리고 갈렙은 백성과 모세를 진정시키며 말했습니다. "우리가 정말로 올라갑시다! 그리하여 우리는 그 땅을 정복할 수 있을 것입니다. 왜냐하면, 우리가 그 땅을 정말로 점령할 수 있기 때문입니다."

갈렙은 가나안 족속과 비교하기보다는, 하나님의 능력을 힘입어 그 땅으로 실제로 진격하여, 그 땅을 이스라엘 백성이 쟁취할 수 있다는 강한 확신을 갖고 있었던 것입니다. 이러한 갈렙과 달리 10명의 정탐꾼은 그 땅에 사는 백성이 이스라엘 백성보다 강하다고 비교하기 시작합니다[31절]. 또한 그 땅 백성들의 키가 장대와 같다고 보고합니다[32절]. 그리고 이들은 이스라엘 백성에게 더 큰 공포를 주기 위해 아낙 자손을 "네피림"과 같다고 이야기하고, 스스로를 "메뚜기"와 같은 존재로 비하합니다[33절]. "네피림"은 창세기 6장 1-4절에서 하나님의 아들들이 사람의 딸들을 만나 태어난 자들로서, 옛날부터 이름난 장사로 알려진 자들입니다. 이 "네피림"은 '떨어지다'를 의미하는 히브리어 동사 '나팔'의 남성 복수 분사형의 형태를 띠고 있습니다. 즉 "네피림"을 직역하면 '떨어진 자들'을 의미합니다. "네피림"은 이름난 장사로 알려졌지만, 하나님으로부터 멀어진 자들인 것입니다. 10명의 정탐꾼은 아낙 자손을 창세기의 "네피림"으로 묘사하지만, 그들에게 하나님의 능력이 없음을 깨닫지 못했습니다. 그리하여 그들 스스로를 "메뚜기"와 같이 작고 연약한 존재로 묘사하였습니다. 이후 민수기 14장에서 이스라엘 정탐꾼이 타인과 비교하는 마음을 백성들에게 주었을 때, 백성들은 통곡하며 이집트로 돌아갈 생각을 갖게 됩니다[14:1-4]. 더 나아가 이스라엘 백성은 그들을 이집트로부터 이끌고 나온 모세와 아론을 돌로 쳐 죽이려고까지 했습니다[14:5-10]. 남과 비교하는 마음을 가졌을 때, 두려움이 생기게 됩니다. 그리고 그 두려운 마음은 두려운 마음의 원인을 찾아 없애려는 상황으로 전개가 되는 것입니다.

하나님이 보여주실 미래에 대한 확신이 있는 자는 남과 비교하지 않습니다. 오히려 그는 하나님의 능력을 의지하여서 할 수 있다는 자신감을 가진 자입니다. 갈렙처럼 하나님의 능력을 의지한 자가 성경에 등장합니다. 대표적인 예가 바로 다윗입니다. 당시 이스라엘 백성은 블레셋 족속의 장수 골리앗의 장대한 키와 그의 강한 힘 앞에 두려워했습니다[삼상 17장]. 그러나 다윗은 골리앗의 외적인 모습과 자신을 비교하지 않았습니다. 비록 골리앗보다 작고, 힘이 없을지라도 그는 하나님의 능력을 의지했습니다. 사무엘상 17장 45절입니다.

> 다윗이 블레셋 사람에게 이르되 너는 칼과 창과 단창으로 내게 나아 오거니와 나는 만군의 여호와의 이름 곧 네가 모욕하는 이스라엘 군대의 하나님의 이름으로 네게 나아가노라

믿음의 눈을 가진 자는 남과 비교하지 않는 자입니다. 그는 자신의 외적인 모습을 타인과 비교하여 굴복하는 자가 아니라 하나님의 능력을 의지하여 믿음으로 전진하는 자인 것입니다.

결단의 말씀

믿음의 눈을 가지고 세상을 바라보는 갈렙은 히브리서 11장에 등장하는 믿음의 조상들의 시각을 보여주고 있습니다. 가나안 땅을 정탐했던 10명의 정탐꾼들은 가나안 족속이 겉으로 보여주는 능력과 스스로를 비교하는 자들이었습니다. 그리하여 그들은 이스라엘 백성에게 두려운 마음과 증오의 마음을 심어주었습니다. 그러나 믿음의 눈을 가지고 세상을 바라본 갈렙은 하나님께서는 인간의 생각으로 불가능한 일도 가능케 하신다는 확신이 있었습니다. 히브리서 11장에 등장하는 조상들은 믿음을 가지고 하나님이 계획하신 일들을 신뢰하였고, 그 증거를 얻었습니다. 대표적으로 아브라함은 장래에 유업을 얻을 땅에 대해 잘 알지 못하였지만, 믿음으로 하나님이 주실 땅에 대한 확신을 갖고 그의 고향을 떠났습니다. 이처럼 믿음의 눈을 가지고 세상을 살아가는 자들에게 하나님이 베풀어주실 놀라운 은혜를 우리는 잊지 말아야 할 것입니다.

또한, 믿음의 눈을 가진 자 갈렙의 이야기는 예수 그리스도를 만나 열등감에서 벗어난 삭개오의 믿음을 묵상하게 합니다. 삭개오는 세리장이며, 키가 매우 작은 자였습니다. 삭개오는 로마 제국을 대신하여 사람들로부터 세금을 징수하는 세리장이었기에 백성들은 그를 증오했을 것입니다. 그 누구에게도 존경받지 못한 자이기에 삶이 공허했을 것입니다. 또한 그는 키가 매우 작아서 타인과 비교하며 열등감에 사로잡힌 자였을 것입니다. 그의 모습에서 10명의 이스라엘 정탐꾼이 보여준 열등감을 찾아볼 수 있습니다. 그러나 삭개오는 돌무화과나무로 올라가 예수 그리스도를 만나고 나서 변화됩니다. 삭개오는 자신이 가지고 있던 재물을 타인과 나누려는 결단을 하게 됩니다. 삭개오의 변화된 모습이 기록된 누가복음 19장

1-10절에서 핵심이 되는 헬라어 단어가 있습니다. 바로 '위를 향해 바라보다'라는 뜻의 헬라어 '아나블레포'입니다. 돌무화과나무 위에 올라가 있던 삭개오를 예수 그리스도께서 바라보셨습니다. 그분의 부르심을 받은 삭개오는 하나님 나라에 대한 소망을 갖게 되었습니다. 삭개오는 자신의 외적인 모습에 열등감을 갖지 않게 되었습니다. 그는 자신의 소유물을 이웃과 나누고자 하는 결단을 가질 정도로 그의 마음에 하나님의 나라에 대한 소망이 가득 차 있음을 알 수 있습니다.

마지막으로 믿음의 눈을 가진 자 갈렙의 이야기는 우리가 일상생활에서 어떠한 마음으로 살아가야 할지 지혜를 줍니다. 우리는 어떠한 일을 시작하기 전에 사전 조사를 하고, 그 일을 이성적으로 판단하고 결정을 합니다. 그런데 때로는 그 일을 시작하기도 전에 두려운 마음으로 포기하기도 합니다. 이러한 상황에서 우리에게 필요한 것은 무엇입니까? 바로 불가능한 일을 가능케 하시는 하나님의 능력을 믿는 믿음입니다. 사도 바울이 빌립보 교회 사람들을 향해 선포된 말씀을 기억하십시오. "내게 능력 주시는 자 안에서 내가 모든 것을 할 수 있느니라"빌 4:13. 당시 빌립보 교인들은 바울이 감옥 안에 갇혀 있는 상황으로 인해 걱정하고 있었습니다. 또한, 빌립보 교회는 내부 분열로 인해 어려움을 겪는 상태였습니다. 그때 바울이 빌립보 교인들에게 강조한 것은 어떤 환경에서도 내게 능력 주시는 하나님을 의지하며 승리할 수 있다는 믿음이었습니다. 믿는 자들은 자신의 환경을 탓해서는 안 될 것입니다. 자신을 누군가와 비교하여 좌절해서는 안 될 것입니다. 우리 믿는 자들은 어떤 환경에서도 능력을 주시는 하나님을 의지하여, 믿음으로 전진하는 삶을 살아야 할 것입니다.

내 귀에 들린 대로 행하리라

민수기 14:1-45

하경택
장로회신학대학교

도입

민수기는 이스라엘 백성이 시내 산에서 출발하여 요단 동편 땅에 이르기까지의 여정을 보여주고 있습니다. 이 가운데 주목되는 이야기들이 등장합니다. 오늘 설교의 본문이 되는 정탐꾼 이야기[13-14장]와 이스라엘의 축복과 관련된 발람 이야기[22-24장], 그리고 리더십과 관련한 갈등 이야기[16-17장]와 여호수아가 모세의 후계자로 임명되는 이야기[27:12-52]가 있습니다. 이러한 이야기들이 중요하고 의미가 있지만, 이 가운데에서도 민수기의 구성에서 가장 중요한 이야기로 부각되는 것이 정탐꾼 이야기[13-14장]입니다. 왜냐하면 민수기 안에서 뼈대를 이루고 있는 내용이 두 차례의 인구조사이기 때문입니다. 민수기 1장에서 제1차 인구조사를 보도하고 있고, 민수기 26장에서 제2차 인구조사를 보도하고 있습니다. 그런데 두 인구조사 사이에는 근본적인 차이가 있습니다. 그것은 출애굽 1세대가 죽고 출애굽 2세대로 바뀌었다는 사실입니다. 인구의 총계로 따지면 그 수가 엇비슷하지만1차 603,550명, 2차 601,730명, 내용적으로 보면 세대교체가 완전히 이루어진 것이기 때문입니다. 이러한 변화의 중심에 민수기 13-14장의 정탐꾼 이야기가 있습니다. 민수기 14장은 정탐꾼 이야기의 후반부에 해당합니다. 민수기 14장에서 다루어지고 있는 문제는 무엇이며, 그것을 통해 얻을 수 있는 교훈은 무엇인지 살펴보도록 하겠습니다.

본문의 구조

정탐꾼의 파견과 보고를 다루고 있는 13장에 뒤이어 나오는 민수기 14장은 그것의 주제와 성격에 따라 다음과 같은 구조로 분석할 수 있습니다.

1-5절 정탐꾼의 보고에 대한 **온 회중의 반응**

6-9절 온 회중의 반응에 대한 **여호수아와 갈렙의 반응**

10-35절 온 회중에 대한 **하나님의 반응과 모세의 기도**

- 10-12절 **불신하는 이스라엘**을 멸하겠다고 말씀하심
- 13-19절 이스라엘 백성을 위한 **모세의 기도**
- 20-25절 모세에게: 불순종에 대한 **징벌**과 신실함에 대한 **약속**
- 26-35절 모세와 아론에게: **"너희 말이 내 귀에 들린 대로 행하리라"**

36-38절 악평을 한 **정탐꾼들의 죽음**

39-45절 이스라엘 자손의 **가나안 정복 시도 실패**

이 같은 구조분석은 본문을 이해하는 데 큰 도움이 됩니다. 이러한 구조분석을 통해 알 수 있는 것은 민수기 14장의 주된 내용은 정탐꾼의 보고에 대한 반응을 다루고 있다는 것입니다. 특별히 악평을 한 열 명의 정탐꾼의

보고에 대해서 온 회중이 반응하고, 그러한 온 회중의 반응에 대한 대응으로 나타나는 여호수아와 갈렙, 그리고 하나님과 모세의 반응이 기록되어 있습니다. 그리고 이러한 반응들은 말로만 나타나지 않습니다. 징벌의 결과로 죽기도 하고, 무모한 시도가 실패로 나타나기도 합니다. 이제부터 본문의 흐름을 따라가면서 본문이 기술하고 있는 바를 좀 더 상세히 살펴보도록 하겠습니다.

본문 강해

1. 정탐꾼의 보고에 대한 온 회중의 반응 (1-5절)

정탐꾼의 보고를 들은 이스라엘 백성이 반응을 보입니다. 이때 이스라엘 백성은 세 가지 명칭으로 불립니다. 1절에서 '온 회중'כָּל־הָעֵדָה과 '그 백성'הָעָם이라고 말하고, 2절에서는 '모든 이스라엘 자손'כֹּל בְּנֵי יִשְׂרָאֵל과 '온 회중'כָּל־הָעֵדָה이라고 보도합니다. 이렇게 다양한 명칭의 반복으로 말하고자 하는 것은 백성 전체가 보인 반응이라는 사실을 강조하는 것입니다. 그들은 일제히 소리를 높이고 밤새도록 통곡했습니다[1절]. 실망의 차원을 넘어서서 분노와 좌절의 감정을 표출한 것입니다. 그리고 나서 그들은 모세와 아론을 원망합니다[2-3절]. 차라리 이집트에서 죽었거나 광야에서 죽었더라면 더 좋았을 것이라고 말하고, 가나안 땅으로 자신들을 인도하여 칼에 쓰러지게 하고 자신들의 처자식을 '전리품'"사로잡히리니"이 되게 한다고 원망합니다. 그럴 바에야 차라리 이집트로 돌아가는 것이 더 낫지 않겠냐고 물으며, 서로에게 한 지휘관을 세워 이집트로 돌아가자고 말합니다[4절]. 이 말을 들은 모세와 아론은 이스라엘 자손의 온 회중 앞에서 땅에 엎드립니다[5절].

결코 일어나서는 안 될 일이 자신들의 눈앞에서 벌어지고 있기 때문입니다. 그러나 이것은 사람 앞에서 엎드린 것이 아니라 하나님 앞에서의 엎드림이라고 이해해야 할 것입니다. 이러한 위기 상황을 자신들의 힘으로 해결할 수 없음을 알고 하나님의 뜻과 도움을 구하는 모습을 보여주는 것입니다[문제가 있을 때마다 하나님 앞에서 엎드리는 모습을 보여주는 16장 참조: 4, 22, 45절].

이러한 이스라엘 백성들의 반응은 민수기에서 반역의 절정을 보여줍니다[데니스 올슨, 『민수기』 (현대성서주석), 133]. 진영의 끝자락을 불사르게 한 원망에 이어[11:1-3], 다른 인종들의 탐욕에 영향을 받은 백성들이 만나에 만족하지 못하고 불평하는 일이 있었으며[11:4-35], 이스라엘의 지도자 미리암과 아론이 모세의 결혼을 문제 삼다가 하나님의 분노를 산 일이 있었습니다[12:1-16]. 앞의 사건들은 원망과 불평의 형태가 부분적이라고 말할 수 있습니다. 그러나 정탐꾼 이야기에서는 총체적입니다. 정탐꾼으로 뽑힌 지도자들[13:2]뿐만 아니라 온 회중이 반역에 연루되어 있기 때문입니다. 특별히 그들이 "이집트로 돌아가자"라고 말한 것은 하나님을 신뢰하지 않는 '반역적' 행동[호 11:5; 사 30:1-7; 31:1-3; 렘 2:18; 겔 17:15]임을 상징적으로 보여줍니다[T. R. Ashley, *The Book of Numbers* (NICOT), 247]. 하나님의 구원을 부정하고 인간의 힘을 의지하며 사람의 도움을 기대하는 모습이기 때문입니다. 역설적으로 '이집트로 돌아가는 것'은 심판을 상징하는 것이기도 했습니다[호 8:13]. 이집트로 돌아간다는 것은 하나님의 구원과 멀어지는 것이며 이집트 종살이의 때로 되돌아가는 것이기 때문입니다.

2. 온 회중의 반응에 대한 여호수아와 갈렙의 반응 (6-9절)

이때 가나안 땅의 정탐꾼에 속했던 여호수아와 갈렙이 나섭니다. 그들은 옷을 찢으며 온 회중을 향해 말합니다. 지금까지 정탐꾼들 가운데 긍정적인 보도를 한 사람은 갈렙 한 사람뿐이었습니다. 이 장면에서 여호수아가 등장하는 것을 자료의 상이성에서 기인한 것으로 보기도 하지만, 그러한 설명보다는 위기의 고조에 따른 반응이라고 보는 것이 더 좋습니다Ashley, *Numbers*, 248. 부정적인 정탐 보도로 인해 온 회중이 반발하는 위기 상황이 펼쳐지니까 자연스레 여호수아가 등장하게 된 것입니다. 갈렙 혼자서 감당할 수 없는 상황임을 깨닫고 여호수아가 가세한 것입니다. 여호수아와 갈렙은 훗날 이스라엘 역사에 비추어 보면 북쪽 지역과 남쪽 지역을 대표하는 인물이라고 말할 수 있습니다. 여호수아는 북쪽의 주된 지파인 에브라임 지파 출신이었고, 갈렙은 남쪽의 주된 지파인 유다 지파 출신이었기 때문입니다.

여호수아와 갈렙이 강조한 바는 세 가지입니다. 첫째, 그들이 두루 다니며 정탐한 땅은 "아름다운 땅"טוֹבָה הָאָרֶץ이라는 것입니다. 이것은 직역하면 '좋은 땅'이라는 의미입니다. 그런데 여호수아와 갈렙은 그 땅이 얼마나 좋은지 "매우 매우"מְאֹד מְאֹד라는 말로 강조하고 있습니다. 그리고 그 땅은 "젖과 꿀이 흐르는 땅"אֶרֶץ זָבַת חָלָב וּדְבָשׁ이라고 말하고 있습니다. 이것은 하나님이 약속하신 가나안 땅의 아름다움과 풍요로움을 보여주는 특별한 표현입니다출 3:8, 17; 13:5; 33:3; 레 20:24; 민 13:27; 16:14; 신 6:3; 11:9; 26:9, 15; 27:3; 31:20; 수 5:6; 렘 11:5; 32:22; 겔 20:6, 15. 이러한 여호수아와 갈렙의 평가는 악평을 하던 정탐꾼들의 평가와는 전혀 다른 것이었습니다. 그들은 자신들이 정탐한 땅이 "그 거주민을 삼키는 땅"이라고 말했습니다13:32. '거주민을 삼킨다'는 것은 거주민이 살 수 없을 만큼 척박한 땅이요, 그곳에 들어가는 것은 죽음을 의미한다참조, 겔 36:13는 말로 이해할 수 있습니다.

둘째, 여호수아와 갈렙은 가나안 땅에 거주하는 백성들에 대해서 그들은 "우리의 먹이"라고 말합니다. '먹이'라고 번역한 히브리 낱말은 '레헴'לֶחֶם입니다. '빵'이라는 기본적인 의미가 있지만, 은유적으로 '먹을거리' 곧, '양식'을 뜻하는 말입니다. 우리말 어법으로 말하면, 그들은 '우리의 밥이다'라고 말할 수 있습니다. 그들은 능히 당해낼 수 있고 쉽게 이길 수 있다는 자신감을 보여주고 있는 것입니다. 그러나 악평을 했던 정탐꾼들은 자신들이 본 모든 백성은 신장이 장대한 자들이고 거인들이어서 스스로 보기에 "메뚜기"와 같다고 말합니다[13:32-33]. 여호수아와 갈렙이 보여주는 입장과 악평을 하는 정탐꾼들의 입장에는 서로 만날 수 없는 정반대의 인식과 평가가 들어있습니다. 한편에서는 상대방을 '먹이'로 생각하는 자신감이 있고, 다른 한편에서는 거인 앞에 있는 '메뚜기'라고 인식하며 패배감에 젖어 있습니다.

셋째, 여호수아와 갈렙은 "하나님이 우리와 함께하신다"라고 말합니다. 여기에 여호수아와 갈렙이 가진 담대함의 비밀이 숨어 있습니다. 그들은 단순히 눈에 보이는 것으로만 판단하지 않았습니다. 현실 이면에 숨겨진 진실을 꿰뚫어 보고 있었습니다. 그들은 가나안 땅 백성들의 "보호자"는 떠나갔고, 여호와께서 자신들과 함께하신다는 사실을 알고 있었습니다[9절]. 이러한 인식이 있었기 때문에 그들은 두려움이 없었고, 가나안 땅을 차지할 것이라는 확신이 있었습니다. 문제는 눈앞에 보이는 현실이 아니라 하나님이 함께 하시는가 그렇지 않으신가였습니다. 그래서 여호수아와 갈렙은 "여호와께서 우리를 기뻐하시면 우리를 그 땅으로 인도하여 들이시고 그 땅을 우리에게 주시리라"라고 말합니다[8절].

이러한 사실을 통해서 신실한 정탐꾼이 누구이며 신실한 정탐꾼은 어떤 태도와 인식을 가져야 하는가를 알게 됩니다. 여호수아와 갈렙은 '하나님이 함께하신다'는 믿음을 가지고 있었고, 이러한 믿음을 전제로 하나님이 약속하신 땅을 정탐하고 바라보았기 때문에 그 땅의 '아름다움'을 알아볼 수 있었으며, 그 땅의 거주민들은 '우리의 밥'이라는 인식을 가질 수 있었습니다.

3. 온 회중에 대한 하나님의 반응과 모세의 기도 (10-35절)

1) 불신하는 이스라엘을 멸하겠다고 말씀하심 (10-12절)

악평하는 정탐꾼과는 달리 가나안 땅은 "매우 매우 아름다운 땅"이며, 그 땅의 백성들은 "우리의 밥"이라고 말하는 여호수아와 갈렙을 향하여 온 회중은 돌을 들었습니다. 그들은 여호수아와 갈렙을 돌로 치려고 하였습니다. 온 회중은 사형죄를 저지른 사람을 대하듯이 혹은 원수를 대하듯이 여호수아와 갈렙에게 적대적으로 행동하였습니다. 이때 하나님이 개입하셨습니다. 여호와의 영광이 회막에서 이스라엘 모든 자손에게 나타나 그들의 행동을 막았습니다[10절]. 여호와의 영광은 하나님의 '임재'를 의미합니다. 여호와께서 위엄과 권능을 드러내시는 영광의 모습으로 나타나셔서 이스라엘 백성의 행동을 저지하신 것입니다.

그러고 나서 여호와께서는 모세에게 말씀하셨습니다. "내가 전염병으로 그들을 쳐서 멸하고 네게 그들보다 크고 강한 나라를 이루게 하리라"[12절]. 여호와께서 이렇게 말씀하신 것은 이스라엘 백성의 행동이 여호와를 멸시하는 것이었으며 그의 능력과 약속을 믿지 않음을 보여주는 것이었기 때문입니다[11절]. 이스라엘을 멸하고 모세를 크고 강한 나라로 만들겠다는 하나님의 반응은 시내산 자락에서 이스라엘 백성이 금송아지를 만들었을 때 보이셨던 반응과 유사합니다. 모세가 율법과 계명을 받으러 시내산에 올라갔을 때 이스라엘 백성은 아론을 통해 금송아지를 만들고 그

앞에 제단을 쌓고 축제를 벌이며 그것을 출애굽의 하나님으로 섬겼습니다출 32:4-6. 그러자 하나님은 이스라엘 백성이 목이 뻣뻣한 백성이라고 질책하시며, 그들을 진멸하고 모세를 큰 나라가 되게 하겠다고 말씀하셨습니다출 32:9-10.

이러한 하나님의 반응은 이스라엘 백성이 저지른 잘못이 얼마나 큰지를 보여줍니다. 그들을 진멸하고 다시 시작해야 할 만큼 여호와 하나님을 분노하게 하신 것입니다. 이러한 반응은 노아 홍수 직전의 상황과 유사합니다. 여호와께서는 사람의 죄악이 세상에 가득하고 그들의 생각과 모든 계획이 항상 악함을 보시고 땅 위에 사람 지으셨음을 한탄하셨습니다. 그리고 이때 하나님이 결심하십니다. 자신이 창조한 사람을 지면에서 쓸어버리시고 노아와 함께 역사를 새롭게 시작하시는 것이었습니다창 6:5-22. 이것은 세계를 창조 이전의 상태로 되돌리시고창 1:2 창조를 새롭게 다시 시작하는 의미가 있습니다. 이스라엘 백성의 불신과 반역은 시내산 아래의 금송아지 사건에 비견되는 것이었을 뿐만 아니라 그보다 앞서서는 노아 시대 사람들의 범죄와 같이 하나님의 극단적인 분노를 자아내는 일이었습니다. 이때 하나님은 노아와 함께하셨듯이창 6:18 그리고 아브라함에게 약속하시고 그를 통해 큰 민족을 이루셨듯이창 12:2-3 모세를 새로운 이스라엘의 시작으로 만들고자 하신 것입니다. 이때 모세는 어떤 반응을 보일까요?

2) 이스라엘 백성을 위한 모세의 기도 (13-19절)

이때 모세는 금송아지 사건 때와 마찬가지로출 32:11-14, 30-32 이스라엘 백성을 위해서 기도합니다. 모세가 기도한 내용은 두 가지로 나눌 수 있습니다. 먼저 모세는 왜 하나님이 이스라엘 백성을 진멸하면 안 되는지를 말합니다. 그 이유는 이스라엘 백성을 진멸한 일로 하나님의 능력이 조롱당할 것을 염려했기 때문입니다[15-16절]. 가나안 땅 거주민들이 그러한 소식을 들으면, 여호와가 이 백성을 자신이 맹세한 땅에 인도할 능력이 없어서 그렇게 된 것이라 말할 것이라고 이야기합니다. 이것은 하나님의 자존심을 건드리는 말입니다. 이어서 모세는 여호와 하나님께 간청합니다[17절]. 그러니까 '큰 권능'을 나타내달라고 말입니다. 모세가 말하는 하나님의 권능은 "주의 인자의 광대하심을 따라 이 백성의 죄를 사하는 것"이었습니다[19절]. 이것은 하나님의 용서가 기적 중의 기적이라는 사실을 말하는 것입니다. 하나님의 용서야말로 하나님의 '큰 권능'을 나타내시는 일이며, 인자의 광대하심이 얼마나 큰가를 보여주는 사건이라는 것입니다. 이때 모세는 하나님이 친히 말씀하신 두 가지 성품을 언급합니다[18절]. 이것은 금송아지 사건이 마무리되는 과정에서 모세가 두 번째 만든 돌판을 들고 시내산에 올라갔을 때 여호와께서 모세에게 말씀하신 내용과 일치합니다[출 34:6-7]. 그러나 모세는 하나님이 하신 말씀을 축약된 형태로 인용하고 있습니다. 여호와는 '노하기를 더디하시고 인자가 많아 죄악과 허물을 사하시는 분'입니다. 하지만 그분은 심판주이시기도 합니다. 형벌 받을 자를 '사하지 않으시고 아버지의 죄를 삼사 대까지 이르게 하신다'고 말씀하셨습니다. 하나님은 과연 어떻게 응답하실까요? 하나님은 모세의 기도대로 이스라엘 백성의 죄악을 용서하실까요? 아니면 아버지의 죄악을 삼사 대까지 이르게 징벌하실까요?

3) 모세에게: 불순종에 대한 징벌과 신실함에 대한 약속 (20-25절)

여호와는 모세의 기도를 들으시고 모세에게 응답하셨습니다. "내가 네 말대로 사하노라"[20절]. 놀라운 답변입니다. 모세가 기도한 대로 응답하신 것처럼 보입니다. 그러나 뒤끝 작렬입니다. 이스라엘 백성의 죄를 사하신다고 하셨는데, 그것은 즉각적인 죽음을 면할 뿐입니다. 그들은 결국 가나안 땅을 보지 못할 것입니다. 하나님은 이스라엘 백성이 이집트와 광야에서 행한 이적을 보고서도 '열 번'을 자신을 시험하고 목소리를 청종하지 않았다고 말씀하십니다[22절]. 여기에서 '열 번'이라는 표현은 다양하게 해석되었습니다[Ashley, *Numbers*, 260]. 많은 횟수에 대한 '어림수'로 보기도 하고, 반복적으로[“over and over”] 일어난 일을 표현하는 관용어라고 보기도 하며, 탈무드에 따르면 실제로 있었던 열 번의 반역을 의미합니다: 홍해[출 14:11-12], 마라[15:23], 신 광야[16:2], 가데스에서 두 번[16:20, 27], 르비딤[17:2이하], 시내산[32장], 다베라[11:1], 기브롯-핫다와[11:4이하], 현재[민 13-14장]. 그리고 그렇게 하나님의 능력과 말씀에 대한 신뢰가 없는 사람들은 그들의 조상들에게 맹세한 땅을 결단코 보지 못할 것이라고 말씀합니다. 또한 하나님을 멸시한 사람도 모두 그 땅을 보지 못할 것이라고 말씀합니다[23절].

하지만 그들과 '다른 영'[רוּחַ אַחֶרֶת]을 가지고 하나님을 '온전히' 따른 갈렙에게는 그가 정탐했던 땅으로 인도하실 것이라고 약속합니다[24절]. 갈렙이 그 땅으로 들어갈 것이며, 그의 자손이 그 땅을 차지할 것이라고 말씀하십니다. 이것에 덧붙여 아말렉인과 가나안인이 거주하는 골짜기로 가지 말고 홍해 길을 따라 광야로 들어가라고 말씀하십니다[25절]. 가나안 땅으로 직접 올라가지 말고 홍해로 내려갔다가 트랜스 요르단 지역을 통과하여 가나안 땅으로 들어가는 우회로를 택하라는 지시입니다.

여기에서 우리는 하나님의 이중적인 응답을 경험합니다. 이것은 모세가 소개한 하나님의 속성에 일치하는 반응이었습니다. 한편으로 보면 하나님은 오래 참으시고 은혜를 베푸시는 분이지만, 다른 한편으로는 저지른 잘못에 대한 대가를 치르게 하는 징벌하시는 하나님의 모습을 보여줍니다.

4) 모세와 아론에게: "너희 말이 내 귀에 들린 대로 행하리라" (26-35절)

이어서 하나님의 두 번째 반응이 기록되어 있습니다. 이번에는 모세와 아론에게 말씀하신 내용입니다. 하나님은 이스라엘 백성이 원망하는 모습에 대해서 분노하십니다. 그리고 맹세하시기를 "너희 말이 내 귀에 들린 대로 내가 너희에게 행하리라" 하고 말씀하십니다[28절]. 이어서 말씀하신 내용은 실제로 이스라엘 백성이 모세와 아론을 원망하며 말했던 바와 거의 일치합니다[Ashley, *Numbers*, 231]. 하나님은 '이십 세 이상으로서 계수된 자', 곧 자신을 '원망한 자' 전부가 가나안 땅에 결단코 들어가지 못할 것이라고 말씀하셨습니다[29절]. 그러한 말씀이 세 번 더 반복됩니다[32, 33, 35절]. 이것은 가나안 땅에 들어가다가 가나안 거주민들에게 죽기보다는 차라리 이집트나 광야에서 죽었으면 좋았을 것이라는 말에 대한 응답입니다. 또한 "우리 처자가 사로잡힐 것"[3절]이라는 말은 "너희 자녀들은 너희 '반역한 죄'를 지고 … 40년을 광야에서 방황하는 자['목자']가 될 것이라"[33절]는 말씀에서 상응 관계를 살필 수 있습니다.

이때 "반역한 죄"라고 번역된 히브리 낱말 '제누트'[זנות]는 '간음'과 '우상숭배'를 일컫는 말입니다. 이것은 이스라엘의 범죄를 은유적으로 표현한 말입니다. 이스라엘이 저질렀던 반역은 하나님에 대한 '멸시'[11, 23절], '불신'[11절], '시험'[22절], '불순종'[22절], '원망'[27절] 등 이스라엘의 신실하지 않은 행동 모두를 의미합니다[Ashley, *Numbers*, 266]. 사십 년 동안 이스라엘 백성이 광야에서 방황해야 했던 것은 정탐꾼들이 가나안 땅을 정탐한 날 수를 연수로 계산한 것입니다. 그렇게 사십 년을 보내고서야 하나님이 싫어하는 일이 무엇인지 알게 될 것이라고 말씀합니다[34절]. 여기에서 "내가 싫어하면"이라고 번역된 히브리어 표현은 '테누아티'תְּנוּאָתִי 입니다. '테누아'תְּנוּאָה라는 명사에 1인칭 단수의 인칭대명사가 붙어 있는 형태입니다. 이것은 두 가지로 번역이 가능합니다. '내가 싫어하는 일'이라고 번역할 수도 있고, '나를 싫어하는 일'이라고 번역할 수도 있습니다. 둘 다 가능한 이해입니다. 그러니까 하나님이 싫어하시는 일을 하거나 하나님을 싫어하는 일을 행하면 이렇게 엄청난 일이 벌어진다는 사실을 '알아야' 한다는 것입니다. 35절에서 여호와께서는 다시 한번 자신을 거역한 온 회중이 당할 일이 무엇인지를 언급하심으로 말을 끝맺습니다.

4. 악평을 한 정탐꾼들의 죽음 (36-38절)

민수기 14장은 두 개의 에피소드로 마무리됩니다. 그 가운데 첫 번째 에피소드가 정탐꾼들이 사망한 사건에 관한 것입니다36-38절. 모세의 보냄을 받아 가나안 땅을 정탐하고 돌아온 사람 가운데 그 땅을 악평하여 모세를 원망하게 한 사람들은 여호와 앞에서 재앙으로 죽었다고 말합니다. 정탐했던 땅에 대해서 악평을 한 사람들은 그들의 행동이 그들 자신에게만 영향을 미치지 않았습니다. 하나님의 능력과 약속을 불신했던 그들의 행동은 온 회중이 동요하게 만들어 모세를 원망하고 더 나아가 하나님의 영광을 가리는 데까지 이르게 하였습니다. 하나님의 능력과 약속에 대한 불신은 자신을 죽일 뿐만 아니라 공동체를 파멸로 이끄는 불행을 초래한다는 사실을 똑똑히 보여주는 사건이었습니다.

5. 이스라엘 자손의 가나안 정복 시도 실패 (39-45절)

이어지는 에피소드는 모세가 하나님의 말씀을 전달했을 때 이스라엘 모든 자손이 보인 반응으로 시작됩니다. 그들은 모세의 말을 듣고 크게 슬퍼합니다[39절]. 정탐꾼들의 부정적인 보고를 들었을 때 보였던 반응과 유사합니다[1절]. 하지만 행동의 의미는 질적으로 다릅니다. 두 번 모두 통곡하고 슬퍼하지만, 그 의미는 전혀 다른 것이었습니다. 정탐꾼들의 보고를 듣고 보인 반응은 분노와 좌절 그리고 원망의 눈물이었습니다. 그러나 이제는 회개와 반성의 눈물이었습니다. 자신들이 얼마나 어리석고 믿음이 없었던가를 깨달은 것입니다.

그래서 그들은 아침 일찍 일어나 산꼭대기로 올라가며 말합니다. 자신들의 범죄를 깨달았으니 이제라도 여호와께서 허락한 곳으로 올라가 가나안 땅을 차지하겠다는 것이었습니다[40절]. 하지만 모세는 그들의 행동을 만류합니다. 이 같은 행동은 여호와의 명령을 어기는 것이며[41절], 여호와께서 그들 중에 계시지 않기 때문에 올라가 봐야 대적들에게 패할 것이라고 말합니다[42절]. 모세가 누차 아말렉인과 가나안인에게 패할 것이라고 경고하지만 그들은 기어이 산꼭대기로 올라갔습니다. 이것은 때늦은 공격이요 무모한 행동이었습니다. 이때 여호와의 언약궤도 진영에 있었고 모세도 그들과 함께하지 않았습니다[44절]. 결과는 모세가 말했던 바와 같았습니다. 아말렉인과 산간에 거주하던 가나안인이 호르마까지 내려와 그들을 치고 그들에게 패배를 안겼습니다[45절]. 이것은 훗날 있게 될 호르마의 성공[21:1-3]과 대비되는 사건이었습니다. 실패와 성공이 무엇에 달려있는지를 잘 알게 하는 사건이었습니다.

14장

결단의 말씀

민수기 14장의 교훈을 네 가지 주제로 요약할 수 있을 것 같습니다.

첫째, 여호수아와 갈렙의 믿음입니다. 열 명의 정탐꾼과는 달리 두 사람은 긍정적인 보고를 하였습니다. 이들의 행동 이면에는 하나님과 그분의 약속에 대한 신뢰가 있습니다. 가나안 땅은 거주민을 '삼킬' 것 같은 척박함이 있습니다. 가나안 땅은 60%가 광야라고 할 만큼 살기 힘든 곳이고 나일강과 같은 큰 강줄기가 없어 하늘에 의존해야 하는 땅입니다신 11:10-11. 하지만 이스르엘 평야를 비롯한 비옥한 땅들이 있고 산과 골짜기를 통해 포도 무화과 석류 올리브 대추야자와 같은 풍성한 과실을 내는 땅이기도 했습니다신 8:8. 양면을 가지고 있는 땅을 어떤 시각으로 보느냐에 따라 그것에 대한 평가는 달라지는 것이었습니다. 악평을 한 정탐꾼들은 가나안 땅의 부정적인 면만 부각시켜 보고했습니다. 그곳은 "그 거주민을 삼키는 땅"이요, 그곳에 사는 주민들이 거인족과 같은 장대한 자들이기 때문에 결코 정복할 수 없을 것이라고 말입니다. 그러나 여호수아와 갈렙은 달랐습니다. 그곳은 "매우 매우 좋은 땅"이었으며, 그곳에 사는 주민들은 "우리의 먹이"라고 말합니다. 그들이 이렇게 말할 수 있는 이유는 "하나님이 우리와 함께하신다"는 믿음 때문이었습니다. 가나안 땅을 주시겠다고 조상들에 맹세하신 하나님의 약속을 믿었고, "여호와께서 우리를 기뻐하시면 우리를 그 땅으로 인도하여 들이시고 그 땅을 우리에게 주시리라"는 확신이 있었던 것입니다.

둘째, 온 회중의 '믿음 없음'입니다. 두 가지 보고를 들었을 때 어떤 보고를 따를 것인가가 중요합니다. 이스라엘 백성들은 긍정적인 믿음의 보고를 한 여호수아와 갈렙보다는 악평을 한 열 명의 보고를 더 신뢰했습니다.

숫자가 많다고 다 좋은 것은 아닙니다. 숫자 너머에 있는 진실과 믿음의 세계를 볼 수 있는 눈이 있어야 하겠습니다. '온 회중'의 모습은 분위기에 휩쓸리는 군중심리를 보여줍니다. 그리고 현실의 문제에 매몰되어 하나님의 약속과 능력을 신뢰하지 못하는 불신의 모습을 보여줍니다. 하나님은 악평을 한 정탐꾼의 말을 더 신뢰하여 이집트로 돌아가자는 이스라엘 백성을 향하여 "어느 때까지 나를 멸시하겠으며, 어느 때까지 나를 믿지 않겠느냐"[11절]고 질책하십니다. 과거에 베푸신 은혜를 송두리째 잊고 현재의 문제만을 생각하는 것이었습니다. 과거에 베푸신 하나님의 역사를 기억할 때 믿음을 잃지 않을 수 있습니다. 또한 믿음의 사람들의 말을 듣고 따를 때 믿음의 역사를 계속 이루어갈 수 있습니다. 그들은 나중에 모세의 말을 듣고 자신들의 잘못을 깨닫게 됩니다. 그제서야 산꼭대기로 올라가 가나안 땅을 점령하겠다고 합니다. 하지만 이것은 때늦은 후회이고 무모한 행동이었습니다. 하나님이 그들과 함께하시지 않았기 때문입니다. 무모한 도전은 결국 실패하고 맙니다. 하나님 없이 그리고 하나님에 대한 믿음 없이 자신의 힘과 생각으로만 행동했을 때 어떠한 결과를 초래하는지를 똑똑히 보여주는 사례입니다.

셋째, 위기의 상황에서 공동체를 위해 '기도'하는 모세의 모습입니다. 모세는 참 지도자의 모습을 보여줍니다. 하나님의 말씀을 받아 전하는 모습에서 그러한 지도자의 모습을 볼 수 있습니다. 그러나 공동체가 진멸될 위기에 빠졌을 때 공동체를 위해서 기도하는 모습에서 더욱더 참된 지도자의 면모를 확인할 수 있습니다. 모세는 하나님을 멸시하고 불신하는 이스라엘 백성을 진멸하고자 하는 하나님의 계획을 들었을 때 하나님께 기도합니다. 모세 개인만을 생각하면 그것이 좋은 일일 수도 있습니다. 왜냐하면 이스라엘을 멸하고 모세를 그보다 크고 강한 나라가 되게 하시겠다[12

절 고 말씀하시는 것이기 때문입니다. 이것은 모세를 노아나 아브라함과 같이 새로운 역사의 시작점으로 삼겠다는 말씀이기도 한 것입니다. 하지만 모세는 그것을 그대로 받아들이지 않습니다. 그리고 하나님께서 용서하심을 통해 하나님의 '큰 권능'을 보여주시고 '인자의 광대하심'을 보여달라고 간청합니다. 그런데 이러한 모습이 이번이 처음이 아니었습니다. 금송아지 사건으로 동일한 위기가 닥쳤을 때도 이와 똑같이 행동했습니다출 32:11-14, 30-32. 자신의 안위보다는 공동체의 안위를 먼저 생각하는 참된 지도자의 모습입니다.

넷째, 하나님 성품의 이중성입니다. 모세는 하나님께 기도하면서 "노하기를 더디하시고 인자가 많아 죄악과 허물을 사하시나 형벌 받을 자는 결단코 사하지 아니하시고 아버지의 죄를 자식에게 갚아 삼사 대까지 이르게 하신다"고 말합니다. 용서하시며 심판하시는 두 가지 모습을 말하고 있습니다. 이와 유사한 말씀이 출애굽기 34장 6-7절에 소개되어 있습니다. 그곳에는 좀 더 자세하게 표현되어 있는데 "인자를 천대까지 베풀며 … 아버지의 악행을 자손 삼사 대까지 보응하신다"고 말씀합니다. 이처럼 하나님은 두 가지 성품을 가지고 계십니다. 민수기 14장에도 이 두 가지 성품이 그대로 나타나 있습니다. 여호와께서는 모세의 기도를 들으시고 이스라엘 백성을 당장 진멸하시지는 않았습니다. 노하기를 더디하시고 인자를 베푸시는 모습입니다. 하지만 하나님은 '열 번'이나 시험하고 자신의 목소리를 청종치 아니한 이스라엘 백성을 향하여 "너희 말이 내 귀에 들린 대로 내가 너희에게 행하리라" 하셨습니다. 실제로 그들의 말처럼 '이십 세 이상으로서 계수된 자', 곧 자신을 '원망한 자' 전부가 가나안 땅에 들어가지 못했습니다민 32:13. 정탐한 날수가 햇수로 계산되어 사십 년 동안 광야에서 방황해야 했습니다33절; 출 16:35; 신 2:7; 8:2, 4; 29:5; 느 9:21. 하나님의 성품의 이중성은 역사를 통해 증명됩니다. 하지만 '인자를 천대까지' 베푸시며, '악행을 삼사 대까지' 보응하신다는 말처럼 하나님의 인자하심은 심판하시고 징벌하시는 하나님의 성품을 훨씬 능가합니다. 이러한 하나님의 인자하심이 인류의 모든 죄를 사하시는 예수 그리스도의 십자가와 부활을 통해 증명되었습니다. 지금도 이러한 하나님의 성품의 이중성은 여전히 유효합니다.

말씀으로 훈련받고 성장하는 하나님의 사람들

민수기 15:1-41

김태훈
한일장신대학교

도입

애굽을 나와 시내산 근처에 머물던 이스라엘 백성은 시내 광야를 떠나 바란 광야를 통과하고 있었습니다[민 10장]. 얼마 가지도 않았는데 백성이 악한 말로 원망했습니다[11:1]. 고기를 주지 않는다고, 채소를 먹고 싶다고, 왜 만나만 질리게 주냐고 항의하며 울기까지 했습니다[11:4-10]. 가나안 땅을 보고 돌아온 정탐꾼들 대부분은 부정적인 보고를 했습니다. 백성들은 다 죽게 되었다고 원망하며 통곡했습니다[13:31-14:1]. 심지어 모세 대신 새 지도자를 세워 애굽으로 돌아가자고 했으며[14:4] 온 회중을 설득하는 여호수아와 갈렙을 돌로 치려고 했습니다[14:10]. 공격해서는 안 된다는 모세의 명을 듣지 않고 제멋대로 아말렉 사람과 가나안 사람을 치다가 패배를 당했습니다[14:42-45]. 15장은 이러한 배경에서 주신 말씀입니다. 여호와 하나님은 이스라엘 백성을 징계하시지만 포기하지 않으십니다. 약속의 땅에서 대대로 지킬 규례를 다시 언급하심으로써 새 세대가 약속된 땅에서 살게 될 것이라는 희망을 주십니다.

민수기 15장은 다섯 부분으로 이루어집니다. 희생제물과 함께 바치는 곡식 가루와 기름과 포도주를 드리는 규정1-16절, 처음 익은 곡식의 제사 규정17-21절, 부지중 범한 죄에 대한 속죄 규정22-31절, 안식일 규정을 어긴 사람 이야기32-36절, 옷에 다는 술에 관한 명령37-41절입니다. 이스라엘은 이런 구체적인 지시와 사례를 통해 그리고 무엇보다 순종을 통해 하나님의 백성으로 성장해 갔습니다. 오늘의 신앙인도 하나님의 사랑 가운데서 말씀으로 훈련받고 연단을 받으며 하나님의 사람으로 성장해 갑니다.

본문 강해

하나님은 이스라엘에게 "너희의 하나님 앞에 거룩하리라"라는 말씀을 주셨습니다39-40절. 예수께서는 "그들제자들을 진리로 거룩하게 하옵소서 아버지의 말씀은 진리니이다"라 하셨습니다요 17:17. 사도 바울은 "지금 내가 여러분을 주와 및 그 은혜의 말씀에 부탁하노니 그 말씀이 여러분을 능히 든든히 세우사 거룩하게 하심을 입은 모든 자 가운데 기업이 있게 하시리라" 하였고행 20:32, 또한 "그런즉 사랑하는 자들아 이 약속을 가진 우리는 하나님을 두려워하는 가운데서 거룩함을 온전히 이루어 육과 영의 온갖 더러운 곳에서 자신을 깨끗하게 하자"고 권면합니다고후 7:1. 하나님은 자녀들이 거룩한 사람으로 성장하기를 원하십니다. 제사 규정을 통해 죄를 씻고1-31절, 엄격한 안식일 준수를 통해 언약 백성임을 잊지 않으며32-36절, 그리고 옷단 술에 관한 말씀37-41절을 통해 하나님 말씀의 중요성을 기억하고 순종합니다.

1. 제사 규정 (1-31절)

민수기 15장에는 몇 가지 제사들이 나옵니다. 화제, 번제, 서원을 갚는 제사, 낙헌제, 정한 절기제[3절], 소제[4, 24절], 화목제[8절], 전제[10절], 거제[19절], 속죄제[24절] 입니다. "화제"['잇쉐']는 말 그대로 불['에쉬']로 태우는 제사입니다. 제단 위에서 태워지는 모든 종류의 희생제사를 망라합니다. "번제"['올라']는 가죽을 제외하고 통째로 태워 '올리는'['알라'] 제사입니다. "서원을 갚는 제사"['팔레-네데르']는 서원을 할 때나 서원한 것이 이루어졌을 때 드리는 제사입니다. "낙헌제"['느다바']는 자발적이고 즐거운 마음으로 드리는 제사입니다. "정한 절기제"['모에드']는 절기 때나 헌제자가 스스로 지정한 때에 드리는 제사입니다. "소제"['민하']는 곡식의 제사이며 다른 희생제사와 함께 드립니다[레 5:11-13]. "화목제"['셜라밈']는 평화의 제사 혹은 친교의 제사를 말합니다. 번제와 함께 드려지며 제물의 상당 부분을 함께 나누어 먹는 것이 특징입니다[레 3:1-17]. "전제"['네세크']는 포도주나 다른 술을 제단에 부어드리는['나사크'] 제사입니다[출 29:40-41]. 헌신과 희생을 뜻하며 『개역한글』에서는 '관제'라고 번역했습니다[빌 2:17; 딤후 4:6]. "거제"['트루마']는 특정한 제사가 아니라 드려지는 방법을 말합니다. 들어 올려진['룸'] 제물, 혹은 봉헌된 제물 일반을 뜻합니다[출 25:2; 30:13-15; 레 7:14; 민 6:20; 18:24]. "속죄제"['하타아트']는 주로 죄를 속하기 위해 드리는 희생제사입니다[출 29:14; 레 5:6-10]. 의식적 부정으로부터 정결함을 얻기 위해서 혹은 제사장 위임식에서도 드려졌습니다[출 29:9-34; 레 8:10-14]. 7월['티쉬리'] 10일[7월은 현재의 9-10월] 대속죄일['욤 하키푸림']에는 온 백성을 위한 속죄제를 드렸습니다[레 23:27]. 회중[공동체]의 죄는 수송아지 한 마리로 드려야 하고[24절; 레 4:13-14] 한 사람의 부지중 범죄는 일 년 된 암염소로 드립니다[27절; 레 4:28]. 속죄제의 자세한 규정은 레위기 4장에 나옵니다. "향기롭게 드릴 때에"에서 "향기”‘레아흐 니호아흐’는 제물을 여호와께 태워 올림으로 그 향을 주님께서 받으신다는 뜻입니다예, 창 8:21; 레 1:13, 17:2:2; 민 15:3, 7, 13, 14, 24.

하나님께서 명하신 제사 규정에 관하여 몇 가지를 생각해 봅니다.

첫째, 제사 규정에는 이스라엘을 향한 하나님의 사랑이 전제되어 있습니다. 이스라엘 백성은 계명을 지켰기 때문에, 혹은 제사를 잘 드려서 애굽의 노예 생활에서 해방된 것이 아닙니다. 하나님은 오직 은혜로 이스라엘을 애굽의 종살이에서 구해 주셨습니다. 가나안 땅도 하나님이 주시기로 약속하신 은혜의 선물입니다. 2절의 “너희는 내가 주어 살게 할 땅에 들어가서”에서 보듯 그 땅은 여호와께서 선물로 주신 땅입니다. 마지막 절인 41절에서는 “너희를 애굽 땅에서 인도해 내었느니라”라고 말씀하십니다. 제사 제도를 주시기 전에 먼저 애굽에서의 구원을 베푸시고 시내산에서 계명을 주셨습니다. 오늘 우리도 하나님의 사랑을 받고 있습니다. 순종을 통해서 하나님의 백성이 되는 것이 아니라, 우리는 순종함으로 우리가 하나님의 사랑받는 자녀임을 나타내 보입니다.

둘째, 제사 제도는 하나님과의 관계 단절에 대한 구체적인 해결책입니다. 제사 제도는 선택, 구원, 계명 다음에 주신 제도입니다. 하나님은 오직 은혜로 이스라엘을 선택하셨습니다. 애굽에서 구원하시고 시내산에서 계명을 주셨습니다. 그러나 인간은 연약하여 계명을 온전히 지키지 못합니다. 하나님은 인간의 연약함을 아시고 제사 제도를 통해 속죄와 화해의 길을 열어주십니다. 자기 죄는 자기가 짊어지고 책임져야 하지만, 하나님께서 짐승의 생명을 대신 받고 용서해 주시는 길을 인간에게 허락해 주셨습니다.

셋째, 하나님은 제사를 통해 백성이 하나님께 가까이 나아가게 하십니다. 4절의 "드리는 자"'하므크립'와 "드릴 것이며"'위히크립'는 '가까이 나아가다'를 뜻하는 '카랍'의 히필형사역형 입니다. 레위기 1:2의 "너희 중에 누구든지 여호와께 예물을 드리려거든 가축 중에서 소나 양으로 드릴지니라"에서 "드리려거든"'야크립'과 "드릴지니라"'나크리부'도 '카랍'의 히필형입니다. 레위기의 제사 규정에 나오는 '드리다'는 자주 '카랍'가까이 나아가다 을 번역한 것입니다예, 레 1:3, 10; 2:1, 4; 3:1; 4:3; 6:14. 하나님께 제사를 '드린다'는 것은 곧 하나님께 '가까이 나아가는 것'을 말합니다. 어떻게 보잘것없고 오염된 죄인이 전능하시며 거룩하신 하나님께 나갈 수 있겠습니까? '저는 죄인이니 저를 멀리하소서'라고 한 베드로나, 감히 앞에 나가지 못하고 뒤에서 머리 숙인 세리의 모습이 오히려 죄인된 인간의 바른 모습입니다. 그런데 하나님은 계명을 어겨 하나님과 멀어진 백성에게 '가까이 나아옴''카랍'을 허락하시고 '가까이 나아감'제사드림 을 기뻐하십니다.

하나님은 계명을 주시지만 인간의 연약함도 아십니다. 그리하여 계명과 더불어 속죄의 제사 제도를 허락하셨습니다. 오늘 우리는 더 이상 속죄를 위한 희생제사는 드리지 않습니다. 예수님이 "우리를 위하여 자신을 버리사 향기로운 제물과 희생제물로 하나님께" 드려지셨기 때문입니다엡 5:2. 우리는 더 이상 제사 제도나 제사장을 통해 하나님께 나아가지 않습니다. 대신 우리는 큰 대제사장이신 하나님의 아들 예수님의 이름으로 하나님을 아버지라 부르며 은혜의 보좌 앞에 담대히 나아갑니다히 4:16; 마 6:9.

넷째, 신앙인은 짐승의 속죄제를 드리지는 않지만, 속죄의 기도를 드립니다. 우리는 예수님의 십자가를 통해 법적으로 모든 죄를 용서받았지만, 말씀으로 씻긴 청결한 양심과 성령님의 깨닫게 하심에 따라 죄와 잘못과 오염을 예민하게 깨닫습니다. 그리하여 죄와 잘못을 아파하며 기도를 통해 하나님께 용서를 구합니다. 우리 예수님은 "우리의 죄를 사하여 주옵시고"라고 기도할 수 있는 특권을 주셨습니다. 그리고 "기도할 때에 아무에게나 혐의가 있거든 용서하라 그리하여야 하늘에 계신 너희 아버지께서도 너희 허물을 사하여 주시리라" 말씀하셨습니다막 11:25.

다섯째, 옛 이스라엘이 감사와 서원의 예물을 바친 것처럼, 우리는 힘닿는 대로 성령의 감동에 따라 우리에게 있는 것을 주님께 올려 드립니다. 하나님은 옛 이스라엘 백성에게 희생제물과 함께 곡식 가루와 기름과 포도주를 바치라 하십니다. 모두 하나님이 주신 그 땅에서 난 것입니다. 땅과 농산물은 사람의 힘으로 만들 수 있는 것이 아닙니다. 하나님의 은혜의 선물입니다. 그 소산을 드림은, 그것이 하나님의 것임을 인정하는 것이고, 우리가 하나님의 은혜로 살아가고 있다는 신앙고백입니다. 우리가 하나님께 헌신하고 드릴 때조차 사실 그것은 하나님께서 우리에게 주신 것 중의 일부를 드리는 것입니다. 하나님이 주시지 않으면 우리는 아무것도 드릴 수 없습니다. "대대로 영원한 율례라"15절라고 하신 것은 습관적 반복이 아니라 하나님의 주인 되심과 은혜를 늘 기억하고 새로운 결단을 하라는 말씀입니다.

우리는 하나님이 받으시는 향기로운 제물로 바쳐지기를 원하고 늘 기도로 결단합니다. 앞에서도 언급된 "향기로운 냄새"'레아흐 니호아흐'는 하나님이 받을 만한 헌신으로 해석해 볼 수 있습니다. 다음은 작곡, 작사 미상의 어린이 찬송입니다.

나는 주의 화원에 어린 백합꽃이니
은혜 비를 머금고 고이 자라납니다
주의 은혜 감사해 나는 무엇 드리리
사랑하는 예수님 나의 향기 받으소서

나는 주의 품안에 자라나는 아이니
찬미하며 주님을 믿고 따라갑니다
주의 사랑 감사해 나는 무엇 드리리
사랑하는 예수님 나의 마음 받으소서

우리는 주의 은혜에 감사해 하나님께 무엇을 드립니까? 어린아이처럼 가진 것이 없을 때조차 우리는 사랑하는 예수님께 향기를 올려드립니다. 로마서 12장 1절 말씀입니다.

그러므로 형제들아 내가 하나님의 모든 자비하심으로 너희를 권하노니 너희 몸을 하나님이 기뻐하시는 거룩한 산 제물로 드리라 이는 너희가 드릴 영적 예배니라.

우리는 사랑하는 주님께 무엇이라도 드리고 싶어 합니다. 그리하여 우리는 복음 전파와 사랑의 실천과 다음세대 신앙교육과 성도의 교제와 신앙공동체의 성숙을 위하여 마음과 예물과 시간을 주님께 드립니다.

여섯째, 하나님은 이 은혜의 제사에 이방인을 초대하십니다. 본토 소생뿐 아니라 "거류하는 타국인"도 같은 방식으로 제사하게 하라고 말씀하십니다[14-16, 26, 29절]. "타국인"은 '게르'의 번역입니다. 전쟁이나[삼하 4:3] 기근이나[룻 1:1] 결혼 등으로 고향이나 백성을 떠나서 이스라엘 회중 가운데 사는 사람들입니다. 광야 시대의 타국인은 애굽에서 함께 나와 함께 가나안을 향해 진군하는 이방인들입니다[민 9:14]. 그들에게도 사죄와 감사의 제사를 허락하십니다. 때가 이르렀을 때 하나님은 예수 그리스도를 통해 백성 간의 경계를 허무셨습니다. 하나님은 이스라엘이 아니라 '세상'을 사랑하사 독생자를 주셨으며[요 3:16], 예수께서는 "모든 민족을 제자로 삼으라"고 하셨습니다[마 28:19]. 하나님께서는 바울을 통해 "유대인이나 헬라인이나 종이나 자유인이나 남자나 여자나 다 그리스도 예수 안에서 하나"임을 말씀하셨습니다[갈 3:28]. 그리하여 우리는 아직 하나님의 사랑과 그리스도 예수의 은혜를 모르는 사람들에게 복음을 전하며 그들을 하나님의 품으로 초대합니다.

2. 안식일 준수의 엄격성 (32-36절)

32-36절은 그 앞 절들의 경고와 관계가 있습니다. 30-31절에서 여호와의 명령을 고의로 범하는 자는 여호와와 그 말씀을 비방하고 그 명령을 파괴하는 자라고 정의합니다. 안식일에 나무를 한 사람은 안식일에 불을 피우지 말아야 함[출 35:3]을 알고 있음에도 불을 피우기 위해 나무를 했습니다. 불을 피우다가 발각된 것은 아니므로 모세와 아론과 회중은 처음에는 이 문제를 어떻게 처리해야 할지를 몰랐습니다. 그러나 안식일에 나무를 한 것만 하더라도 일을 한 것이고, 불을 피우려 의도했던 것이 분명하므로 그에게 투석 사형을 판결했고 그대로 집행되었습니다.

1) 강력한 처벌이 내려진 배경 몇 가지를 추정할 수 있습니다. 첫째, 안식일 계명은 이스라엘의 법령 중 절대명령이고 핵심 명령에 속하는 십계명 중 한 계명입니다. 둘째, 안식일 계명은 "엄숙한 안식일"[출 35:2]로 엄히 지켜야 할 계명입니다. 여호와 하나님은 "안식일에는 너희의 모든 처소에서 불도 피우지 말지니라"고 엄명했습니다[출 35:3]. 셋째, 안식일 계명은 특별히 "나[여호와]와 너희[이스라엘 백성] 사이에 너희 '대대의 표징'"이며 "나와 이스라엘 자손 사이에 '영원한 표징'"입니다[출 31:13, 17]. 안식일 준수가 십계명을

15장

지키는지 하나님 말씀을 순종하는 사람인지에 대한 외적 표징이라는 뜻입니다. 그러므로 당시 이스라엘 백성 중에서 안식일을 지키지 않는 자는 하나님을 거부하는 자와 다르지 않은 것으로 판단되었습니다. 넷째, 아간의 경우에서처럼 공동체에 미치는 영향 때문입니다. 이스라엘 백성 가운데는 하나님에 대한 원망과 불신 및 모세에 대한 거부와 반역이 지속되고 있었습니다11:1; 13:32-33; 14:1-4; 16:1-3. 십계명에 나오는 명령임에도 거부한 것은 하나님과 모세에 대한 거부일 수 있으며, 이런 일들이 허용될 때 신앙공동체로서의 이스라엘은 확립될 수 없었을 것입니다. 다섯째, 엄중한 상황 때문입니다. 이스라엘은 아말렉인과 가나안인 등 다른 족속들과 전쟁중에 있었습니다. 하나님 말씀에 대한 백성 전체의 절대적인 순종이 필요할 때, 어떤 사람이 안식일에 불을 피우기 위해 나무를 하러 간 것입니다. 여섯째, 언제나 첫 실행이 중요합니다. 이스라엘의 광야 생활은 이스라엘 역사에서 신앙공동체로 나아가는 첫 발걸음이었습니다. 그러므로 시범 케이스로 가장 강력한 벌이 내려진 것으로 볼 수 있습니다. 이후 이스라엘 역사에서 안식일 계명이 지켜지지 않는 경우가 많았지만 경고를 할 뿐 죽이지는 않았습니다참고, 왕하 4:23; 느 10:31; 13:15-21; 렘 17:24. 모세와 회중은 여러 가지 상황을 고려하여 여호와 하나님의 계명과 백성 전체의 미래를 생각하여 강력한 조치를 취한 것입니다.

2) 안식일 준수 명령은 하나님이 누구신지에 대해 가르쳐 줍니다. 첫째, 안식일 계명은 하나님이 창조주이심을 기억하게 합니다. 출애굽기 20장 8-11절에서 안식일 준수는 하나님의 창조 사역과 연결됩니다. 안식일은 단순한 노동의 중지를 넘어 여호와 하나님의 창조주 되심을 기억하는 날입니다. 우리의 존재도 주변도 생존의 조건도 하나님의 은혜로운 창조에

기인합니다. 안식일 준수는 여호와 하나님이 우리를 창조하신 분임을 기억하고 고백하며 감사하는, 신앙고백적 행동입니다. 그리하여 우리는 최소한 한 날을 정하여 하나님을 예배하는 날로 지킵니다. 둘째, 안식일은 인간에게 쉼을 주시는 하나님의 선물입니다. 신명기 5장 12-15절은 안식일이 해방의 날임을 강조합니다. 이스라엘은 애굽 땅에서 종살이하면서 하루도 쉬지 못하고 중노동에 시달렸습니다. 하나님은 그런 이스라엘을 종살이에서 해방시키셨고 일주일 중 하루를 휴식의 날로 허락하셨습니다. 가족 구성원뿐 아니라 남종이나 여종이나 객이나 심지어 일하는 짐승들마저 쉬라고 말씀하십니다. 고대의 어떤 사회에서 종들과 일하는 가축에게 쉼을 주었습니까? 종들은 어떤 취급을 받았습니까? 인간은 오랫동안 주기적인 쉼의 기회를 얻지 못했습니다. 그러므로 안식일 준수 혹은 시행은 인류 역사에서 한 획을 긋는 원리입니다. 일주일에 한 번 노동의 중단은 인간을 인간답게 하는데 기여합니다. 중노동을 하는 사람들에게 육체 회복의 기회를 줍니다. 오늘날 많은 개화된 사회에서 하루나 이틀의 쉼을 실행하고 있습니다.

3) 안식일을 어떻게 준수해야 하는지에 대한 최종 표준은 예수 그리스도의 말씀입니다. 하나님의 온전한 계시이신 예수님은 안식일이 그날을 준수할 수 있는 사람의 자만이나 그렇지 못한 사람을 정죄하는 방편이 되어서는 안 된다고 말씀하십니다. 바리새인들은 예수님의 제자들이 배고파서 안식일에 밀 이삭을 잘라 먹은 것에 대해 계명을 어겼다고 정죄합니다[마 12:1-2]. 또한 예수께서 한쪽 손 마른 사람을 고친 것에 대해서도 노동을 한 것이라고 정죄했습니다[마 12:10]. 예수님은 "안식일에 선을 행하는 것이 옳으니라"고 하셨고[마 12:12], "안식일이 사람을 위하여 있는 것이요 사람이 안

식일을 위하여 있는 것이 아니니"라고 명백히 밝히셨습니다[막 2:27]. 우리는 "안식일의 주인"[마 12:8; 눅 6:5]이신 예수님의 말씀을 따라 안식일 혹은 주일을 창조주를 기억하고 섬기며 하나님의 사랑을 실천하는 날로 지킵니다. 우리는 주 하나님을 사랑하고 이웃을 자신과 같이 사랑하는 것이 가장 큰 계명임을 예수님으로부터 배웠습니다[막 12:28-33]. 그리하여 우리는 안식일[성일] 준수를 여전히 신앙인의 외적 표징으로 삼으면서도 하나님 사랑 예수님 사랑을 계명 준수의 내적 표징으로 삼습니다.

4) 안식일은 영원한 안식의 그림자이기도 합니다. 이스라엘 백성의 가나안 땅 거주를 "안식을 주셨다"라고 표현합니다[신 12:9-10; 25:19]. 이사야 선지자는 바벨론에서의 해방을 "여호와께서 너를 슬픔과 곤고와 및 네가 수고하는 고역에서 놓으시고 안식을 주시는 날"[사 14:3]이라 합니다. 신약성경에서는 '안식'이 의미하는 바가 더욱 분명해집니다. "환난을 받는 너희에게는 우리와 함께 안식으로 갚으시는 것이 하나님의 공의"이고[살후 1:7], 하나님은 세상을 창조하실 때 "제칠일에 그의 모든 일을 쉬셨으며"[히 4:4], "안식할 때가 하나님의 백성에게 남아있다"고 합니다[히 4:9]. 또한 "그러므로 우리가 저 안식에 들어가기를 힘쓸지니"라고 말씀합니다[히 4:10]. 오늘의 신앙인들은 하나님의 품에서 사는 영원한 안식을 사모하며 이 땅에서 주님을 위하여 주님과 함께 열심히 살아갑니다.

3. 옷단 귀에 다는 술 (37-41절)

"옷이 사람을 말한다"는 격언이 있습니다. 세상의 각종 전문가들이나 직업인들은 그에 걸맞은 제복이나 옷을 입습니다. "옷이 날개다"는 말도 있습니다. 옷이 신분을 말하고 어떤 경우는 그 사람의 삶의 방식을 말해줍니다. 이곳에서 언급된 옷의 술과 실은 여호와 하나님을 믿는 사람의 의복으로 신앙인이 살아가야 할 방식을 말해줍니다.

하나님은 이스라엘 백성에게 옷 단 귀에 술'치치트'을 만들라 하십니다. 신명기 22장 12절에서 술은 '그달림'입니다. 아마 '치치트'나 '그달림''가딜'의 복수형이 교차적으로 사용될 수 있었던 것으로 보입니다. '치치트'를 옷에 붙이는 목적은 세 단어로 요약됩니다. "보고", "기억하고", "준행하는" 것입니다39절. 그 결과는 "자신의 마음과 눈의 욕심을 따라 음행하지 않게 하고"39하반절, "하나님 앞에 거룩하게 되는" 것입니다40하반절. 이곳에서 말하는 옷은 평상복이므로 치치트는 일상적인 삶에서 계명을 기억하고 준행해야 함을 의미합니다.[16] 오늘날 유대인들이 기도할 때 머리와 어깨를 덮는 '탈리트'기도 숄에 치치트가 붙어 있습니다만, 원래 치치트는 일상복에 붙이는 것으로 '일상에서' 계명을 기억하고 순종하라는 것을 상징합니다.

하나님은 '치치트'에 "청색'트켈레트' 끈"을 붙이라 하십니다. 당시에 청색은 특별한 종류의 달팽이의 분비샘에서 얻는 것으로 매우 귀한 것이었습니다. 청색은 성막의 휘장출 26:1과 대제사장의 옷출 28:6, 15, 31, 33과 고관들의

---

16 아람어 탈리트는 원래 일상적인 '겉옷'인데 아마 주후 200년 이후부터 '기도 숄'을 뜻하게 된 것으로 보입니다. 탈리트나 치치트를 613개의 계명과 연결시키는 것은 후대(아마 주후 3세기 이후)의 유대교 랍비 전통에 근거합니다. 랍비 전통 중에는 '치치트'(צִיצִית)의 다섯 자음 '차데(90)-요드(10)-차데(90)-요드(10)-타우(400)'의 숫값이 600이고 네 단의 각 치치트가 다섯 개의 매듭과 여덟 줄의 실(끈)로 이루어지므로 613을 헤아릴 수 있으며, 이는 성경의 모든 계명의 수 613과 일치한다는 해석이 있습니다. 그러나 또 다른 랍비 전통은 민수기 15:38-39에 나오는 술('치치트')의 자음이 네 자음으로 이루어진 צִצִת(차데-요드-차데-타우)이므로 590이며, 613과 일치할 수 없다고 봅니다. 또 전체 계명을 행해야 하는 계명 248개와 행하지 말아야 함을 말하는 계명 365개, 총 613개로 헤아리는 데 대해서도 랍비 전통들 간에 이견이 있습니다.

옷겔 23:6의 자색(청색)에 사용되었습니다. 가난한 사람도 덜 정제되어 색상이 좀 떨어지는 몇 줄의 청색 실을 붙일 수는 있었다고 합니다.

청색은 하늘색이므로 하나님의 보좌를 상징하는 것으로 볼 수도 있습니다. 비록 땅에서 살지만 언제나 하늘에 계시는 하나님을 인식하며 살라는 뜻입니다. 또한 청색은 고귀함을 뜻합니다. 랍비이며 저명한 구약학자인 밀그롬은 청색은 고귀한 색이므로 이스라엘 백성이 고귀한 존재, 즉 하나님의 왕자princes of God임을 나타내는 표시로서, 이스라엘 백성 모두가 지위에 구별 없이 하나님의 백성으로 존귀한 자라는 뜻이라고 설명합니다J. Milgrom, *Numbers* (JPS Torah Commentary), 414.

오늘의 신앙인들은 옷에 청색 끈이나 술을 달지 않습니다. 단지 그것들이 상징하는 바를 마음에 새깁니다. 늘 하나님을 의식하고 하나님의 말씀을 기억하고 묵상합니다. 자신의 욕망이나 눈의 명령을 따르지 않고참고, 39절; 창 3:6 하나님의 거룩한 백성으로 살아갑니다40절. 가시적인 청색 끈이나 술 대신, 진리로 허리띠를 띠고 의의 호심경을 붙이고 평안의 복음이 준비한 것으로 신을 신고 믿음의 방패를 가지고 구원의 투구와 성령의 검 곧 하나님의 말씀을 지닙니다엡 6:13-18. 그리고 항상 성령 안에서 기도하며 성도의 삶을 살아갑니다.

결단의 말씀

2009년 1월 15일 뉴욕 허드슨강에 미국 에어웨이 소속 A320 기종의 1549편이 불시착했습니다. 라구아디아 공항을 이륙한 지 1분 만에 새 떼를 만났고 엔진 두 개가 모두 멈추었습니다. 기장은 허드슨강에 착륙하는 길이 승객의 생명을 구하는 유일한 길이라 판단했습니다. 비상착륙을 하려면 두 날개가 동시에 강물에 닿아야 합니다. 약간만 어긋나도 비행기가 물에 부딪혀 파괴되거나 물속으로 들어가게 됩니다. 기장은 비행기를 정확하고 안전하게 강물 위에 앉혔습니다. 승객과 승무원 156명은 모두 살았고 크게 다친 사람은 아무도 없었습니다. 얼마 후 CBS 저녁 뉴스 케이티 쿠릭Katie Couric 앵커와의 인터뷰가 있었습니다2009년 2월 10일 오후 6시 40분. 체슬리 슐렌버거Chesley Sullenberger III 기장은 기적적인 비상착륙에 대해서 말했습니다. 자신은 "교육과 훈련이라는 이 경험의 은행에 소액의 정기적금을 들었고 1월 15일에는 잔액이 충분해서 아주 큰 목돈을 인출할 수 있었다"고 말했습니다. 교범과 훈련이 위험한 실전에서 생명과 성공을 선물로 안겨준 것입니다. 옛 이스라엘 백성이 옷에 다는 술을 통해서 하나님의 은혜와 계명을 기억한 것처럼, 오늘의 신앙인은 지속적으로 하나님의 은혜와 말씀을 기억하고 성령님의 능력을 의지하며 준행하는 가운데 하나님이 기뻐하시는 삶을 살게 되며 성화로 나아가게 됩니다.

이스라엘의 광야 생활과 제사 실천과 안식일 준수 명령과 옷에 다는 술이 오늘 우리에게 주는 의미를 생각해 봅니다. 첫째, 참 신앙은 인생의 광야에서 나타납니다. 주님을 믿는다는 것은 호감을 보이거나 사색하거나 열정을 보이거나 단순히 사랑의 감정을 표하는 것이 아닙니다. 책상머리에서 잘 정리된 고백이나 흔들리지 않는 이론을 말할 수 있다고 해서 그 사람이 믿음의 사람인 것도 아닙니다. 삶의 현장인 광야가 신앙의 현장입니다. 광야를 지나는 이스라엘 백성의 모습에서 보듯 믿음은 환난이나 유혹이나 좌절의 어려운 여건을 통과하면서 겪고 습득하는 신뢰와 순종입니다. 하나님 말씀에 귀 기울이고 마음을 다하여 순종하다 보면 그것이 신앙인격이 되고 헌신된 일상이 됩니다. 하나님은 우리에게 구체적인 교범을 주시며 실전을 통해 익히게 하십니다. 그 말씀에 따라 순종의 삶을 계속 살다 보면 위기의 순간에 우리는 신앙을 지키고 하나님의 사람으로 남을 수 있으며 하나님께서 약속하신 곳에 이를 수 있습니다.

둘째, 제사 제도는 여전히 죄의 무서움을 깨닫게 하며 우리를 회개로 이끕니다. 우리는 예수님의 단번의 십자가 희생으로 죄 사함을 받고 하나님의 자녀가 되었습니다히 9:26, 28; 롬 3:25. 그리하여 희생의 제사는 더 이상 드리지 않습니다. 그러나 이스라엘 백성이 드린 속죄와 예물의 제사는 여전히 큰 의미를 가집니다. 우리는 하나님의 말씀으로 인해 청결한 양심을 갖게 되고 성령님의 인도함으로 말미암아 일상에서 짓는 죄와 실수를 예민하게 깨닫고 아파합니다. 하나님은 우리에게 통회하는 심령을 주십니다. 그리하여 예수님께서 주기도문에서 가르쳐 주신 것을 따라 우리 죄를 용서해 달라고 하나님께 기도합니다. 다시는 죄를 짓지 않기 위해 결심합니다. 연약하여 또 넘어질 때 부끄럽지만 하나님의 은혜를 의지하며 다시 용서를 구합니다. 당연히 자신을 돌아보며 혹 자신이 남에게 용서하지 못한 일이 있는지를 살펴봅니다.

셋째, 이스라엘이 드린 제사는 우리에게 예배이자 찬양이고 기도이며 헌신으로 남아 있습니다. 우리는 옛 이스라엘 백성이 땅과 추수에 대해 감사한 것처럼, 우리도 감사의 제물을 드리고 우리의 헌신을 드립니다.

넷째, 옛 이스라엘 백성에게 안식일 계명이 영원한 언약의 '표징'이 되는 계명이었듯이 오늘 우리에게 안식일 준수 혹은 주일 성수는 신앙생활의 핵심 요소입니다. 하나님이 주님이심을 인정하고 예배를 드리며, 함께 기도하고, 함께 모여 격려하고 교제합니다. 모인 회중을 통해 약한 신앙인들과 신앙의 후세대들이 성장합니다. 그리고 성도들은 이날 함께 모여 섬김을 배우고 섬김의 기쁨을 맛봅니다. 우리는 지금도 주 안에서 평안을 누리며 장차 올 영원한 안식을 사모합니다.

다섯째, 옷단에 붙이는 ‘치치트’[술]가 상징하는 것처럼, 우리는 특정한 날의 하루 신앙인이 아니라 매일 신앙인으로 살아갑니다. 일상에서 하나님의 은혜를 기억하고 하나님의 말씀을 따라 살아갑니다. 다음은 박목월 시인이 쓴 ‘월요일 아침에도’라는 시입니다. 주일만 아니라 매일 신앙인이 되자는 내용입니다. 세 개의 연으로 되어 있는데 첫째 연과 셋째 연을 소개합니다.

> 우리의 신앙을 손이 증명하자.
> 신앙을 발이 증명하자.
> 참 신앙을 코가 증명하자.
> 주의 뜻에서 사는 자의
> 그 정결한 손. 그 조심스러운 발. 그 향기로운 심령의 향기.
>
> 참으로 신이 계시느냐.
> 이 질문에 대한 확고한 대답을 준비하자.
> 그 신앙과 신념을
> 손이 증명하자. 발이 증명하자. 코가 증명하자.
> 그리고 주일이 아닌 월요일 아침에도 금요일 밤에도 증명하자.

(박목월, 『크고 부드러운 손』, 영산출판사, 1978)

우리 신앙의 진실성 여부는 주일 교회 안에서뿐 아니라 일주일 내내 삶의 전 영역에서 나타납니다. 그리하여 옛 이스라엘 백성에게 제사 제도와 안식일 준수와 치치트를 통해 하나님의 계명을 기억하고 준수하라는 말씀과 같습니다. 우리는 치치트가 없더라도 성경 말씀을 통해 하나님의 크신 은혜를 기억하며 매 순간순간 신앙인으로 살아가기를 힘씁니다. 그 순종의 길이 좁고 힘든 길일지라도 주님의 손을 잡고 성령님을 의지하며 인생의 광야 길을 뚜벅뚜벅 걸어갑니다.

고라의 반역

민수기 16:1-50

하경택
장로회신학대학교

도입

오늘 본문은 리더십과 관련된 이야기를 다루는 본문[16-17장]의 일부입니다. 민수기 16장은 단순하지 않습니다. 여러 가지 복합적인 요소들이 함께 들어 있습니다. 아론의 제사장직에 도전하는 레위 지파 사람들의 반역 사건과 모세의 리더십에 도전하는 르우벤 지파 사람들의 반역 사건이 정교하게 복합적으로 기술되어 있다고 말할 수 있습니다. 이렇게 결이 다른 두 가지 사건인데도 민수기 16장 안에서 하나의 사건으로 통합되어 나타납니다. 이러한 복합 구성에 민수기 16장의 의도와 의미가 숨겨져 있습니다. 이 숨겨진 의도와 의미를 찾는 것은 즐거운 탐구의 여정이 될 것입니다. 흥미롭게도 이 모든 사건이 '고라'라는 인물에 연결되고 귀속됩니다. 따라서 민수기 16장의 제목을 '고라의 반역'이라고 부를 만합니다. 이제부터 민수기 16장에서 펼쳐지는 지도력에 관한 흥미진진한 이야기를 살펴보도록 하겠습니다.

본문의 구조

민수기 16장은 복합적인 구성을 가지고 있습니다. 이질적인 자료가 모아져 있다고 느낄 만큼 복합적이고 다층적입니다. 그래서 많은 학자들이 민수기 16장에 대한 문헌 가설을 주장했습니다. 대표적인 문헌 가설을 소개하면 이렇습니다. 현재의 본문은 아래와 같은 다섯 단계를 거쳐 형성된 것이라고 설명합니다P. J. Budd, *Numbers* (WBC), 184.

(1) 남부 정착에 참여하라는 권유를 거절하는 르우벤 지파의 다단과 아비람의 이야기 (pre-Yahwistic, 12절)

(2) 야휘스트가 이 이야기를 트랜스요르단 여정 전통에 포함시킴. 이것이 모세의 리더십에 도전하는 이야기로 해석되었고, 모세의 리더십에 도전한 그들은 땅에 의해 삼킴을 당하고 스올로 내려가게 됨 (1b, 21, 12-15, 25, 27b-31, 33a절)

(3) 앞의 재난 이야기가 좀 더 정교해짐 (32a, 33b, 34절)

(4) 초기 제사장계 문헌(P)으로서 분향 권리를 요구하는 250명의 지도자가 시험을 통해 그 권리가 거부되는 이야기가 추가됨 (2b, 4-7, 18, 35절)

(5) 민수기 저자에 의해서 레위인의 하나로서 아론계 제사장의 우위성에 도전하는 고라 이야기가 추가됨 (1a, 3, 8-11, 16-17, 19-24, 26-27a, 32b, 33b절)

하지만 이러한 문헌 가설은 고대인들이 취했던 이야기 서술 방식을 제대로 이해하지 못한 측면이 있습니다. 히브리 성경의 내러티브를 탁월한 분석을 통해 설명하는 로버트 알터R. Alter에 의하면 민수기 16장은 복합 기교를 통해 깊은 의미를 담은 메시지를 전달하고자 하는 성경 저자 혹은 편집자의 기술 방식을 보여준다고 말합니다. 민수기 16장은 두 개의 반역 집단과 두 개의 참사 이야기를 하나의 사건으로 혹은 최소한 서로 흐릿하게 겹쳐진 형태로 보여주면서 '신적인 권위에 도전'하는 일이 얼마나 잘못된 것인지에 대한 교훈을 담고 있다고 평가합니다[로버트 알터, 『성서의 이야기 기술』, 225].

필자는 민수기 16장의 내용을 최종 본문을 토대로 하여 분석하고자 합니다. 민수기 16장은 히브리어 성경의 장절 구분과 차이가 있습니다. 히브리어 성경의 구분으로는 16장 36절부터 50절까지의 내용이 17장 1-15절로 구분되어 있고, 우리말 성경의 17장 1-13절의 내용이 17장 16-28절로 구분되어 있습니다. 그런 후 18장에 가서는 두 성경의 장절 구분이 일치합니다. 이러한 차이는 민수기 16장 36절의 내용을 앞 이야기와 분리시키고 있는 이해 방식을 엿볼 수 있게 합니다. 필자는 이러한 상황을 고려하면서 민수기 16장을 3부 구성으로 분석하였습니다. 1부는 고라를 비롯한 르우벤 지파 사람들의 반역을 다루고 있으며[1-15절], 2부는 그러한 반역 행위를 벌이는 사람들에 대한 하나님의 심판이 기술되어 있고[16-35절], 3부는 이러한 사건에 이어 두 가지 후속 이야기를 소개하고 있는 것으로 분석하였습니다. 이러한 3부 구성에 기초한 상세한 구조분석은 다음과 같습니다.

1부: 1-15절 고라 무리와 르우벤 지파 다단과 아비람의 반역

1) 1-3절 도입부

2) 4-11절 고라와 그의 무리에 대한 모세의 반응

① 4-7절 고라와 그의 무리에게 향로를 가져오게 함

② 8-11절 레위 자손들에 대한 질책

3) 12-15절 다단과 아비람의 반역

① 12-14절 모세의 권위에 도전하는 다단과 아비람

② 15절 분노하는 모세

2부: 16-35절 반역자들에 대한 하나님의 심판

1) 16-24절 고라와 그 무리에 대한 심판

① 16-19절 회막 문에서 모세와 아론을 대적하는 고라

② 20-24절 하나님의 심판 결심과 모세와 아론의 중재

2) 25-35절 다단과 아비람에 대한 심판

① 25-30절 새 일로 심판하실 것에 대한 모세의 예고

② 31-34절 반역자들을 땅이 삼켜버림

③ 35절 분향자들을 여호와의 불이 태워버림

3부: 36-50절 두 가지 후속 이야기

1) 36-40절 반역자들의 향로로 기념물을 만듬

① 36-38절 제단을 싸는 판을 만들라는 여호와의 명령

② 39-40절 제사장 엘르아살의 실행

2) 41-50절 모세와 아론을 원망하는 온 회중에 대한 심판

① 41-42절 온 회중의 원망과 여호와의 영광의 출현

② 43-45절 온 회중에 대한 여호와의 심판 결심

③ 46-50절 향불로 속죄하라는 모세의 명령과 아론의 실행

본문 강해

1. 고라 무리와 르우벤 지파 다단과 아비람의 반역 (1-15절)

1) 도입부 (1-3절)

이 부분은 전체 이야기의 도입부 역할을 합니다. 고라와 다단과 아비람, 그리고 250명의 지휘관이 파당을 만들어 모세와 아론의 리더십에 도전하는 내용을 말하고 있습니다. 이 가운데 문제를 일으키는 사람을 지파에 따라 두 가지 부류로 나눌 수 있습니다. 하나는 레위 지파 사람들이고, 다른 하나는 르우벤 지파 사람들입니다. 레위 지파 사람의 대표자는 고라입니다. 그는 레위의 증손 고핫의 손자 이스할의 아들이었습니다참조, 출 6:16-21; 대상 6:16-22. 르우벤 지파 사람의 대표자는 다단과 아비람입니다. 두 지파가 문제 삼는 이슈는 달랐습니다. 레위 지파 사람들의 이슈는 아론 자손의 '제사장직'에 관한 것이었고7-10절, 르우벤 지파 사람들의 이슈는 '모세의 지도력'에 관한 것이었습니다13-14절.

여기에 부가적으로 언급되는 사람들이 있습니다. 온과 250명의 지휘관들입니다. 벨렛의 아들로 소개되는 '온'은 여기에만 등장합니다. 이 사건을 회고하는 다른 어떤 본문에도 언급되지 않습니다민 26:9-10; 시 106:16-18. 그래서 대부분의 학자들은 이 부분에 필사자의 착오나 본문의 손상이 있었을 것으로 추정합니다. 다음으로 250명의 지휘관에 대한 문제입니다. 이들이 레위 지파 사람들인지 아니면 다른 여러 지파에서 온 사람들인지 불분명합니다. 고라와 함께 행동하는 것을 보면 레위 지파 사람들 같지만, 이들을 설명하는 용어들을 보면 다른 여러 지파에서 뽑힌 지도자들이라고 여겨집니다. 그들은 '회중의 지도자들'נְשִׂיאֵי עֵדָה 이었고, '이스라엘 자손 총회에서 택

16장

함을 받은 자'קְרִאֵי מוֹעֵד 였으며, '이름 있는 사람들'אַנְשֵׁי־שֵׁם 이었습니다. 그런데 이러한 지파의 대표자들이요 이름있는 사람들이 반역 사건에 가담하여 하나님의 분노를 자아냈던 것입니다.

이 반역의 주요 인물은 고라와 다단과 아비람입니다. 그러나 이 반역 사건을 대표하는 인물은 '고라'라고 말할 수 있습니다. 히브리어 원문으로 보면 16장 1장의 시작은 '바이카흐 코라흐'וַיִּקַּח קֹרַח 입니다. '그때 고라가 (사람들을) 모았다'라고 번역할 수 있습니다. 이것은 고라가 이 모든 사건의 주동자임을 보여줍니다. 따라서 다단과 아비람이 주축이 된 상황을 알리는 곳에도 고라가 등장합니다[24, 27, 32절]. 또한 이 사건을 회고하는 본문에서 다단과 아비람도 '고라의 무리'עֲדַת־קֹרַח 에 들어갔다고 말하고 있고[민 26:9], 슬로브핫의 딸들이 자신의 아버지의 죽음에 대해서 말할 때 '고라의 무리'에 들지 않았다[민 27:3]고 합니다. 이러한 의미에서 민수기 16장의 반역 사건은 '고라 무리의 반역'이라고 불러도 무방할 것입니다.

여기에서 한 가지 설명하고 가면 좋을 것이 있습니다. 그것은 유사한 의미를 가지고 있는 '카할'קָהָל 과 '에다'עֵדָה 라는 히브리어 낱말입니다. 이 낱말들은 '총회', '회중', '무리' 등으로 번역됩니다. '카할'은 3절과 33절에서 각각 '총회'와 '회중'으로 번역되었고, '에다'는 14회 나타나는데[2, 3, 5, 6, 9(2번), 11, 16, 19(2번), 21, 22, 24, 26절] 때로는 '전체 회중'을 의미하기도 하고[2-3, 9, 19, 21, 24, 26절], 때로는 회중의 일부로서 고라의 '무리'[5-6, 11, 16절]를 가리키기도 합니다. 그러니까 이러한 용례들을 통해서 알 수 있는 바는 민수기 16장의 사건이 몇몇 개인에 국한된 사건이 아니라 공동체 전체에 파장을 일으킨 사건이었고, 특정 개인의 행동이 아니라 무리를 지어 행동한 집단적 사건이었다는 사실입니다.

그러면 이제 고라와 그의 무리들이 문제로 삼고 있는 바가 구체적으로 무엇인지 살펴보도록 하겠습니다. 그 내용이 3절에 요약되어 있습니다. 고라 무리들은 모세와 아론을 향하여 이렇게 말합니다. "너희가 분수에 지나도다." 이것에 대한 히브리어 표현은 '라브 라켐'רַב־לָכֶם 이니다. 이것을 글자 그대로 풀이하면 '너희가 (너무) 많은 것을 가졌다'는 것입니다. 이미 많은 것을 가졌는데 더 많은 것을 가지려 한다는 것이지요. 그러면서 "어떻게 너희가 여호와의 총회 위에 스스로 높일 수 있느냐?"고 따졌습니다. 고라와 그의 무리들이 이러한 주장의 근거로 내세우는 바는 두 가지였습니다. "회중 모두가 거룩하고, 그들 가운데 여호와가 계시기" 때문이라는 것입니다. 이것은 여러 본문들을 통해서 확인되는 내용이기도 합니다. 곳곳에서 이스라엘은 '거룩한 백성'이라고, 그리고 그렇게 되라고 말씀하고 있고출 19:6; 레 20:26; 신 7:6; 14:21; 26:19; 28:9; 사 62:12; 벧전 2:9, 이스라엘 출애굽의 목적이 하나님의 '그들 가운데 거주하심'출 29:46이라고 말씀하고 있기 때문입니다.

이러한 주장은 언뜻 보면 설득력이 있어 보입니다. 그것은 모든 사람이 똑같이 거룩하다는 평등사상을 내포하고 있고, 하나님이 이스라엘 공동체 가운데 계셔서 그들과 함께하고 계시다는 사실을 인정하고 있기 때문입니다. 평등사상을 말하고 있다는 점에서 매우 민주적이고, 하나님의 함께하심을 말한다는 점에서 매우 신앙적입니다. 그러나 이렇게 좋아 보이는 주장도 자신의 이익이나 위상을 높이기 위한 수단으로 사용된다면 그것은 좋은 것이라 평가할 수 없습니다. 그런데 이러한 주장이 하나님이 세우신 정당한 리더십을 부정하는 용도로 활용되고 있는 것입니다. 아무리 좋은 주장이나 사상도 선하지 못한 목적을 위해 사용된다면 그것은 좋은 것이 될 수 없습니다. 욥의 친구들의 말처럼 '옳은 말'이지만 '진실이 아닌 말'이 되고 맙니다예, 욥 8:7; 15:20-35; 25:4-6.

2) 고라와 그의 무리에 대한 모세의 반응 (4-11절)

① 고라와 그의 무리에게 향로를 가져오게 함 (4-7절)

모세는 반역자들의 말을 듣고 엎드립니다. 이 엎드림은 사람을 향한 것이 아닙니다. 어찌할 바 모르는 상황에서 하나님의 뜻을 구하기 위한 엎드림입니다[참조, 민 14:5]. 얼마나 엎드려 있었는지는 말하고 있지 않습니다. 아마도 상당한 시간이 흘렀을 것입니다. 여기에 하나님이 응답하셨다는 언급은 없습니다. 하지만 엎드림의 시간을 통해 하나님이 주신 응답이 있었을 것이라는 사실은 충분히 예상할 수 있습니다. 엎드림의 시간을 가진 후 모세는 일어나 '고라'와 '그의 모든 무리'כָּל־עֲדָתוֹ를 향하여 말합니다[5절]. 여기에서 고라를 먼저 언급하고, '그의 모든 무리'라고 말하는 것은 고라가 이 사건에서 중심적인 인물임을 잘 드러내고 있습니다. 12절에서 '다단과 아비람을 부르러 사람을 보냈다'고 말하는 것을 볼 때 여기에서 '그의 모든 무리'에 다단과 아비람이 포함되지 않음을 알 수 있습니다.

모세는 고라와 그의 무리에게 향로를 가져오라고 명령합니다[6절]. 이때 향로만 가져오는 것이 아니라 향로에 불을 담고 그 위에 향을 두라고 말합니다. 이것을 통해 의도하는 바는 하나님이 택하신 자가 누구인지 그래서 거룩하게 구별되는 사람이 누구인지를 알아보자는 것이었습니다. 5절에서 하나님이 택하신 자에 대한 여러 가지 설명이 나타납니다. 그는 '하나님께 속한 자'라고 말합니다. 그리고 하나님이 '자기에게 가까이 나아오게 하시는 자'라고 말합니다. 이것은 특별히 레위인들을 떠올리게 합니다. 그들은 성막, 곧 하나님의 거처이자 만남의 장소인 회막을 지키며 그곳의 지성물을 돌보는 거룩한 직무를 맡은 사람들입니다[민 3:5-9, 21-39; 4:1-49]. 하나님과 가장 가까운 곳에서 거룩한 일을 하도록 특별히 선택된 사람들입니다. 7절 마지막 부분에서 모세는 레위 자손들을 향하여 말합니다. "너희가 분수에 지나치느니라." 히브리어 표현으로는 이것이 3절에서 모세와 아론을 거스르는 반역자들이 외친 말과 똑같습니다: '라브-라켐'רַב־לָכֶם. '너희가 (너무) 많은 것을 가졌다'는 말입니다. 가진 것에 만족하지 못하고 더 많은 것을 가지려 한다는 것입니다. 이것은 반역자들이 한 말을 그들에게 그대로 되돌려 주는 것입니다. 그렇다면 레위인들이 이미 많이 가지고 있는 것은 무엇일까요? 다음 단락에서 이 문제를 다루고 있습니다.

② 레위 자손들에 대한 질책 (8-11절)

모세는 고라에게 말하지만, 그가 대표하고 있는 레위 지파 사람들을 향하여 말을 이어갑니다. 모세는 레위 지파 사람들이 성막에서 봉사하며 회중을 대신하여 그들을 섬기도록 특별히 구별되었다고 말합니다[9절]. 모세는 "이것이 너희에게 작은 일이냐?"고 묻습니다. 이 질문에는 이 일이 결코 작은 일이 아니라는 사실을 내포하고 있습니다. 레위인들의 직무에는 이중적인 봉사의 의미가 있습니다. 하나는 하나님을 섬기는 것입니다. 다른 하나는 회중을 섬기는 것입니다. 이 두 가지 사실이 9절에서 각각 다른 동사를 통해서 표현되어 있습니다. 하나님을 섬기는 일에는 '아바드'עבד 동사가, 회중을 섬기는 일에는 '샤라트'שרת 동사가 사용되었습니다. 우리말 『개역개정』에는 각각 '봉사하다'와 '섬기다'로 번역되어 있습니다. 그런데 레위인은 이러한 직무에 만족하지 못하고 제사장 직분을 요구한다고 말합니다[10절]. 아론의 자손들에게 허락된 제사 업무를 할 수 있도록 요구한다는 것입니다. 이러한 요구에 대해서 모세는 그것이 단순히 아론을 원망하는 것이 아니라 여호와를 거스르는 행동이라고 질책합니다[11절].

모세의 말을 통해 레위인의 소명에 대해서 깨닫게 되는 교훈이 있습니다. 레위인들은 성소의 다양한 일들을 맡도록 특별히 선택받은 사람들입니다. 이것을 하나님 '가까이에서' 섬기는 것이라고 표현합니다. 하나님 '가까이에서'라는 것은 많은 것을 상징합니다. 하나님 가까이에 있기 때문에 누릴 수 있는 특권이나 자부심이 있을 수 있습니다. 다른 사람에게는 허락되지 않은 특별한 소명과 사명입니다. 그러나 만약 그러한 것이 있다면 그것은 오로지 하나님과 회중을 섬기는 일에 사용되어야 함을 일깨웁니다. 그런데 고라로 대표되는 레위인들은 그러한 일에 만족하지 못했습니다. 그것을 '작은 일'로 여기고, '더 큰 일'을 원했습니다. 이것은 레위인으로 부르신 소명의 의미가 무엇인지를 깨닫지 못하는 모습이요, 자신이 가진 것에 만족하지 못하고 더 크고 많은 것을 바라는 욕심과 교만을 보여주는 것입니다.

3) 다단과 아비람의 반역 (12-15절)

① 모세의 권위에 도전하는 다단과 아비람 (12-14절)

이 단락에서는 특별히 르우벤 자손 엘리압의 아들 다단과 아비람의 행동에 주목합니다. 그들은 현장에 있지 않았습니다. 그래서 모세는 그들을 부르러 사람을 보냅니다. 그런데 그들의 답변이 충격적입니다. "우리는 올라가지 않겠노라"[12절]. 이것은 민수기 13-14장의 정탐꾼 사건을 떠올리면 이해하기 힘든 모습입니다. 이미 악평을 한 정탐꾼의 말이 얼마나 잘못되었는지가 증명되었고, 이제 가나안 땅으로 진군하는 것에는 아무 이견이 없을 것으로 생각되는데 실상은 그렇지 않았던 것입니다.

다단과 아비람은 특별히 두 가지 사실을 문제 삼고 있습니다. 하나는 모세가 자신들을 광야에서 죽게 한다는 것이며, 다른 하나는 모세가 자기들 위에서 '왕 노릇' 한다는 것입니다. 여기에서 '젖과 꿀이 흐르는 땅'이라는 표현이 이집트에게 적용되는 유일한 용례를 보게 됩니다[13절]. '젖과 꿀이 흐르는 땅'이라는 표현은 하나님이 약속하신 땅으로서 가나안 땅을 가리킵니다[출 3:8, 17; 13:5; 33:3; 레 20:24; 민 13:27; 16:14; 신 6:3; 11:9; 26:9, 15; 27:3; 31:20; 수 5:6; 렘 11:5; 32:22; 겔 20:6, 15]. 하지만 다단과 아비람은 종살이의 땅 이집트를 낙원처럼 묘사하고 있습니다. 또한 그들은 모세의 리더십을 완전히 부정하고 있습니다. 자신들이 원하는 '젖과 꿀이 흐르는 땅'에 인도하여 밭과 포도원을 자신들의 '기업'으로 주지는 않으면서 자기 마음대로 명령하고 질책하는 모습을 보인다는 비판일 것입니다. "눈을 빼려느냐?"라고 번역된 히브리어 표현은 직역하면 눈에 '구멍을 내느냐?'[תנקר]라는 의미입니다. 이것은 어떤 사람을 장님으로 만든다거나 어떤 사람의 눈을 속인다는 말로 이해할 수 있습니다. 어쨌든 자신들이 원하는 바를 들어주지 않는 모세의 행동을 지적하는 말입니다. 그래서 그들은 "우리는 올라가지 않겠노라"라고 다시금 말하고 있습니다[14절].

이것은 다단과 아비람이 현실을 어떻게 이해하고 하나님 약속을 어떻게 생각하는지를 여실히 드러냅니다. 이것은 하나님의 약속에 대한 불신과 함께 하나님이 세우신 지도자의 권위를 완전히 무시하는 행동입니다. 이것은 한마디로 하면 하나님을 "멸시하는"[נאץ, 피엘형] 행동이었습니다[30절; 참조, 민 14:11, 23].

② 분노하는 모세 (15절)

이때 모세가 크게 분노합니다. 그리고 여호와께 기도합니다. 두 가지를 말하는데 한 가지는 청원이고, 다른 한 가지는 서약입니다. 자신은 그들로부터 나귀 한 마리를 빼앗거나 그들에게 해를 입힌 적이 없다고 서약하면서 그들의 헌물을 돌아보지 말라고 하나님께 청원합니다. 이것은 부당하게 왕 노릇을 한다는 것에 대한 답변이면서 동시에 자신이 지도자로서 청렴했음을 떳떳하게 밝히고 있는 것입니다참조, 삼상 8:16; 12:3.

2. 반역자들에 대한 하나님의 심판 (16-35절)

1) 고라와 그 무리에 대한 심판 (16-24절)

① 회막 문에서 모세와 아론을 대적하는 고라 (16-19절)

2부는 반역자들에 대한 하나님의 심판이 기술되어 있습니다. 2부는 모세가 고라에게 말하는 것으로 시작됩니다. 모세는 6-7절에서 말한 바를 반복합니다. 모세는 고라와 그의 무리에게 아론과 함께 여호와 앞으로 나아오되 각기 향로를 가지고 오라고 말합니다17절. 그런데 여기에는 몇 명이나 참여하게 될지가 언급되어 있습니다. 아론과 고라의 것을 제외하고 250개의 향로를 말하고 있으니까, 아론과 고라 외에 250명의 사람들이 참가하게 되는 것입니다. 이것은 2절에 소개되어 있는 '명망 있고' '택함을 받은' '회중 지도자들'이 참여한다는 것을 의미합니다. 그들은 각기 향로를 가져다가 불을 담고 그 위에 향을 얹은 다음 모세와 아론과 더불어 회막 문에 서 있어야 했습니다18절. 그런데 이때 고라가 모세와 아론을 대적하려고 온 회중을 모았습니다. 그러자 여호와의 영광이 온 회중에게 나타났습니다19절. 여호와께서 자신의 임재를 통해 고라의 행동을 저지하신 것입니다. 이것은 민수기 14장 10절에서 가나안 땅 정탐에 대한 긍정적인 보고를 한 여호수아와 갈렙을 온 회중이 돌로 치려고 할 때, 여호와의 영광이 회막에 나타난 것과 유사한 상황입니다. 여호수아와 갈렙을 돌로 치려는 회중들의 행동을 막으려 하신 것입니다.

② 하나님의 심판 결심과 모세와 아론의 중재 (20-24절)

이때 여호와께서 모세와 아론에게 말씀하셨습니다[20절]. 이 회중을 순식간에 멸하려고 하니까 그들에게서 떠나라는 것이었습니다[21절]. 이 말을 들은 두 사람은 다시 엎드립니다. '엎드림'은 긴박한 상황이 벌어졌을 때 모세와 아론이 보였던 행동입니다[4절; 또한 참조, 민 14:5]. 이것은 사람을 향한 것이 아니라 하나님을 향한 행동이었습니다. 22절에서 그 엎드림이 하나님을 향한 것이었음이 명백하게 드러납니다. 그들은 엎드려 하나님께 기도합니다. 그들은 하나님을 "모든 육체의 생명의 하나님"이라고 부릅니다. 여기에 나타난 '루아흐'[רוּחַ]를 '영'[spirit]으로 번역하면, '모든 육체의 영들의 하나님'[אֱלֹהֵי הָרוּחֹת לְכָל־בָּשָׂר]이라는 표현이 됩니다. 이것은 하나님이 모든 육체에게 '영'을 주시는 분이라는 사실을 나타냅니다[참조, 민 27:16]. 모든 육체에게 '영'을 주시는 분이라는 표현은 창세기 2장 7절이나 전도서 12장 7절을 떠올리게 합니다. 인간을 창조하실 때 코에 '생명의 호흡'을 불어넣으시므로 인간을 살아 있는 존재가 되게 하셨고[창 2:7], 반대로 인간의 죽음은 먼지, 곧 육체는 땅으로 돌아가고 '영'은 하나님께로 돌아가는 것을 의미하였습니다[전 12:7]. 이러한 의미에서 이 표현은 하나님이 모든 육체에게 '영', 곧 생명을 주시는 창조주 하나님이심을 드러냅니다. 그러한 분이 한 사람이 범죄한 것에 대해서 온 회중을 징벌하시는 것은 옳지 않다고 말합니다. 이것은 의인을 악인과 함께 멸하시는 것은 부당한 것이라며 소돔성의 심판 조건을 의인 열 명까지 낮춘 아브라함의 모습을 생각나게 합니다[창 18:23-32].

그러나 여호와께서는 모세에게 말씀하십니다[24절]. 회중에게 명령하여 그들이 고라와 다단과 아비람의 장막 사방에서 떠나게 하라는 것입니다. 여호와께서는 모세와 아론의 청원을 받아들이셨습니다. 그래서 회중과 범죄 당사자들을 분리시켜 다단과 아비람에게 미칠 심판이 회중에게 임하지 않게 하신 것입니다. 여기에서 '장막'이라고 옮긴 히브리 낱말은 '미쉬칸'מִשְׁכָּן입니다. 이것은 주로 하나님의 '거처'인 성막을 나타낼 때 사용된 낱말입니다[출 25:9; 레 15:31 등 139회 용례]. 일반 회중들은 고라와 다단과 아비람의 '거처'를 떠나 하나님의 심판이 자신들에게 닥치지 않도록 해야 했습니다.

2) 다단과 아비람에 대한 심판 (25-35절)

① 새 일로 심판하실 것에 대한 모세의 예고 (25-30절)

이제 다시 장면이 바뀝니다. 모세가 다단과 아비람에게 갑니다. 이때 이스라엘 장로들이 함께 갔다고 보도합니다[25절]. 모세가 회중을 향해 말합니다. 이 악인들의 장막에서 떠나 멸망을 피하라고 말입니다[26절]. 이것은 24절에서 여호와께서 말씀하신 바를 그대로 실행하고 있음을 보여줍니다. 이때 그들에게 속한 것들을 만지지 말라고 경고도 덧붙이고 있습니다. 그러자 회중은 고라와 다단과 아비람의 장막 사방에서 떠났습니다. 그리고 다단과 아비람은 자신의 가족들과 함께 나와서 자기 장막 문에 섰습니다[27절].

이제 모세는 모든 회중을 향하여 말합니다[28절]. 그리고 이 모든 일을 통해서 알게 될 것이 무엇인가를 밝힙니다. 그것은 여호와께서 자신을 보내 이 모든 일들을 행하게 하셨다는 것이요, 그것은 자신의 생각이 아니라는 사실입니다. '나의 임의로 함'이라고 번역된 히브리어 표현לֹא מִלִּבִּי은 '나의 마음에서 나온 것이 아니다'라는 의미입니다. 모든 것이 하나님이 하신 일이라는 것입니다. 이어서 그는 여호와께서 자신을 보내셨다는 사실을 입증하는 일에 대해서 말합니다. 만약 그들의 죽음이 일반 사람들이 당하는 것과 같은 죽음이라면 여호와께서 자신을 보내신 것이 아님을 증명한다고 말합니다[29절]. 그러나 만약 여호와께서 '새 일'을 행하사 땅이 입을 벌려 그들과 그들의 소유물들을 삼켜 그들이 산 채로 스올에 빠지게 된다면, 그것은 하나님이 자신을 보내신 것이며 그들의 행위가 여호와를 '멸시한' 행동임을 보여주는 것이라고 말합니다30절; 참조, 민 14:11, 23.

여기에서 '새 일'이라고 번역된 '베리아'בְּרִיאָה는 '창조하다'의 뜻을 가진 '바라'בָּרָא에서 파생된 낱말입니다. 이것은 이전에 경험해 보지 못한 '새로운 어떤 것'something new을 의미합니다. 이 '새로운 어떤 것'은 하나님의 창조 활동을 통해서만 나타날 수 있는 일입니다. 그러므로 고라를 비롯하여 다단과 아비람이 경험하게 될 심판은 하나님의 창조 활동 가운데 하나라고 말할 수 있습니다. 하나님은 이렇게 심판을 통해서도 창조 활동을 이어가고 계십니다. 그러한 의미에서 하나님의 심판과 구원도 하나님의 창조 활동이며, 이러한 심판과 구원을 통해서 하나님의 창조가 계속 이루어진다고 말할 수 있습니다.

② 반역자들을 땅이 삼켜버림 (31-34절)

모세가 이 말을 마치자마자 그들이 서 있던 땅이 갈라졌습니다31절. 땅이 입을 벌려 사람들을 삼켜버렸습니다. 땅이 삼킨 것은 사람만이 아니었습니다. 그들의 집도 삼켰다고 말합니다. 여기에서 '집'בַּיִת은 건물만을 가리키지 않습니다. 그들의 가족과 식솔들, 그리고 그들이 가지고 있던 소유물들을 모두 포함하는 표현입니다. 악평을 한 정탐꾼들이 가나안 땅이 '거민을 삼키는 땅'이라고 했는데민 13:32, 그들의 보고가 반역을 일으킨 자들에게 그대로 이루어지고 있는 것입니다. 이때 고라와 그에게 속한 사람과 재물까지 삼켰다고 말하고 있는 것이 흥미롭습니다. 민수기 26장 11절에 의하면 이때 고라의 아들들은 죽지 않았다고 말합니다. 그들 중 일부는 살아 남아서 훗날 성전에서 봉사하는 직무를 감당한 것으로 보입니다. 그들은 성막 문지기가 되기도 하고대상 9:19, 많은 시편의 당사자로 표기되기도

하였습니다시 42-29편, 84-85편, 87-88편. 그러므로 고라와 함께 죽은 사람은 평소 고라와 뜻을 같이하며 고라를 따르던 추종자들이라고 말할 수 있습니다. 그들은 사람들이 보는 가운데 산 채로 스올에 빠져 들어갔고 땅이 그 위에 덮여 살아나올 수 없게 되었습니다33절. 이 광경을 지켜보던 사람들은 그들이 부르짖는 소리를 듣고 도망했습니다. 자신들도 그렇게 삼킴을 당하지 않을까 두려워했던 것입니다34절.

③ 분향자들을 여호와의 불이 태워버림 (35절)

이 단락의 마지막 절은 또 다른 종류의 심판을 보도합니다. 여호와께로부터 불이 나와 분향하던 250명의 사람들을 불살랐다고 말합니다. 이것은 아론의 아들 나답과 아비후가 여호와께서 명령하지 않은 불을 담아 분향하다가 여호와의 불로 삼킴을 당했던 사건을 떠올리게 합니다레 10:1-2. 그때도 하나님께서 그렇게 하신 이유가 자신의 '거룩함'을 나타내기 위함이라고 말씀하셨습니다3절. 이번에 여호와의 불이 분향자들을 불사른 것도 여호와의 거룩함과 관련이 있습니다. 모세가 사람들로 하여금 하나님께 가까이 나아가 분향하게 한 것은 누가 하나님께 속한 자이며 거룩한 자인지를 알아보기 위함이었습니다5, 7절. 이러한 분별을 통해서 드러나는 것은 분향자들의 거룩함만이 아니라 하나님 자신의 거룩함입니다. 거룩하신 하나님이 거룩한 자를 구별하셔서 자신에게 속한 사람이 누구인지를 입증하시기 때문입니다.

1부와 2부의 내용을 종합하면, 두 가지 반역 사건이 정교하게 복합적으로 기술되어 있다는 인상을 받게 됩니다. 두 가지 반역은 아론의 제사장직에 도전하는 레위 지파 사람들의 반역과 모세의 리더십에 도전하는 르우벤 지파 사람들의 반역입니다. 전자는 고라가 중심이 되는 가운데 250명의 지휘관들이 가세하는 행태로 나타나고, 후자는 다단과 아비람으로 대표되고 있습니다. 반역의 종류가 다르듯이 징벌도 다르게 나타납니다. 하나는 불이 나와 반역자들을 불사른 것이고, 다른 하나는 땅이 입을 벌려 반역자들과 그들에게 속한 것들을 삼킨 것입니다. 주도어Leitwort 분석에 의하면 전자는 '가지고 가다'와 '가까이 가다'가 강조되는 수평적 움직임을 보여주고, 후자는 '올라가다'와 '내려가다'의 대조를 통해 강조되는 수직적 움직임을 보여줍니다[로버트 알터, 『성서의 이야기 기술』, 225]. 전자는 땅이 입을 벌려 아벨의 피를 받았다는 사건을 떠올리게 하며[창 4:11], 후자는 소돔과 고모라를 멸망시킨 여호와의 불을 떠올리게 합니다[창 19:24]. 흥미로운 것은 두 부류의 대표자들인 고라와 다단과 아비람이 여러 차례 함께 언급되며[1, 24, 27절], 고라가 분향자들과 함께 불에 삼킴을 당한 것이 아니라 다단과 아비람과 같이 땅에 삼킴을 당한다는 사실입니다. 이러한 서술은 민수기 16장이 두 개의 반역 사건을 다루고 있으나 결국 하나의 사건임을 보여주고자 한다고 말할 수 있습니다[T. R. Ashley, *The Book of Numbers* (NICOT), 321]. 각각 다른 이슈로 반역하고 있지만, 결국 하나님이 세우신 질서와 권위에 도전하는 일이라는 점에서는 두 사건은 하나라는 것입니다. 바로 이렇게 두 개의 이야기를 하나로 연결하는 고리 역할을 하는 사람이 고라입니다. 1절에서 이 모든 이야기의 출발점을 이루는 언급인 '(사람들을) 모았다'וַיִּקַּח는 행동의 주체가 고라이며, 다단과 아비람이 주축이 된 상황을 알리는 곳에도 고라가 등장하기 때문입니다[24, 27, 32절]. 또 훗날 이 사건을 회고하는 본문에서 다단과 아비람도 '고라의 무리'עֲדַת־קֹרַח에 속한 것으로 말하고 있고[민 26:9], '고라의 무리'라는 말로 반역자들을 지칭하고 있기 때문입니다[민 27:3].

16장

3. 두 가지 후속 이야기 (36-50절)

1) 반역자들의 향로로 기념물을 만듦 (36-40절)

① 제단을 싸는 판을 만들라는 여호와의 명령 (36-38절)

이제 반역자들에 대한 심판이 끝난 후의 이야기가 이어집니다. 여호와께서 모세에게 말씀하십니다. 아론의 아들 엘르아살에게 명령하여 반역자들이 불타고 남은 곳에서 향로를 가져다가 제단을 감싸는 판을 만들라는 것입니다[37-38절]. 비록 사람들은 범죄하여 죽음에 이르는 징벌을 받았으나 향로는 여호와 앞에 드린 것임으로 거룩하다는 것입니다. 그렇게 거룩한 향로를 펴서 만들어진 판은 이스라엘 자손에게 '징표'אוֹת, sign가 될 것이라고 말씀합니다.

② 제사장 엘르아살의 실행 (39-40절)

제사장 엘르아살은 모세의 명령을 따라 불탄 자들이 드렸던 놋 향로를 가져다가 판을 만들어 제단을 감쌌습니다. 이러한 조치를 통해서 그것이 이스라엘 자손의 '기념물'זִכָּרוֹן이 되게 하였다고 말합니다[40절]. 이것은 어떤 사건을 떠올리게 하고 그것의 교훈을 각인시키는 '표지'가 되게 하였다는 것입니다. 불탄 자들의 향로로 감싸진 제단은 아론의 자손이 아닌 자가 분향하러 '가까이 오지' 못하도록 하는 '징표'이자 '기념물'이 되었습니다. 이 모든 것은 여호와께서 모세를 통해 말씀하신 것처럼 고라나 그의 무리와 같은 일이 반복되지 않도록 하기 위함이었습니다.

이 제단은 노아 언약의 무지개와 같은 역할을 합니다. 무지개는 하나님이 노아와 그와 함께한 모든 생물과 맺은 언약의 증거, 즉 '징표'אוֹת가 되어 하나님이 그것을 볼 때 노아와 맺은 언약을 '기억하게'זכר 한다고 말합니다[창 9:12-17]. 그러나 징표와 기념물이 되는 무지개와 제단이 기능하는 역할은 같지만, 각각의 징표와 기념물이 겨냥하는 대상은 다릅니다. 무지개는 우선적으로 하나님을 향한 징표가 되지만, 제단은 분향자들을 위한 징표가 됩니다. 무지개는 하나님께 노아 언약을 기억하게 하는 기념물이 되었습니다. 그러나 반역자들이 사용하던 향로를 쳐서 제단을 감싼 것은 사람들을 향한 것이었습니다. 고라와 그의 무리가 행한 것처럼 잘못된 분향을 드리는 반역 사건이 일어나지 않도록 하기 위함이었습니다. 따라서 향로를 쳐서 만든 판으로 감싸진 이 제단은 자손 대대로 과거의 고라의 반역 사건을 떠올리게 하며, 그 무엇보다 강력한 메시지를 발산하는 기념물이 될 것입니다.

2) 모세와 아론을 원망하는 온 회중에 대한 심판 (41-50절)

① 온 회중의 원망과 여호와의 영광의 출현 (41-42절)

다음날 이스라엘 자손의 온 회중이 모세와 아론을 원망하였다고 말합니다. 그들은 모세와 아론이 여호와의 백성을 죽였다고 말했습니다. 반역자들의 죽음이 모세와 아론 탓이라는 것입니다. 회중들이 모세와 아론을 대적하기 위해 모여들었을 때 모세와 아론은 회막을 바라보았습니다. 그때 구름이 회막을 덮었고, 여호와의 영광이 나타났습니다. 위기의 순간에 다시금 여호와의 영광이 나타난 것입니다. 여호와의 영광은 여호와의 임재를 상징합니다. 여호와의 나타나심은 모든 것을 멈추게 합니다. 사람들의 행동을 중지시켰고 그들의 잘못된 행동을 깨닫게 하였습니다[42절; 참조, 14:10; 16:19]. 또한 여호와의 영광이 나타남은 백성들의 잘못된 행동에 대한 하나님의 심판 의지를 드러내는 것이었습니다.

② 온 회중에 대한 여호와의 심판 결심 (43-45절)

모세와 아론이 회막 앞에 섰을 때 여호와께서 모세에게 말씀하셨습니다. 순식간에 그들을 멸하려고 하니 회중에게서 떠나라는 것이었습니다. 하나님의 강력한 심판 의지를 드러내는 것입니다. 하나님은 이와 똑같은 명령을 21절에서도 하셨습니다. 그러자 모세와 아론은 다시 엎드립니다[45절]. 모세와 아론은 위기 시마다 엎드렸습니다[참조, 4절, 22절; 민 14:5]. 이것은 위기 시마다 여호와의 영광이 나타난 것에 견줄 수 있습니다. 이것은 하나님의 도우심을 구하기 위한 방법이기도 했고, 온 백성이 진멸되는 파국을 막는 방법이기도 하였습니다.

③ 향불로 속죄하라는 모세의 명령과 아론의 실행 (46-50절)

엎드림의 시간을 가진 후 모세는 아론에게 명령합니다[46절]. 향로에 제단의 불을 담고 그 위에 향을 피워 회중에게로 가져가서 그들을 위해 속죄하라는 것입니다. 여기에서 하나님의 응답이나 지시사항에 대한 구체적인 언급은 없습니다. 하지만 이러한 모세의 행동은 엎드림의 시간에 얻어진 마음에서 비롯된 것이라는 사실은 분명합니다. 모세가 이렇게 행동한 것은 회중의 진멸을 막기 위함이었습니다. 이러한 모습은 금송아지 사건[32:7-14, 30-32]과 정탐꾼 사건[14:10-20]에서도 반복적으로 확인된 바입니다.

여기에서 흥미로운 점은 속죄 방식입니다. 속죄제물을 드림으로 얻어지는 속죄가 아니라 제단의 불을 향로에 담고 그 위에 향을 피움으로 이루어지는 속죄를 말하고 있습니다. 이것은 아론이 속죄일에 지성소에서 속죄소를 가릴 때 하던 속죄예식과 유사합니다[레 16:12]. 아마도 이러한 속죄 방식은 향로로 분향하다가 죽음을 맞이한 사람들의 잘못된 행동을 바로잡기 위한 목적에서 채택된 방식이 아닌가 추측할 수 있습니다. 이스라엘 백성이 뱀에 물려 죽을 위기에 처했을 때 놋뱀을 만들어 그것을 쳐다보게 함으로 죽음을 면하게 한 것처럼 말입니다민 21:6-9.

아론은 모세의 명령을 따라 향로를 가지고 회중에게로 달려갔습니다47절. 이미 시작된 재앙이 더 확산되지 않도록 향로의 분향을 통해 속죄하였습니다. 46절과 47절에서 '염병'이라고 번역된 히브리 낱말과 48절과 49절과 50절에서 '염병'이라고 번역된 히브리 낱말은 다릅니다. 전자는 '네게프'נֶגֶף이고, 후자는 '막게파'מַגֵּפָה입니다. 두 낱말 모두 '치다'의 기본 의미를 가진 '나가프'נגף 동사에 파생된 명사로서 전자는 '공격'이나 '재앙'을 의미하고, 후자는 하나님에 의해서 발생한 '전염병, 패배, 죽음' 등을 의미합니다. 따라서 이 재앙의 내용이 구체적으로 무엇인지는 불분명하나 급속히 퍼져나가는 것을 볼 때 죽음에 이르게 하는 전염병이라고 추측할 수 있습니다. 아론이 힘껏 달려 죽은 자와 산 자 사이에 섰을 때 마침내 재앙이 그쳤습니다48절. 고라의 일로 죽은 사람 외에 그 재앙으로 죽은 사람이 14,700명이나 되었다고 말합니다49절. 잘못된 원망과 하나님의 뜻을 거스르는 반역으로 또다시 많은 사람이 죽음에 이른 것입니다. 재앙이 그쳤을 때 아론은 회막 문에 있는 모세에게로 돌아왔습니다50절.

결단의 말씀

민수기 16장의 교훈을 세 가지 주제로 요약할 수 있을 것 같습니다.

첫째, 지도력의 의미는 무엇인가를 생각하게 합니다. 고라와 그의 무리가 모세와 아론에게 던진 화두는 깊이 생각해 보아야 할 문제입니다. 그들은 "회중 모두가 거룩하고, 그들 가운데 여호와가 계시기" 때문에 아무리

지도자라도 총회보다 자신들을 높여서는 안 된다고 주장하였습니다3절. 이것은 지도자들이 귀담아들어야 할 문제 제기입니다. 여기서는 구원받은 백성이 모두 하나님 앞에서 거룩한 존재이며 하나님이 그들과도 함께 하신다는 중요한 사실을 지적합니다. 하나님 앞에서 가지는 거룩성에 있어서는 지도자나 구성원이나 다를 바가 없다는 것입니다. 지도자와 구성원의 차이는 존재 자체에서 드러나지 않습니다. 그들이 수행하는 역할과 직분에서 차이가 날 뿐입니다. 그들의 주장은 어떤 면에서는 매우 민주적이며 신앙적인 것이라고 말할 수 있습니다. 그러나 이렇게 좋은 주장도 사용목적이 좋지 않으면 좋은 평가를 받을 수 없습니다. 고라와 그의 무리들은 자신의 이익과 위상을 높이기 위한 수단으로 이러한 주장을 펼치고 있다는 점이 문제입니다. 하나님이 세우신 리더십마저 부정하며 자신들의 권익을 주장하고 있는 것이 문제입니다. 욥의 친구들의 말처럼 '옳은 말'이지만 '진실이 아닌 말'이 될 수 있습니다예, 욥 8:7; 15:20-35; 25:4-6.

그렇다면 어떤 리더십이 진정한 리더십일까요? 이것은 모세의 모습을 통해서 확인할 수 있습니다. 모세는 위기 상황을 만나면 언제나 '엎드리는' 모습을 보게 됩니다4, 22, 45절. 이것은 위기를 자신의 힘으로 해결하기보다는 하나님 앞에서 하나님의 은혜와 도움을 구하는 태도로 대응하고 있는 모습을 보여줍니다. 철저하게 하나님의 뜻을 구하고 하나님을 의지하는 모습을 볼 수 있습니다. 또한 모세는 공동체의 보호를 위해 최선을 다하는 모습을 보게 됩니다. 여호와의 영광이 나타나 온 회중에 대한 적극적인 심판 의지를 드러내실 때마다 모세는 온 회중에 대한 심판이 이루어지지 않도록 중보했습니다. 몇몇 사람의 잘못으로 공동체 전체가 파멸에 이르러서는 안 된다는 것이었으며22절, 온 회중이 하나님의 심판에 멸망당하지 않도록 중보자로서 적극적인 행동에 나섰습니다46절. 이러한 모세의 행동은 금송아지 사건[32:7-14, 30-32]이나 정탐꾼 이야기[14:10-20]에서도 확인되는 바입니다.

둘째, 레위인의 특별한 지위가 가지는 의미가 무엇인가를 생각하게 합니다. 레위인의 특별한 지위는 지도력의 성격을 가지고 있습니다. 하지만 하나님께 가까이 나아와 하나님을 섬길 수 있는 자격을 허락받았다는 점에서 특별합니다. 제사장과는 다르지만 제사장에 버금가는 직임을 감당한다는 점에서 특별합니다. 레위인의 특별한 지위의 의미는 9절에서 모세의 말을 통해서 깊이 있게 깨달을 수 있습니다. 모세는 레위인의 특별한 직무를 하나님 '가까이에서' 섬기는 것이라고 말합니다. 하나님 '가까이에서'라는 것은 많은 것을 상징합니다. 하나님 가까이에 있기 때문에 누릴 수 있는 특권이나 자부심이 있을 수 있습니다. 이것은 다른 사람이 누릴 수 없는 특별한 소명과 사명입니다. 그러한 레위인의 직무는 이중적인 의미에서 봉사 직분이 되어야 한다고 역설합니다. 하나는 하나님을 섬기는 일이요, 다른 하나는 회중을 섬기는 일이라는 것입니다[9절]. 이 두 가지 사실이 각각 다른 동사를 통해서 표현되어 있습니다. 하나님을 섬기는 일에는 '아바드'[עבד] 동사가, 회중을 섬기는 일에는 '샤라트'[שרת] 동사가 사용되었습니다. 하지만 고라로 대표되는 레위인들은 그러한 일에 만족하지 못했습니다. 그것을 '작은 일'로 여기고, '더 큰 일'을 원했습니다. 이것은 레위인으로 부르신 자신들에 대한 소명의 의미가 무엇인지를 깨닫지 못하는 것이요, 자신이 가진 것보다 더 크고 많은 것을 바라는 욕심과 교만을 보여주는 모습입니다. '특권'이 있다면 그것은 오직 하나님을 섬기고 공동체를 섬길 때 그것의 진정한 의미와 효능감이 나타남을 교훈하고 있습니다.

셋째, 하나님의 역사와 통치 방식이 무엇인가를 생각하게 합니다. 모세는 고라와 다단과 아비람에 대한 심판을 통해서 여호와께서 자신을 보내 이 모든 일들을 행하게 하셨다는 사실을 알게 될 것이라고 말합니다[28절]. 그러면서 그 일이 자신의 '마음에서 나온 것이 아니며'לֹא מִלִּבִּי, 하나님이 하신 일이라는 것을 입증하기 위해서 특별한 죽음을 맞게 하실 것이라고 말합니다[30절]. 이때 하나님이 '새 일'을 행하실 것이라고 말합니다. '새 일'이라고 번역된 '베리아'בְּרִיאָה는 '창조하다'의 뜻을 가진 '바라'בָּרָא에서 파생된 낱말입니다. 그러니까 이것은 이전에 경험해 보지 못한 '새로운 어떤 일'something new을 행하실 것이라는 사실을 말하고 있는 것입니다. 이 '새로운 어떤 것'은 하나님의 창조 활동을 통해서만 나타날 수 있는 일입니다. 그러므로 고라와 다단과 아비람의 심판을 통해서 경험하게 될 하나님의 일은 하나님의 창조 활동 가운데 하나라고 말할 수 있습니다. 하나님의 심판에 하나님의 창조 활동의 의미가 있다는 것입니다. 그러한 의미에서 하나님의 심판과 구원도 하나님의 창조 활동이며, 이러한 심판과 구원을 통해서 하나님의 창조가 계속 이루어진다고 말할 수 있습니다. 바울도 구원이 하나님의 창조임을 갈파했습니다. "그런즉 누구든지 그리스도 안에 있으면 새로운 피조물이라 이전 것은 지나갔으니 보라 새 것이 되었도다"[고후 5:17; 또한 참조, 갈 6:15; 엡 4:22-24; 계 21:5].

또한 하나님은 '기념물'을 통해서 후세에게 교훈이 되게 하시는 분이라는 사실을 알 수 있습니다[38-40절]. 여호와께서 모세에게 아론의 아들 엘르아살에게 명령하여 반역자들이 불타고 남은 곳에서 향로를 가져다가 제단을 감싸는 판을 만들라고 하셨습니다[37-38절]. 그리고 그렇게 거룩한 향로를 펴서 만들어진 판은 이스라엘 자손에게 '징표'אוֹת, sign가 될 것이라고 말씀하셨습니다. 제사장 엘르아살이 모세의 명령을 따라 불탄 자들이 드렸던 놋 향로를 가져다 판을 만들어 감싼 제단은 이스라엘 자손의 '기념물'זִכָּרוֹן이 되게 하였다고 말합니다40절. 이것은 후대 사람들이 고라의 반역 사건을 떠올리게 하고 그것의 교훈을 대대로 되새기게 하는 '징표'이자 '기념물'이 되었다는 것을 의미합니다. 이 모든 것은 고라나 그의 무리와 같은 일이 반복되지 않도록 하기 위한 조치였습니다. 향로를 쳐서 만든 판으로 감싸진 이 제단을 볼 때마다 보는 이로 하여금 과거의 잘못된 역사를 떠올리며, 그러한 일이 다시는 일어나지 않도록 교훈하는 산 역사의 증거물이요 기념물이 되었을 것입니다. 그러한 의미에서 중요한 교훈을 남기는 역사의 현장을 보존하고, 기념물을 남기며, 과거의 이야기가 사라지지 않고 전수되어 대대로 이어지도록 하는 일은 지금도 계속되어야 할 것입니다.

그들로 죽지 않게 할지니라

민수기 | 17:1-13

조용현
호남신학대학교

도입

어느 시골의 초등학교에 병태라는 초등학교 5학년 학생이 전학을 왔습니다. 그런데 병태는 전학한 지 얼마 안 되어 반장을 맡고 있던 석대에게서 이상한 점을 발견했습니다. 석대는 5학년인데도 전교에서 싸움을 가장 잘해서 모든 아이가 그를 두려워했고 학교의 모든 일이 철저하게 석대를 중심으로 돌아갔습니다. 석대는 또한 공부를 잘하는 친구들에게 몰래 대리시험을 치르게 하여 1등을 하면서 선생님들에게 인정받았습니다. 한 마디로 석대는 폭력과 회유를 적절히 섞으면서 사실상 학교의 왕 노릇을 하고 있었습니다. 그러나 그의 왕 노릇은 오래 가지 못했습니다. 6학년이 되자 새로 부임한 담임선생님이 석대와 관련하여 이상한 분위기들을 감지하면서 대리시험이 발각되었고 그때까지 석대가 무서워 복종했던 친구들이 석대의 왕 노릇을 고발하였습니다. 결국 석대는 모든 것을 잃고 동네에서 자취를 감추었습니다. 이것은 이문열의 소설 『우리들의 일그러진 영웅』에 나오는 이야기입니다.

학기 초가 되면 학교에서 반장 선거를 하는데 적잖은 학생들은 반장이 되고 싶어 선거에 나갑니다. 반장이 되고 싶은 이유는 여러 가지가 있지만, 무엇보다도 반장은 학급을 이끄는 지도력을 발휘할 수 있기 때문입니다. 아무리 초등학교라도 반장은 한 반에 있는 학생들의 대표로서 갖는 권한이 있습니다. 앞서 언급한『우리들의 일그러진 영웅』에 나오는 석대라는 아이도 학급과 학교에서 권력을 행사했습니다. 이것이 비단 초등학교나 중·고등학교에만 해당하지는 않습니다. 우리가 속해 있는 모든 공동체에는 지도자가 있고 지도자는 공동체를 대표하면서 그에 따른 권한을 갖고 있습니다. 그래서 많은 사람이 그 권한을 갖고자 지도자가 되려고 하고, 반면에 현재 지도자의 위치에 있는 사람은 그 권한을 계속 행사하고자 자리를 유지하려고 합니다. 결국 지도자와 공동체의 구성원 간에 긴장이 끊임없이 발생할 수밖에 없습니다.

본문인 민수기 17장은 지도자와 공동체에 관한 말씀입니다. 사실 17장을 이해하기 위해서는 먼저 16장이 묘사하는 사건을 살펴볼 필요가 있습니다. 이스라엘 백성은 가데스에서 정탐꾼들이 전해준 가나안에 관한 보고를 듣고 모세와 아론, 더 나아가 여호와 하나님을 원망했습니다. 그 결과, 갈렙과 여호수아를 제외한 이십 세 이상의 모든 백성은 가나안에 들어가지 못하고 광야에서 사십 년을 방황하게 되었습니다. 그 어느 때보다 백성의 원망이 커지면서 레위의 증손 고라, 르우벤 자손의 다단과 아비람, 벨렛의 아들 온이 당을 짓고 지휘관 이백오십 명과 함께 반역을 일으켰습니다. 겉으로 보기에 이들의 반역은 모세와 아론을 향했지만, 실상은 모세와 아론을 세우신 하나님을 향한 것입니다. 결국 하나님께서 반역을 일으킨 자들을 심판하시면서 사건은 일단락되는 듯했지만, 이스라엘 백성은 다시 모세와 아론을 원망하였고, 하나님께서는 염병으로 이들을 치시기 시작했습니다. 그때 아론이 백성을 위해 속죄하자 염병이 그쳤고 아론은 회막 문 앞에 있는 모세에게 돌아왔습니다. 이것이 16장의 마지막 부분입니다. 16장이 하나님께서 반역 사건을 일으킨 무리를 심판하신 내용이라면, 17장은 하나님께서 반역 사건 이후 이스라엘 공동체를 회복하시는 내용입니다. 본문을 통해 하나님께서 반역과 분열로 점철된 이스라엘 공동체를 어떻게 회복하시는지 살펴보도록 하겠습니다.

본문 강해

1. 지도자의 권위

첫째, 하나님께서는 모세와 아론이 갖고 있는 지도자로서의 권위를 이스라엘 백성들에게 깨닫게 하심으로써 공동체를 회복하셨습니다. 서두에서 말씀드린 바와 같이, 17장의 회복 사건은 16장의 반역 사건이 그 발단이었습니다. 『표준국어대사전』에 따르면 반역은 "① 나라와 겨레를 배반함. ② 통치자에게서 나라를 다스리는 권한을 빼앗으려고 함."을 뜻합니다. 즉, 반역은 통치자 또는 지도자의 권위를 인정하지 않고 그에게서 권한을 빼앗아 차지하려고 하는 행위입니다. 고라, 다단, 아비람, 온, 지휘관 이백오십 명이 반역을 일으켰던 이유는 그들의 지도자였던 모세와 아론의 권위를 인정하지 않았기 때문입니다. 그들은 '모세와 아론이 다른 이스라엘 백성과 다를 바가 없는데 왜 그 두 사람이 자신들 위에 있어 지도자 행세를 하느냐?'고 반감을 표시했습니다. 반역자들은 이런 이유를 대면서 모세와 아론의 권위를 인정하지 않았고 그들의 권한을 빼앗기를 원했습니다다. 더 나아가 그들은 모세와 아론을 지도자로 세우신 하나님까지도 인정하지 않으려고 했습니다. 따라서 하나님께서는 16장에서 반역을 일으킨 사람들을 심판하시고, 17장에서는 이 사건으로 지도자로서의 권위가 도전받은 모세와 아론의 영적 권위를 모든 백성 앞에서 확립하시고 그것을 깨닫도록 하셨습니다. 그리고 하나님께서 사용하신 방법이 17장 2-3절에 묘사되어 있습니다.

하나님께서는 모세를 통해 지파마다 지팡이를 하나씩 취하고 지휘관의 이름을 그 지팡이에 쓰고 나서 회막 안에 있는 증거궤 앞에 두라고 말씀하셨습니다. 특히 레위의 지팡이에는 레위 지파를 대표하는 제사장 아론의 이름을 쓰라고 하신 후, 5절과 같이 말씀하셨습니다. "내가 택한 자의 지팡이에는 싹이 나리니 이것으로 이스라엘 자손이 너희에게 대하여 원망하는 말을 내 앞에서 그치게 하리라." 증거궤 앞에 있는 각 지파의 지팡이 중 하나님께서 택하신 지파 지도자의 이름이 적힌 그의 지팡이에 싹이 날 것이라는 말씀이었습니다. 이 말씀은 곧 하나님께서 택하신 지파 지도자의 지팡이 이외에는 싹이 전혀 나지 않을 것을 뜻하기도 했습니다.

그렇다면 하나님께서는 왜 선택하신 지파 지도자의 지팡이에 싹이 나게 하는 방법을 사용하셔서 지도자로서의 권위를 세우고자 하셨을까요? 만약 오늘 어떤 공동체나 나라에서 반역이 일어날 경우, 지도자는 어떻게 대응하나요? 대개 지도자는 자신이 갖고 있는 권력을 사용해서 반란을 진압합니다. 그리고 다시는 반란을 일으키지 못하게 하려고 이전보다 더 무자비한 무력을 계속 사용합니다. 지도자는 이런 방식으로 권력과 무력을 사용하며 자신의 권위를 굳건히 세워갑니다. 그러나 하나님께서 이스라엘 공동체의 지도자를 세우시고 그 권위를 확립하시는 방법은 권력에 기댄 것도 아니었고 무력에 기초한 것도 아니었습니다. 하나님께서는 평범한 지팡이이기에 거기에서 도저히 싹이 날 수 없었던, 한 지도자의 이름이 적힌 지팡이에서 싹이 나게 하셨습니다. 그래서 이스라엘 백성은 그 사람이 자신의 힘으로 지도자가 된 것이 아니라 오직 하나님께서 선택하시고 세우셨기에 이스라엘을 대표하는 지도자가 되었다는 점을 인정할 수밖에 없었습니다.

모세는 하나님의 말씀대로 지파마다 한 개씩 지팡이를 장막 안에 있는 증거궤 앞에 두었습니다. 그러자 8절과 같이 이튿날 "레위 집을 위하여 낸 아론의 지팡이에 움이 돋고 순이 나고 꽃이 피어서 살구 열매가 열렸"습니다. 여러 지팡이 중 레위 지파를 대표하는 아론의 지팡이에만 움이 돋고 순이 나고 꽃이 피었고 살구 열매까지 열렸습니다. 다른 지파의 지도자 이름이 적힌 지팡이에 비해 레위 지파 아론의 이름이 적힌 지팡이만 특별해서 거기에서 움이 돋고 순이 나고 꽃이 피고 살구 열매가 열렸던 것은 아니었습니다. 증거궤 앞에 있는 지팡이 모두 평범한 막대기였습니다. 더군다나 지팡이는 나뭇가지를 잘라 만든 것으로, 죽은 지팡이는 영양분을 공급받을 수 있는 뿌리도 없었고 싹을 피울 가지도 없었기에 열매를 맺을 수 없었고 생명을 피울 수도 없었습니다. 따라서 지팡이에서 움이 돋고 순이 나고 꽃이 피고 살구 열매가 열린다는 것은 불가능했습니다. 또한 정상적인 나무에서 하루만에 움이 돋고 순이 나고 꽃이 피고 살구 열매가 열릴 수는 없습니다. 이러한 모든 과정은 단 하나의 사실, 즉 하나님께서 아론의 지팡이에 움이 돋고 순이 나고 꽃이 피고 살구 열매가 열리게 하셨다는 점을 증명합니다. 9절과 같이 모세가 모든 지팡이를 이스라엘 자손에게로 가져오자, 그들은 지팡이 중 오직 레위 지파 아론의 지팡이에만 움이 돋고 순이 나고 꽃이 피고 살구 열매가 열렸다는 점을 눈으로 직접 보았습니다. 반역자들에게 마음으로 동조했던 사람들도 하나님께서 선택하신 지도자는 오직 아론이라는 점을 인정할 수밖에 없었습니다.

하나님을 믿고 섬기는 공동체를 대표하는 지도자의 권위는 바로 하나님께서 그를 지도자로 세우셨다는 점에 기초해야 합니다. 지도자는 자기 능력이 출중해서, 출신 성분이 특출나서, 외적 모습이 뛰어나서 공동체를 대표하는 인물이 아닙니다. 또한 아론이 다른 사람들보다 능력이 뛰어나거나 외모가 출중해서 제사장으로 세워진 것이 아니었습니다. 16장에서 반역을 일으켰던 고라, 다단, 아비람, 온, 지휘관 이백오십 명은 아론의 능력과 외모만 보고 판단한 결과, 그는 자신들과 전혀 다를 바가 없다고 생각했습니다. 그러나 아론이 레위 지파를 대표하면서 제사장으로서 갖는 권위는 그의 능력이나 외모가 아니라, 오직 하나님께서 그를 택하시고 세우셨다는 점에서 비롯되었습니다. 오늘 교회 공동체를 대표하는 각 지도자의 권위 역시 그의 능력이나 외모가 아니라, 하나님께서 택하시고 세우셨다는 점에 기초해야 합니다. 하나님께서는 지도자의 권위는 지도자 스스로 세우는 것이 아니라 하나님께서 세우신다는 점을 당시 이스라엘 공동체와 오늘의 우리에게 말씀하십니다.

2. 살구 열매

둘째, 하나님께서는 이스라엘 백성이 죽지 않고 살게 하시려고 공동체를 회복하셨으며 그 징표로 아론의 지팡이에서 살구 열매가 열리게 하셨습니다. 17장의 회복 사건은 16장의 반역 사건과 직접적으로 연결되지만, 17장에서 반역 사건을 처리하시는 하나님의 방법은 16장에서의 방법과 매우 다릅니다. 16장이 하나님께서 반역을 일으킨 고라, 다단, 아비람, 온, 지휘관 이백오십 명 등을 심판하시는 데 초점을 맞춘다면, 17장은 하나님의 심판 후 뒤숭숭한 이스라엘 백성이 하나님에 대한 원망을 그치고 죽지 않게 하는 데 초점을 맞춥니다.

본문 10절입니다. "여호와께서 또 모세에게 이르시되 아론의 지팡이는 증거궤 앞으로 도로 가져다가 거기 간직하여 반역한 자에 대한 표징이 되게 하여 그들로 내게 대한 원망을 그치고 죽지 않게 할지니라." 고라, 다단, 아비람, 온, 지휘관 이백오십 명이 일으킨 반역은 16장에서 하나님께서 그들을 심판하심으로 일단락된 것처럼 보였지만, 다른 이스라엘 백성의 마음 가운데에는 여전히 하나님에 대한 원망이 있었습니다. 하나님께서 자신들과 별 다를 바가 없는 모세와 아론을 왜 그들의 지도자로 세우셨는지 여전히 이해할 수 없었습니다. 고라, 다단, 아비람, 온, 지휘관 이백오십 명이 하나님께 심판받는 것을 보면서 하나님의 권능이 두려워 겉으로 원망을 표현할 수는 없었지만, 이스라엘 백성의 마음 깊은 곳에는 원망이 자리잡고 있었습니다.

특별히 우리말로 "원망"이라고 번역된 히브리어 단어 '텔루놋'은 이스라엘 백성이 출애굽 이후 하나님을 원망할 때 사용되었습니다. 출애굽기 16장 7-9절에서는 광야에서 먹을 것이 없어 굶주려 하나님을 원망할 때 사용되었고, 민수기 14장 27절에서는 가나안 땅을 정탐하고 돌아온 자들의 보고를 듣고 장대한 가나안 사람들 때문에 약속의 땅을 차지하지 못하고 광야에서 죽게 된 것을 한탄하여 하나님을 원망할 때 사용되었습니다. 하나님께서는 애굽에서 노예로 살던 이스라엘 백성을 구원하시고 그들의 조상 아브라함, 이삭, 야곱과 맺었던 언약을 지키시고자 그들을 약속의 땅으로 인도하셨지만, 이스라엘 백성은 먹을 것이 없다는 이유로, 가나안 족속에게 죽임을 당할 것이라는 이유로 끊임없이 하나님을 원망했습니다. 특히 민수기 14장 27절에서의 원망은 당시 20세 이상으로 하나님을 원망한 사람 모두가 약속의 땅에 들어가지 못하는 하나님의 징계를 가져왔습니다. 그리고 민수기 16장에서 하나님에 대한 원망이 반역으로 극대화되었을 때, 마찬가지로 하나님의 심판이 임하여 수많은 사람이 죽었습니다. 이처럼 원망은 하나님의 징계와 심판을 가져오고, 그 결과, 이스라엘 백성은 죽을 수밖에 없었고 공동체도 와해될 위험에 처했습니다.

앞서 설명했던 히브리어 단어 '텔루못'은 우리말로 "원망"으로 번역되었지만, 사전적인 뜻은 "중얼거리는 소리" 또는 "투덜대는 소리"입니다. 고라, 다단, 아비람, 온, 지휘관 이백오십 명이 대놓고 모세와 아론에게, 또한 하나님께 불만을 표출했다면, 나머지 이스라엘 백성은 중얼거리며 투덜댔습니다. 적극적으로 불만을 표출하던지, 중얼거리며 투덜대던지 하나님에 대한 원망은 개인과 공동체에 생명을 가져오지 못하고 죽음만 가져왔습니다. 민수기 16장 49절에 따르면 "고라의 일로 죽은 자 외에 염병에 죽은 자"가 14,700명에 달했습니다. 하나님에 대한 반역과 원망으로 점철되었던 이스라엘 공동체를 죽음이 뒤덮고 있었습니다. 이 죽음을 멈추고 이스라엘 공동체에 다시 생명을 가져오실 수 있는 분은 오직 여호와 하나님뿐이었습니다. 그리고 하나님께서는 아론의 지팡이에 움이 돋고 순이 나고 꽃이 피어서 살구 열매가 열리게 하셨고 이것을 표징이 되게 하셔서 이스라엘 백성이 하나님에 대한 원망을 그치고 죽지 않게 하셨습니다.

여기서 우리가 주목할 점은 하나님께서 아론의 지팡이에 움이 돋고 순이 나고 꽃이 피어서 살구 열매가 열리게 하셨다는 사실입니다. 움이 돋고 순이 나고 꽃이 피어서 열매가 열린다는 표현은 한 그루의 나무에서 생명이 잉태되는 과정을 순차적으로 묘사한 것입니다. 나무가 추운 겨울을 이겨내고 막바지 추위에서도 움을 틔우면, 봄에 거기에서 연한 싹인 순이 돋아서 나옵니다. 그리고 따뜻한 햇살을 받은 순에서 꽃이 피어 만개를 합니다. 그리고 뜨거운 여름을 보낸 뒤, 가을에 열매가 나무에서 주렁주렁 열립니다. 우리나라에서는 나무마다 다르기는 하지만, 열매가 맺히는 데 약 6개월에서 11개월 정도 소요됩니다. 나무는 이렇게 오랜 시간을 거쳐서 열매를 맺습니다만, 하나님께서는 죽은 막대기에 불과했던 아론의 지팡이에서 하루 만에 이 모든 과정을 거쳐 열매를 맺게 하셨습니다. 하나님께서는 아론의 지팡이에 바로 살구 열매가 열리게 하실 수도 있었지만, 나무가 열매를 맺기 위해서 움이 돋고 순이 나서 꽃이 피는 장면을 보여주시면서 한 생명이 잉태되는 과정을 통해 생명의 소중함을 이스라엘 백성에게 깨닫도록 하셨습니다. 따라서 하나님께서는 이스라엘 백성이 아론의 지팡이에 움이 돋고 순이 나고 꽃이 피어서 살구 열매가 열리는 과정을 보게 하심으로써, 그들이 아론의 지팡이를 표징으로 삼아 하나님에 대한 원망을 그쳐, 더 이상 죽음의 공포에 사로잡혀 있지 말고 죽은 막대기에서 생명이 잉태되는 기쁨을 맛보고, 자신들도 그와 같이 회복될 것이라고 기대하기를 원하셨습니다. 하나님은 우리의 마음속에 있는 투덜대는 소리, 하나님을 향한 원망의 소리가 그치기를 원하십니다. 원망과 투덜댐은 우리를 죽음의 길로 이끕니다. 우리가 원망과 투덜댐을 그칠 때, 죽은 막대기에서 움이 돋고 순이 나고 꽃이 피어서 살구 열매를 맺게 하신 하나님께서 우리의 삶에도 움이 돋고 순이 나고 꽃이 피어서 열매를 맺게 하심으로 생명이 잉태되고 회복되는 은혜를 주실 것입니다.

3. 큰 힘과 큰 책임

셋째, 하나님께서는 아론에게 지도자가 갖는 큰 힘과 더불어 큰 책임이 있다는 사실을 깨닫게 하셔서 이스라엘 공동체를 회복하셨습니다. 본문인 민수기 17장은 하나님께서 아론의 지도자로서의 권위를 회복시키는 사건에 초점이 맞춰져 있습니다. 아론의 지팡이에만 움이 돋고 순이 나고 꽃이 피어서 살구 열매가 열리면서, 반역으로 실추되었던 아론의 권위가 회복된 것은 물론, 아론은 하나님께서 세우신 지도자요 제사장이라는 점이 공식적으로 선포된 것과 다름없었습니다. 이제는 이스라엘 백성 중 어떤 사람도 쉽게 아론의 권위에 의문을 가지거나 반역을 일으킬 수 없었습니다. 아론의 처지에서 보면, 모세의 형으로서, 제사장으로서 이스라엘의 지도자 위치에 있었지만, 모세에 비하면 그의 권위는 불안정했습니다. 그렇기에 17장의 사건을 통해 아론은 그 어느 때보다 자신의 권위를 공고히 확립할 수 있었습니다. 물론 하나님께서도 아론이 하나님께 드리는 제사를 주관하는 제사장의 대표로서의 권위를 확립하기를 원하셨기에 그의 지팡이에서 살구 열매가 열리게 하시는 일을 하셨습니다.

그러나 하나님께서는 단지 아론의 권위를 굳건하게 하시고자, 그래서 그의 어깨를 으쓱하게 하시고자 그의 지팡이에 살구 열매가 열리게 하신 것은 아니었습니다. 하나님께서는 아론에게 레위 지파를 대표하는 지도자요, 제사장을 대표하는 대제사장으로서의 권위를 회복하신 만큼, 또한 그에게 그러한 권위에 따르는 지도자로서의 책임도 통감하게 하셨습니다. 즉, 아론은 하나님께서 세우신 지도자로서의 권위에 기초하여 큰 힘을 행사하게 되었는데 그만큼 큰 책임도 요구되었던 것입니다. 2002년에 개봉되었던 영화 "스파이더맨"에서 주인공 피터 파커는 슈퍼 거미에게 물려 큰 힘을 가지게 되었습니다. 피터 파커는 누구나 한 번쯤 상상하고 꿈꿔왔던 슈퍼 히어로가 되었지만, 막상 큰 힘을 갖게 되자 자기가 하고 싶은 것을 마음껏 할 수 있다는 기쁨도 잠시, 오히려 자신이 사용하는 능력 때문에 많은 사람이 위험에 빠질 수 있다는 사실을 알게 되며 혼란을 겪었습니다. 그

때 피터 파커는 삼촌 벤 파커가 남긴 말, "큰 힘에는 큰 책임이 따른다"를 되새기면서 뒤로 물러서지 않고 자신의 힘에 책임을 다하겠다는 굳건한 의지를 보여주었습니다.

16장에서 반역을 일으킨 고라, 다단, 아비람, 온, 지휘관 이백오십 명이 하나님의 심판을 받을 때 아론의 마음은 어떠했을지 생각해 볼 필요가 있습니다. 우리는 우리를 대적하는 사람이 잘못된다면 안심하고 더 나아가 그의 불행을 기뻐하는 경향이 있습니다. 어쩌면 이것은 인간이 가지고 있는 이기적인 본성일 수도 있습니다. 하나님의 심판으로 반역이 멈추었을 때 아론은 잠시나마 안도했을 것입니다. 그러나 반역자들이 모두 죽고 설상가상으로 염병으로 많은 사람이 죽게 되자, 그의 마음에는 안도보다는 불안이 자리했을 것입니다. 아론은 제사장으로서, 지도자로서 많은 사람의 죽음에 직면했습니다. 그때 아론은 무엇을 했을까요? 민수기 16장 47절입니다. "아론이 모세의 명령을 따라 향로를 가지고 회중에게로 달려간즉 백성 중에 염병이 시작되었는지라 이에 백성을 위하여 속죄하고" 하나님의 진노로 이스라엘 백성 중에 염병이 시작되자 아론은 제사장으로서 백성을 위하여 속죄했습니다. 비록 아론은 하나님을 원망하지도, 반역을 일으키지도 않았지만, 눈앞에서 염병으로 고통스러워하며 죽어가는 사람들을 그냥 지나칠 수 없었습니다. 그렇다고 아론은 하나님의 진노와 심판이 그치기만을 기다리지도 않았습니다. 아론은 하나님과 이스라엘 백성을 중재하는 제사장으로서의 책무를 다하며 모세가 명령한 대로 하나님께 이스라엘 백성을 위하여 속죄했습니다. 일 년 중 단 하루, 속죄일에 아론은 자신을 포함한 온 이스라엘 백성의 죄를 속하기 위해 거룩한 옷을 입고 하나님의 임재를 상징하는 언약궤가 있는 지성소에 들어가 희생제물을 드렸듯이, 하나님께 반역을 일으키고 원망을 표출한 이스라엘 백성을 위해 속죄했습니다. 비록 모세가 명령하기는 했지만, 아론 역시 지도자로서 백성의 고통을 외면하지 않고 적극적으로 참여하면서 제사장으로서 속죄했습니다. 그 결과, 염병이 그쳤고 아론이 회막 문에 있는 모세에게로 돌아오면서 17장의 사건이 시작된 것입니다.

17장에서 아론의 지팡이에 살구 열매가 열리면서 아론의 권위는 회복되었지만, 이것을 직접 목격한 이스라엘 백성은 오히려 모세에게 12-13절과 같이 "우리는 죽게 되었나이다 망하게 되었나이다 다 망하게 되었나이다 가까이 나아가는 자 곧 여호와의 성막에 가까이 나아가는 자마다 다 죽사오니 우리가 다 망하여야 하리이까"라고 말했습니다. 이스라엘 백성은 하나님의 기적을 경험했지만, 심판을 내리셨던 하나님을 두려워하며 여호와 하나님의 임재를 상징하는 성막에 가까이 가면 죽을 수밖에 없다면서 도망치려는 모습을 보였습니다. 이들의 불안과 두려움을 잠재우고 그들을 대신해 거룩하신 여호와 하나님의 성막에 가까이 나아가 그들을 위해 속죄할 수 있었던 사람은 제사장 아론뿐이었습니다. 아론은 이스라엘 백성의 두려움과 불안을 보면서 다시 한번 제사장으로서 자신이 갖는 힘과 책임을 깨달았을 것입니다. 곧 제사장은 하나님과 이스라엘 백성을 중재하는 사람으로서, 때로는 하나님의 복과 하나님의 엄중한 경고를 백성에게 선포해야 했고, 때로는 백성의 죄를 위해 하나님께 제사를 드리며 간구해야 하는 책임이 그에게 있다는 점을 알게 되었을 것입니다. 하나님께서는 우리를 교회 공동체와 사회 공동체의 지도자로 세우실 때가 있습니다. 그때 우리는 교회와 사회의 지도자로서 갖는 힘과 권한에만 집착하기보다는, 힘에 따른 책임이 있다는 점, 특히 공동체의 구성원을 돌보고 그들을 위해 하나님께 기도할 책임이 있다는 점을 기억해야 합니다. 하나님께서는 본문을 통해 지도자가 자신의 책임을 다할 때 구성원은 행복하고 그 공동체는 굳건해진다는 점을 말씀하십니다.

결단의 말씀

본문 17장의 사건은 16장에서 시작된 반역과 그로 인한 하나님의 진노가 멈춘 시점에서 시작되었습니다. 하나님께서는 아론의 지팡이에 살구 열매가 열리게 하심으로 그의 권위를 회복시키셨습니다. 교회와 사회의 지도자는 그 권위가 자기 능력에서 나오는 것이 아니라 오직 그를 세우신 하나님에게서 나오는 것임을 기억해야 합니다. 또한 우리가 원망을 그칠 때, 하나님께서 우리의 삶에도 움이 돋고 순이 나고 꽃이 피어서 열매를 맺게 하시는 회복의 은혜를 주십니다. 마지막으로 하나님께서 세우신 지도자가 큰 힘을 갖고 있는 만큼 공동체의 구성원을 돌보고 사랑하는, 큰 책임을 다할 때 비로소 그 공동체는 굳건해집니다. 이것이 민수기 17장을 통해 하나님께서 우리에게 말씀하시는 바입니다.

내가 이스라엘 자손 중에 네 분깃이요 네 기업이니라

민수기 18:1-32

서재덕
호남신학대학교

도입

'미션'이라는 영화와 '침묵'이라는 소설이 있습니다. 두 작품이 서로 형식은 다르지만, 닮은 점이 여럿 있습니다. 물론 가장 먼저 두 작품 모두 기독교의 가장 기초가 되는 신학적인 질문, '믿음이란 무엇인가?', '위기 속에서 어떻게 행동하는 것이 믿음을 드러내는 것인가?'라는 질문을 시청자와 독자에게 던집니다. 그리고 두 번째 공통점은 실제 있었던 역사를 기반으로 삼는다는 점입니다. '미션'은 18세기에 포르투갈과 스페인이 맺었던 '마드리드 조약' 때문에 벌어진 실화가 배경입니다. '침묵'은 일본인 소설가 '엔도 슈사쿠'의 작품으로 17세기 일본 에도시대에 있었던 '키리시탄 박해', 곧 그리스도인들에 대한 박해를 배경으로 삼습니다. 마지막 공통점은 두 작품 모두 성직자가 주인공이라는 점입니다.

성직자를 주인공으로 삼는 두 작품의 공통점에 대해 조금 더 이야기해 보고자 합니다. 두 작품에서 성직자를 주인공으로 내세우는 이면에는 목회자는 이러이러해야 한다는 일종의 목회자에 대한 사회적인 이해를 담고 있습니다. 이를 다른 말로 표현한다면, 두 작품은 서사를 통해 사회가 목회자에게 투영하는 모습, 즉 사회가 목회자에게 바라는 이상적인 모습을 은연중에 표현합니다. 두 작품 속의 성직자들은 믿음의 양상이 서로 다릅니다. 하지만 이 주인공들은 공통적으로 복음을 위해 목숨까지도 버릴 각오가 되어 있었습니다. 더 나아가, 자기의 목숨보다도 타자의 생명과 공동체의 생명을 살리는 일에 더 많은 열정과 관심과 고민이 있었습니다. 바로 두 작품에서 서술하는 성직자의 모습은 사회에서 원하는 목회자 상이 아닐까 합니다.

본문 강해

특별히 두 작품의 공통점 중 마지막 공통점을 중심으로 오늘 본문을 살펴본다면, 조금은 불편하게 느껴질 수도 있습니다. 이는 목회자에게 '요구'되는 이상적인 모습을 말하는 것이 아니라, 목회자에게만 해당하는 '특권'만을 길게 나열하는 것처럼 보이기 때문입니다. 이에 대해 구약학자인 올슨D. T. Olson은 본문을 그렇게 읽을 수 있는 여지가 있다는 사실을 인정합니다. 그러면서 이렇게 언급합니다.

> 의심의 해석학이라는 약에 건강하게 감염된 독자라면 이 자료들을 오히려 냉소적으로 읽을 것이다. 이 사람들은 이 이야기들은 단순하게 친 아론적인 선전물의 단편으로서 질문할 수 없는 충성심을 보증 받고 또한 경쟁에서 살아남은 한 제사장 단체가 이 이야기를 최종적으로 서술함으로써 자신들의 현재적인 모습

을 지지하려 하였다고 결론 내릴 것이다.

(데니스 T. 올슨, 『민수기』 [현대성서주석], 185-186)

이런 불편한 시선은 일차적으로 이 본문이 다루는 내용이 원인이 되겠지만, 무엇보다도 민수기 안에서 이 본문이 위치한 '자리' 때문에 생길 수 있습니다. 민수기를 큰 단락으로 나눌 때, 본문은 16-19장의 단락에 속합니다. 이러한 민수기의 구조에서 알 수 있는 것은 하나님께서 아론과 모세에게 말씀하시게 된 계기가 민수기 16장에서 있었던 고라의 반역 때문이라는 것입니다. 본문에서 하나님은 아론과 모세에게 말씀하십니다. 구약에서 하나님께서 모세에게 말씀하시는 것은 당연하다고 여길 수 있습니다. 구약성경에서 하나님은 항상 모세에게는 직접 말씀하셨기 때문입니다. 심지어 민수기 12장 8절에서 하나님께서는 모세를 비방하는 미리암과 아론에게 이렇게 말씀하셨습니다.

그와는 내가 대면하여 명백히 말하고 은밀한 말로 하지 아니하며 그는 또 여호와의 형상을 보거늘 너희가 어찌하여 내 종 모세 비방하기를 두려워하지 아니하느냐

하지만 하나님께서 아론에게 말씀하시는 장면은 매우 보기 드뭅니다. 그렇기 때문에 본문에서 아론에게 말씀하시는 것은 분명히 특별한 일입니다. 무엇보다도 이 본문이 속한 민수기 16-19장의 단락의 정황으로 볼 때, 아론으로 대표되는 제사장의 특별함이 더욱 돋보입니다. 하나님께서 아론에게 직접 말씀하시는 것은 앞서 언급한 것처럼 아론의 형제의 시기로 인한 반역, 더 확대하자면 모세와 아론의 특별함을 못마땅해하는 이스라엘

지도자들의 반역에 직접 개입하시기 위해서입니다. 그렇기 때문에 이 단락의 사건의 순서로 살펴볼 때, 하나님께서 직접 아론에게 말씀하심으로 아론으로 대표되는 제사장의 특별함은 더 두드러져 보입니다. 그래서 목회자를 제외한 성도들은 이 본문을 구약학자 올슨이 언급한 것과 같이 목회자의 특별함만을 강조하는 본문인 양 불편한 시각으로 볼 수 있습니다. 이러한 시선 때문에 본문을 읽을 때, 대부분의 사람들은 하나님께서 레위인들과 제사장들에게 주시기로 약속하신 내용에만 집중하게 됩니다.

'그렇다면 이 본문은 단순히 제사장과 레위인으로 표현되는 목회자들의 특권만을 강조하는가?'라는 문제를 살펴보고자 합니다. 결론부터 말씀드리면, 본문은 단순히 제사장의 특별함, 즉 목회자의 특별함을 주제로 삼지 않습니다. 오히려 이 본문은 제사장과 레위인에 대한 하나님의 약속을 주요 내용으로 내세움으로써 공동체에 대한, 그러니까 바로 교회에 대한 하나님의 마음을 확인하게 합니다. 또한 이 말씀을 통해 우리는 하나님을 신뢰하는 것이 무엇인지 고민할 수 있습니다.

첫째, 하나님의 우선순위는 언제나 성도입니다.

민수기 18장의 시작은 이렇습니다. "여호와께서 아론에게 이르시되 너와 네 아들들과 네 조상의 가문은 성소에 대한 죄를 함께 담당할 것이요 너와 네 아들들은 너희의 제사장 직분에 대한 죄를 함께 담당할 것이니라." 하나님께서 아론에게 하신 말씀에는 제사장이나 레위인들에게 하신 어떠한 특혜나 권리에 대한 것이 전혀 없습니다. 오히려 이들에게는 서로 도우면서 성소에 관련된 모든 일을 담당하라는 하나님의 명령만이 있을 뿐입니다. 이 내용이 18장의 첫 단락인 1-7절의 주요 주제입니다.

또한 아론에게 하시는 성소에 관한 하나님의 명령을 가만히 들여다보면, 하나님께서 성소를 한 가지 표현으로만 말씀하시는 것이 아님을 발견하게 됩니다. 성소에 대한 본문의 표현들을 함께 살펴보겠습니다. 1절에서 하나님께서 말씀하시는 '성소'는 2절에서 '증거의 장막'으로 표현되고, 3절에서는 다시 '성소'로, 4절에서는 '회막'으로, 5절에서는 '성소와 제단'으로 표현되어 건축물로서의 성소를 나타내며, 6절에서는 다시 '회막'으로, 마지막 7절에서는 '제단과 휘장'으로 성소를 표현합니다. 이렇게 성소를 바꾸어가면서 표현하는 것은 단순한 수사적인 기교를 위한 것이 아닙니다. '성소'라는 표현은 하나님의 거룩하심과 그 하나님께서 계심으로 거룩해짐을 의미합니다. 또한 '증거의 장막'은 성막을 가리키는 표현 중 하나로 특별히 민수기 17장과 18장에 나타납니다. 살구 열매가 열린 아론의 지팡이가 놓였을 때 처음으로 이 표현이 등장합니다. 이렇게 보면 증거의 장막이라는 표현은 증거궤와 함께 모든 지휘관 중에 아론을 택하신 하나님의 선택을 강조합니다. 동시에 증거의 장막은 그 안에 있는 증거궤, 곧 법궤와 연결됩니다. '회막'은 성막이 하나님과 백성이 만나는 공간임을 강조합니다. 5절과 7절에서는 성소를 각각의 위치로 나누어 표현하여 성막 전체를 표현합니다.

이 단락에서 성막을 다양하게 표현하시는 하나님의 말씀은, 성막이 어떤 곳인지를 백성들에게 분명하게 알게 합니다. 바로 '성소'인 성막은 거룩하신 하나님께서 임재하시는 공간입니다. 하나님께서 계심으로 그 공간은 거룩하게 됩니다. 이 말은 그 누구도 함부로 이곳에 들어올 수 없다는 의미입니다. 또한 그곳은 이미 하나님께서 모든 지도자들 중에 아론을 선택하심을 백성들의 눈앞에서 보이셨던 곳입니다. 그리고 그곳은 하나님께서 그분의 백성들을 만나시는 공간이며, 하나님께 다양한 형태로 예배하는 곳이기도 합니다. 이렇게 보면 성소는 역설적인 공간이기도 합니다. 하나님께서 백성을 만나주시는 공간이자 하나님께 예배하는 곳이 성소인데, 그곳은 거룩하신 하나님께서 거하시는 곳이기 때문에 아무나 들어갈 수 없습니다. 본문에 따르면 성소에는 하나님께서 택하신 제사장과 레위인만이 접근할 수 있습니다. 심지어 성막 안에는 오직 제사장만이, 그리고 지성소에는 대제사장만이 그것도 1년에 단 하루인 대속죄일에만 들어갈 수 있습니다. 그렇기 때문에 이 본문은 하나님의 사랑이 드러나는 것 같지는 않습니다. 그저 성막에 대한 제사장과 레위인의 임무만을 기술한 것처럼 보이는 것이 사실입니다.

그러나 앞선 본문인 17장과 연결하여 살펴볼 때, 이 본문에는 하나님의 백성에 대한 사랑이 분명하게 드러납니다. 하나님께서 아론에게 제사장들이 그들의 형제인 레위인들과 함께 성소에서 일할 것을 명령하신 것은 본문의 배열상 17장에 있었던 백성들의 탄식과 연결됩니다. 17장 12절과 13절입니다.

> [12]이스라엘 자손이 모세에게 말하여 이르되 보소서 우리는 죽게 되었나이다 망하게 되었나이다 다 망하게 되었나이다 [13]가까이 나아가는 자 곧 여호와의 성막에 가까이 나아가는 자마다 다 죽사오니 우리가 다 망하여야 하리이까

이처럼, 백성들은 하나님께서 그들의 눈앞에 보여주신 것처럼 자기들은 절대 회막에 들어갈 수 없음을 알게 됩니다. 물론 사람이 들어갈 수 없는 것은 거룩하신 하나님의 속성으로 인해 아무나 들어가면 죽게 되기 때문입니다. 이런 정황은 18장의 하나님의 말씀에서 더 분명하게 알 수 있습니다. 3절과 7절과 22절입니다.

> [3]레위인은 네 직무와 장막의 모든 직무를 지키려니와 성소의 기구와 제단에는 가까이 하지 못하리니 두렵건대 그들과 너희가 죽을까 하노라

> [7]너와 네 아들들은 제단과 휘장 안의 모든 일에 대하여 제사장의 직분을 지켜 섬기라 내가 제사장의 직분을 너희에게 선물로 주었은즉 거기 가까이 하는 외인은 죽임을 당할지니라

> [22]이 후로는 이스라엘 자손이 회막에 가까이 하지 말 것이라 죄값으로 죽을까 하노라

세 본문은 사람들이 회막에 접근하게 되면 죽을 수밖에 없음을 보여줍니다. 그렇기 때문에 하나님께서는 탄식하는 백성을 위해, 18장에서 아론에게 제사장과 레위인이 성소에서 해야 할 일을 자세히 명령하신 것입니다. 바로 하나님께서는 자신이 사랑하는 백성들이 자신의 거룩한 현존으로 인해 죽지 않고 예배를 드릴 수 있도록 방안을 마련하신 것입니다. 바로 하나님과 백성의 사이를 제사장과 레위인들이 연결하도록 하신 것입니다. 언뜻 보기에는 이 연결점에 있는 제사장과 레위인은 하나님의 특권을 받은 것처럼 보이기도 합니다. 하지만 민수기 18장은 이 일이 특권이 아니라 매우 위험한 일이라는 것을 보여줍니다. 하나님께서는 32절에서 이렇게 경고하셨습니다.

> 너희가 그 중 아름다운 것을 받들어 드린즉 이로 말미암아 죄를 담당하지 아니할 것이라 너희는 이스라엘 자손의 성물을 더럽히지 말라 그리하여야 죽지 아니하리라

이 경고는 마치 레위인만을 향하는 것처럼 보입니다. 그러나 구약의 수많은 본문들은 제사장의 자리가 얼마나 위험한 것인지를 보여줍니다. 나답과 아비후는 하나님께서 명령하시지 않은 다른 불로 제사를 드리다 죽었습니다. 엘리 제사장의 아들들도 하나님께 드리는 제사를 멸시함으로 결국 죽습니다. 출애굽기 28장 35절도 제사장의 옷에 대해 이렇게 말합니다.

> 아론이 입고 여호와를 섬기러 성소에 들어갈 때와 성소에서 나올 때에 그 소리가 들릴 것이라 그리하면 그가 죽지 아니하리라

제사장이라고 해서 죽음에서 자유로운 것은 아니었습니다. 오히려 백성들보다 더 엄격한 기준이 적용됩니다. 백성들을 대신하여 제사의 모든 과정을 이끌어가는 자리는 영광스러워 보이지만, 그 자리는 목숨을 내놓아야 하는 위험한 자리였습니다. 이처럼 제사장과 레위인은 오직 하나님의 백성이 하나님 앞에서 예배할 수 있도록 둘 사이에 놓이게 된 것입니다. 백성을 사랑하시는 하나님의 마음이 제사장과 레위인에게는 위험하지만 꼭 해야 하는 일이 되게 했습니다. 하나님은 백성들의 탄식과 부르짖음을 들으시고 반응하셨습니다. 그 공동체는 하나님으로부터 등을 돌렸던 사람들입니다. 하지만 하나님께서는 여전히 그 백성들을 사랑하셨습니다. 그리고 백성들을 죽음의 공포에서 벗어나게 하시고, 하나님께서 친히 택하신 제사장과 레위인들이 성소의 일을 맡게 하셨습니다. 이처럼 본문은 목회자의 특권을 말하려는 것이 아닙니다. 하나님은 언제나 성도를 우선순위에 놓으신다는 것을 본문은 우리에게 교훈합니다.

둘째, 성물과 십일조는 공동체를 지키기 위한 우리의 의무입니다.

민수기 18장의 본문은 앞서 살펴본 것처럼 백성을 사랑하는 하나님의 마음이 토대가 됩니다. 이러한 하나님의 마음과 함께 그 사랑을 받는 공동체에게는 한 가지 의무가 부과됩니다. 물론 본문은 마치 제사장과 레위인이 누리는 복을 기록한 것처럼 보입니다. 본문의 8절에서부터 32절까지는 대략적인 내용이 다음과 같습니다. 제사장에게 주어지는 몫과 성막에서 봉사하는 레위인들이 가지게 될 몫, 그리고 레위인들이 드려야 하는 십일조입니다. 특별히 레위인들이 드리는 십일조는 제사장들이 갖게 됩니다. 그리고 19절의 소금 언약은 앞으로 모든 이스라엘 백성이 하나님께 드리는 거제가 제사장의 몫이 될 것임을 확증합니다. 이처럼 본문에서 말하는 제사장과 레위인들에게 돌아가는 몫은 공동체의 의무의 관점이 아니라 기업을 얻지 못하게 되는 제사장과 레위인들을 위한 하나님의 약속이라는 관점으로만 보게 됩니다.

하지만 본문을 자세히 들여다보면, 이 일, 즉 제사장과 레위인들을 부양해야 할 일이 공동체에게 주어진 의무임을 알 수가 있습니다. 하나님은 이스라엘 백성들이 하나님께 드리는 성물이 제사장의 몫이 될 것이라 말씀하시고, 이스라엘 백성들이 하나님께 드리는 십일조가 레위인들의 몫이 될 것이라 말씀하십니다. 즉, 이 본문은 제사장과 레위인들은 백성들이 하나님께 드리는 것으로 살게 될 것임을 분명히 합니다. 만약, 백성들이 하나님 앞에 예배드리지 않거나 십일조를 드리지 않는다면, 제사장과 레위인은 자기들에게 주어진 기업이 없기 때문에 삶을 꾸려나갈 수 없게 됩니다. 구약에서도 백성들이 이 의무를 다하지 않았을 때 벌어진 일을 소개합니다. 느헤미야 13장 10-12절입니다.

[10]내가 또 알아본즉 레위 사람들이 받을 몫을 주지 아니하였으므로 그 직무를 행하는 레위 사람들과 노래하는 자들이 각각 자기 밭으로 도망하였기로 [11]내가 모든 민장들을 꾸짖어 이르기를 하나님의 전이 어찌하여 버린 바 되었느냐 하고 곧 레위 사람을 불러 모아 다시 제자리에 세웠더니 [12]이에 온 유다가 곡식과 새 포도주와 기름의 십일조를 가져다가 곳간에 들이므로

이 본문은 느헤미야가 예루살렘 성전을 개혁하면서 있었던 사건 중 하나를 소개합니다. 느헤미야가 지적하듯이 이스라엘 공동체는 성전에서 일하는 레위인들이 생활할 수 있도록 생계를 마련해 주어야 합니다. 본문의 기록으로 보아 사람들이 십일조를 제대로 드리지 않았거나, 십일조를 거두었어도 민수기 18장 21-24절에 기록된 하나님의 명령대로 이를 레위인에게 주었어야 했지만 그렇지 못했을 것으로 보입니다. 이유가 무엇이든, 생활을 꾸려갈 수 없었던 레위인들은 성전에서 해야 하는 일들을 버리고 먹고 살기 위해 도망했습니다. 이 본문을 통해 십일조가 레위인에게 어떤 역할을 하는지 분명히 알 수 있습니다. 그리고 레위인이 없는 성전에서는 어떠한 예배도 드릴 수 없는 상황이라는 것을 미루어 짐작할 수 있습니다. 그렇기 때문에 느헤미야는 백성의 대표들을 심하게 꾸짖고 다시 레위인들이 성전으로 돌아올 수 있는 환경을 만들었습니다.

느헤미야의 개혁 중 레위인에 관한 느헤미야의 조치는 함께 살펴보는 민수기 18장의 내용을 더 깊이 있게 바라볼 수 있게 합니다. 민수기 18장은 제사장과 레위인이 하나님으로부터 약속받은 거제물과 십일조를 특권처럼 말하고 있지만, 실상은 공동체에게 주어진 의무입니다. 백성들이 하나님 앞에 드리는 성물과 십일조는 제사장들과 레위인들이 삶을 영위할 수 있도록 해줍니다. 더 나아가 예배가 제대로 이루어질 수 있도록 하는 마

중물이 됩니다. 결국 두 집단의 특권처럼 보이는 하나님의 약속은 하나님의 백성이 그 의무를 다해야만 그 약속이 이루어지게 됩니다. 그리고 궁극적으로는 백성이 하나님께 예배할 수 있게 이끕니다. 현대에도 마찬가지입니다. 교회의 구성원들이 본문에서 말하는 의무를 다하지 않는다면, 즉 공동체를 지키는 이 의무에 소홀하게 된다면, 느헤미야 때에 있었던 일처럼 공동체도 흔들릴 수 있으며 예배도 제대로 드릴 수 없게 됩니다. 교회 밖의 많은 사람들 그리고 교회 안에서도 많은 사람들이 교회의 헌금과 십일조에 대해 비난하고 욕합니다. 목회자 혹은 소수의 교회 지도자들이 성도들의 헌금을 유용하는 모습 때문일 것입니다. 이런 부작용도 분명히 있습니다. 이런 모습은 구약에서도 심심치 않게 나타납니다. 엘리의 아들들도 성물을 함부로 하고 유용했습니다. 하지만 우리는 분명히 알아야 합니다. 이러한 문제들이 우리의 의무의 본질을 곡해하게 해서는 안 됩니다. 18장의 말씀, 특별히 제사장과 레위인의 특권처럼 보이는 하나님의 약속은 하나님께서 공동체를 지키기 위해 우리 교회 공동체 모두에게 지키도록 하신 의무입니다.

셋째, 우리는 제사장으로서 하나님만을 신뢰하는 법을 배워야 합니다.

현대에는 목회자만이 구약의 제사장 혹은 레위인의 직을 감당한다고 생각하지 않습니다. 모든 사람들이 하나님을 섬기는 제사장이자 레위인입니다. 평신도 사역자라는 개념도 있고, 선교사들 중에도 많은 평신도 선교사들이 있습니다. 평신도들이 설교까지 맡는 회중교회도 있으며, 더 나아가 일부 교회에서는 목회자에게 주어진 권한을 평신도 리더들에게 나누어 줌으로써 미래의 건물로서의 교회가 없는 시대를 대비하기도 합니다. 결국은 평신도들도 제사장이자 레위인의 역할을 감당한다는 말입니다.

이런 관점에서 민수기 18장의 본문은 현대의 제사장직을 감당하는 모든 성도들이 갖춰야 모습을 보여줍니다. 바로 하나님만을 신뢰하는 것입니다. 20절은 이렇게 말합니다.

> 여호와께서 또 아론에게 이르시되 너는 이스라엘 자손의 땅에 기업도 없겠고 그들 중에 아무 분깃도 없을 것이나 내가 이스라엘 자손 중에 네 분깃이요 네 기업이니라

하나님은 제사장들에게 자신이 기업이라 말씀하십니다. 하나님께서 직접 그들의 기업이 되신다고 말씀하시니 상당히 좋아 보이는 말입니다. 그러나 이 말을 다르게 표현하면 너희들에게는 줄 땅이 없다는 말입니다. 주시지 않겠다는 말입니다. 적어도 농경사회에서 살아가려면 경작할 땅이 조금은 있어야 하는데, 없다는 말입니다. 또 하나님께서 아론에게 미래 세대를 언급하시면서 말씀하시는 장면이 있습니다. 8절과 9절입니다.

> 8여호와께서 또 아론에게 이르시되 보라 내가 내 거제물 곧 이스라엘 자손이 거룩하게 한 모든 헌물을 네가 주관하게 하고 네가 기름 부음을 받았음으로 말미암아 그것을 너와 **네 아들들에게** 영구한 몫의 음식으로 주노라 9지성물 중에 불사르지 아니한 것은 네 것이라 그들이 내게 드리는 모든 헌물의 모든 소제와 속죄제와 속건제물은 다 지극히 거룩한즉 너와 **네 아들들에게 돌리리니**

하나님께서 이렇게 말씀하시는 것은 너뿐만 아니라 너의 자녀들까지 내가 책임지겠다고 말씀하시는 것입니다. 본문에서 제사장들에게 땅을 기업으로 주시지 않고 하나님께서 직접 기업이 되시겠다고 말씀하시는 것과

아론의 자녀들에게 돌리시겠다는 하나님의 말씀은 그들의 미래를 철저하게 책임지시겠다는 하나님의 약속입니다. 미래를 나에게 맡기라는 것입니다. 신뢰라는 것은 미래에 대해 하나님께 맡기는 것입니다. 결과가 어떻게 되는지, 우리는 미래를 알 수 없기에 하나님께 맡기는 것입니다. 우리가 하나님을 신뢰할 수 있는 것은, 바로 하나님이 우리의 아버지이시며 선한 목자가 되시기 때문입니다. 그렇기 때문에 우리는 미래에 대해 불안할 필요가 없이 하나님의 약속을 믿고 미래에 펼쳐질 결과는 하나님께 맡기면 됩니다. 오늘 본문을 통해 우리는 우리의 모습을 점검해 볼 필요가 있습니다. '나는 하나님의 약속을 신뢰하고 있는가? 아니면 다른 것을 더 믿고 의지하고 있지는 않은가?'를 말입니다. 이 본문에서 나타나는 미래에 대한 하나님의 약속은 분명히 구체적입니다. 내가 네 자녀까지 책임지겠다는 것입니다. 우리는 그저 하나님께 맡기면 된다는 것을 본문은 강조합니다.

결단의 말씀

오늘 설교의 시작과 함께 언급한 두 작품 '미션'과 '침묵'은 참 목회자 상에 대한 사회적인 합의를 보여줍니다. 목회자는 적어도 이러이러해야 한다는 것입니다. 자기의 목숨도 공동체를 위해 내놓을 수 있어야 합니다. 복음을 위해서도 마찬가지입니다. 이러한 목회자에 관한 관점은 함께 살펴본 민수기 18장을 목회자만이 너무 많은 것을 누리는 것이 아닌가 하는 불편한 시각으로 바라보게 할 수 있습니다. 그러나 민수기 18장은 단순히 목회자의 특권을 강화하는 말씀이 아닙니다. 오히려 이 말씀의 중심에는 우리를 항상 우선순위에 두시는 하나님의 사랑과 교회를 사랑하시는 하나님의 마음이 자리합니다. 더 나아가 우리가 어떻게 하나님을 신뢰하며 이 세상 속에서 살아가야 하는지 보여줍니다. 하나님은 자신이 우리의 기업이 되심을 말씀하십니다. 우리의 기업 되시는 하나님을 신뢰함으로 그리고 그분이 우리에게 주신 의무를 지킴으로 우리를 향하신 하나님의 사랑을 기억하시기를 바랍니다.

율법, 그리고 정결함과 부정함

민수기 19:1-22

서재덕
호남신학대학교

도입

성화를 그렸던 수많은 화가 중에서도 렘브란트는 지금까지도 그리스도인들에게 가장 사랑받는 화가로 꼽힙니다. 그의 작품 중 최고의 작품 하나만을 선택하라고 하면 아마도 '탕자의 귀향'이 아닐까 합니다. 이 작품은 그리스도인이라면 '탕자의 비유'라는 제목으로 알고 있는 누가복음 15장 11-32절의 이야기를 모티브로 삼고 있습니다. 그런데 이 작품이 사랑을 받는 이유는 여럿이 있지만, 무엇보다도 성경 본문에 문자로 기록되어 있는 아버지의 마음을 작품 속에 너무나도 잘 그려냈기 때문일 것입니다. 그림에서 아버지는 돌아온 아들을 품 안에 꼭 안고 측은한 눈으로 바라봅니다. 그런데 아들을 품 안에 꼭 안고 있는 아버지의 손을 가만히 들여다보면, 서로 다르게 표현된 것이 눈에 띕니다. 아버지의 손은 한 손은 두껍고 거칠지만, 다른 한 손은 가늘고 부드럽습니다. 부드럽고 작은 손은 모든 아픔을 보듬어 주는 섬세한 어머니의 사랑을, 커다랗고 거친 손은 인생의 모든 풍파를 막아주고 보호하는 아버지의 사랑을 표현합니다. 많은 평론가들은 서로 다르게 표현된 아버지의 두 손은 하나님의 완전한 사랑을 표현한 것이라 말합니다. 반면 돌아온 아들을 보면 너무나 행색이 초라해 보입니다. 옷은 다 해지고 찢어져 맨살이 보이고, 신발은 찢어지고 낡았습니다. 드러난 그의 맨발은 너무나 지저분합니다. 그의 머리를 보면, 맨머리가 된 것이 보입니다. 아마도 그간의 어려운 삶 속에서 아름다웠던 머리는 다 밀리고 맨머리가 된 것 같습니다. 아버지께로 돌아오는 그 길이 너무나 험하고 힘들었다는 것이 그의 행색에서 드러납니다. 그림의 우측을 보면 완고한 표정으로, 그리고 못마땅한 표정으로 돌아온 아들과 그를 안고 있는 아버지를 바라보는 한 사람이 서 있습니다. 바로 돌아온 탕자의 형입니다. 그는 양손에 긴 장검 하나를 쥐고 있습니다. 탕자의 형이 쥐고 있는 장검은 그의 마음을 대변해 주는 듯합니다. 언제든지 자기에게 불이익이 있다면 자기의 가족이라도 벨 준비가 되어있음과 나는 너와는 다르다는 것을 은연중에 드러내는 듯합니다. 거지꼴을 하고 아버지의 말씀을 지키지 않은 탕자를 비난하고 거리를 두며, 자신은 지금까지 아버지의 말씀을 지켜왔다는 것을 강조합니다. '너는 부정하지만 나는 거룩하다'라는 것을 보여줍니다.

본문 강해

구조적으로 볼 때, 민수기 19장은 18장과 마찬가지로 민수기 16-19장에 이르는 일련의 사건을 해결하고 마무리하는 자리에 위치합니다. 고라와 다단과 아비람으로부터 촉발된 반란은 하나님의 직접적인 개입으로 인해 종결됩니다. 그들이 모세와 아론을 적대시하며 주장했던 것은 '누구나 성막에 들어갈 수 있으며, 제의를 행하는 데에 있어서 누구나 다 제사장의 역할을 감당할 수 있다'라는 것입니다. 그러나 하나님의 개입은 그들의 생각이 잘못되었음을 보여줍니다. 하나님께서 임재하시는 곳인 성막은 하나님의 임재로 인해 거룩한 곳이며, 이곳은 오직 하나님께서 허락하신 사람들만 들어갈 수 있었습니다. 바로 제사장입니다. 레위 가문 중에서도 제사장을 따로 선택하신 것은 오로지 하나님의 주권적인 결정입니다. 그렇다고 해서 그들이 다른 지파보다 혹은 다른 가문보다 뛰어난 것은 아닙니다. 온전히 하나님의 선택에 의한 것입니다. 앞선 본문인 민수기 18장은 제사장과 레위인이 함께 협력하여 하나님의 백성을 위한 일, 즉 성막과 제의에 관한 모든 일을 수행해야 한다는 것을 말합니다. 그리고 18장에서 제사장과 레위인에게 맞추어져 있던 시선은 이제 19장에 이르러서 평신도를 향하게 됩니다. 이 단락에서는 백성의 정결의 문제를 다룹니다. 그리고 레위기에서도 언급되지 않은 새로운 형태의 제의가 나타납니다. 바로 붉은 암송아지 재를 이용하는 정결예식입니다. 하나님께서 직접 지시하시는 새로운 형태의 정결예식은 현재 이스라엘 백성의 정황을 드러냅니다. 고라와 다단과 아비람으로 시작된 반란은 많은 사상자를 발생시켰습니다. 민수기 16장 35절입니다.

여호와께로부터 불이 나와서 분향하는 이백오십 명을 불살랐더라

이 250명은 예배에 대한 하나님의 명령을 무시하고 하나님께 직접 분향하려 했던 지도자들입니다. 이스라엘 백성들은 이들이 죽는 것을 보았음에도 여전히 모세와 아론을 원망합니다. 솔직히 말하면 이들의 원망은 하나님을 향한 것입니다. 이 원망 때문에 염병이 시작되었으며, 모세와 아론의 속죄로 염병은 멈췄습니다. 이때 14,700명이나 되는 사람이 죽었습니

다. 약 인구의 2-3% 정도 되는 사람이 죽은 것입니다. 백 명 중에 두세 명이 죽었습니다. 이 정도 비율이라면 가족과 친척 중 죽은 사람이 있다는 말입니다. 가족과 친척이 죽었지만, 슬퍼할 겨를도 이들에게는 없었습니다. 수많은 사람들이 죽게 되면서 한 가지 당면한 문제가 광야 공동체에게 있었기 때문입니다. 바로 정결의 문제입니다. 고라의 반역과 이스라엘 공동체의 원망은 수많은 사상자를 발생하게 했고, 도처에 있었던 죽은 자들은 살아있는 자들을 부정하게 만드는 원인이 되었습니다. 구약성경, 무엇보다도 성결에 관한 율법은 누군가가 시체와 접촉하게 되면 그것이 가족이라 할지라도 부정하게 된다는 것을 분명히 합니다. 가장 직접적인 언급은 함께 살펴보는 민수기 19장 11절에 있습니다.

> 사람의 시체를 만진 자는 이레 동안 부정하리니

이 말씀과 함께 이어지는 12-13절은 부정해진 사람을 위한 조치가 필요함을 말합니다.

> [12]그는 셋째 날과 일곱째 날에 잿물로 자신을 정결하게 할 것이라 그리하면 정하려니와 셋째 날과 일곱째 날에 자신을 정결하게 하지 아니하면 그냥 부정하니 [13]누구든지 죽은 사람의 시체를 만지고 자신을 정결하게 하지 아니하는 자는 여호와의 성막을 더럽힘이라 그가 이스라엘에서 끊어질 것은 정결하게 하는 물을 그에게 뿌리지 아니하므로 깨끗하게 되지 못하고 그 부정함이 그대로 있음이니라

즉, 정결을 위한 조치가 없다면 시체 때문에 부정해진 것을 회복할 수 없다는 의미입니다. 어찌 되었든 이들이 모세와 아론의 지도권을 거부하고

얻기를 원했던 것, 바로 성소에 들어가 직접 제의를 진행하는 것은 고사하고, 이제 이들은 오히려 부정해졌습니다. 이 상황이 더 심각한 것은 부정의 문제가 단순히 회중에게만 해당되는 것이 아니라는 데에 있습니다. 제사장과 제사장을 도와 함께 성막의 일을 수행해야 하는 레위인도 이스라엘 회중과 동일한 상황에 놓였습니다. 무엇보다도 제사장은 하나님 앞에서 일을 해야 하기 때문에 언제나 정결함을 유지해야 했습니다. 성결법전으로 알려져 있는 레위기 17-26장은 이 문제에 대해 직접적으로 언급하기도 합니다. 레위기 21장 11절입니다.

> 어떤 시체에든지 가까이 하지 말지니 그의 부모로 말미암아서도 더러워지게 하지 말며

이제 이스라엘 모두가 부정해졌습니다. 하나님 앞에 나아가기 위해서는 부정함을 벗어내야 하는데 방법이 없습니다. 어쩌면 민수기 17장 12-13절에서 회중들이 모세에게 했던 말은 성소의 구별됨거룩함을 강조할 뿐만 아니라 자기들이 부정함을 벗고 다시 살 수 있는 기회를 묻는 탄식입니다. 이스라엘 진영 곳곳에 있는 시체는 공동체 모두를 부정하게 만들었고, 결국 부정함은 죽음으로 이어지기 때문입니다. 그 정황은 13절과 20절에서 확인할 수 있습니다.

> [13]누구든지 죽은 사람의 시체를 만지고 자신을 정결하게 하지 아니하는 자는 여호와의 성막을 더럽힘이라 그가 이스라엘에서 끊어질 것은 정결하게 하는 물을 그에게 뿌리지 아니하므로 깨끗하게 되지 못하고 그 부정함이 그대로 있음이니라

[20]사람이 부정하고도 자신을 정결하게 하지 아니하면 여호와의 성소를 더럽힘이니 그러므로 회중 가운데에서 끊어질 것이니라 그는 정결하게 하는 물로 뿌림을 받지 아니하였은즉 부정하니라

이처럼 두 본문은 시체로 인해 부정하게 되었을 때, 그 부정함을 해결하지 않으면 죽는다고 말합니다. 문제는 앞서 언급한 것처럼 이스라엘 백성에게는 현재 당면한 부정함을 해결할 능력이 없었다는 것입니다. 이스라엘 진영 내에서 대규모 사상자가 발생하리라고는 예상하지도 못했을 것입니다. 수많은 사상자로 인해 레위인도 어쩌면 제사장도 부정하게 되었고, 정결하게 하는 예식을 집례할 수 없게 됩니다. 하나님께서 모세에게 전하시는 말씀으로 구성된 본문은 정결예식과 이와 관련한 율법 등이 기록되었기 때문에 상황의 긴박함과 절박함이 느껴지지 않습니다. 그러나 민수기 17장과 연결하여 살펴본다면 본문의 정황이 얼마만큼이나 급박한지 알 수 있습니다. 17장 마지막에서는 이스라엘 회중이 모세에게 물었지만, 이 질문에 대한 답은 모세가 아니라 하나님께서 직접 하십니다. 물론 그 답이 아론과 모세를 통해서 하신 것이긴 해도 말입니다. 그것이 18장과 19장입니다. 백성의 탄식을 들은 하나님께서 직접, 그리고 신속하게 문제의 해결책을 마련해 주셨습니다. 그 해결책은 율법 조문처럼 보이지만, 그 안에는 백성을 사랑하는 하나님의 마음이 암시되어 있습니다. 더 세밀하게 말하자면, 19장은 율법의 근간이 무엇인지 보여주며, 동시에 하나님의 백성이 어떻게 거룩하신 하나님과 교제할 수 있는가를 보여줍니다.

첫째, 율법의 근본은 백성을 사랑하시는 하나님의 마음입니다.

앞서도 언급했던 것과 같이 하나님은 모세와 이스라엘 백성 사이에 있

었던 대화에 직접 개입하십니다. 17장 마지막 부분을 살펴보면 백성이 모세에게 탄원했지만 18장과 19장에서 볼 수 있는 것처럼 하나님은 모세가 하나님께 백성들의 탄원을 전달하는 절차를 거치지 않으셨습니다. 보통 이런 상황에서는 제사장들이 하나님과 백성 사이에 서서 중재하는 역할을 감당합니다. 하지만 본문에서 하나님은 백성들의 탄원에 곧바로 응답하십니다. 이러한 상황은 현재 상황이 급박하게 진행되고 있음을 암시합니다. 그리고 하나님은 이스라엘을 위해 붉은 암송아지의 재를 사용하여 정결하게 하는 제의를 마련하십니다. 바로 이 제의를 살펴볼 필요가 있습니다. 왜냐하면 많은 구약학자들이 지적하듯이 붉은 암송아지의 재를 사용하는 제의법은 완전한 이스라엘 고유의 것이 아니기 때문입니다. 이미 가나안에는 죽음의 세력을 붉은 암송아지의 재를 사용하여 쫓아내는 형태의 의식이 있었습니다. 이러한 이방의 문화에 물을 섞는 형태의 제의를 이스라엘화하여 수용하도록 하신 것입니다. 하나님께서는 전대미문의 상황, 바로 제의에 대한 이스라엘의 반역으로 벌어진 대량의 사상자와 이 때문에 생기는 이차적인 문제들, 이스라엘 백성들이 모두가 부정하게 된 상황에서 백성들을 살리시고자 새로운 형태의 제의를 마련하셨습니다. 기존에 마련된 정결예식으로는 해결할 수 없었기 때문입니다. 앞서 살펴본 것처럼 긴급한 문제였기 때문입니다.

그런데 전대미문의 상황 속에서 하셨던 하나님의 율법적인 조치는 하나님께서 율법을 어떻게 생각하시는지를 알도록 합니다. 죽음의 위기 속에서 어떻게 하여야 살 수 있겠냐는 백성의 탄원 앞에서 하나님께서는 지체하지 않으시고 응답하셨습니다. 그리고 그 조치로 붉은 암송아지의 재를 사용하는 제의를 마련하셨습니다. 또한 이 율법의 시행은 제사장이 아니라 평신도에 의해 진행됩니다. 물론 대제사장이 정결의식에 사용할 물은 준비하지만 말입니다. 구약의 관점에서 정결의식이 평신도가 중심이 되어 진행된다는 것은 파격적인 조치입니다. 이스라엘의 정결을 위한 이 모든 율법적인 조치는 하나님께서 백성을 사랑하시고 이들을 살리시기를 원했기 때문에 탄생했습니다. 이처럼 하나님께서 율법을 마련하시는 근본적인 목적은 백성에 대한 사랑, 즉 백성을 살리시기 위함입니다. 본문에서 살펴본 것처럼 하나님께서는 백성을 살리시려는 목적을 위해서라면 제의적인 절차도 그것이 이방의 문화라 할지라도 개의치 않으셨습니다. 하나님께서 율법을 이스라엘 백성들에게 주신 가장 큰 목적은 율법을 통해 백성들의 행동을 제약하려는 것이 아니라, 그들이 도처에 놓인 부정의 위기에서 벗어날 수 있도록 하고 이를 통해 하나님의 백성으로 거룩하게 살도록 하기 위해서입니다. 하지만 우리는 어느 사이엔가 이러한 율법이 마련된 이유를 무시하고 율법을 상대방을 판단하기 위해서, 또한 자신이 타인보다는 더 낫다는 것을 드러내기 위해 사용합니다. 율법이 마련된 이유와 율법에 대해 보이셨던 하나님의 조치를 잊고 살기 때문입니다.

우리는 이런 실수를 신약성경에서도 발견할 수 있습니다. 마가복음 2장마 12장; 눅 6장에는 너무나 유명한 예수님과 바리새인 사이의 안식일 논쟁이 기록되어 있습니다. 예수님의 제자들이 안식일에 밀밭을 지나며 밀 이삭을 잘라 손으로 비벼 먹습니다. 문제는 이 일을 예수님을 경계하고 있던 바리새인들이 목격했다는 것입니다. 유대의 율법 해석에 따르면 예수님의 제자들이 했던 행동은 명백히 안식일 규례를 어긴 것입니다. 안식일 규례를 어긴다는 것은 이제 죽을 일만 남았다는 의미입니다. 그리고 이 일을 기다렸다는 듯이 바리새인들은 안식일 규례 위반임을 지적합니다. 그러나 예수님께서는 바리새인들에게 이렇게 말씀하십니다. 마가복음 2장 27절입니다.

또 이르시되 안식일이 사람을 위하여 있는 것이요 사람이 안식일을 위하여 있는 것이 아니니

예수님은 율법에 담긴 하나님의 마음이 무엇인지 분명하게 말씀하셨습니다. 이러한 하나님의 마음은 단순히 안식일 규례에만 적용되는 것이 아닙니다. 모든 율법은 우리를 사랑하시고 우리와 함께하시려는 하나님의 마음이 기초가 되어 제정된 것입니다. 율법은 남을 판단하거나 내가 우월함을 드러내기 위한 도구가 아니라 하나님께서 우리를 살리시고자 마련하신 것임을 우리는 기억해야 합니다.

둘째, 이 본문은 성도들이 하나님과 교제하기 위한 길이 무엇인지를 가장 분명하게 보여줍니다.

민수기 19장의 가장 중심이 되는 주제는 '정결함'입니다. 어떻게 하면 부정의 상태에서 정결하게 되며, 어떠한 상황에서 부정하게 되는지 보여줍니다. 무엇보다도 이 정결함은 11-22절을 통해서 확인할 수 있는 것처럼 죽음과 관계됩니다. 이 상황을 이해하기 위해서는 레위기의 정결에 관한 규례를 살펴보아야 합니다. 레위기 11-15장은 정결에 관한 규례를 담고 있습니다. 물론 이 규례에서는 시체에 관련된 내용은 없지만, 정결에 관한 규례가 생겨난 목적이 무엇인지는 알 수 있습니다. 그것은 바로 11장 44-45절에 명시되어 있습니다.

[44]나는 여호와 너희의 하나님이라 내가 거룩하니 너희도 몸을 구별하여 거룩하게 하고 땅에 기는 길짐승으로 말미암아 스스로 더럽히지 말라 [45]나는 너희의 하나님이 되려고 너희를 애굽 땅에서 인도하여 낸 여호와라 내가 거룩하니 너

그리고 이 정결 규례 목록들은 정결의 의미와 부정의 의미를 잘 보여줍니다. 즉, 정결은 생명, 부정함은 죽음과 관계됩니다. 무엇보다도 부정은 하나님의 창조 질서를 무너뜨리는 모든 것들과 관계됩니다. 그리고 구약에서 죽음은 어떠한 것보다도 하나님의 창조의 질서를 무너뜨리는 가장 원초적인 세력입니다. 또한 레위기의 여러 곳에서 죽음이 부정함과 관계가 있음을 암시하였고, 또한 민수기 19장의 본문은 레위기보다도 더 분명하게 죽음과 부정함의 관계가 어떠한지 명확하게 서술합니다. 그렇기 때문에 본문에서 수많은 사상자로 야기된 혼란은 하나님의 창조 질서를 무너뜨리려는 시도라고 이해할 수 있습니다. 더 나아가 죽음으로 야기된 부정함의 가장 큰 문제점은 전염성에 있습니다. 접촉만으로도 부정함은 전염이 된다는 것입니다.

부정함을 끊어낼 수 있는 방법은 정결하게 되는 것, 바로 정결 규례를 통해 정결함을 얻는 것입니다. 그런데, 이 일의 발단은 민수기 16장에서 알 수 있는 것처럼 이들의 반역이었습니다. 하나님의 질서를 무너뜨리고 자신들이 질서를 세우려는 것에서 시작되었습니다. 이 일들이 이스라엘의 불평으로 이어지고 불평에 대해 하나님께서 심판하심으로 수많은 사상자들이 생겨났습니다. 이처럼 죽음에 대한 접촉으로 부정해지는 것이 전부가 아닙니다. 이것은 단지 외적인 모습일 뿐입니다. 부정함의 가장 근본적인 원인은 하나님의 거룩함에 대한 거부, 하나님의 통치에 대한 거부입니다. 즉, 하나님의 창조 질서를 무너뜨리려는 모든 종류의 행동 혹은 마음가짐이라고 할 수 있습니다. 내가 하나님의 통치를 거부하고 하나님에게 대항하는 것, 이것이 부정함이라는 것입니다. 그렇기 때문에 본문은 시체를 만지고 부정해지는 것을 명시함으로써 부정함의 진정한 의미가 무엇인지, 부정의 위험성과 실체, 더 나아가 부정함을 벗어나 정결해짐으로 하나님과 교제하는 길을 보여줍니다.

예수님께서도 정결함과 부정함이 무엇인지를 가르쳐주셨습니다. 마태복음 15장 18절입니다.

> 입에서 나오는 것들은 마음에서 나오나니 이것이야말로 사람을 더럽게 하느니라

예수님께서는 사람이 정결하게 되거나 부정하게 되는 것은 음식과 같은 외적인 것에 있는 것이 아니라 그 사람의 마음에 있다는 사실을 분명하게 말씀하셨습니다. 이처럼 본문은 정결함과 부정함의 원인이 어디에 있는지, 더 나아가 '성도'라는 그 이름에도 각인되어 있듯이, 하나님과 교제하는 길은 하나님의 거룩함을 닮는 것에 있음을 가르쳐줍니다.

결단의 말씀

이제 다시 렘브란트의 '탕자의 귀향'을 봅시다. 탕자의 귀향이라는 작품은 누가복음 15장을 모티브로 삼지만, 민수기 19장의 기저에 있는 신학적 메시지를 더 쉽게 이해할 수 있게 이끌어 줍니다. 공동체 모두가 죽을 수밖에 없는 긴급한 상황에서 백성들의 외침에 하나님께서는 새로운 율법을 제정하셨습니다. 이 율법의 기저에는 하나님의 사랑이 담겨 있습니다. 율법주의자들과 같이 냉혹하게 상대방을 틀에 맞추고 재단하기 위해 만들어진 것이 아닙니다. 백성을 살리고자 하신 그 마음이 담겨 있습

니다. 혹시 우리는 탕자의 귀향에 있던 첫째 아들처럼 아버지와 자기 동생을 멀찌감치 떨어져 차가운 눈빛으로 바라보고 있지는 않습니까? 첫째 아들과 같이 긴 장검을 쥐고 있으면서 자신은 율법은 지켰지만 자기의 동생은 지키지 않았음을 정죄하고 있지는 않습니까? 나는 너와는 다르다고 말하면서 말입니다. 하지만 아버지는 돌아온 탕자에 대해 어떠한 율법적인 잣대를 내세우지 않았습니다. 그저 달려가 꼭 안아줄 뿐입니다. 민수기 17장에서 살려달라고 외치는 백성들을 하나님은 새로운 율법을 통해 안아주셨습니다. 또한 탕자의 귀향에서 아버지는 더러운 꼴을 하고 돌아온 탕자를 꼭 안습니다. 부정한 아들이었지만, 아버지는 자신과 함께 살기 위해 돌아온 아들을 내치지 않습니다. 첫째는 그저 멀리 떨어져 지켜볼 뿐입니다. 이 그림은 궁극적으로 정결함이 무엇인지 다시금 생각하게 합니다. 정결함은 우리의 겉에 있는 것이 아니라 우리의 마음에 있습니다. 첫째 아들은 모든 정결 규례를 지켰을 것입니다. 하지만 정결 규례를 다 지킨 첫째는 오히려 아버지로부터 멀리 떨어져 있습니다. 반대로 사람들이 보기에 부정한 탕자는 아버지의 품에 있습니다. 누가 정결하고 누가 부정한지 그림은 분명하게 보여줍니다. 거룩한 하나님과 교제하기 위해 우리에게는 정결한 삶이 필요합니다. 그리고 그 정결함은 외양에 있는 것이 아니라 우리의 내면에 있다는 사실을 오늘 본문은 분명하게 강조합니다.

율법에 담긴 하나님의 사랑과 더 나아가 하나님과 교제하기 위해 마음의 정결함을 유지하는 삶을 사시길 주님의 이름으로 축원합니다.

므리바 물 사건과 아론의 죽음

민수기 20:1-29

강성열
호남신학대학교

도입

민수기 전체에 나오는 날짜를 기준으로 해서 볼 경우, 출애굽 제40년째 되던 해의 정월[20:1]을 기점으로 하는 20장의 내용과 출애굽 제2년째에 있었던 일들을 주로 다루는 19장까지의 내용들[1:1; 10:11-12] 사이에는 상당한 시간적인 간격이 있음을 알 수 있습니다. 달리 말해서 민수기 1-19장이 출애굽 해방에 바로 이어지는 광야 유랑 생활 초기를 다루고 있는 반면에, 민수기 20장부터는 40년 동안 계속된 광야 유랑 생활의 끝자락을 다루고 있다는 얘기입니다.

이렇듯 이 출애굽 공동체의 광야 유랑 생활이 끝나갈 무렵의 상황으로부터 서술하기 시작하는 20장은, 가데스 바네아를 출발하여 모압 평지에 이르기까지의 여정 초반부 상황을 기록하고 있습니다. 이 여정에는 미리암의 죽음[1절], 므리바 물 사건과 모세의 실수[2-13절], 에돔 사람들의 거절로 호르산으로 우회한 일[14-21절], 그리고 호르산에서의 아론의 죽음[22-29절] 등이 포함되어 있습니다. 민수기 20장의 이러한 내용을 염두에 두고서, 20장 본문을 주해함과 아울러, 설교의 중심 주제들도 함께 살펴보도록 하겠습니다.

본문 강해

1. 미리암의 죽음과 므리바 물 사건 (1-13절)

민수기 20장은 미리암의 죽음[1절]으로 시작하여 아론의 죽음[22-29절]으로 끝을 맺고 있으며, 그 사이에는 므리바 물 사건[2-13절]과 에돔의 이스라엘 통과 거부 사건[14-21절]이 소개되고 있습니다. 그런데 흥미롭게도 두 사람의 죽음[1절, 22-29절] 사이에 있는 두 개의 사건[2-13절, 14-21절]은 모세가 두 차례에 걸쳐서 거절당하는 이야기를 다루고 있습니다. 2-13절이 모세가 약속의 땅에 들어가지 못하는 하나님의 거절 이야기를 다루고 있다면, 14-21절은 모세의 에돔 땅 통과가 거절당하는 이야기를 다루고 있기에 그렇습니다.

그리고 한 가지 더 주목할 만한 사실은, 2-13절의 므리바 물 사건이 출애굽기 17장[1-7절]의 신[Sin] 광야에서 있었던 이야기와 비슷하다는 점입니다. 그러나 자세히 살펴보면 양자 사이에 차이점도 있습니다. 두 가지 차이점이 눈에 들어옵니다. 첫째로 출애굽기 17장의 므리바 물 사건과 민수기 20장의 므리바 물 사건은 사건의 발생 공간에 차이가 있습니다. 민수기 20장의 므리바 물 사건은 출애굽기 17장의 신[Sin, סִן] 광야가 아니라 신[Zin, צִן] 광야에서 발생한 것으로 소개되고 있습니다.

둘째로 므리바 물 사건에 대한 설명의 방향도 다릅니다. 민수기 20장은 출애굽기 17장과는 달리 하나님께서 이스라엘의 불평과 원망을 들으시고 기적적인 방법으로 물을 공급해 주셨다는 데에 별다른 관심을 기울이지 않습니다. 도리어 이 본문은 이스라엘의 광야 유랑 생활이 끝나가는 시점에서 왜 모세와 아론이 가나안 땅에 들어가지 못했는가를 설명하려는 목적을 가지고 있습니다. 나중에 민수기 27장 14절과 신명기 32장 51절은 모세가 가나안 땅에 들어가지 못하는 이유를 설명하면서, 민수기 20장에 나오는 므리바 물 사건을 근거로 들고 있습니다.

> 이는 신Zin 광야에서 회중이 분쟁할 때에 너희가 내 명령을 거역하고 그 물가에서 내 거룩함을 그들의 목전에 나타내지 아니하였음이니라 이 물은 신Zin 광야 가데스의 므리바 물이니라 (민 27:14)
> 이는 너희가 신Zin 광야 가데스의 므리바 물 가에서 이스라엘 자손 중 내게 범죄하여 내 거룩함을 이스라엘 자손 중에서 나타내지 아니한 까닭이라 (신 32:51)

1) 미리암의 죽음 (1절)

1절은 민수기 20장에 나오는 이야기의 시점을 막연하게 "첫째 달"the first month; 『개역한글』은 "정월"이라고 밝히고 있지만, 이스라엘 백성이 가데스에서 호르산으로 갔다는 민수기 33장 36-37절의 여행 일지나, 아론이 출애굽한 지 40년째 되던 해에 죽었다는 기록33:38에 비추어 본다면, 이스라엘은 그동안 가데스 지역에서 계속 유랑 생활을 했음을 알 수 있습니다. 따라서 당연히 20장 1절의 첫째 달은 아론이 죽은 그 해를 가리킨다고 보아야 옳을 것입니다. 달리 말해서 미리암의 죽음은 출애굽한 지 40년째 되던 해의 정월에 이루어졌다는 얘기입니다.

모세와 아론이 가나안 땅에 들어가지 못하게 된 원인을 설명하는 이 이야기는, 서두에 먼저 이스라엘 자손이 신Zin 광야의 가데스에 거하던 중이었음을 밝히고 있습니다. 민수기 12장 16절과 13장 3절, 26절은 가데스가 바란 광야에 속한 것으로 묘사하고 있고, 민수기 20장 1절과 27장 14절은 가데스가 신 광야에 속한 것으로 묘사하고 있으나, 신 광야와 바란 광야 사이의 경계가 유동적이었고, 가데스가 그 경계선 가까이에 있었다고 본다면, 두 본문 사이의 차이점은 크게 문제 될 것이 없습니다.

가데스를 출발하기 전에 있었던 첫 번째 사건은 미리암의 죽음이었습니다. 미리암은 이집트의 공주가 갈대 상자 속에 담긴 아기 모세를 발견했을 때 어머니를 유모로 소개했고출 2:1-10, 홍해 바다에서의 구원을 찬양하기도 했던 여선지자였습니다출 15:21. 비록 모세의 권위에 도전함으로써 나병에 걸려 일주일 동안 진영 밖으로 쫓겨났었고민 12장, 이로 인해 광야 행진이 일주일 연기되기도 했지만민 12:15, 그녀가 모세나 아론처럼 하나님의 부름을 받은 출애굽의 지도자들임에는 틀림이 없습니다. 미가 6장 4절이 그 점을 분명하게 밝히고 있습니다.

> 내가 너를 애굽 땅에서 인도해 내어 종노릇 하는 집에서 속량하였고 모세와 아론과 미리암을 네 앞에 보냈느니라

이처럼 중요한 인물인 미리암의 죽음은 출애굽의 지도자들인 옛 세대가 가나안 땅에 들어가지 못할 것임을 암시하는 것으로, 2-13절에 있는 내용, 곧 모세와 아론이 가나안 땅에 들어가지 못하게 된 이야기를 예비하는 역할을 수행하고 있습니다. 미리암의 죽음을 애도했다는 언급은 없으나, 아마도 이스라엘 백성은 아론민 20:24, 30일 동안 애곡이나 모세신 34:8, 30일 동안 애곡의 경우처럼 일정 기간 그녀의 죽음을 애도했을 것입니다. 아무래도 당시에는 여성의 사회적인 지위가 상대적으로 남자들보다 낮았기 때문에, 미리

암의 죽음을 공식적인 애도에 대한 언급 없이 간략하게 처리했을 수도 있을 것입니다.

2) 이스라엘 백성의 불평과 모세의 실수 (2-13절)

이스라엘 백성은 가데스에 머무는 중에 물이 부족하여 갈증에 시달리자 모세와 아론을 원망합니다. 그들은 고라 무리가 모세의 지도권에 반역한 일을 회상하면서, 그들이 "야웨 앞에서" 심판을 받아 죽었을 때민 16:32-33, 49 같이 죽었으면 좋았을 뻔했다고 하면서, 모세와 아론이 "야웨의 회중"'카할'=assembly, 신 23:2-3; 31:30; 미 2:5인 자기들을 광야로 인도하여 짐승들과 함께 광야에서 죽게 한다고 불평합니다2-4절. 그들은 또한 먹을 양식이나 물이 전혀 없는 광야를 "나쁜 곳"this terrible place, NIV으로 칭하면서, 압제와 속박의 땅이기는 해도 모든 것이 풍족했던 이집트와는 달리, 광야에는 파종할 곳도, 무화과도, 포도도, 석류도, 마실 물도 없다는 점을 강조합니다5절. 그들이 여기서 말하는 무화과와 포도와 석류는 가나안 정탐꾼들이 가나안 땅에서 가져온 것들민 13:23이요, 따라서 풍족함과 풍요로움을 상징하는 것들이기도 했습니다.

이스라엘 백성은 광야 유랑 초기에도 날마다 만나manna만 먹는 단조로운 광야의 식탁에 대하여 이와 비슷한 불평을 쏟아놓은 적이 있었습니다. 민수기 11장 4-6절입니다.

> [4]그들 중에 섞여 사는 다른 인종들이 탐욕을 품으매 이스라엘 자손도 다시 울며 이르되 누가 우리에게 고기를 주어 먹게 하랴 [5]우리가 애굽에 있을 때에는 값없이 생선과 오이와 참외와 부추와 파와 마늘들을 먹은 것이 생각나거늘 [6]이제는 우리의 기력이 다하여 이 만나 외에는 보이는 것이 아무것도 없도다

이스라엘 백성이 오랫동안 압제와 속박에 시달리던 이집트에서의 해방을 부르짖었던 과거출 2:23; 3:7, 9에 비추어 보면, 이렇듯이 이집트에서의 풍족한 식생활을 회상하며 그리워하는 태도는 참으로 비현실적인 모습이 아닐 수 없습니다.

이스라엘 백성의 불평에 직면한 모세와 아론은 회중 앞을 떠나 회막 문 앞에 엎드려 하나님의 응답을 기다렸습니다6절. 본문에는 모세와 아론이 그냥 엎드렸다고만 설명되어 있으나, 다른 본문들출 15:25; 17:4; 민 11:2, 11-15; 12:13; 16:22에 준하여 생각한다면, 아마도 그들은 회막 앞에 엎드려 하나님께 간구하거나 부르짖었을 것입니다. 이에 하나님은 이스라엘 백성이 모세와 아론을 돌로 치려 할 때민 14:10 또는 그들이 두 사람을 대적할 때민 16:10, 42 그랬던 것처럼 그들에게 자신의 영광을 드러내시면서, 모세에게 지팡이를 가지고 아론과 함께 가되, 회중을 모아 그들 앞에서 바위에게 명하여 물을 낼 것을 지시하십니다7-8절. 야웨께서는 전에도 모세를 통하여 바위에서 물이 나오게 하신 일이 있었지만, 바위를 쳐서 물을 내라고 명하셨던 그때출 17:6와는 달리, 여기서는 바위에게 명하여 물을 내라고 말씀하십니다.

모세가 하나님의 이 명령에 순종하여 "야웨 앞에서 지팡이를 잡은"9절 것을 보면, 그는 나일강을 치고출 7:17, 20 르비딤에서 바위를 쳤던출 17:6 자신의 지팡이가 아니라 회막 안의 "야웨 앞에" 안치되어 살구 꽃을 피우고 살구 열매를 맺은 아론의 지팡이민 17:7-8를 가지고 간 것임이 분명합니다. 그리고 그 지팡이에 대해서 별다른 지시가 없는 것으로 보아, 그것은 단순히 바위를 치게 하려는 지팡이가 아니라 오히려 모세가 하나님을 대변하는 자로서의 권위를 가지고 있음을 상징하는 지팡이로 사용되었을 것입니다.

모세는 하나님의 명령을 따라 지팡이를 가지고서 이스라엘 백성을 바위

앞에 모았으나, 화를 참지 못한 채로 그들을 반역한 무리 rebels 로 칭하면서, 지팡이로 바위를 두 번 쳐서 물이 많이 나오게 하여, 이스라엘 백성과 짐승들로 하여금 그 물을 마시게 합니다 10-11절. 이때 모세가 분노에 사로잡힌 나머지 이스라엘 백성에게 했던 말 10절, "우리가 너희를 위하여 이 반석에서 물을 내랴?" 이나, 하나님의 명령을 거역하고서 바위에게 물을 내라고 명하는 대신에 지팡이로 바위를 두 번씩이나 친 것은, 자신이 하나님의 도구에 지나지 않는다는 중요한 사실을 망각한 것이라 할 수 있습니다. 특히 10절에 있는 모세의 말은 물을 제공할 수 있는 힘이 하나님에게 있는 것이 아니라 도리어 자신과 아론에게 있다는 듯한 오만함을 느끼게 합니다.

뿐만 아니라 모세는 이스라엘 백성을 향하여 화를 냄으로써, 그들의 불평에 대해서는 아무런 말씀도 하지 않으시고 단지 그들의 물 부족 상황만을 해결할 것을 명하신 하나님의 근본 의도 8절 를 넘어서는 행동을 하고 말았습니다. 그 까닭에 이 사건에 대하여 설명하는 몇몇 본문들은 모세가 하나님의 명령을 거역했음을 분명하게 언급하고 있습니다 "내 말을 거역한 까닭이니라"(20:24); "너희가 내 명령을 거역하고"(27:14); "그의 뜻을 거역함으로 말미암아"(시 106:33).

모세의 이처럼 오만한 행동들로 인하여 야웨께서는 두 사람을 한꺼번에 책망하시면서, 그들이 하나님의 명령에 공공연하게 불순종함으로써 그를 믿지 아니하고 이스라엘 자손의 목전에서 그의 거룩하심을 나타내지 아니한 까닭에, 이스라엘 백성을 약속의 땅으로 인도하여 들이지 못할 것이라고 말씀하십니다 12절. 신명기 1장 37절과 3장 25-27절, 4장 21절 등의 본문도 똑같은 사실을 지적하고 있습니다. 이것은 모세와 아론 역시 출애굽 이후의 부정한 세대에 속해 있었음을 의미합니다. 먼저 세상을 떠난 미리암도 마찬가지일 것입니다. 실제로 이 일을 계기로 하여 아론은 얼마 안 있어 호르산에서 죽고 20:28, 모세는 가나안 땅 진입 직전에 여리고 맞은편에 있는 비스가산 꼭대기 느보산의 비스가 봉우리 에서 죽게 됩니다 신 34:5-6.

하나님은 비록 모세와 아론이 불순종함으로써 자신의 거룩함을 드러내지 못했지만, 그럼에도 불구하고 이스라엘 백성에게 마실 물을 풍부하게 제공해 주시며, 자기 말에 불순종한 두 사람을 징계하심으로써, 두 사람이 하지 못한 일, 곧 자신의 거룩함을 이스라엘 백성 중에 드러내는 일을 성취하십니다 13상반절. 13절 상반절은 이스라엘 백성이 야웨 하나님과 다툰 '리브'(rib) 동사 일이 계기가 되어 그곳의 이름이 '므리바' Meribah, '다툼' 또는 '분쟁'을 뜻하는 히브리어 로 칭하여지게 되었다고 말합니다.

물론 므리바라는 이름은 모세와 아론의 실수보다는 이스라엘 백성이 야웨 하나님과 다툰 것에 초점을 맞춘 것입니다. 이스라엘 자손이 야웨 하나님과 다투었다고 말하는 13절 상반절이 그 점을 뒷받침하고 있습니다. 이스라엘 백성이 모세와 다투었다고 말하는 3절도 사실은 그들이 야웨 하나님과 다툰 것을 우회적으로 표현한 것이라 할 수 있습니다. 왜냐하면 모세는 하나님께서 자신을 대변하도록 직접 선택하신 지도자였기 때문입니다. 이 므리바는 때때로 "가데스의 므리바" 27:14; 신 32:51; 겔 47:19; 48:28 라고 칭하여짐으로써, 출애굽기 17:7의 므리바 신 33:8; 시 95:8 와는 구별되는 곳임이 분명하게 드러나고 있습니다.

2. 에돔 땅을 통과하지 못하고 우회함 (20:14-21)

이스라엘 백성은 앞서 남쪽 지역을 통해서 얼마든지 가나안 땅에 진입할 수 있었으나, 가나안 땅 정탐과 관련하여 여호수아와 갈렙의 긍정적인 보고를 믿지 않고 도리어 나머지 열 명의 부정적인 보고를 신뢰함으로써, 하나님의 뜻과 계획에 불순종하는 모습을 보인 결과, 광야 생활 초기에 일찍 가나안 땅에 들어갈 수 있는 아주 좋은 기회를 놓치고 말았습니다민 14장. 그 까닭에 이제는 가나안 땅에 들어갈 수 있는 다른 길을 찾아야만 했습니다. 이러한 목적에 가장 부합되는 곳이 바로 동쪽으로 이동하여 에돔 땅을 통과하는 길이었습니다.

그리하여 모세는 가데스에서 에돔 왕에게 사람을 보내어 에돔 땅을 통과할 수 있게 해달라고 요청하되, 과거에 에서와 야곱이 형제였다는 사실창 25:19-34; 27장; 32-33장에 근거하여 이스라엘을 에돔의 "형제"참조, 신 2:4; 23:7; 암 1:11; 옵 1:12로 칭함으로써 최대한 그들의 환심을 사려고 노력합니다14절. 더 나아가서 모세는 과거에 장인 이드로에게 말했던 것과 똑같은 방식으로출 18:8, 자기들이 이집트에서 압제당하던 일과 하나님께서 자기들의 부르짖음을 들으시고 천사를 보내어 이집트에서 인도하여 내셨다고 설명함으로써15-16절, 형제 나라나 다름이 없는 에돔 사람들의 동정심을 사고자 하며, 고난으로부터의 구원과 해방 및 광야 유랑이 전적으로 야웨 하나님의 은총에 의하여 된 것인 까닭에, 자기들의 에돔 통과가 전혀 해로울 것이 없다는 사실을 강조합니다.

이때 모세가 한 말 중에, 특히 하나님이 "천사"를 보내어 자기들을 이집트에서 구원하여 주셨다는 16절의 설명은 아마도 출애굽 사건과 관련하여 여러 차례 활동한 천사들을 가리킬 것입니다: "여호와의 사자가 떨기나무 가운데로부터 나오는 불꽃 안에서 그에게 나타나시니라"출 3:2; "이스라엘 진 앞에 가던 하나님의 사자가 그들의 뒤로 옮겨 가매 구름 기둥도 앞에서 그 뒤로 옮겨"출 14:19; "내가 사자를 네 앞서 보내어 길에서 너를 보호하여 너를 내가 예비한 곳에 이르게 하리니"출 23:20; "이제 가서 내가 네게 말한 곳으로 백성을 인도하라 내 사자가 네 앞서 가리라…"출 32:34.

그러나 에돔 왕은 그들의 에돔 통과를 허용치 않고서 도리어 칼로 그들을 막겠다고 거부 의사를 분명하게 밝힙니다18절. 그 까닭은 모세가 왕의 큰길, 곧 왕의 대로大路, the King's Highway를 통하여 에돔 땅을 통과할 수 있게 해달라고 요청했기 때문입니다17절. 여기서 말하는 왕의 대로는 다메섹으로부터 바산, 길르앗, 암몬, 모압, 에돔 등을 거쳐 아카바 만Gulf of Aqaba에 이르는 주요 교역로를 의미합니다. 모세는 에돔 왕에게 밭으로도 포도원으로도 통과하지 않고 우물물도 마시지 않고, 또 에돔을 완전히 통과할 때까지 좌우로 치우치지 않겠다고 약속하는바, 이것은 왕의 대로 주변이 비옥한 지역임을 의미합니다.

비록 모세가 에돔 나라에 전혀 부담이 되지 않게끔 왕의 대로로만 통과하겠다고 했지만, 출애굽 공동체의 규모나 근본 성격을 잘 알고 있는 에돔 왕으로서는 그들이 에돔 땅을 통과하다가 갑자기 정복군이나 약탈자의 무리로 변할지도 모른다는 염려 때문에 그들의 에돔 통과를 허용할 수 없었습니다. 이에 모세는 최대한 양보하는 자세로 자기들이 왕의 대로로만 통과할 것이요, 혹시 사람이나 짐승이 물을 마시면 변상하겠으며, 오로지 도보로만 통과하겠다고마차나 전차를 사용하는 군대의 행진이 아님 말하면서 재차 협상을 시도했습니다.

그러나 에돔 왕의 태도는 완강했습니다. 그는 다시금 거부 의사를 밝히면서 도리어 자기 나라를 방비하려는 목적으로, 많은 군대를 이끌고 나와서 이스라엘 백성이 자기 땅을 통과하지 못하도록 막았습니다19-21절. 이에 이스라엘 백성은 별도리 없이 북쪽으로 먼 길을 돌아갈 수밖에 없었습니다. 이스라엘 백성을 향한 에돔 왕의 이처럼 적대적인 태도는 에서의 장자권을 속임수로 빼앗고창 25:27-34 아버지 이삭의 축복도 빼앗은 일창 27장로 인하여 에서의 앙심을 샀던 야곱의 행동을 상기시켜 줍니다. 그런가 하면 아모스암 1:11와 오바댜옵 1:10-14는 후대에 에돔 족속이 바벨론 연합군에 가담하여 동족 이스라엘을 여러 가지 방식으로 거칠게 다루었음을 비판하고 있기도 합니다.

여기에 덧붙여 생각해 볼 것은, 민수기 20장 14-21절과 마찬가지로 이스라엘 백성의 세일 산지 통과를 다루고 있는 신명기 2장 1-8절이 이상의 사건을 상당히 다른 방식으로 설명하고 있다는 사실입니다. 신명기의 이 본문에 의하면, 이스라엘 백성은 여러 날 동안 세일 산지를 유랑했으며, 야웨께서는 에서의 자손이 그들을 두려워할 것이니 조심스러운 태도로 그 지역을 통과하되 그들과 다투지 말라고 명하셨습니다. 야웨께서는 또한 세일 산지를 에돔 족속에게 기업으로 주었기에 에돔의 땅을 한 발짝도 그들에게 주지 않을 것이요, 양식이나 물을 아무런 대가도 지불하지 않은 채로 먹으려고 하지 말고, 도리어 그에 상응하는 돈을 지불하고서 먹을 것을 명하시기도 했습니다.

그리고 민수기 21장 21-26절은 이스라엘 백성이 에돔 족속에게 했던 것과 똑같은 방식으로, 아모리 왕 시혼에게 그들의 영토를 아무런 해도 없이 평화롭게 지나가되, 왕의 큰길대로로만 지나갈 것이니 허락해줄 것을 요청했으나 거절당한 이야기를 다루고 있습니다. 그런데 아모리 왕 시혼은 단순히 이스라엘 백성을 위협하기만 했던 에돔 왕과는 달리, 이스라엘 백성의 자기 영토 통과를 허락하지 않고 도리어 군대를 소집하여 이스라엘 백성을 공격한 결과, 마침내 이스라엘에게 패배하여 모든 성읍을 빼앗김으로써 자기 나라가 이스라엘 백성의 거주지로 전락하는 신세가 되고 말았습니다.

3. 아론의 죽음 (20:22-29)

에돔 땅을 통과하지 못하게 된 이스라엘 자손은 마침내 가데스를 떠나 에돔 땅 변경에 있는 호르산으로 갑니다[20절]. 호르산에서 하나님은 모세와 아론에게 그들이 므리바 물에서 자기 말을 거역했기 때문에 약속의 땅에 들어가지 못할 것이라고 말씀하시면서, 먼저 아론이 죽을 것이므로 그와 그의 아들 엘르아살로 하여금 호르산에 오르게 하고, 제사장직 이양의 절차[출 29:29-30]를 따라 아론이 입고 있는 대제사장의 옷[레 8:7-9]을 벗겨 엘르아살에게 입히라고 명합니다[23-26절].

아론의 제사장직을 물려받게 된 엘르아살은 족보에 의하면 본래 아론의 셋째 아들이었으나[출 6:23; 민 3:2], 위의 두 형인 나답과 아비후가 하나님께서 명하시지 않은 다른 불을 담아 분향을 드린 죄로 인하여 죽었기 때문에[레 10:1-2; 민 3:4], 살아 있는 아들로는 엘르아살이 이제 첫째나 다름이 없었습니다. 그래서 하나님은 엘르아살에게 대제사장의 옷을 입히라고 명하신 것입니다.

모세는 하나님의 명을 좇아 이스라엘 자손이 보는 앞에서 아론과 엘르아살을 동반하고서 호르산에 올라, 아론의 옷을 벗기고 그 옷을 엘르아살에게 입힘으로써 대제사장의 직분이 아론에게서 그의 아들 엘르아살에게 옮겨가게 합니다. 이 일이 있은 후에, 아론은 산꼭대기에서 죽고 모세와 엘르아살은 산에서 내려옵니다[27-28절]. 신명기 10장 6절은 아론이 호르산 일대를 가리키는 지명일 수도 있는 "모세라"[Moserah]에서 죽었다고 말하며, 민수기 33장 38-39절은 아론이 출애굽한 지 40년째 되던 해의 5월 1일에 죽었는데, 그때 그의 나이가 123세였다고 말합니다. 모세와 아론의 나이 차이가 3년[출 7:7]이므로, 출애굽 제40년째 되던 해에 두 사람이 죽었다는 사실을 염두에 둔다면, 모세가 세상을 떠났을 때의 나이는 당연히 120세가 됩니다신 34:7.

이렇듯이 아론이 하나님의 말씀대로 호르산에서 123세에 세상을 떠난 후에, 모세가 대제사장의 옷을 입은 엘르아살과 함께 산에서 내려오자, 이스라엘 자손은 아론이 죽은 것을 알고서 그를 위하여 30일을 애곡하였습니다29절. 이스라엘의 통상적인 애곡 기간은 7일창 50:10; 대상 10:12이었으나, 모세와 아론은 중요한 직분을 수행한 사람들이어서 보통 사람들보다 애곡 기간이 길었을 것입니다. 한편, 이집트의 파라오Pharaoh를 위한 애곡 기간은 보통 72일인데, 창세기 50:3에 의하면 야곱을 위한 애곡 기간은 그에 약간 못 미치는 70일이었습니다.

이처럼 이스라엘의 첫 대제사장인 아론이 죽음으로써, 모세와 아론에게 주어진 하나님의 무서운 징계의 말씀20:12은 먼저 아론을 통해 이루어집니다. 신명기 34장에 가서야 이루어지는 모세의 죽음 역시 산꼭대기더 구체적으로는 느보산의 비스가 봉우리에서 이루어지는바신 34:1, 그때 모세는 자신의 지도권을 자신의 후계자로 계속해서 훈련받았던 여호수아에게 넘겨줍니다.

> 모세가 눈의 아들 여호수아에게 안수하였으므로 그에게 지혜의 영이 충만하니 이스라엘 자손이 여호와께서 모세에게 명령하신 대로 여호수아의 말을 순종하였더라 (신 34:9)

모세가 죽은 다음에도 이스라엘 자손은 아론의 경우와 마찬가지로 그를 위하여 30일 동안 애곡하였습니다신 34:8.

결단의 말씀

민수기 20장은 출애굽 첫 세대요 출애굽의 지도자들인 미리암의 죽음과 아론의 죽음을 맨 처음 1절과 마지막 단락22-29절에서 다루고 있습니다. 여성인 미리암의 죽음보다는 남성인 아론의 죽음에 훨씬 더 많은 내용을 할애하고 있기는 하지만, 아론이 나중에 대제사장으로서 한층 비중 있는 역할을 수행하고 있다는 사실을 염두에 둔다면, 충분히 이해할 만한 본문 진술 방식이 아닌가 생각합니다. 이보다 훨씬 더 중요한 것은, 출애굽한 지 40년째 되는 광야 생활 마지막 해에, 출애굽 1세대 지도자들인 미리암과 아론이 약속의 땅에 들어가지 못한 채로, 신 광야의 가데스에서 죽고, 아론은 호르산에서 죽는다는 사실입니다. 모세 역시 같은 해에 느보산에서 죽는다는 신명기 34장의 설명은, 출애굽의 지도자들인 세 사람 중 누구도 약속의 땅 가나안에 들어가지 못한다는 사실을 분명하게 보여 줍니다.

하나님은 이러한 사실을 통하여 오늘의 우리에게 무엇을 교훈하시는 것일까요? 그것은 아마도 "새 포도주는 새 부대에 넣어야 한다"는 마태복음 9장 17절의 말씀과 무관하지 않을 것입니다. 하나님은 가나안 땅에서 새로운 삶을 시작하게 될 이스라엘 백성을 위하여 새로운 지도자들을 세워주신다는 사실이 그렇습니다. 옛 세대로 하여금 새롭게 변화될 세상을 계속해서 이끌어가도록 하기보다는, 새로운 시대에 적합한 새로운 일꾼들을 통하여 역사를 이끌어가시는 것이 하나님의 역사 섭리가 아니겠습니까! 그 까닭에 하나님은 모세의 누이인 미리암을 먼저 거두어 가셨고, 모세의 형인 아론도 모세보다 조금 더 일찍 거두어 가신 후에, 그의 뒤를 이어 그의 아들 엘르아살이 대제사장 역할을 수행하게 하셨습니다.

모세의 경우도 예외가 아닙니다. 120세에 세상을 떠난 모세의 "눈이 흐리지 않고 기력이 쇠하지 않았음"신 34:7 에도 불구하고, 하나님은 미리암이 나 아론처럼 그를 거두어 가셨으며, 그의 뒤를 이어 여호수아가 이스라엘 공동체의 새로운 지도자가 되게 하셨습니다. 그런데 오늘의 본문인 민수기 20장 2-13절은 모세가 가나안 땅에 들어가지 못하게 된 사실을 한층 구체적으로 설명하고 있습니다. 그가 반석에게 명령하여 물을 내라는 하나님의 말씀을 무시한 채로, 이스라엘 회중에게 분노하면서 반석을 지팡이로 두 번 침으로써, 하나님을 향한 믿음과 그의 거룩함을 드러내지 못한 결과, 이스라엘 공동체를 약속의 땅 가나안으로 인도하여 들이지 못할 것이라는 말씀이 그렇습니다.

결국 이 말씀은 모세가 마치 자신이 물을 반석에서 솟아 나오게 하는 것처럼 말하고 행동함으로써 자신의 오만함과 불신앙을 드러냈을 뿐만 아니라, 이스라엘 백성 앞에서 하나님의 거룩하심을 나타내지 못하는 불경건한 모습을 보였음을 의미합니다. 하나님께서 이스라엘의 불평과 불만을 당연한 것으로 여기시고, 그들에게 분노하시는 대신에 문제 해결을 모세에게 명하셨건만, 모세는 마치 자신이 하나님인 양 그들에게 분노하면서 반석을 두 번씩이나 지팡이로 쳤으니 오죽했겠습니까! 이 때문에 그는 40년 동안이나 광야에서 생사고락을 같이했던 이스라엘 백성을 가나안 땅으로 인도하는 일에 실패하고 말았습니다. 이렇듯이 하나님은 출애굽 1세대요, 출애굽 해방과 광야 유랑의 총책임자였던 모세를 광야 유랑 40년의 마지막 해에 역사의 무대에서 사라지게 하시고, 그의 뒤를 이을 새로운 지도자인 여호수아에게 가나안 땅에서 시작될 새로운 시대를 이끌어가게 하십니다. 에돔 왕이 모세의 에돔 땅 통과 제안을 거절한 이야기14-21절는 어쩌면 모세가 이처럼 약속의 땅을 목전에 두고서 가나안 진입을 거절당하게 된다는 사실을 암시적으로 보여 주는 것일 수도 있습니다. 민수기의 최종 편집자가 다른 많은 이야기들 대신에 유독 에돔 왕의 거절 이야기 하나만을 14-21절에 집어넣은 것은 아마도 그러한 의도에서였을 것입니다.

오늘의 우리는 모세의 가나안 진입 실패와 관련된 이상의 이야기를 읽으면서, 하나님의 말씀에 순종하여 그를 향한 자신의 믿음을 드러내고 하나님의 거룩하심을 많은 사람들 앞에서 나타낸다는 것이 얼마나 중요한 일인지를 깨달아야 하겠습니다. 그리고 출애굽 1세대인 미리암과 아론, 그리고 모세를 대하시는 하나님의 모습에서, 새로운 시대에는 새로운 인물과 지도자를 택하여 세우시는 하나님의 역사 섭리를 믿음으로 받아들이는 것도 중요한 일임을 깨달아야 하겠습니다. 그리고 가능하다면 세상이 바뀌고 시대가 변할 때마다 항상 자신을 다듬고 손질하여 새 시대에 적합한 하나님의 일꾼으로 자신을 변화시켜 나가는 일에도 게으름이 없어야 할 것입니다.

그것을 보면 살리라

민수기 21:4-9

김선종
정읍중앙교회

21장

도입

이스라엘 느보산에 있는 느후스단נְחֻשְׁתָּן이라고 하는 놋뱀 기념물이 있습니다. 느후스단은 놋을 뜻하는데, 모세가 만든 놋뱀의 이름입니다. 이스라엘 백성은 출애굽의 영웅, 민족의 지도자 모세가 만든 놋뱀을 600년 이상이나 소중하게 간직하고 있었습니다. 그런데 히스기야 임금은 백성이 보물로 간직한 느후스단을 산산조각 냅니다. 도대체 왜 그랬을지 히스기야의 행동을 이해하기 위해서는 민수기 21장에 나오는 모세가 만든 놋뱀 이야기를 살펴보아야 합니다.

구약성경의 넷째 책인 민수기는 백성의 수라는 뜻으로, 백성이 광야에서 두 번 실시한 인구조사가 민수기에 있기 때문에 민수기라고 이름이 붙여졌습니다. 물론 정확히 말해 전쟁터에 나갈 수 있는 병력 수를 가리키기는 합니다. 처음에 행한 인구조사에서보다 두 번째로 한 인구조사에서 인구가 줄어드는데, 많은 백성이 우상을 숭배하여 하나님의 벌을 받아 목숨을 잃었기 때문입니다. 본래 히브리어로 기록된 성경에서 민수기의 이름은 1장 1절에 나오는 히브리어 '브미드바르'בְּמִדְבַּר로 '광야에서'라는 뜻입니다. 이스라엘 백성이 이집트에서 400년 노예 생활을 한 다음에 탈출하여 광야에서 40년을 보내게 되는데, 민수기는 하나님의 율법을 받은 시내산을 출발하여 약속의 땅을 향해 광야를 행진한 이스라엘 백성의 역사를 전합니다. 민수기에는 거친 땅 광야에서 이스라엘 백성이 먹고 마시는 문제, 지도자 모세의 권위 문제 등에 대하여 하나님과 모세에게 원망한 불만 이야기가 나옵니다. 민수기는 이스라엘 역사를 한 마디로 불만의 역사로 규정합니다. 민수기 21장의 놋뱀 사건 역시 백성의 원망에서 비롯합니다.

사람이 원망하고 불평하는 데에는 분명한 이유가 있습니다. 어떤 일을 자기 뜻대로 하려고 요구하는데 자기 뜻이 관철되지 않을 때 불만을 품게 됩니다. 최선을 다해 노력했지만 정당한 대가를 받지 못했다고 생각하면 불평하게 됩니다. 가난한 가정에 태어나 남들보다 좋지 않은 교육을 받으면 부모님을 원망하게 됩니다. 모든 것을 아끼지 않고 자식을 키웠는데, 자녀가 부모를 존중하지 않으면 자녀에 대한 원망이 생깁니다. 감사를 잊어버릴 때 원망과 불평이 생깁니다. 나 자신의 삶을 보는 것이 아니라 다른 사람과 비교할 때 불만이 생기게 됩니다. 물론 살아가면서 평생 원망과 불평을 안 하고 사는 것은 가능하지 않습니다. 문제는 인생 자체가 불만과 불평으로 가득하게 되는 습관적인 불만, 고착화된 원망의 삶으로 고정되는 것입니다. 자기가 처한 상황과 이웃에 대한 불만과 불평이 하나님을 적대시하는 극단적인 불만과 불평으로 이어지는 것이 문제입니다.

본문 강해

1. 원망하는 백성 (4-5절)

민수기 21장에서 이스라엘 백성이 하나님과 모세에게 원망하고 불평하게 된 데에도 분명한 이유가 있습니다. 이스라엘 백성이 호르산에서 출발하여 자신을 적대시하는 에돔 백성이 에돔 땅을 통과하는 것을 허락하지 않자, 에돔 땅 외곽을 돌아가기 위해 홍해로 가는 남향 길로 들어서게 되었기 때문입니다. 에돔에 걸쳐 있는 왕의 대로King's Highway를 지나가면 가나안 땅까지 훨씬 빠르게 도달할 수 있습니다. 하지만 지나가는 것을 허락받지 못하니 예상하지 못한 먼 길을 돌아가야 했습니다. 이 상황이 4절에 나오는데, 백성은 마음이 상하게 되고 조급해집니다. 전에 왔던 길을 다시 가야 하고, 앞으로 가야 할 길이 더 멀어지게 되니 분노가 치밀어 오릅니다. 이 상황에서는 감사하고 기뻐하라고 요구하기가 힘듭니다. 하지만 백성 가운데 슬기롭고 하나님을 신뢰하는 백성이 더 많았다면 이야기는 달랐을 것입니다. 여행을 하거나, 운전을 할 때, 길을 잘못 들 수도 있습니다. 짜증 내고 화낸다고 달라지지 않습니다. 마음을 가라앉히고 조금 돌아가면 됩니다. 하지만 백성은 인생이 끝난 것처럼 불평의 말을 입에 담았습니다. 갈 길도 멀어졌는데 엎친 데 덮친 격으로 백성은 마실 물과 먹을거리가 없는 광야로 왜 자신들을 이끌어내어 죽게 하느냐고 하나님과 모세를 원망합니다. 5절입니다.

> 백성이 하나님과 모세를 향하여 원망하되 어찌하여 우리를 애굽에서 인도해 내어 이 광야에서 죽게 하는가 이 곳에는 먹을 것도 없고 물도 없도다 우리 마음이 이 하찮은 음식을 싫어하노라 하매

백성이 음식에 대한 불만을 내뱉은 것은 이번이 처음이 아닙니다. 이미 출애굽기 16-17장과 민수기 11장과 20장에서 불만을 표했습니다. 이집트에서는 비록 종이었지만 부추와 고기는 먹을 수 있었는데, 광야에서는 40년 동안 만나와 메추라기만 먹으니 하루 이틀도 아니고 차라리 이집트로 돌아가는 것이 낫겠다고 생각했습니다. 5절에 나오는 '하찮은 음식'은 백성이 만나를 불필요하게 많이 거두고 남았을 때 나는 악취 나는 음식을 떠올립니다 출 16:19-20; 민 11:6. 이스라엘 백성은 400년 동안의 이집트에서의 노예 생활에서 해방되었지만, 곧바로 한 일이 하나님과 모세에게 대든 일입니다. 하나님은 구원과 승리를 주시지만, 백성은 반역합니다. 하나님께 받은 은혜를 잊어 감사하지 않으니, 원망이 자라나게 됩니다. 광야 생활 동안 백성은 끊임없이 원망하고, 이에 따라 하나님도 백성을 계속해서 처벌하십니다. 이스라엘 백성에게 광야와 같은 인생은 죄와 벌이 계속 반복되는 역사였습니다. 만약 하나님이 지금 이 순간 가정과 교회에 앞으로 40년 동안 먹을 것, 마실 것 없는 광야 행진을 명령하신다면, 우리에게는 어떤 모습이 펼쳐질까요? 일사불란하게 행진하여 목표 지점에 도달할 자신이 있습니까? 아니면 우왕좌왕하며 이렇게 해야 한다, 저렇게 해야 한다는 여러 잡음이 나지는 않을까요? 광야는 나와 가정과 교회를 시험하는 시험장입니다.

광야는 먹을 것, 마실 것이 없는 고난의 장소입니다. 따라서 불평하게 되는 것은 자연인의 섭리입니다. 생명이 없는 광야에서 생존하기가 거의 불가능하다는 점에서 백성의 불평을 이해할 수 있습니다. 하지만 창조주이자 구세주를 믿는 신앙인은 달라야 합니다. 자연인이 느끼는 생물학적인 고통을 넘어 하나님이 자녀에게 주시는 광야의 의미를 깨달아야 합니다. 먹을 것, 마실 곳이 없는 곳에서 백성이 해야 하는 일은 불평의 자리를 벗어나 하나님을 의지하여 사는 일입니다. 예레미야는 이 사실을 깨달은 예언자입니다. 예레미야 2장 2절입니다.

> 가서 예루살렘의 귀에 외칠지니라 여호와께서 이와 같이 말씀하시기를 내가 너를 위하여 네 청년 때의 인애와 네 신혼 때의 사랑을 기억하노니 곧 씨 뿌리지 못하는 땅, 그 광야에서 나를 따랐음이니라

예레미야는 광야야말로 백성이 하나님만을 의지한 신혼 시절이었다고 묘사합니다. 아무것도 의지할 것이 없기에, 하나님만 의지하고 믿고 따른 곳이 광야였다고 고백합니다. 나를 행복하게 하는 근본적인 것은 좋은 집과 많은 재물과 많은 학식과 명예가 아니라, 하나님이라는 사실을 알았습니다. 가정이든 사회든, 의지할 것이 많으면, 하나님을 의지하기 어렵습니다. 하나님은 하나님을 우선 의지하는 법을 가르쳐 주시기 위해 백성이 의지하는 수단을 빼앗아 가기도 하십니다. 어떤 사람에게 광야는 하나님을 원망하는 장소이지만, 다른 어떤 사람에게는 하나님만 의지하는 은총의 자리입니다. 백성은 우회로를 걸으며, 매일 같은 음식을 먹어 토하게 될 지경에 이르자 하나님과 모세를 원망합니다.

2. 하나님의 심판, 모세의 중재, 하나님의 용서 (6-9절)

히스기야가 제거한 느후스단, 놋뱀이 등장하는 곳이 이 지점입니다. 원망하는 이스라엘 백성에게 하나님은 불뱀을 보내셔서 백성을 물어 죽게 하십니다. 6절에서 불뱀은 독사를 가리킵니다. 불뱀을 독사로 볼 수 있는 것은 히브리어로 불붙는 뱀, 곧 독 있는 뱀으로 해석할 수 있기 때문입니다. 뱀에게 물린 사람의 피부에 생기는 불타는 듯한 느낌은, 하나님의 불붙

는 분노를 나타냅니다. 백성이 불뱀에 물린 환처에 약을 발라도, 칼로 도려내도 고칠 수 없었습니다. 하나님과 모세를 원망한 백성이 목숨을 잃게 되었습니다.

도저히 다른 방법이 없자 백성이 모세를 찾아와 죄를 고백하며 중재해 달라고 요청합니다. 원망하여 심판받는 백성을 살리기 위해 모세는 하나님과 백성 사이에서 중재자의 역할을 감당합니다. 모세의 기도를 들으신 하나님은 놋뱀을 만들어 장대 위에 매달라고 하십니다. 뱀에게 물린 사람마다 놋뱀을 보면 살게 될 것이라고 말씀하십니다. 9절의 '쳐다보다'에 해당하는 히브리어 동사는 주의 깊게 보는 행위를 나타냅니다. 그냥 흘깃 보는 것이 아니라, 주의 깊게 보니 낫게 됩니다. 하나님의 말씀대로 모세가 놋뱀을 만들어 장대 위에 매달고 뱀에게 물린 사람이 쳐다보니 살게 됩니다. 놋뱀을 보면 낫게 되리라는 것은 미신이 아닙니다. 하나님은 사람이 판단하기에 이해되지 않는 것을 행하는지 바라보십니다. 대단한 것을 하라고 요구하시지 않습니다. 그저 똑바로 바라보라고만 하십니다. 말씀에 순종하기를 바라십니다. 자신의 가치관과 철학에서 하나님의 명령과 말씀으로 시선을 돌리기를 바라십니다. 결국 하나님이 모세의 기도를 들어주시고, 하나님의 말씀에 순종하여 장대에 매단 놋뱀을 바라본 백성을 살려주십니다. 이 사건에 대해 나중에 모세는 회상하며 고백합니다. 신명기 8장 15-16절입니다.

> [15]너를 인도하여 그 광대하고 위험한 광야 곧 불뱀과 전갈이 있고 물이 없는 간조한 땅을 지나게 하셨으며 또 너를 위하여 단단한 반석에서 물을 내셨으며 [16]네 조상들도 알지 못하던 만나를 광야에서 네게 먹이셨나니 이는 다 너를 낮추시며 너를 시험하사 마침내 네게 복을 주려 하심이었느니라

오랜 시간이 지나 살펴보니 하나님이 불뱀의 시험과 조야한 음식을 먹게 하신 데에는 분명한 이유와 목적이 있었음을 모세는 깨닫게 됩니다. 승승장구하여 매일 맛있는 음식을 먹고 사는 것이 자기 힘으로 되었다고 착각하지 못하게 하십니다. 우리를 낮추셔서 하나님에 대한 믿음을 시험하시고 겸손하게 만드시며 하나님만 의지하게 하셔서 결국 복을 주기 위해서라는 뜻을 깨닫게 됩니다.

하나님은 백성의 연약함을 불쌍히 여겨주시고 불뱀에 물린 사람을 고쳐주시기 위해 놋뱀을 만들게 하십니다. 이것을 쳐다보는 사람을 낫게 하십니다. 이야기가 여기에서 끝나면 얼마나 좋겠습니까? 하지만 사람은 믿음이 연약하여 구원의 도구인 놋뱀을 우상으로 섬기게 됩니다. 놋뱀이 우상이 되어 모세가 죽은 뒤 히스기야 임금 당시까지 느후스단이라고 불리는 놋뱀을 백성이 간직하고 섬기게 된 것입니다. '느후스단'은 히브리 낱말 놋에 해당하는 '느호쉐트'에서 왔습니다. 놋으로 만든 뱀의 형상을 신비한 힘이 나오는 대상으로 섬기게 됩니다. 백성은 우상 숭배와 제작을 금지하는 십계명을 어기게 됩니다. 하나님이 가장 싫어하시는 일을 합니다. 주전 8세기 남유다의 히스기야 임금이 모세가 만든 느후스단을 제거한 이유가 여기에 있습니다. 열왕기하 18장 4절입니다.

> 그가 여러 산당들을 제거하며 주상을 깨뜨리며 아세라 목상을 찍으며 모세가 만들었던 놋뱀을 이스라엘 자손이 이때까지 향하여 분향하므로 그것을 부수고 느후스단이라 일컬었더라

히스기야는 북이스라엘이 앗수르에 의해 멸망하고 남유다만 살아남았을 때, 나라를 살리기 위해 종교개혁과 사회개혁을 일으킨 훌륭한 임금입

니다. 그의 개혁은 백성이 하나님으로 섬긴 우상 느후스단을 부숴버린 일에서 출발했습니다. 아무리 위대한 민족의 지도자 모세가 만든 도구여도 어리석은 사람은 그것을 우상으로 전락시킬 수 있습니다. 슬기로운 사람은 그저 놋 조각으로 봅니다. 놋뱀이 사람을 살린 것이 아닙니다. 놋뱀은 사람을 살리시는 하나님의 도구에 불과합니다. 그 어느 것도 하나님을 대신할 수 없습니다. 하지만 사람은 사람이나 대상을 우상화합니다. 모세를 우상화했고, 마치 놋으로 만든 뱀이 자신을 구원해 준 것처럼 수백 년 동안이나 우상화했습니다. 이것은 우리에게 중요한 신앙의 가르침을 줍니다. 아무리 훌륭한 목회자라도, 아무리 훌륭한 설교자라도, 아무리 훌륭한 신앙인이라도 우상화하면 안 된다는 당연한 사실입니다. 하나님의 말씀이 드러나고 하나님의 말씀이 남아야지 그 말씀을 전한 설교자 이름이나 교회를 위해 헌신한 사람이 드러나고 기억되면 안 됩니다. 사람의 이름과 사람이 전한 말이 기억되는 순간 믿음의 사람은 느후스단으로 여겨 산산이 부수어야 합니다. 교회가 하나님보다 자기를 높이려고 하면 우상이 됩니다. 교회는 하나님 나라를 이 땅에 건설하기 위한 하나님의 도구입니다.

갈 길이 멀다고, 먹을 것과 마실 것이 없다고 하나님과 모세를 원망한 백성에게 하나님은 불뱀을 보내셔서 죽음이라는 심판을 내리셨습니다. 하지만 하나님은 고통 가운데 있는 백성을 안타까워하셔서 놋뱀을 만들고 매달게 하심으로 다시 살려주십니다. 오랜 시간이 흐른 뒤 예수님은 모세 당시 광야에서 장대 위에 높이 달린 놋뱀이 바로 자신이라고 말씀하십니다. 요한복음 3장 14-15절입니다.

> [14]모세가 광야에서 뱀을 든 것 같이 인자도 들려야 하리니 [15]이는 그를 믿는 자마다 영생을 얻게 하려 하심이니라

예수님 외에는 아무도 하늘에 올라간 자가 없다고 요한은 말합니다. 불뱀에 물린 백성을 살리기 위해 모세가 놋뱀을 만들어 장대에 높이 달았듯이, 인류를 구원하시기 위해 예수님이 십자가에 달리실 것을 말씀하십니다. 하지만 놋뱀과 예수님 사이에는 분명히 다른 점이 있습니다. 광야에서 이스라엘 백성이 놋뱀을 자세히 쳐다보면 낫게 되었습니다. 하지만 우리는 십자가에 달리신 예수님을 쳐다보는 것만으로 구원받지 못합니다. 십자가에 높이 들리신 예수님을 바라보며 믿는 사람에게 하나님이 영생을 주십니다. 그다음에 우리가 잘 아는 요한복음 3장 16절이 나옵니다.

하나님이 세상을 이처럼 사랑하사 독생자를 주셨으니 이는 그를 믿는 자마다 멸망하지 않고 영생을 얻게 하려 하심이라

하나님은 여기에서 멈추게 하지 않으십니다. 십자가에 달려 고난당하신 예수님을 믿어 구원받은 사람은 예수님의 남은 고난을 자신의 삶에 채워야 한다고 말씀하십니다. 그래서 바울은 예수님 때문에, 또한 예수님을 위하여 받는 고난을 오히려 자랑으로 삼습니다. 예수님이 자신의 참 스승이심을 보여주는 증표로 여깁니다. 예수님의 십자가 고난과 부활을 묵상하여 자신의 십자가의 길을 걸어야 부활하고 승리할 수 있습니다. 십자가를 목걸이와 귀걸이로 만들어 몸에 지니고 다니거나, 집안에 십자가를 걸어 놓는다고 해도, 십자가에 달리신 예수님을 믿지 않으면 십자가는 그저 나무 장식품, 쇠 우상에 불과하게 됩니다.

결단의 말씀

이 시간 우리가 함께 두 가지를 결단하면 좋겠습니다. 먼저 우리를 위해 십자가의 고난과 죽음을 당하신 예수님을 더욱 강하게 붙들고 살아야 하겠습니다. 십자가의 죽음에서 다시 살리실 하나님을 믿은 예수님의 믿음을 간직하시기 바랍니다. 십자가에 달리시고 돌아가셨지만, 다시 살아나신 예수님을 묵상하시기 바랍니다. 예수님을 보고 믿으면 살리라고 말씀하십니다. 예수님의 십자가의 길을 따라가 부활과 영생을 얻으시기 바랍니다.

둘째로 예수님의 십자가의 길을 걸어 세상에 하나님과의 평화, 사람 사이의 평화를 이루는 평화의 도구가 되시기 바랍니다. 그리스도인은 원망과 불평과 갈등이 있는 곳에 감사와 평화를 가져오는 하나님의 일꾼입니다. 원망과 불평을 일삼은 백성이 심판을 받아 죽어갈 때 모세가 하나님과 백성 사이를 중재했습니다. 그래서 하나님의 용서를 받게 됩니다. 특별히 오늘날 온 누리가 코로나와 기근과 재난과 전쟁으로 신음할 때, 그리스도인은 고통받는 사람을 위로하는 평화의 도구가 되어야 하겠습니다. 하나님이 하나님 나라 건설을 위하여, 또한 죽어가는 세상을 살리기 위하여 헌신할 사람을 찾고 계십니다.

하나님이 원하시는 온전한 순종

민수기 22:1-41

허신욱
영동교회

도입

하나님은 중심의 온전한 순종을 원하시는 분이십니다. 오늘 본문에서 하나님은 이스라엘을 위하시는 분으로 나타납니다. 이스라엘이 알지 못하는 상황에서 모압 왕 발락은 이스라엘을 저주하고자 발람을 부릅니다. 여호와께서는 이스라엘이 알지 못하는 상황에서 발람에게 발락의 요청에 응하여 이스라엘을 저주하지 말라고 말씀하십니다. 이스라엘이 축복받은 이들임을 분명하게 하십니다. 오늘 본문의 초점은 어디에 있나요? 발람이라는 인물에게 있습니다. 발람은 이스라엘 사람은 아닙니다. 발람의 거주지인 브돌이라는 지역은 모압 땅 북부에서 낙타를 타고 20일 정도 유프라테스 강 상류 지역으로 올라가야 도착하는 곳입니다. 지리적 위치만으로도 발람은 이스라엘 민족이 아닙니다. 그럼에도 불구하고 발람은 여호와와 교통하는 사람이었음을 알 수 있습니다. 발람은 "여호와"라는 구체적인 하나님의 신명을 부릅니다. 발람은 기도 중에 "여호와"의 말씀을 듣는 이였습니다. 그는 여호와와 교통하는 사람이었습니다. 여호와의 말씀을 듣고 그 말씀에 근거하여서 다른 이를 축복하거나 저주하는 일을 하는 사람이었습니다. 발람의 이러한 사역에 관한 소문이 주변에 널리 퍼져 있었습니다. 발락까지 알 정도였습니다. 하지만 발람의 발화 근원이 여호와이심은 몰랐습니다. 그러하였기에 여호와가 돌보시는 백성인 이스라엘을 모압 왕 발락은 신적 능력을 가진 것처럼 보이는 발람을 불러서 저주하고자 했던 것입니다.

통상적으로 민수기 22장을 볼 때 발람이 여호와 하나님을 섬기는 예언자인가, 아니면 이방 주술가인가에 대해서만 관심을 기울이기 쉽습니다. 하지만 오늘 본문의 초점은 발람의 신분에 관한 것이 아닙니다. 발람은 이미 여호와께로부터 오는 말씀을 듣는 사람입니다. 본문의 초점은 여호와께로부터 계시를 받는 사람이 온전한 순종을 하는지 하지 않는지에 있습니다. 발람의 행동은 온전한 순종의 행동인지 아닌지에 주목해서 말씀을 살펴보겠습니다.

본문 강해

발락의 사신들이 처음 발람에게 와서 이스라엘 백성들을 저주할 것을 요청합니다6-7절. 이에 관해서 발람은 여호와께서 말씀하시는 대로 전하겠다고 말하면서 그들을 받아들입니다. 발람에게는 아무런 결정권이 없습니다. 그는 여호와께서 말씀하시는 대로 전하는 역할만 하는 사람입니다. 자신의 이런 역할에 대해서 발람은 잘 알았습니다. 그 밤에 발람이 받은 말씀은 발락이 보낸 이들과 함께 가지도 말고, 이스라엘 백성을 저주하지도 말라는 말씀이었습니다. 그리고 이스라엘 백성들은 복을 받은 민족임을 말씀하셨습니다. 하나님의 이 말씀에 따라서 발람은 발락의 사신들을 돌려 보냅니다.

위의 말과 행동에서 발람은 온전한 마음으로 하나님의 말씀에 순종하고 그 말씀을 따랐을까요? 우리는 발람이 하나님의 말씀은 전했지만, 하나님의 명령에 온전한 마음으로 따르지는 못했음을 알 수 있습니다. 발람의 순종은 마지못한 순종이었습니다. 관련 있는 구절들을 찬찬히 살펴보면, 발람의 마음 중심에는 돈에 대한 욕심이 있었음을 알 수 있습니다.

발람은 발락의 사신들에게 "여호와께서 너희와 함께 가기를 허락하지 않았다"라고만 말합니다[13절]. 여호와께서 분명하게 알려주셨던 사실, 발락이 저주하고자 하는 이스라엘 민족은 복을 받은 민족임을 발락의 사신들에게 말하지 않았습니다. 여지를 남겨둔 것입니다. 발람의 말을 듣고 발락은 어떻게 하면 발람을 데려올지 골몰합니다. 그리고 상을 약속합니다. 발람을 존귀하게 만들어 줄 것이고 원하는 모든 것을 줄 것이라고 말합니다. 이 말을 전해들은 발람은 발락이 보낸 신하들에게 발락에게 있는 모든 은금을 다 주더라도 나는 여호와께서 하라고 하신 말씀만 전할 수 있지, 더하거나 덜할 수 없다라고 말합니다. 이 말이 발람의 중심에서 우러나오는 말이었다면, 발람은 뒤도 돌아보지 않고 발락이 두 번째 보낸 이들을 돌려보냈어야 하지 않겠습니까? 하지만 발람은 그들에게 이곳에 머물라고 허락합니다. 그리고 하나님이 더 하실 말씀이 있으신지 물어보겠다고 말합니다. 이 말에서 발람의 속내가 드러납니다. 여호와께서는 발람이 발락이 보낸 사람과 함께 가기를 원치 않으시고, 이스라엘을 저주하기도 원치 않으심을 너무나도 분명하게 말씀하셨습니다. 그럼에도 불구하고 발람이 다시 한번 더 여호와께 물어서 혹시 '더' 하실 말씀이 없는지 알아보겠다는 말은 발람의 마음속에 있는 여호와의 명령에 대한 불만족, 또는 발락이 제시하는 제안에 대한 마음의 흔들림을 반영하고 있습니다. 발람은 발락이 제시하는 보상금이 너무나도 아까웠기에 다시 하나님에게 묻고자 한 것이었습니다. 온전하고도 전적인 순종의 마음이 없었습니다. 발람은 마음으로 하나님께 동의하지 않고 있습니다.

그런데 발람의 두 번째 문의에 여호와께서는 놀랍게도 그들과 함께 가라고 말씀하십니다. 대신 여호와께서 이르는 말만 준행하라고 말씀하십니다[20절]. 왜 하나님은 발람에게 발락의 사신들을 따라가라고 했을까요? 하나님은 발람의 마음을 아십니다. 하나님은 발람의 자발적이고도 온전한 순종을 원하시는데, 발람은 이미 마음이 흔들려서 여호와의 말씀을 온전히 지키려고 하기보다 기회가 되면 발락을 따라가고자 했습니다. 놀랍게도 여호와 하나님께서는 발람의 이런 마음을 허용해 주십니다. 하지만 따라가는 것은 허용하시지만 중요한 조건을 내거십니다. 발람이 놓치지 않아야 할 중요한 조건이었습니다. 그것은 바로 하나님이 말씀하시는 대로만 행하고 전하는 것이었습니다. 이것마저 놓치면 안 되었습니다.

또 하나 이해하기 어려운 사건은 여호와의 사자가 길에서 만나 발람을 죽이려고 한 사건입니다. 우선 발람이 떠나는 모습을 보겠습니다. 21절에 묘사된 발람의 행동은 이삭을 데리고 모리아 산으로 향했던 아브라함을 연상시킵니다. 발람이 아침 일찍 일어나 모압으로 길을 향했던 모습은, 아브라함이 아침에 일찍 일어나서 나귀에 안장을 지우고 이삭을 데리고 하나님이 지시하시는 땅으로 출발했던 모습과 유사합니다. 차이점은 아브라함은 온전한 순종의 걸음이었던 반면, 발람의 걸음은 자신의 이익을 추구하기 위한 불신앙의 걸음이었습니다. 따르기가 너무나도 어려웠던 독자 이삭을 번제로 바치라는 하나님의 명령에 아브라함은 순종함으로 아침에 일찍 출발했습니다. 아브라함의 마음에는 통곡의 눈물이 흐르고 있었고,

머리로는 완전히 이해할 수 없었지만, 아브라함은 온전한 순종의 걸음을 걸어갔습니다. 하지만 발람은 어떠합니까? 동일한 외적 행동의 모습으로 아브라함처럼 하나님의 말씀에 따라서 여정을 시작한 것 같지만, 발람이 순종한 하나님의 말씀은 그의 왜곡된 마음을 맞추어 준 여호와의 말씀이었습니다. 발람은 기뻐서 아침에 일찍 일어나서 나귀에 짐을 싣고 떠났는지 모르지만, 이런 걸음을 걷고 있는 발람을 보고 하나님은 마음이 미어졌습니다. 그 결과는 여호와의 진노로 이어집니다. 천상에서 일어났을 법한 이야기를 다음과 같이 묘사할 수 있겠습니다. 발람이 온전하고도 자발적인 순종을 원하시는 천상의 주재이신 여호와의 중심을 알아채지 못하고, 자신의 욕심을 따라 나귀에 짐을 싣고 아침 일찍 발락에게로 떠나자, 여호와께서 분노하십니다. 진노하십니다. 이 모습을 보고 천상의 존재인 하나님의 천사가 내려와서 발람을 막습니다. 하나님의 마음을 하나님의 사자가 대변합니다. 하나님은 분노를 참으시고 발람의 여정을 지켜보고 계셨지만, 하나님의 절제된 분노를 직접 목도한 하나님의 사자가 내려와서 발람의 길을 가로막고 섰습니다.

여호와의 사자는 온전히 여호와의 편에서 여호와를 위합니다. 여호와 하나님의 백성 된 우리들도 왕이신 여호와 하나님의 마음을 살펴보아 여호와 하나님의 편에 서서 여호와 하나님의 마음에 합하게 행동해야 합니다.

이런 상황에서 칼을 빼든 여호와의 사자를, 말을 하지 못하는 짐승 나귀는 보았지만, 발람은 보지 못했습니다. 발람의 영적 무지를 기가 막힌 방식으로 드러냅니다. "소나 나귀도 제 주인과 주인의 구유를 알건마는 내 백성은 알지 못하고 깨닫지 못한다"사 1:3는 이사야 예언자를 통해 전달된 이스라엘 백성들을 향한 여호와 하나님의 탄식이 이곳에서도 울려 퍼집니다. 발람의 짐을 도맡아 나르던 짐승 나귀가 길을 막고 선 여호와의 사자를 보았습니다. 그리고 바로 그 짐승이 걸음을 멈추고 점점 벽으로 발람을 밀어 넣었습니다. 반면에 발람은 나아가지 않는 나귀를 보고 분노하며 채찍질합니다. 참고 있는 나귀의 입에서 말이 터져 나왔습니다. 나귀의 입을 통해서 나귀의 불순종은 평소와 다른 모습이었음을 강조합니다. 이유가 있다는 것입니다. 하지만 그 이유를 발람은 모릅니다. 그의 눈이 여전히 감겨 있었기 때문입니다. 참으로 이사야 예언자의 말처럼 짐승은 주인을 보았고 알았습니다. 반면에 여호와의 말씀을 듣는 하나님의 백성이라고 할 수 있는 발람은 보지 못했고, 그의 걸음이 여호와를 반대하고 있음을 알지 못했습니다.

그때 여호와께서 발람의 눈을 밝히셨습니다31절. 여호와의 사자를 보고 발람은 엎드립니다. 그리고 여호와의 사자는 말씀하십니다. "너의 길이 사악하여 너를 막으려고 나왔다. 나귀가 세 번이나 나를 피하지 않았더라면 너는 죽은 목숨이었다"32~33절 고 말합니다. 이쯤 되면 발람은 스스로의 잘못을 인정하고 돌아가야 하지 않았을까요? 여호와께서 말씀으로는 함께 가라고 하셨지만 결코 그것이 하나님의 뜻은 아니었음을 깨닫고 돌이켜야 하지 않았을까요? 그런데 발람은 그렇게 행동하지 않습니다.

발람의 말을 봅시다. "당신이 이를 기뻐하지 아니하시면 나는 돌아가겠나이다."34절 자신의 길이 사악함을 여호와의 사자로부터 분명히 들었음에도 그 길을 돌이키지 않고, 결정의 선택을 여호와의 사자에게 돌립니다. 여호와께서는 자발적 순종을 원하시는데, 발람은 자발적으로 돌아가지 않고, 어떻게 하면 좋으시겠느냐고 오히려 묻습니다. 그러자 다시 한번 여호와의 뜻이 동일하게 전해집니다. 35절입니다.

그 사람들과 함께 가라 내가 네게 이르는 말만 말할지니라 발람을 향한 사람들의 시선은 놀라움과 존경심이었습니다. 그는 그가 말하는 대로 이루어지는 아주 능력 많은 선지자주술가였습니다. 발람이 축복하면 복을 받고, 발람이 저주하면 저주가 이루어지는 놀라운 일을 하는 사람이었습니다. 그러하였기에 모압 왕 발락은 먼 타국에 있는 발람을 초청하였습니다. 하지만 발람은 알지 않습니까? 자신의 임의대로 저주하고 축복할 수는 없었습니다. 그런 능력은 자신에게 없었지요. 결정의 주도권이 자기에게 있지 않았습니다. 자신은 여호와께서 말씀하시는 것을 그대로 전하는 자였습니다. 여호와께서 복을 선포하시면 복을 전달하고, 저주를 선포하시면 저주를 전달하는 존재였을 뿐입니다. 그는 여호와께서 이르시는 말만 전해야 하는 존재였습니다.

하지만 발람은 자신의 이러한 역할을 기뻐하였을까요? 자신의 임의대로 말하지 못하고, 여호와께서 말씀하시는 내용만 그대로 전달해야 하는 자신의 역할에 기뻐하고 만족하였을까요? 오늘 본문에서 드러난 발람의 말을 통해 볼 때, 발람은 결코 자신의 역할을 만족하지 못했음을 알 수 있습니다.

마침내 발락을 만난 발람이 하는 말을 들어봅시다. 38절입니다.

> 내가 오기는 하였으나 무엇을 말할 능력이 있으리이까 하나님이 내 입에 주시는 말씀 그것을 말할 뿐이니이다

발락을 만나 처음 말하는 자리에서 발람은 그가 섬기는 신의 신명을 '여호와'라 하지 않고 일반 신 명칭으로도 이해할 수 있는 '엘로힘'을 사용합니다. 발락이 보냈던 사신들에게는 분명히 "여호와"라는 신명을 사용하면서 자신이 어떤 신과 교통하는지를 분명히 언급했던 발람이 정작 발락을 만나서는 "여호와"가 아니라 "엘로힘"을 사용합니다. "엘로힘"은 고대 근동에

서 일반적으로 통용되던 신명인 "엘"의 복수형입니다. 즉, "'큰 신', 혹은 '신들'이 내 입에 주는 말씀, 그것만 나는 말할 수 있습니다"라고 자신의 한계를 분명히 합니다. 이 말에 자조 섞인 발람의 내면의 소리가 들리는 이유는 무엇일까요?

민수기 22장에 나타난 발람의 말과 행동에서 겉으로 나타나는 명백한 불순종의 모습은 없습니다. 하지만 온전한 순종의 모습도 보이지 않습니다. 온전한 순종의 모습을 보이지 않음으로써 발람의 마음 안에 있는 온전치 못한 모습이 드러납니다. 때로는 이런 모습이 우리의 모습은 아닐까요? 하나님은 '마음을 다하고 뜻을 다하고 힘을 다해서 여호와를 사랑하고 그를 섬기고 그의 말씀을 지키라' 명령하셨지만, 우리는 너무나도 종종 순종하는 척만 합니다. 마음에는 다른 생각을 품고 있습니다.

오늘 본문의 발람이 그러합니다. 발람은 다른 마음을 품고 있습니다. '하나님만 모른 척해주시면, 아니, 하나님만 가라고 하시고 이스라엘 백성들을 저주하도록 허락해 주시면 발락으로부터 나는 많은 은 금을 받을 수 있을 텐데. 그런데 하나님이 그것을 허락하지 않으시니 내가 가지지 못하는구나'라고 생각하며 탄식하고 있습니다. 여호와께 순종하는 듯 말하고 행동하지만 정작 불순종하고 싶은 마음을 품고 있는 발람의 외식하는 모습이 본문 전반에 내재되어 있습니다.

순종하는 척하는 발람의 모습과 온전히 순종하신 예수님의 모습이 대조됩니다. 17절에 묘사된 발람을 향한 발락의 말은 마치 예수님을 유혹한 사탄의 말을 연상시킵니다. 처음 발락이 보낸 사신들에게 발람은 여호와께서 허락하지 않으시니 함께 갈 수 없음을 통지했습니다. 그때 발락은 더 많은 고관들을 보내면서 말했습니다. "내가 그대를 높여 크게 존귀하게 하고 그대가 내게 말하는 것은 무엇이든지 시행하리니 청하건대 와서 나를 위

하여 이 백성을 저주하라"17절

사탄이 예수님을 시험하였을 때마 4:1-11, 세 가지 시험 중 마지막 시험이 "내게 경배하면 이 천하만국을 네게 주겠다"였습니다. 사탄이 예수님에게 한 말이었습니다. 그런데 지금 발락이 하나님의 말씀을 들은 발람에게 "너 내게로 와서 이 백성을 저주해라. 그리하면 내가 너를 높여 존귀하게 하겠다"라고 하면서, 마치 사탄이 예수님을 유혹한 것처럼 발락도 발람을 유혹하고 있습니다.

주목해야 할 또 다른 한 가지는 "그대가 내게 말하는 것은 무엇이든지 시행하겠다"는 발락의 말입니다. 발락은 마치 모든 것을 다 할 수 있는 사람처럼 발람에게 말합니다. 하지만 그에게 이런 능력이 있을까요? 이 말씀은 예수님이 하신 말씀입니다. 예수님이 제자들에게 말씀하셨습니다.

> 너희가 지금까지는 내 이름으로 아무것도 구하지 아니하였으나 구하라 그리하면 받으리니 너희 기쁨이 충만하리라 (요 16:24)

구하는 것은 다 주겠다는 약속을 지킬 수 있는 분은 만왕의 왕이신 삼위일체 하나님뿐이십니다. 발락에게는 그러한 능력이 없습니다. 발람에게 말한 발락의 약속은 사탄이 예수님을 유혹할 때 하는 말이며, 참 주 되신 예수님의 말씀을 사칭하는 말입니다. 믿을 수 있는 말이 아니며, 믿어서도 안 되는 말입니다.

그런데 발람은 이러한 발락의 말에 마음이 흔들렸음을 알 수가 있습니다. 나를 높여 존귀하게 해줄 사람이 발락이라고 생각하는 것입니다. '내가 말한 것은 무엇인지 시행해 줄 수 있는 사람이 발락이다'라고 여기고 있습니다. '내가 발락의 요청대로 이스라엘을 저주하기만 하면 발락은 내가 원하는 것을 다 줄 것이다.' 그런데 문제는 무엇인가요? 여호와께서 이스라엘을 저주하는 것을 금하셨습니다. 여기서 발람의 갈등이 시작되는 것입니다. 저주하기만 하면 많은 은금이 내 것이 되는데, 하나님이 막고 계시니 어떻게 하면 좋을까? 하나님이 원하시는 행동은 발락이 제시한 그 어떤 보상에도 마음이 흔들리지 않고, 여호와의 말씀에 순종하여 발락이 보낸 이들과 함께 동행하지도 않고, 저주하지도 않는 것입니다. 그런데 발락이 약속한 은과 금이 발람의 눈에 어른거리니, 발람은 계속해서 하나님에게 또 다른 말씀이 없나 묻게 되는 것이지요.

발람은 하나님이 아닌 이 세상 권력자가 자신을 높일 수 있다고 생각하고 있습니다. 그러면서 무엇이라고 이야기합니까? 18절을 보게 되면 발람이 이렇게 이야기합니다. "당신이 내게 은금을 줄지라도 내가 능히 여호와 내 하나님의 말씀을 어겨 덜하거나 더하지 못합니다. 당신이 돈을 아무리 많이 줘도 나는 하나님이 전하는 말씀 외에는 하지 못합니다." 마치 여호와께 온전히 순종하는 사람처럼 말하지만, 이 발람의 말과 발락의 초청에 응하는 발람의 행동을 보면, 발람의 마음속에 자리잡고 있는 아쉬움과 아까움을 발견하게 됩니다. "나는 하나님이 말하지 말라고 하신 것은 말할 수 없습니다. 나는 하나님에게 매여 있는 사람입니다"라는 기쁨으로 가득한 자발적이고도 온전한 순종의 말이 아니라 마치 "나는 당신을 따라가서 당신이 요청한 대로 백성들을 저주하고 싶은데 하나님이 허락하지 아니하니까 나는 갈 수가 없습니다"라는 아까움과 아쉬움이 가득 묻어있는 말로 여겨집니다. 그렇기에 발람은 무엇이라고 이야기합니까? "하룻밤만 더 머물러 보십시오. 내가 하나님이 무엇이라고 말하는지 다시 한번 들어보겠습니다." 이러한 말이 필요합니까? 그렇지 않습니다. 이미 하나님은 발람에게 어떤 행동과 말을 할 것에 대해서 너무나도 명백하게 말씀하셨습니다.

다시 더 물을 필요가 없습니다. 그런데 왜 발람이 다시 묻고자 합니까? 그의 마음은 발락을 따라가고 싶은 것입니다. 그들을 저주하지 말라고 하나님이 너무나도 분명하게 말씀하셨는데 그 말씀 외에 내가 듣고 싶어 하는 또 다른 말이 있으니 다시 한번 하나님께 물어보는 것이지요.

유사한 과정을 보이지만 완전히 다른 결과를 모세에게서 발견합니다. 하나님은 모세가 므리바 반석에서 여호와를 믿지 못하고, 여호와의 거룩함을 백성 앞에서 나타내지 못했기에 약속의 땅에 들어가지 못한다고 분명하게 말씀하셨습니다[민 20:12]. 그 이후 모세는 약속의 땅을 목전에 두고 다시 하나님에게 기도합니다[신 3:25]. 그때 여호와께서는 다시 이 문제로 기도하지 말라고 명령하십니다[신 3:26]. 이때 이후로 모세는 자신이 약속의 땅에 들어가지 못하는 것을 받아들였습니다. 그리고 자신의 죽음 이후에 이스라엘 백성들이 약속의 땅에 무사히 들어가고 그곳에서 삶을 영위할 수 있도록 준비합니다. 여호수아를 세우고, 율법을 기록하고, 노래를 들려줍니다. 모세는 더 이상 물어보지 않습니다. 자발적인 순종을 하였습니다. 지금 발람에게 하나님이 요청하시는 것 또한 자발적 순종입니다.

결단의 말씀

우리가 신앙생활할 때도 비슷한 일들이 일어납니다. 하나님은 우리가 예배드리는 것을 기뻐하십니까, 싫어하십니까? 하나님은 우리가 헌신하고 봉사하는 것을 기뻐하십니까, 싫어하십니까? 하나님이 우리에게 있는 것 하나님에게 드리는 것을 기뻐하십니까, 싫어하십니까? 우리가 하나님의 말씀대로 살아가는 것을 하나님은 기뻐하십니까, 싫어하십니까? 하나님은 우리가 날마다 예배드리는 것을 기뻐하십니다. 삶 속에서 날마다 순종의 제사를 드리는 걸 기뻐하십니다. 우리가 온전히 하나님께 헌신하고 봉사하며 우리에게 있는 것을 주님께 드리고 주님의 말씀대로 살아가는 삶을 하나님은 기뻐하십니다. 말씀이 보여주는 너무나도 명백한 하나님의 뜻이지요. 그런데 우리는 묻습니다. 매일 예배를 드려야 하나요? 교회 봉사가 너무나 많아요. 헌금을 꼭 해야 하나요? 말씀대로 살아야 하나요? 이 모든 질문들에는 예배드리기 싫은 마음, 봉사하기 싫은 마음, 헌금 드리기 싫어하는 마음이 자리잡고 있습니다. 이러한 우리의 모습이 마치 발락을 따라가고 싶지만, 자신은 여호와의 말씀에 매여 있는 자니 따라갈 수 없어서 아쉬워하는 발람의 모습과 너무나도 유사합니다. 오늘날 교회에는, 그리고 우리 각자 자신들 중에는, 자발적 순종보다는, 마지못해 내가 직분자이기 때문에 내가 사람들 눈치 봐서 하는 그런 순종들이 많습니다.

하나님의 말씀이 우리의 마음에 울려 퍼질 때, 다른 마음을 가지지 말고, 그 말씀에 그대로 순종해야 합니다. '원수를 사랑하라, 용서하고 용납하라, 겸손하고 온유하라, 아버지의 자비로움같이 자비로워라'라는 너무나도 명백한 하나님의 말씀이 내면에 울려 퍼집니다. 설혹 그 말씀들이 자신의 생각과 일치하지 않을 때, 순종하고 싶지 않은 마음으로 계속해서 질문을 던지면서 주저하지 말고, 주신 하나님의 말씀에 그대로 순종해야 할 것입니다. 복 있는 사람은 악인의 길에 서지 않습니다. 움켜쥐지 말고 손을 펴서 넉넉히 베푸십시오. 저주하는 자를 축복하십시오. 주 안에서 기뻐하십시오. 너무나도 명백하게 우리에게 주어진 하나님의 말씀이 우리의 가슴에 울려 퍼질 때 그 말씀에 대해서 추가적으로 "더" 들으려고 하지 말고, 그래서 암묵적으로 내가 원하는 방향대로 이끌려고 하지 말고, 자발적으로 온전히 순종하는 자가 되어야 하겠습니다.

하나님의 영에 추동된 이방예언자, 발람

민수기 23:1-30

김회권
숭실대학교

23장

도입

1967년에 요르단에서 발견된 주전 8세기 아람어 비문인 데이르 알라 문서Deir 'Alla Inscription에는 발람이 영험 높은 신탁전문가로 등장합니다. 여기서 발람은 이방인들의 여신인 아스타롯의 예언자라고 불립니다. 이 비문에 등장하는 발람이 민수기 22-24장의 그 발람과 동일인인지는 명확하게 규명되지 않았습니다. 다만 민수기의 발람이 고대 근동에 잘 알려진, 실존 인물이었을 가능성을 높여줍니다. 민수기는 발람이 아스타롯의 남편신 정도가 되는 바알을 섬기는 이방예언자임을 암시합니다민 25장. 민수기 23장의 의미는 23-24장의 발람 예언 단원 전체 맥락에서 잘 파악할 수 있습니다.

민수기 22장에는 이스라엘의 가공할 만한 가나안 경계 육박을 보고 공포에 질린 모압 왕 발락이 발람을 고용해 이스라엘의 행로를 가로막고 저주를 퍼부어달라고 강청하는 상황이 나옵니다. 하지만 23장에는 발람이 자신의 의지를 거슬러 이스라엘의 상서로운 미래를 예언하는 두 개의 예언이 나옵니다. 24장에도 23장의 이스라엘 미래 축복 예언을 심화 확장한 두 개의 이스라엘 미래 축복 예언이 나옵니다. 발람은 하나님께서 이스라엘을 축복하시고 함께하실 뿐만 아니라 이스라엘이 장차 열방 중에 우뚝 서게 될 패권국가가 될 것이라고 예언합니다. 넷째 예언[24:14-24]에서, 발람의 이스라엘 미래 축복 예언은 절정에 달합니다. 그중에서도 야곱의 별이라는 존재가 나와서 이스라엘을 열방 중에 우뚝 서는 영광의 나라가 되게 할 것이라고 예언합니다[23:18-24:9]. 시편 2편에 묘사된 것과 같은 이스라엘의 왕이, 천하 만민을 다스리는 메시아적인 존재가 될 것임을 예언합니다. 그 메시아적인 인물[다윗 혹은 오므리]은 모압과 인근 족속들을 이스라엘의 통치 아래 복속시키는 왕이 될 것입니다[왕하 3장과 모압 왕 메사 비문은 북왕국 오므리가 모압 정복]. 모압 왕 발락은 이스라엘을 저주하려고 왔다가 자신의 민족을 다스릴 이상왕이 이스라엘 민족 가운데서 일어날 것이라는 무서운 예언을 듣습니다.

문학적 관점에서 보면 이 네 예언들은 역동적인 전진감을 드러냅니다. 첫째, 각각의 예언은 바로 뒤따라 나오는 예언이 약간씩 더 길어지고 앞의 것보다 더 구체적이 됩니다. 또한 발락의 입장에서 볼 때는 사태가 더욱 악화되고, 이스라엘에게는 더욱 상서로운 축복 선언이 확장되고 추가됩니다. 둘째, 처음에는 발람 예언들이 하나님의 백성을 저주하는 것은 불가능하다는 점을 강조하다가, 나중에는 이스라엘을 저주하는 인근 족속들에 대한 하나님의 저주가 닥칠 것이라고 예언합니다. 셋째, 특히 하나님께서 당신의 백성 이스라엘에게 가져다주실 미래 축복으로 예언의 초점이 이동됩니다. 24장 마지막에서는 이스라엘의 이상왕이 인근 지역뿐만 아니라, 천하 만민을 통치하는 미래상이 전개됩니다. 이 단계에서는 발람이 22장의 첫 장면에 등장한 발람과는 너무나 동떨어진 인물, 즉 야웨의 영에 일시적으로 사로잡힌 야웨의 예언자로 변모되어 있습니다. 발람은 점진적 영적 개안을 통해 자신도 모르게 야웨의 영에 추동된 야웨의 대변인이 되어 버린 것입니다. 발람의 예언들은 '아브라함의 후손을 열국의 복이 되게 하시겠다'는 하나님의 원래 의도는 이방예언자가 추호도 변경할 수 없는 역사의 절대불변 상수임을 역설적인 방식으로 증명했습니다.

본문 강해

먼저 민수기 23장에 나오는 두 예언들을 살펴본 후 발람의 예언들이 갖는 신학적 의의를 살펴볼 것입니다. 민수기 23장은 하나님이 복 주신 아브라함의 후손을 저주하라고 고용된 이방신의 예언자가 하나님의 영에 추동되어 일시적으로 야웨 하나님의 예언자 과업을 수행하는 파안대소 상황을 증언합니다.

1. 발람 등장의 배경: 모압을 두렵게 하는 이스라엘의 질풍노도 같은 육박 (민 21-22장)

이스라엘 백성이 호르산을 떠나 에돔을 우회하여 가나안 땅을 향하여 발행하였을 때, 그들은 또다시 고달픈 광야 방황 여정을 인하여 하나님께 불평하다가 하나님께서 보낸 불뱀으로 큰 심판을 당했습니다[21:4-9]. 하지만 마침내 이스라엘은 요단 동편에 도착하여 아모리족의 두 왕인 헤스본의 시혼과 바산의 옥Og을 격파했습니다[21:1-35, 특히 21-35]. 하나님의 강권적인 은총으로 이스라엘은 요단 동쪽의 적대적인 아모리족의 두 왕 시혼과 옥Og을 격파한[21:1-35, 특히 21-35] 후에, 이제 가나안 땅 입구에 당도했습니다. 그러나 이스라엘 백성이 치러야 할 마지막 영적 전쟁이 남아 있었습니다.

모압 왕 발락과 미디안 족속의 파상적인 협공이 시작되었습니다[22:1]. 여기서 한 가지 질문이 생깁니다. 바산과 헤스본은 모압보다 위도가 높은 암몬보다도 더 위도가 높은 지역에 위치한, 요단 동편 도시국가들입니다. 이스라엘이 바산과 헤스본으로 어떻게 곧장 북진해 갔을까요? 네게브와 에돔을 우회하여 북상한다고 해도 모압과 암몬 몰래 그렇게 북쪽 도시국가들과 회전會戰하기가 쉽지 않았을 것입니다. 광야 생활 38년을 끝나고 가나안 국경 근처로 이동해 요단 동편 북쪽 지역 소재 헤스본과 바산과 전쟁할 정도로 가까워지려면 모압을 먼저 거쳐 갔어야 합니다. 그것이 정상적 행로입니다. 그런데 어떻게 이스라엘이 모압보다 훨씬 북쪽에 있는 헤스본과 바산을 먼저 정복했을까요? 에돔을 우회하여 간 길을 따라가다가 이스라엘이 요단 동편 북쪽 도시국가들과 곧장 회전會戰하게 되었을까요? 네게브의 도시국가 아랏 왕을 피하여 호르산을 거쳐 홍해 길을 따라 에돔을 우회하여 모압을 거치지 않고 곧장 헤스본과 바산으로 직행했다는 말일까요? 이 질문들에 대한 답변을 하기가 어렵습니다. 무엇보다도 에돔을 우회한 길이 어디를 가리키는지 분명치 않습니다[민 21:4]. 이런 지리적인 쟁점이 있음에도 불구하고 발람 예언의 대지를 파악하는 데는 어려움이 없습니다. 확실한 것은 이스라엘은 모압을 우회하고 에돔도 피하여 곧장 요단 동편 북쪽 도시국가들 국경까지 전진했다는 것입니다[오른쪽 지도 참조]. 모압이 이스라엘의 접근을 두려워한 이유가 바로 헤스본과 옥을 격파한 이스라엘 진의 위력 때문이었습니다.

이스라엘이 최근 아모리 족속의 두 왕 헤스본의 시혼과 바산의 옥에 대하여 거둔 승리 때문에 모압은 이스라엘의 접근을 전율스럽게 바라봅니다[22:3]. 이스라엘 민족은 헤스본과 옥에게 대승한 여세를 몰아 벧산을 거쳐 가나안 본토 북쪽[갈릴리]으로 곧장 진입할 수도 있었을 텐데, 무슨 이유에서였는지 다시 요단 동편 남단 모압으로 남진합니다. 모압의 위도는 유다 지파 영토와 거의 같거나 약간 낮습니다. 북쪽의 강대한 두 아모리 왕국을 격파하고 정복한 이스라엘 민족이 모압 쪽으로 남진해 왔을 때 모압 왕 발락이 공포에 사로잡힌 것은 이해할 만합니다. 자신의 나라 자원을 다 탕진하고도 남을 만큼 이스라엘 민족의 수가 증다했기 때문입니다. 모압 왕은 이스라엘 백성이 이미 하나님으로부터 친족인 모압을 공격하거나 약탈하지 말라는 명령창 19:3-38; 신 2:17-19을 들었다는 것도 몰랐습니다. 그래서 모압 왕 발락은 이와 같은 국가적 비상사태에 직면하여 비책을 강구하였습니다.

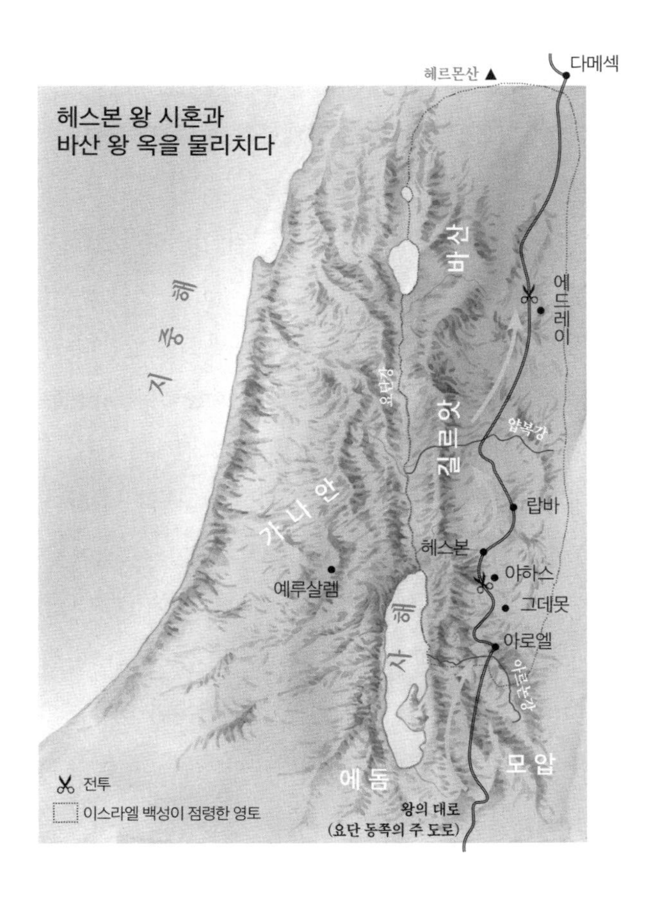

2. 발락의 환대와 하나님의 명령 사이에서 방황하는 발람 (23:1-6)

발락 왕은 엄청난 먼 거리에도 불구하고 사절단을 보내어 저주 전문 예언자 발람Balaam을 초청합니다[22:4-6]. 발람의 거주지인 브돌은 유프라테스 강변의 도시였으므로 모압과 미디안의 사신들은 약 600km 되는 먼 거리를 여행하였습니다. 이것은 당시의 여행 속도로 20-25일 걸리는 거리이며 따라서 네 번 왕복하려면 약 90일이 소요됩니다. 복채를 든 모압 장로들과 미디안 장로들[22:7]은 모압판 삼고초려를 한 셈입니다. 그러자 발람의 당나귀는 이 발람의 이스라엘 출장 저주기도 여정이 화를 자초할 것을 내다보고 반대 의사를 피력했습니다. 그러나 발람이 나귀를 때려 둘 사이에 파열이 생겼습니다. 이런 옥신각신을 거쳐 재물과 부귀를 약속받은 발람은 먼 거리를 불사하고 발락 진영에 합류해 발락의 극진한 환대를 받습니다[22:36-40]. 발락은 잔치를 베푼 후 다음 날 아침 일찍 이스라엘 백성이 메뚜기처럼 육박해 오는 전체 광경을 볼 수 있는 높은 곳으로 발람을 안내하였습니다[22:36-41]. 발람은 아침 일찍부터 저주기도 자세로 돌입합니다. 그러나 발람은 자신을 위한 최소한의 피난처를 만들어 놓습니다. 자신은 "하나님이 주시는 말씀만을 말할 뿐이다"라고 말합니다. 그런데 그는 오히려 하나님에게 엄청난 향응을 베풉니다. 발람은 자신이 하나님을 위하여 엄청난 번제를 드렸음을 상기시켰습니다. 하나님과의 거래를 시작한 것입니다[23:4]. 정상적인 신탁 중개를 위한 제사 때보다 훨씬 거창하고 풍성한 희생제물을 하나님께 바침으로써 이방신의 마음을 조작하듯이 하나님의 마음도 움직여 보려고 덤벼들었습니다. 그는 하나님을 설득하여 이스라엘을 향한 저주의 말을 한마디라도 얻어 내려고 애썼습니다.

일곱 수송아지와 일곱 양을 번제로 바친 후 아침부터 저주 축문을 외우기 시작하던 발람에게 하나님은 신속하게 응답하십니다. 하지만 여기서 반전이 일어납니다. 발락이 발람을 설득하여 이스라엘을 저주하도록 요청하였지만, 발람은 하나님의 강권적인 영靈의 작용에 의하여 오히려 이스라엘을 '축복하는' 예언을 시작했기 때문입니다. 발람은 23장 7-10절의 기도 응답을 받아 발락에게 돌아갑니다[22:36-23:6].

3. 이스라엘을 위한 발람의 축복을 담고 있는 발람의 두 예언 (23:7-30)

이 단락에서 인상적인 장면은 발람의 점진적 영적 개안開眼 과정입니다. 발락은 이스라엘을 저주하는 데 전혀 성과를 내지 못하는 발람을 보고 좌절합니다[민 22:39; 23:6; 23:13-17, 27-30]. 이러는 사이 발람은 점점 하나님 쪽으로 경사됩니다. 그는 영적 통찰력 면에서 비약적으로 진보합니다.

1) 발람의 첫 번째 예언 (7-12절): 열국 중 홀로 거하는 백성

발람은 발락의 기대[7절]와는 달리 이스라엘의 미래가 얼마나 상서로울지 축복 신탁을 쏟아내기 시작합니다. 이스라엘은 열국 중에서 아주 독특한 백성이요 의로운 백성이라고 선포합니다[9-10a절]. 이스라엘은 열국 중에 어떤 나라와도 비견될 수 없는 하나님의 거룩한 백성[출 19:5-6]이라는 것입니다[언약 사상이 명시적으로는 나오지 않습니다]. 열방 중 오로지 하나님께만 속한 백성이라는 것입니다. 이것이 바로 9절이 말하는 "열방 중에 홀로 거하는 백성"의 의미입니다. 또한 그는 야곱의 인구수는 티끌처럼 중다하여 셀 수가 없음을 미리 예견합니다[창 13:16]. 모압 왕 발락은 이스라엘을 "스스로 애굽에서 도망쳐 나온 한 백성"이라고 봤으나, 발람은 이스라엘 민족은 그냥 이집트를 스스로 탈출한 백성이 아님을 알아차린 것입니다. 이스라엘 민족은 하나님이 애굽에서 일부러 구출해 내신 백성임을 알아차렸습니다[22:5와 23:22 대조]. 발락이 저주를 부탁한 그 백성이 바로 하나님이 축복한 백성, 열방을 축복과 저주의 운명으로 가를 기준이 되는 백성임을 깨달았습니다[7-8절; 19-20절]. 발람은 시간이 갈수록 자신과 하나님, 자신과 이스라엘을 동일시하기 시작합니다. 그는 심지어 그 자신도 이스라엘처럼 축복되기를 원한다고 말합니다[10b절].

첫째 예언의 핵심은 9절입니다. 발람은 이스라엘의 본질을 꿰뚫어 봅니다. "이 백성은 홀로 살 것이다. 그를 여러 민족 중에 하나로 여기지 않으리라." 『개역개정』은 히브리 구문을 다소 의역합니다. 9절의 히브리어 구문을 직역하면 이렇습니다, '보라! 홀로 거하는 한 백성! 그는 (자신을) 열방 중 속한 자로 여기지 않는다.' 여기서 '여기지 않는다'라는 히브리어['로-이트하샵'[lô'-yitḩašābh]]의 주어는 "한 백성", 이스라엘입니다. 이스라엘이 홀로 거하며 열방들['고임']에 속한 자로 여기지 않는다는 말입니다. 이스라엘 민족이 하나님의 언약 백성으로서 열방들 가운데 뒤섞여 살면 안 된다는 사실을 암시하는 말입니다. 『개역개정』 10절 상반절은 맛소라 본문을 따르는 번역인데 어색한 번역입니다. "야곱의 티끌을 누가 능히 세며 이스라엘 사분의 일을 누가 능히 셀고?" 여기서 "사분의 일"이라고 번역된 히브리어 '로바-이스라엘'[rôba' iśrā'ēl]은 민수기 10장 36절의 '리브보트 알페 이스라엘'[ribĕbôth 'alpê iśrā'ēl "이스라엘 종족들에게"/『개역한글』: "이스라엘 천만인"으로 번역됨]을 필사하는 과정에서 발생한 오기처럼 보입니다. 10절 상반절의 둘째 소절의 '미쉬파르'[mispār]는 '이쉬파르'[ispār]의 오기일 것입니다. 10절 상반절의 첫 소절의 동사는 "세다", 혹은 "측량하다"를 의미하는 동사 '마나'[mānā]인데 '이쉬파르'는 '마나'와 대구를 이룬다고 볼 수 있습니다. 칠십인역도 우리의 본문 재구성을 지지합니다. 칠십인역 10절 상반절의 헬라어 문장과 그것의 직역은 다음과 같습니다.

τίς ἐξηκριβάσατο τὸ σπέρμα Ιακωβ
καὶ τίς ἐξαριθμήσεται δήμους Ισραηλ

Who has exactly calculated the seed of Jacob,
and who shall number the families of Israel?

칠십인역을 번역하면, '누가 야곱의 씨를 정확하게 계수했으며, 누가 이스라엘의 가문들을 셀 수 있을 것인가'입니다. 칠십인역은 맛소라 본문 '로바 이스라엘'을 '데무스 이스라엘'이라고 번역해 10절 상반절의 첫 소절과 둘째 소절의 대구 관계를 잘 반영하고 있습니다. '데무스'는 인구, 사람들을 가리키는 '데모스'의 속격입니다. ICC 주석 시리즈의 민수기 주석을 쓴 조지 그레이G. Gray도 우리의 본문 재구성과 거의 같은 입장을 취합니다G. Gray, *Numbers* (ICC), 347. 우리는 여기서 맛소라보다는 칠십인역을 바탕으로 본문을 재구성하는 편을 택합니다. 그래야 10절의 대구가 살 수 있습니다. 발람이 이스라엘의 장막들 사 분의 일만 보고도 그 중다함에 놀랐다는 사실을 가리킨다고 생각하는 사람들은 맛소라 본문 '로마-이스라엘', 즉 "사 분의 일"은 그대로 두려고 합니다. 그런 경우 10절의 대구는 살리지 못할 뿐만 아니라, 발람이 이스라엘 장막들 사 분의 일만 봤다고 볼 본문상의 실마리가 없다는 것도 문제가 됩니다. 결국 칠십인역을 바탕으로 본문을 재구성하면 10절 상반절은 다음과 같이 번역될 수 있습니다. '누가 야곱의 티끌을 세며, 누가 이스라엘의 종족들을 셀 수 있을까?창 13:16; 28:14; 민 10:36' 발람은 여기서 아브라함에게 하신 하나님의 생육, 번성의 축복이 가나안으로 육박하는 이스라엘 지파들에게서 이미 성취되었음을 본 것입니다.

첫째 예언의 요지는 광야의 이스라엘은 아브라함의 후손들로서 이미 아브라함에게 주신 복을 경험하고 있는 성민이라는 사실입니다. "야웨 하나님"이나 "아브라함"을 명시적으로 언급하지는 않고 있지만, 발람은 이스라엘 민족이 비상한 선민의식을 가진 중대한 민족임을 간파했습니다. 아브라함 언약을 세세히 몰랐을 수 있지만, 발람은 이스라엘을 축복하는 자를 축복하고 이스라엘을 저주하는 자를 저주하시겠다는 하나님의 약속을 의식하고 있는 것처럼 보입니다. 그래서 발람 자신도 의인들의 죽음, 즉 의를 인하여 그리고 의를 위하여 죽을 수 있는 사람이 되기를 원하며 자신의 종말도 의인들의 종말처럼 되기를 원한다고 말합니다. 발람은 이스라엘이 하나님과 언약 관계로 묶인 백성, 즉 의인들'여사림'인 것을 감지한 것처럼 말한 것입니다. '여사림'의인들은 하나님 앞에서 계약적 의무를 지고 사는 사람들을 가리킵니다. 의를 준행하도록 작정된 사람들이라는 의미입니다.

이 충격적인 발람의 이스라엘 예찬 예언을 듣고 발락은 경악했습니다. 모압 왕 발락은 화가 났지만 어찌할 도리가 없어 발람에게 다시 한번 이스라엘을 저주해 달라고 강청합니다13-17절. 그러나 발람은 요지부동입니다. 그는 또 하나님의 말씀만 증거할 것이라고 말합니다11-12절. 그러자 발락은 이스라엘 백성이 보다 적게 보이는 지역으로 발람을 데려갑니다. 이스라엘을 저주하기에 좋은 각도를 보여주려고 한 것입니다. 발락은 이스라엘의 압도적인 강력함에 의하여 발람의 예언이 영향을 받았을 것이라고 생각하였을지도 모릅니다. 그는 발람이 신탁 내용을 바꾸어 줄 수 있을 것이라는 희망을 가지고13절 이스라엘의 끝만 보이는 비스가 산꼭대기로 발람을 인도했습니다. 물론 이번에도 발락은 일곱 황소 및 염소 희생제물들을 드립니다. 야웨의 호의를 받아내려고 안간힘을 썼습니다. 이내 발람은 두 번째 메시지를 받습니다[14-17절].

2) 발람의 두 번째 예언 (18-26절): 열방을 지배하고 통치할 이스라엘 백성

발람은 이스라엘 백성은 하나님을 자신들의 힘으로 삼는 백성이라서 강력하고 난공불패의 공동체라고 선포합니다. 하나님은 거짓말을 하지 않으시고 스스로 말씀하신 바를 변개할 수 없기 때문에, 자신도 하나님의 축복 의도에 입각하여 이스라엘에게 축복 예언을 말할 수밖에 없다는 점을 부각시킵니다[18-20절]. 19-20절은 이스라엘의 하나님 야웨에 대한 발람의 이해입니다. 첫째, 하나님은 당신의 약속을 반드시 성취하시는 진실하신 하나님이라는 것입니다. 둘째, 이스라엘을 향한 하나님의 복은 취소 불가능하며, 따라서 절대적으로 확실한 복이라는 것입니다. 하나님은 이스라엘에게 작정하신 것, 약속하신 것을 반드시 실행하십니다. 발람은 하나님은 어떤 경우에도 이스라엘과 함께하신다는 사실을 언명합니다[21절]. 어떤 점에서 하나님은 이스라엘과 함께하시며, 이스라엘에게 작정하신 계획을 성취하실까요? 21-24절이 이 질문에 대한 답변입니다. 이 네 절이 발람의 둘째 예언의 핵심입니다.

첫째, 이스라엘의 하나님은 야곱의 허물과 이스라엘의 반역에도 불구하고 그들과 함께하신다는 것입니다. 이스라엘에 대한 하나님의 계약적 투신은 야곱의 허물도 초극한다는 것입니다. 21절 마지막 소절의 의미는 애매모호합니다. 히브리어 구문을 음역하면 '터루아트 멜렉보'[tĕrû'ath melekh bô]입니다. '터루아트'는 왕을 부르는 환호성입니다. '야웨 우리 왕, 이스라엘의 왕!'입니다. 야곱과 이스라엘은 인간 왕이 다스리는 왕조 국가를 세워 200년 정도 존속했다가 멸망당했습니다. 그 쓰라린 인간 왕정 실패 경험 후 "이스라엘의 참된 왕은 야웨 하나님뿐이시다"[시 74:12; 사 33:22]라는 신앙

이 생겨났습니다. 야곱의 허물, 이스라엘의 반역은 하나님을 왕으로 모시기보다는 인간 왕을 세워달라고 소리치던 사무엘상 8장부터 그 조짐이 보였습니다. 인간의 왕이 다스린 북이스라엘의 역사 200년은 하나님께 대한 반역을 범한 시기였습니다. 하지만 하나님은 당신의 왕 되심을 거부하고 열방의 왕 같은 자를 세워달라고 요구하던 이스라엘의 패역과 허물에도 불구하고 다시 이스라엘을 하나님의 언약 백성으로 재활 복구시켜 주셨습니다. 그때 이스라엘은 하나님만을 참된 이스라엘의 왕이시라고 고백합니다. 그런 각성에 이른 이스라엘 안에는 "우리 왕 하나님" 사상이 생겨났습니다. 21절 마지막 소절은 이런 감격을 반영합니다. 이스라엘 민족은 죄와 패역을 범하고 징벌을 받았습니다. 하지만 그 후 자신들의 패역을 초극하면서 자신들을 보호해 주시는 하나님을 왕으로 모시고 사는 신정 왕국의 기초를 놓았습니다[21절]! 22절에 따르면 이스라엘 하나님의 왕 되심의 결정적인 증거는 들소 같은 권능으로 출애굽을 행하신 사건입니다. 출애굽의 목적은 하나님이 이스라엘을 영원토록 다스리려는 목적을 성취하기 위함이었습니다[출 15:18]. 하나님의 다스림 안에 살아가는 이스라엘을 파괴할 복술과 점술은 있을 수 없습니다. 이스라엘을 해하려고 복술을 시도해 본 자들은 깨닫게 될 것입니다. "이스라엘을 위하여 하나님께서 행하신 일이 어찌 그리 크냐!" 이처럼 발람은 하나님이 이스라엘의 방호벽이요 방패임을 선언합니다[22-23절]. 그 결과 이스라엘은 앞으로 대적들과의 싸움에서 마치 사자가 그 먹이를 덮치듯이 항상 승리하게 될 것입니다[24절]. 여기서 창세기 49장 8-10절의 유다 지파의 이미지가 떠오릅니다. 홀, 별, 사자 등 이미지 면에서 민수기 23장 24절은 창세기 49장의 유다에 대한 야곱의 축복을 되울리고 있습니다. 이 발람 신탁의 숨은 주제가 다윗 왕국에 대한 칭송이요 다윗 왕권의 열방 지배 정당화임을 알게 됩니다. 아브라함 언약은 다윗 언약에 와서 중간결산이 이뤄지는 셈입니다. 둘째 예언의 요지는 어떤 나라도 이스라엘을 대적해서는 안 된다는 것입니다. 하나님이 왕으로 다스리는 이스라엘은 난공불패의 민족이기 때문입니다.

이스라엘의 찬란한 미래를 예언하는 발람의 불가항력적 신탁에 대하여 발락은 격노하였으나 어찌할 도리를 찾지 못하였습니다[23:25-24:2]. 그래서 발락은 발람에게 아예 차라리 아무 말도 하지 말라고 명령하기에 이릅니다. 하지만 발람은 하나님의 명하시는 바를 초지일관 숨김없이 선포합니다[23:25-26].

그럼에도 불구하고 발락은 이스라엘을 저주하려는 자신의 초지를 결코 포기하지 않습니다. 그래서 발락은 발람의 조작적 제의를 통하여 야웨가 혹시나 마음을 바꾸지 않을까 하여 발람을 또 다른 장소로[브올] 데리고 갑니다[23:27-28]. 광야가 내려다보이는 브올산에서 마지막으로 일곱 수송아지, 일곱 양 번제를 드리며 모압 왕은 발람에게 또다시 저주기도를 요청합니다. 하지만 발람은 이제 더 이상 야웨 하나님께 어떤 길흉 신탁을 구하지 않습니다. 그는 이스라엘의 하나님이 인간의 제의나 기도로 조작될 분이 아닌, 절대주권을 가진 독특한 하나님임을 깨달았기 때문입니다. 자신이 말씀하신 바를 성취하시는 하나님임을 알게 되었기 때문입니다[23:18-24]. 그는 이제 하나님이 이교도적인 일곱 숫양, 일곱 양 제사로 뜻을 바꿀 수 있는 하나님이 아님을 알고 이전에 쓰던 사술[詐術]을 포기한 것입니다[23:29-24:1].

지파별로 행진해 오고 있는 이스라엘을 아예 처음부터 축복해 주는 것이 야웨 하나님을 기쁘게 할 것임을 안 후부터 발람은 광야로 낯을 돌려서 이스라엘을 위한 축복기도를 쏟아냅니다. 지파대로 거하는 이스라엘의 미래 번영과 풍요, 위세당당한 민족웅비상을 노래합니다. 발람은 하나님의 영으로 가득 찬 상태에서 미래를 통찰하고 예견합니다[24:2].

결단의 말씀

하나님은 이스라엘의 하나님이시지만 만민의 하나님이시기도 합니다. 이방예언자 발람은 하나님의 계시에 민감하고 수용적인 예언자였습니다. 그는 모압 왕에게 고용된 프리랜서 저주기도 전문가로 이스라엘을 멀리서 조망하고 이스라엘 민족의 정체성을 알고 하나님의 의도대로 예언하기 시작했습니다. 그는 이스라엘의 정통 예언자처럼 하나님이 이스라엘을 어떻게 다루시는지를 정확하게 이해하고 진술했습니다. 발람의 첫째, 둘째 예언에는 이스라엘 구속사의 뼈대 같은 주제가 다 들어 있습니다. 첫째, 이스라엘은 하나님께 속한 백성입니다. 열국 중에서 거룩하게 구별되고 거리를 두는 성민입니다. 비록 아브라함은 몰랐으나, 발람은 이스라엘이 하나님께 거룩하게 구별된 존재, 특별 가호를 받는 존재임을 알았습니다. 아브라함의 언약이 성취되어 야곱의 후손이 땅의 티끌처럼 번성해진 것을 보았습니다. 둘째, 이스라엘의 이집트 탈출은 하나님이 주도하신 구원의 탈출임을 깨달았습니다. 셋째, 이스라엘은 하나님께 죄와 허물을 범하겠지만 하나님은 이스라엘의 허물과 반역에도 불구하고 그를 붙들어 주십니다. 이스라엘은 하나님의 징벌을 받을지라도 버림받지 않을 것이며, 끝내 하나님이 이스라엘의 왕으로 영접되고 환호될 것입니다. 그 결과 이스라엘은 하나님 덕분에 난공불패의 민족으로 간주될 것입니다. 넷째, 이스라엘은 군사적인 강국이 됩니다. 암사자 같은 강한 나라가 될 것입니다.

요약합니다. 이 두 예언에는 이스라엘 구속사의 백두대간 서사 몇 꼭지가 다 포함되어 있습니다. 아브라함 언약, 이스라엘의 독특한 정체성 이해,

선민 이스라엘과 출애굽, 반역과 허물에 대한 징벌, 그리고 야웨 하나님을 다시 왕으로 영접하는 이스라엘의 대각성, 다윗 왕국이 이룰 이스라엘의 군사적 헤게모니 성취 등이 시적인 암시 형식으로 언급됩니다.

발람의 예언은 하나님의 신실하심이 이스라엘 역사를 지탱하는 원동력임을 분명하게 말합니다. 이스라엘에 대한 하나님의 언약적 신실성은 인류에 대한 하나님의 언약적 신실성을 의미합니다. 하나님은 모든 인류를 사랑하시지만 특별히 택한 사람들을 통해 그 사랑을 펼치십니다. 발람의 예언은 모압을 멸시하고 이스라엘을 편애하는 하나님을 부각시키는 것이 아닙니다. 하나님의 이스라엘 특별대우는 인류에 대한 하나님의 특별한 사랑과 언약적 가호를 표현하는 방식일 뿐입니다. 바울은 아브라함의 후손 예수 그리스도를 통해 이스라엘을 대우하시는 그 언약적 가호와 특별한 사랑이 온 인류를 향해 나타났다고 선언했습니다갈 3:8-29. 아브라함의 후손 이스라엘에 대한 하나님의 특별대우와 특별사랑과 보호의 구원 서사는 이제 전 인류를 향한 하나님의 특별대우와 특별사랑의 구원 서사가 되었다고 말합니다. 하나님은 아담과 하와를 만물의 영장으로 택해, 지구를 관리하고 연약한 피조물들인 동물들을 잘 돌보며 다스리는 사명을 주셨습니다. 그러나 아담과 하와는 이 사명을 수행하는 데 실패했습니다. 아담의 후손들은 죄와 반역으로 하나님의 진노와 징벌을 촉발시켰습니다. 그럼에도 불구하고 하나님은 인간들에 대한 사랑을 거둬들이지 않고 아브라함의 후손들을 다시 택해 인류에 대한 사랑을 이어갔습니다. 아브라함과 그 후손을 택한 목적이 천하 만민을 하나님의 구원과 복으로 다시 초청하기 위함이었습니다. 이런 관점에서 보면 이스라엘을 선민으로 특별대우했다고 해서 하나님이 만민을 버리고 배척하신 것은 아님을 분명히 알 수 있습니다. 발람의 첫째, 둘째 예언에는 바울의 보편적 하나님 사랑 메시지가 충분히 드러나지는 않습니다만 그 두 예언이 폐쇄적 선민사상을 옹호하는 데 방점을 찍지는 않는다는 점은 분명합니다.

아브라함의 후손을 저주하는 데 실패한 발락과 발람

민수기 24:1-25

김회권
숭실대학교

도입

본문은 발람의 셋째, 넷째 예언을 담고 있습니다. 발람은 이스라엘 민족의 정체성과 그 역사적 행로에 대하여 예언한 후 이제 이스라엘의 열방 통치 권세 절정에 천하 만민을 다스릴 이상왕을 배출할 민족임을 예언합니다. 발람은 모압 왕이 도저히 저주할 수도 없고 이길 수도 없는 이스라엘 민족의 진면목을 선포한 것입니다.

본문 강해

1. 발람의 세 번째 예언 (1-9절): 이스라엘을 저주하는 자의 종말

발람은 이제 한 걸음 더 나아가서 이스라엘의 위대성을 알아차리고, 그들을 축복하는 자들을 축복하고 그들을 저주하는 자들을 저주하게 됩니다아브라함 언약의 실행, 1-2절. 발람은 자신이 이스라엘을 축복하는 것을 야웨께서 선히 여기신다는 것을 감지하고 더 이상 점술에 호소하지도 않고 광야에서 쇄도하는 이스라엘을 직접 관찰하고 주목합니다. 그는 적극적으로 이스라엘을 향한 하나님의 의지를 알아차리고 하나님을 찬양합니다3-4절. 광야에서 지파별로 장막을 치는 이스라엘 민족의 기상을 주목하고 있는 발람에게 하나님의 영이 임했습니다. 24장 4-9절은 셋째 예언의 핵심을 담고 있습니다.

4절에서 발람은 자신에게 일어난 변화를 말합니다. 발람은 자신을 가리켜 "하나님의 말씀을 듣는 자", "전능자의 환상을 보는 자", "엎드려져서 눈을 뜬 자"라고 말합니다. 히브리어 구문에는 현재 능동 분사형이 두 개가 나오고 미완료 정동사가 한번 사용됩니다. 음역하면 이렇습니다. '느움 쇼메 이머레-엘 아쉐르 마하제 샤다이 에흐제 노펠 우글루이 에나임.' 직역해 봅니다. "하나님의 말씀들을 (지속적으로) '경청하는능동 분사 '쇼메' 자'의 말씀. 그는 전능자의 환상을 본다'하자' 동사의 3인칭 남성 단수 미완료 정동사. 엎드린 채능동 분사형 '노펠' 그리고 두 눈이 열린 채." 발람은 엎드린 채 두 눈을 열어놓고 하나님 말씀들을 지속적으로 들으며 환상을 봅니다. 그 결과가 4절 이하의 메시지입니다.

먼저 발람은 이스라엘의 장엄함과 복스러움을 선포합니다5-6절. 5절은 감탄문입니다. '야곱아 네 장막들이, 이스라엘이여, 네 거처들이 얼마나 아름다운고!' 넓게 펼쳐진 이스라엘 지파들의 장막 대형이 골짜기 같고 강가의 동산 같으며 야웨께서 심은 침향목들과 물가에 심긴 백향목 같다는 것입니다. 5절은 야곱이 장차 엄청난 부와 번영을 누릴 것임을 표현하는 시적 표현입니다. 장막들과 거처들은 광야에 머문 그 장막들이나 거처를 가리킨다기보다는 앞으로 가나안에 들어가 차지할 영토, 거주지를 말하는 것처럼 보입니다. 7절은 이스라엘이 물이 충분히 공급되는 거처들이나 영토에서 살게 될 것이며 그 결과 이스라엘의 왕이 아각왕보다 높을 것이며 그의 나라가 흥왕할 것임을 말합니다. 이스라엘은 물가에 심긴 나무처럼 번성할 것입니다. 이스라엘의 위력은 통에 물이 넘치듯이 주변에 흘러넘칠 것입니다. 아각왕은 이스라엘의 숙적 아말렉의 왕입니다. 그런데 그 아말렉의 아각왕은 사울왕에게 나포되어 잠시 살아났으나[사울의 봉신] 사무엘 선지자에게 죽임을 당한 이방 왕입니다[삼상 15:8]. 이스라엘은 아말렉과 아각을 압도해 버렸습니다. 8절 상반절은 23장 22절을 반복합니다. 하나님이 이스라엘을 출애굽 시키셨으며, 이스라엘의 힘은 들소의 힘처럼 강대합니다. 23장 22절에서는 들소의 힘은 하나님의 힘을 가리키는 것처럼 보였으나, 여기서는 이스라엘의 힘을 지칭하는 것처럼 보입니다. 이스라엘은 강대한 군사력으로 적대적인 열방들을 압도할 것이며 그들의 뼈를 분쇄하고 화살로 꿰뚫을 것입니다. 한마디로 말해 장차 이스라엘 백성은 더욱 위대하고 강력하여질 것이며, 그의 대적들을 멸절시킬 만큼 강력한 공동체가 될 것입니다. 이스라엘은 꿇어앉고 일어섬에 있어서 수사자와 암사자 같게 될 것입니다. 먹을 것을 움킨 사자 이미지[23:24]가 24장 9절에서 다시 사용됩니다. "이 백성이 암사자같이 일어나고 수사자 같이 일어나서 움킨 것을 먹으며 죽인 피를 마시기 전에는 눕지 아니하리로다…"[23:24]. 사자는 이길 때까지 누워 쉬지 않는 불패·불퇴의 최강 포식자입니다. 그런데 사자는 사냥감을 단번 가로채기 위해 낮게 엎드리거나 꿇어앉았다가 전광석화처럼 먹이감을 덮칩니다[24:7, 8b-9a]. 꿇어앉아 있는 사자를 가볍게 보면 안 되듯이, 이스라엘이 무릎을 꿇고 앉아 있다고 그가 허약하고 비겁한 패배자나 약자가 되었다는 뜻이 아닙니다. 이스라엘은 수세에 처해 있다가 금세 공세를 취하는 사자 같은 용맹무쌍함과 천하무적 강력을 자랑합니다. 어떻게 이런 일이 가능할까요? 이스라엘의 배후에는 출애굽의 하나님이 계시기 때문입니다[8a절]. 이런 이스라엘의 강대국화를 통해 한 가지 사실이 분명해질 것입니다. "이스라엘은 열방을 축복과 저주의 운명으로 가르는 기준점이 될" 것이라는 사실입니다. 그래서 결국 이스라엘을 축복하는 자는 복을 받을 것이요 저주하는 자는 저주를 받을 수밖에 없을 것임을 예언합니다[9b절].

발락은 이제 격노하여 발람을 통하여 이스라엘을 저주할 수 있다는 계획을 포기하기에 이릅니다[10-13절]. 이 기가 막힌 세 번째 축복 예언을 들은 발락은 노하여 손뼉을 치며 발람을 향해 "썩 꺼지라"고 소리쳤습니다[10-11절]. 그래도 발람은 하나님이 자신에게 주신 말씀을 벗어날 수 없다는 자신의 원칙을 고수하며 버팁니다[12-13절]. 발람이 돌아가는 귀로에 저 유명한 네 번째 예언, 즉 이상왕 도래에 대한 예언을 선포합니다.

2. 발람의 네 번째 예언 (14-24절): 메시아 배출 민족 이스라엘

발람은 진실로 이스라엘을 향하신 하나님의 장엄한 계획을 간파하고 하나님을 찬양합니다[15-16절]. 24장 16절은 24장 4절을 사실상 반복합니다. 단 한 가지 면에서 발람의 자기 이해가 추가되어 있습니다. "지극히 높은 자의 지식을 아는 자"입니다. 이 어구의 히브리어를 음역하고 직역하면 다음과 같습니다. '요데에 다아트 엘리욘.' 창세기 14장에서 멜기세덱이 하나님을 부를 때, 욥기에서 욥이 하나님을 부를 때 사용되는 호칭이, '엘리욘'입니다. 개역개정은 '지극히 높은 자'[하나님]라고 번역합니다. '엘리욘'은 하늘 천상의 만신전에서 최고신을 가리키는 말입니다. 인간의 역사와 생사화복을 관장하는 최고 대권을 가진 신입니다. 발람은 이스라엘의 하나님을 엘리욘이라고 부릅니다. 아브라함이 야웨 하나님을 부를 때 썼던 그 칭호로 이스라엘의 하나님을 부릅니다. 발람은 스스로를 지극히 높은 하나님의 역사 주재 비밀을 아는 자라고 말합니다. 그 하나님의 역사 주재 비밀에 대한 한 가지 지식이 14절에 나옵니다. 14절에서 먼 미래에 이스라엘 역사에서 일어날 일을 예언합니다. 여기서 발람은 야곱의 별로 일컬어지는 한 이상왕의 등장과 그가 이끌 한 이상적인 미래 왕국의 도래와 현재의 근방 왕국들의 몰락을 예언합니다17-19절. 이스라엘이 발락의 백성들에게 가할 공세적인 제압을 예언합니다14절. 먼 미래에 이스라엘에서 나올 그 별과 홀笏은 세계를 다스릴 이상왕의 정치적 영도력을 발휘할 것입니다. 열방들은 이상왕에게 복종하여야 합니다. 모압과 인근 나라들은 그 이상왕이 지도하는 미래 이스라엘에게 예속될 것입니다. 현재 활약하고 있는 세상 지도자왕국들들은 멸망될 것입니다. 아말렉, 가인 족속겐 족속, 곧 미디안 족속, 앗수르, 에벨은 쇠망하거나 학대를 당할 것입니다20-24절. 팔레스타인 인근 나라들을 제압한 앗수르는 또 다른 강력한 신흥 세력인 깃딤에게 압도당합니다. 열방들은 물고 물리는 싸움을 거듭합니다. 그 사이 이스라엘은 흥왕하고 번성합니다. 이스라엘의 숙적들의 미래는 참혹하고 가련할 것이지만, 이스라엘의 왕 야곱의 별은 용감한 이스라엘을 만들어 주변 대적들을 정복할 것입니다. 여기서 팔레스타인 인근 나라들을 포로로 사로잡은 앗수르 자체가 깃딤의 배들에게 공격을 받는 미래가 언급됩니다23-24절. 23-24절의 국제적 흥망성쇠, 민족들의 영고부침 예언이 과연 어떤 역사적 맥락에서 성취되었는지 확인하기가 쉽지 않습니다. 다만 현재 광야에서 유리방황하는 이스라엘 민족이 이렇게 장엄한 역사의 주인공이 되리라는 것은 하나님의 영에 추동된 사람만이 발설할 수 있는 미래입니다. 이 넷째 예언의 세부적인 성취 여부는 다 확인되지 못했습니다. 그럼에도 대략적인 윤곽만으로 보자면 그 대지 파악이 어렵지는 않습니다. 발람의 넷째 예언은 다윗 시대나 요시야, 히스기야 시대에 부분적으로 혹은 불완전한 수준으로 성취된 것으로 볼 수 있습니다. 주석가들은 대체로 야곱의 별, 이스라엘에게서 나온 홀笏 예언은 부분적으로 다윗왕과 다윗의 왕적인 영도력을 계승한 왕들에 의하여 부분적으로 성취되었다는 데 의견일치를 보고 있습니다다윗, 오므리, 웃시야, 히스기야 등. 발람의 세 번째 예언이 사사시대 혹은 12지파의 이상적인 통일을 이룬 통일왕국 시대를 이상화하고 있다면, 네 번째 예언은 통일왕정 시대가 가져올 부국 강성의 번영을 미리 내다본다고 볼 수 있습니다. 전체적으로 다윗 시대가 발람의 예언이 겨냥하는 중간 기착점이며 예수 그리스도와 그의 나라가 종말론적 목적지로 해석될 수 있습니다.

3. 발람의 예언들을 떠받치는 중심: 아브라함 언약

발람의 예언들을 떠받치는 신학은 아브라함 언약과 다윗 언약입니다. 발락은 전혀 이해하지 못했던 것이자 또 이해하려고도 하지 않은 사실이지만, 시간이 갈수록 발람은 점점 깊이 깨달았던 엄청나게 중차대한 사실은 하나님께서 아브라함과 맺은 언약의 틀 안에서 이스라엘의 보호자, 왕이 되어 주신다는 진실입니다. 발람의 예언들은 이스라엘과 하나님 사이에 있는 언약 관계의 본질과 위력을 이방인의 관점에서 아주 생동감 넘치는 필치로 그려냈습니다. 하나님은 이스라엘의 허물에도 불구하고 계약을 파기하시지 않습니다. 약속하신 것, 작정하신 것을 반드시 이루시는 하나님이십니다. 하나님은 역사의 주관자시며 절대주권적 자유자이시기 때문입니다. 저주 예언자 발람을 고용해서도 모압 왕 발락이 계약 관계를 소멸시킬 수 없습니다. 이교도적 사술이나 복술로도 이 계약 관계는 깨어질 수 없는 것입니다. 심지어 이스라엘의 죄악도 하나님이 아브라함에게 은혜로 베푸신 언약을 단절시킬 수 없습니다. 하물며 어찌 한갓 허무한 이교도 복술가인 발람이 이 언약 관계를 변형시킬 수 있거나 반전시킬 수 있었을까요[민 22:5-6; 23:7-8]? 불가능합니다. 그런데도 이런 사태의 진실을 전혀 모르는 발락은 발람에게 이스라엘을 저주해달라고 했으니 이 얼마나 어리석은 시도였습니까? 결론적으로 이 네 편의 발람 예언들은 광야 38년 동안 시내산 계약의 요구 아래서 무수한 징계와 심판을 경험한 이스라엘 백성에게 주어진 예기치 않았던 위로였습니다. 시내산 계약의 요구에는 한없이 넘어지고 실패하였지만, 그럼에도 이스라엘 백성은 가나안 땅 쪽으로 진일보하였던 것입니다. 가나안 땅 정복은 하나님께서 아브라함과 그 후손에게 가나안 땅을 선물로 주시겠다는 언약의 핵심이었습니다[창 12-15장]. 결국 발람의 예언들은 창세기 12장 1-3절의 실제적 반증 사건입니다. 열국을 축복과 저주의 운명으로 양분할 기준 백성인 이스라엘과 하나님 사이에 작용하는 엄청난 계약적 특권과 위력을 생생하게 보여줍니다. 가나안 정착 후 이스라엘의 역사는 숱한 "발락"들과 "발람"들의 발악에 찬 도전을 받을 것입니다. 그러나 하나님과 아브라함과 맺은 언약이 이스라엘을 지켜 줄 것입니다. 왕국 시대의 초입에 아브라함 언약은 부분적으로 다윗 언약으로 발전적으로 계승됩니다. 다윗 언약 속에서 아브라함 언약은 중간단계의 성취를 맛봅니다.

결론적으로 발락과 발람은 각자 자기 길로 자기 고향으로 돌아갑니다[25절]. 둘의 동맹은 대실패로 끝났습니다. 하나님을 대적하는 세상 군왕들과 모사들의 동맹은 실패할 수밖에 없습니다. 이스라엘을 저주하려고 왔다가 이스라엘의 미래 번영과 세계 통치 국가로서의 사명을 미리 엿본 발락과 발람은 낙담천만해 돌아갔습니다. 이방 선지자의 입을 통한 이스라엘의 번영 예언은 광야 경험의 모든 부정적 양상들을 상쇄할 만한 예언이요 현실초극적이요 기투企投적인 예언이었기 때문입니다. 발람의 예언들은 왜 이스라엘이 약속의 땅을 차지하는 전진에서 거침없이 돌진할 수 있는지 그 이유를 설명하는 계시적인 내용들을 제공합니다. 비록 이스라엘은 아직도 죄를 짓고 하나님께 심판과 징벌을 당하고 있는 백성이지만 이스라엘이 승승장구하면서 약속의 땅을 정복하기 위하여 육박합니다. 그런데 그 이스라엘의 가나안행 전진은 이스라엘 백성 자체의 용기로 설명될 수는 없습니다. 하나님께서 아브라함에게 베푸신 그의 언약의 말씀을 성취하고 계시기 때문인 것입니다창 12:3; 27:29.

결단의 말씀

발람의 셋째, 넷째 예언도 구속사적 백두대간 서사들을 다룹니다. 민수기 24장도 하나님의 선민 이스라엘의 역사를 해석하는 통찰을 주는 본문이긴 하지만 보통 신자들이 자신의 영성생활이나 건덕을 위해 적용하기가 쉽지 않습니다. 셋째, 넷째 예언의 공통 주제는 이스라엘의 국운 상승입니다. 그 결과 주변 나라들을 복속시키는 패권국가가 된다는 스토리입니다. 이 이스라엘의 국운 상승과 세계적 패권국가화에 대한 몰입적 예찬을 하다 보면 정치적 친이스라엘 입장을 취하여 오늘날 아랍과 팔레스타인 사람들에 대한 이스라엘 정부의 압제적 정책도 승인하거나 정당화하기 쉽습니다. 이런 점에서 구약성서의 설교는 주 예수 그리스도의 십자가와 부활 진리의 빛 아래서 주석된 이후에야 가능하다는 점을 강조하지 않을 수 없습니다. 구약성서를 가장 잘 해석하신 분은 우리 주 예수 그리스도이시며 예수 그리스도의 구약 해석을 가장 충실히 계승한 사도가 바울입니다. 예수님과 바울은 이스라엘이 인근 열방을 정복하고 병합하고 복속시키는 군사적 그림 언어를 십자가와 부활의 진리로 해석했습니다. 야곱에게 나온 별, 이스라엘에게 나온 규笏, King's Ruler/Royal Staff 예언은 다윗이나 오므리, 웃시야나 히스기야 같은 군사적 군주에 의해 부분적으로 혹은 불완전한 수준에서 성취된 것은 사실입니다. 하지만 발람의 넷째 예언의 궁극적 성취는 우리 주 예수 그리스도의 십자가와 부활에서 일어났습니다. 예수님은 자신이 지신 십자가로 정사와 권세들을 폐위시키고 무장해제시키셨습니다골 2:15. 야곱의 별, 이스라엘에서 나온 규는 폭력적인 군사력으로 열방을 정복한 것이 아니라, 자신의 목숨을 대속물로 내어주심으로 열방의 마음을 지배했습니다. 예수 그리스도는 열방의 영토나 도시들이나 요새들을 정복한 것이 아니라, 마음을 사로잡았습니다. 인간의 마음을 포획하는 예수님의 무기는 말씀과 성령의 감화감동입니다. 구약성서의 모든 군사적 그림 언어는 나사렛 예수와 바울의 십자가와 부활의 궁극진리의 빛 아래서 해석되어야 합니다. 창세기 18장 18-19절은 아브라함의 후손 이스라엘이 인근 주변 나라들과 민족들에게 복이 되기 위해서 의'체데크'와 공도'미쉬파트'를 실행해야 함을 천명합니다. 의와 공도 실천은 신약에 와서 자기부인의 도로 승화됩니다. 자기 십자가를 지고 주 예수 그리스도가 걸어가신 하나님 전심사랑과 이웃사랑의 길을 가는 것이 세상을 이기는 승리 법칙입니다요일 5:4. 이런 싸움에서 진 자가 이긴 자에게 굴복하는 것이 구원이 되는 싸움은 믿음의 선한 싸움입니다. 우리의 싸움은 혈과 육으로 하는 싸움이 아니라, 싸움에서 진 자가 하나님의 포로로 투항하고 항복함으로써 구원을 누리게 하는 싸움입니다. 발람의 셋째, 넷째 예언의 참 성취자는 자기 목숨을 많은 사람의 대속물로 주심으로써, 스스로 만인을 위한 사랑과 섬김의 노예가 됨으로 만민을 다스리는 으뜸왕이 되신 예수 그리스도입니다. 십자가에 달리신 예수님만이 만민을 이긴 만왕의 왕이요, 진리의 승리자입니다. 우리의 탐욕, 이기심, 정욕, 그리고 부자가 되려는 욕망이 그리스도와 함께 십자가에 못 박힐 때 우리는 우리 주님의 승리에 동참하는 이기는 자가 됩니다. 이런 의미로 자신의 욕망과 죄악된 열정을 십자가에 못 박아 자신을 만민을 위한 섬김의 종으로 헌신하는 이기는 자에게는 둘째 사망이 닥치지 않으며계 2:11, 그는 하나님께서 감춰두셨던 만나와 그리스도 안에서 얻은 새 이름이 적힌 흰 돌을 선물로 받을 것입니다계 2:17.

수면 아래 감추어진 죄악과 그 영향

민수기 25:1-18

허신욱
영동교회

도입

겉으로 볼 때 아무런 문제가 없어 보이던 이들이 갑작스럽게 뉴스 일면을 장식하면서 납득할 수 없는 범죄를 저지른 이로 소개되는 뉴스를 심심찮게 봅니다. 그때 뉴스를 보는 시청자들은 많이들 놀랍니다. 전혀 그렇게 보이지 않던 이가 심각한 범죄행위를 범했기 때문이지요. 하지만 비단 뉴스에 소개된 그 사람들만 파렴치한 범죄를 저지르면서 사는 것은 아닙니다. 많은 이들이 드러나지 않는 곳에서, 자기 자신만이 아는 잘못된 행위를 하면서 살아간다는 사실을 전적으로 부인하기는 어려울 것입니다. 보이지 않는 곳에서, 남들이 알지 못하는 곳에서 많은 경우 잘못된 행동을 하면서 살아가곤 합니다. 이는 내가 행하는 행동들을 다른 이들이 알지 못한다고 여기기 때문이지요. 하지만 하나님은 심령을 감찰하시는 분이십니다. 마음의 깊은 것까지 다 아시는 분이십니다. 표면적으로는 어떤 잘못도 하지 않은 사람처럼 보일지 모르나, 그 내면이나, 혹은 아무도 보지 않은 곳에서는 죄를 범하면서 살아가는 것이 우리 인간입니다. 하나님은 은밀한 중에 범한 죄악까지 다 아시고, 그것을 드러내시는 분이십니다. 그리고 은밀한 중에 갚으시는 분이 하나님이십니다. 오늘 본문을 통해서는 발락의 요청을 거절하고 하나님이 주시는 말씀대로 이스라엘을 축복했던, 다시 말하면 그의 사역을 온전히 잘 마쳤던 발람의 숨은 죄악과 그로 인해 야기된 이스라엘의 범죄에 주목해서 말씀을 살펴보겠습니다.

본문 강해

민수기 22장부터 24장까지 이어온 발람의 이야기는 민수기 25장에 들어서면서 "이스라엘의 반역" 이야기로 전환됩니다. 발람을 통해서 이스라엘을 저주하려던 발락의 계획을 하나님은 받아들이시지 않으셨고, 이스라엘을 축복하셨습니다[23-24장]. 하나님은 이스라엘 백성들을 향해 사랑의 마음을 가지고 계셨고, 그들에게 복을 내리고자 하셨습니다. 그래서 하나님은 발락이 갈구했던 저주를 허락지 않으시고 복으로 채우셨습니다. 이렇게 이스라엘 민족은 하나님으로부터 복을 받아 그들을 저주하려는 이로부터 해를 입지 않았습니다. 그런데 민수기 25장에서 갑작스럽게 이스라엘 백성들은 모압 여인들과 음행을 하고 모압 백성이 섬기는 신을 위한 제의에 참여하고 그 신들에게 절을 합니다. 그로 인해서 역병이 이스라엘 백성들에게 미쳐서 자그마치 이만 사천 명이 죽임을 당합니다. 이스라엘을 발락으로부터 보호하셨던 하나님이 이제는 이스라엘 백성에게 진노하십니다[3절]. 발람을 통해 이스라엘을 저주하고자 했던 발락의 계획을 하나님은 막으시고 이스라엘을 보호하셨습니다. 하나님의 그 아름다운 역사와 축복의 내용이 여전히 공명되고 기억되고 있는 상황에서, 이스라엘 백성들은 급작스럽게 여호와를 진노케 해서 수많은 이들이 죽음에 이르게 됩니다9절. 왜 이스라엘 백성들은 이렇게 신속하게 여호와를 섬기는 일에서 떠나 여호와의 진노를 당하게 되는 행동을 하게 되었을까요?

민수기 25장의 사건이 일어나는 장소는 싯딤입니다. 민수기 22장 1절과 33장 49절을 참조하면 싯딤은 모압 평원의 어느 한 곳이었습니다. 즉 민수기 22장과 25장은 동일한 장소에서 일어난 사건입니다. 그런데 동일한 장소를 다른 지명으로 말함으로써 22-24장과 25장은 내용상으로 중요한 전환이 일어났음을 암시합니다. 발락의 저주 계책에도 흔들리지 않았던 이스라엘의 축복받은 지위는 25장에서 바뀌게 됩니다. 도대체 24장에서 25장으로 넘어오는 사이에 무슨 일이 일어난 것일까요?

가장 먼저는 22-24장에서 역사하신 하나님의 그 놀라운 사랑과 구원의 말씀과 행동을 몰랐기에 이스라엘 백성들은 그만 싯딤에서 바알브올에 빠져버렸습니다. 은혜를 모를 때 배반하게 되고 반역하게 됩니다. 하나님은 민수기 23-24장에서 이스라엘을 축복하셨습니다. 이스라엘을 통해서 궁극적인 구원자를 보내실 것까지 말씀하셨습니다24:17-19. 하지만 이런 사실을 이스라엘 백성들은 알지 못했습니다. 하나님의 보호와 은혜 선포가 일어나고 있었던 모압 평야에서 이들은 인접한 지역에 살고 있는 모압 여인들과 그들이 드리는 제의에 주목합니다. 아니, 이스라엘의 관심은 모압 여인들에게 있었습니다. 그들과 음행했다고 25장 1-2절은 말합니다. 제사는 음욕을 채우기 위한 수단에 불과했습니다. 모압 여인들이 그들의 신들에게 제사할 때, 그곳에 함께 참여하며 제사하면서 매혹적인 모압 여인들과 관계를 가집니다. 설상가상으로 어떤 이는 모압 여인을 이스라엘 진중에 데리고 와서 함께 즐깁니다. 이 모든 것이 자신들이 하나님으로부터 받은 사랑과 보호하심을 알지 못했기에 일어났습니다. 은혜를 알지 못하는 이들은 쉽게 죄에 빠집니다. 하나님이 우리를 위해 행하신 놀라운 사랑과 구원의 행위와 말씀을 알지 못할 때, 하나님을 가볍게 여기고 주위의 우상에 기웃하게 됩니다.

다음으로 이스라엘이 반역하게 된 중요한 원인이 있습니다. 이스라엘의 넘어짐에는, 본문에는 명확하게 등장하지 않지만, 그 배후에 존재하는 발람의 계책이 있었습니다. 민수기 25장에는 발람이 전혀 등장하지 않습니다. 그래서 25장에서 이스라엘 백성에게 일어난 재앙은 발람과 아무런 관계가 없어 보입니다. 하지만 후대 성경의 기록은 다른 정보를 제공합니다. 요한계시록 2장 14절입니다.

> 그러나 네게 두어 가지 책망할 것이 있나니 거기 네게 발람의 교훈을 지키는 자들이 있도다 발람이 발락을 가르쳐 이스라엘 자손 앞에 걸림돌을 놓아 우상의 제물을 먹게 하였고 또 행음하게 하였느니라

요한계시록 2장 14절을 보면, 민수기 25장의 사건을 명백하게 발람과 연결 짓고 있습니다. 이스라엘 백성들이 이방인들의 제사에 참석해서 하나님 아닌 우상을 섬기고 여인들과 음행하도록 만드는 계책을 다름 아닌 발람이 발락에게 가르쳐준 것이었다고 말합니다.

또한 민수기 31장 1-11절은 미디안과의 전투를 기록합니다. 이스라엘 족속들이 전투에서 이기고 미디안 다섯 왕을 죽일 때, 브올 사람 발람도 같이 죽입니다. 그리고 전장에서 돌아오는 이스라엘 군인들이 미디안 여인들을 죽이지 않고 데리고 왔을 때, 모세는 분명하게 언급합니다. 31장 16절입니다.

너희가 여자들을 다 살려두었느냐 보라 이들이 발람의 꾀를 따라 이스라엘 자손을 브올의 사건에서 여호와 앞에 범죄하게 하여 여호와의 회중 가운데에 염병이 일어나게 하였느니라

이 말씀을 보면 미디안 여인들이 이스라엘 백성들을 바알브올의 제사에 초대한 것은 다름 아닌 발람의 계책이었음을 알 수 있습니다. 이러한 연결고리들을 가지고 민수기 25장을 22-24장과 연결지어 읽어보면, 오늘 우리에게 주시는 명백한 메시지가 있습니다. 발람은 처음에 어떤 사람으로 등장하였습니까? 하나님의 백성으로 선택받은 이스라엘 족속이 아님에도 불구하고 여호와 하나님의 음성을 듣는 사람, 여호와 하나님과 교통하는 사람이었습니다. 스스로 말하기를 "여호와의 말씀을 듣는 자, 지극히 높으신 자의 지식을 아는 자, 전능자의 환상을 보는 자, 엎드려서 눈을 뜬 자"라고 이야기했습니다[24:3-4]. 실제로 발람은 '그가 축복하는 사람은 축복을 받고 저주하는 사람은 저주를 받는다'는 소문이 널리 퍼져 있는, 말에 있어서 놀라운 일을 행하는 자로 당시 세계 가운데 널리 알려졌던 유명한 사람이었습니다. 모압 북쪽에서부터 유프라테스강 쪽으로 낙타로 20일 정도 걸리는 곳에 살았음에도 불구하고 모압 왕 발락이 나라의 존망을 앞둔 시점에 초대해서 일의 해결을 부탁할 정도로 명망이 있던 사람이었습니다. 그런데 이 발람의 마음속에 어떤 마음이 있었다고 살펴보았습니까? 입으로는 '내가 여호와의 말씀만 전할 수밖에 없다. 하나님이 전하라고 말씀하신 바로 그 말만을 난 할 수 있다'라고 말했고, 실제로 발락의 초대를 받아서 제사를 드리며 3번에 걸친 예언의 순간에도 발람은 그의 입으로 단 한 번도 이스라엘을 저주한 적이 없습니다. 저주의 말을 할 수가 없었던 거죠. 그런데 이 발람의 마음속이 어떠했다고 보았습니까? 발람의 마음은 자발적 순

종으로 차 있지 않았습니다. 자신이 하나님이 명령하신 말만을 전해야 했고, 그 밖의 말은 임의로 할 수 없었지만, 그런 자신의 삶에 대해서 행복하지 못했던 사람이라는 거죠. 다른 말도 하고 싶은데 하나님이 전하라고 하시는 말만 할 수밖에 없는 자신의 삶에 대해서 그렇게 기뻐하지 않았습니다. 발람은 오히려 불의의 싹을 사랑했다벧후 2:15라고 성경은 이야기하고 있습니다.

발람은 모압 왕 발락에 의해서 높임을 받고 싶었습니다. 발락의 초대에 응한 것도 발락이 요청하는 대로 이스라엘을 저주함으로써 발락에 의해 존귀케 되고 많은 은금을 얻기를 원했기 때문이었습니다. 유대인의 탄생 소식을 듣고 자신도 가서 경배하겠다고 말한 헤롯왕같이 입으로는 나도 가서 경배하리라고 말은 하지만 그 마음속에는 전혀 경배하고자 하는 마음이 없었던 사람, 메시아를 죽이고자 하는 의도가 마음을 가득 채우고 있었던 헤롯과 유사합니다. 이런 사람이 발람이었습니다.

하지만 하나님이 지속적으로 이스라엘을 위한 축복의 말씀만 하시기에 발람은 하나님이 이스라엘 백성들을 축복하시길 원하심을 깨닫고 더 이상 점술을 쓰지도 않고24:1 이스라엘 백성들을 향해 메시야 예언까지 하였습니다. 그런데 놀랍게도 이 발람이 발락을 위해 이스라엘로 하여금 넘어지게 하는 계책을 마련했던 것입니다. 바알브올 사건의 배후자가 바로 발람이었습니다.

민수기 24장 25절은 발람과 발락의 마지막 장면을 담담하게 묘사합니다. "발람이 일어나 자기 곳으로 돌아가고 발락도 자기 길로 갔더라." 발락도 발람에게서 더 이상 아무것도 기대하지 않고, 발람도 더 이상 발락과 상관하지 않을 것처럼 각자 갈 길로 갔다고 이야기합니다. 하지만 성경의 다른 기록을 참고할 때, 담담하게 기술된 헤어지는 장면 배후에 일어난 일을 상상해 볼 수 있습니다. 바로 발람이 떠나면서 발락에게 이스라엘 사람들을 넘어뜨리는 계책을 알려 주는 장면입니다. '당신의 백성들이 당신들의 신을 섬기는 그 자리에 당신들의 여인들로 이스라엘 백성들을 초대하게 하십시오. 그러면 이스라엘 백성들은 그 우상을 섬기는 데 참여하고 그 여인들과 함께 음행을 저지를 것이며 이것이 이스라엘을 망하게 하는 방법이 될 것입니다.'라는 말을 슬쩍 흘렸으리가 여겨집니다. 이 계책의 성공으로 이스라엘 백성들은 바알브올에 참여하게 되고, 이로 인해 이만 사천 명이 죽음에 이르게 됩니다. 그래서 결국 이스라엘 백성들이 미디안 왕들을 정벌할 때, 발람도 처형합니다. 또한 성경에서도 '불의의 삯을 사랑한 사람'벧후 2:15으로 묘사되는 결말에 이르게 됩니다. 참으로 안타깝습니다. 이 사건을 전체적으로 살펴볼 때, 발람을 통해서 우리는 우리 자신을 돌아보게 됩니다. 우리들 역시 발람의 길을 따를 수 있습니다. 버가모 교회에 보내는 사도 요한의 편지에서도 그곳 교회에 '발람의 교훈을 지키는 자들이 있도다'계 2:14라고 말합니다. 이스라엘 자손 앞에 걸림돌을 놓아 우상의 제물을 먹게 하고 행음하게 한 그런 행위를 하는 이들이 있다고 말합니다.

결단의 말씀

오늘 본문 말씀을 읽는 모두가 스스로 본인은 이러한 발람의 길을 거부하고 있는지, 아니면 분명히 거부한다고 했는데 자신도 모르게 따라가고 있지 않은지 스스로를 살펴보아야 합니다. 발람의 길은 어떤 길인가요? 겉으로 드러나는 모습은 기도를 통해 하나님과 교통하고, 입으로는 하나님의 말씀대로 살겠다, 하나님의 말씀이 가르치는 것이 아니면 나는 하지 않는다고 말합니다. 그러나 그 속마음은 세상 사람들이 나를 높여주기를 바라고 세상에서 내가 존귀케 되고 이름을 얻기를 바라며, 세상의 은금으로 가득 차 있고, 매력적이고 아름다운 여인들을 향한 탐욕으로 차 있습니다. 그리고 그 속마음의 욕망을 채우기 위해 보이지 않는 곳에서 아무도 모르리라 생각하고 자신의 목적을 달성하기 위해 은밀한 배교 행위를 합니다. 이것이 바로 발람의 길을 따르는 사람들입니다.

내면의 감추어진 죄와 사람들이 보지 않는 곳에서 범한 죄라고 할지라도 모두 드러납니다. 은밀한 곳에서 일어나는 모든 일들을 여호와 하나님은 감찰하십니다. 어느 누구도 모르게 발람이 발락에게 이스라엘 백성들을 올무에 넣는 방법을 속삭였겠지만, 발람의 행동은 성경 곳곳에 기록되었습니다. 오고 오는 모든 세대들은 발람의 죄를 읽고 기억합니다.

오늘날 성도님들이 기도해야 할 것이 무엇인가요? 바로 한국 교회 지도자들이 이 발람의 길을 따르지 않도록 사명을 가지고 기도해야 됩니다. 발람은 애초에 하나님과 교통하면서 하나님의 말씀을 전하는 사람이었습니다. 하나님이 말씀하신 대로 그대로 전하는 사람이었습니다. 하지만 발람은 하나님의 말씀을 듣고 이스라엘 백성들을 축복하고 보호하는 것이 하나님의 뜻임을 분명히 알았음에도 불구하고, 그는 마음으로 발락에 의하여 높임 받기를 원하고, 발락이 주는 은금을 원하였습니다. 그 결과 겉으로는 하나님의 뜻에 따른 예언을 다 전하였음에도 불구하고, 드러나지 않는 곳에서 이스라엘을 나락으로 떨어뜨리는 배교를 일으키는 계책을 발락에게 던져두고 갔습니다. 발락에게 발화한 발람의 밀실 담화를 하나님이 모르실 리가 없으십니다. 민수기 24장과 25장 사이에는 아무런 기록이 없지만, 성경 곳곳에는 발람이 암실에서 한 은밀한 죄악이 낱낱이 드러나고 있습니다.

발람의 은밀한 계책을 들은 모압 사람들은 여인들을 내세워서 그들의 제사에 이스라엘 백성들을 초대합니다. 어떻게 보면 화해의 손을 내민 것처럼 보였을 수 있습니다. 모압 사람들이 이제는 이스라엘을 공격하지 않겠다는 신호로 여겨질 수도 있습니다. 서로를 겨누며 전쟁하는 대신, 함께 모압 신에게 드리는 제사에 참여하자고 말하였습니다. 이 모든 행동들이 발람의 작전이었습니다.

발람의 작전이 아무리 그럴싸했어도 모압 여인들이 초청한 제사에 가지 않았다면 아무런 문제가 없었습니다. 하지만 정말 안타까운 것은 신앙의 중심이 이스라엘의 지도자들에게서부터 무너졌다는 사실입니다. 모압 여인들의 초대에 적극적으로 응한 이들은 오히려 이스라엘의 지도자들이었습니다. 이스라엘 백성들이 바알브올에 가담하여 여호와께서 진노하셨을 때, 그 심판의 일차적인 대상은 백성의 수령들이었습니다. 하나님은 바알브올에 참여한 백성들의 수령들을 온 이스라엘이 보는 앞에서 태양을 향하여 목매어 달도록 하였습니다[4절]. 또한 바알브올에 참여한 이들이 죽음을 맞이하고, 온 백성이 이로 인해 통곡하고 있는 바로 그 참혹한 때에, 모압 여인을 데리고 이스라엘 진중에 들어온 사람도 바로 시므온 지파의 한 지도자였습니다. 한 지파의 지도자임에도 불구하고, 배교로 인해 이스라엘 진중에 참혹한 죽음 형벌이 일어나도 있는지도 알지 못한 채 자신의 즐거움을 위해 바알브올에 참여하고 난 이후 그 여인을 진중에 데리고 오는 이런 어리석은 행동을 한 지파의 지도자가 행한 것입니다. 어떻게 이스라엘의 지도자들이 바알브올에 먼저 가담하고, 더군다나 바알브올 일로 인해 진중에 여호와의 진노로 수많은 이들이 죽어가고 있는 그때에 한 지파의 수장이 이방 여인을 데리고 진중에 들어와서 모든 백성들이 보는 앞에서 당당하게 자기 장막 안으로 들어가서 자신이 하고자 의도한 욕망을 채우는 행동을 할 수가 있을까요? 도무지 용납이 되지 않지만, 영적으로 둔감하고 자기 욕심에 가득한 자가 충분히 범할 수 있는 행동입니다.

오늘 이 본문을 읽고 있는 어느 누구도 이런 타락의 위험에서 자유롭지 않습니다. 영적으로 깨어있지 않으면 누구라도 발람의 계책에 넘어가서 우상을 섬기고, 상황에 상관없이 자신의 욕망을 향해 달려갈 수 있습니다. 정신을 차리고 깨어있지 않으면, 일상 속에서 말씀과 기도 가운데 지속적으로 하나님의 뜻을 구하며 그 하나님 말씀대로 살아가고자 분투하지 않으면, 스스로 알지 못하는 순간에 하나님의 진노의 심판이 일어나고 있는 상황을 분별하지 못하고 유혹에 넘어가서 하나님의 길이 아닌 다른 길을 걸을 수 있습니다. 더 안타까운 것은 바로 그 잘못된 길을 걷고 있는 그 순간에도 자신이 잘못된 길을 걷고 있는지 깨닫지 못하다가 결국 하나님의 심판대에 서 있는 순간에 이를 수도 있습니다. 민수기 25장 말씀을 바탕으로 "하나님, 제가 영적으로 사탄의 미혹에 빠지지 않게 하여 주시고 분별하게 하여 주옵소서"라고 기도해야 합니다. 또한 모든 죄는 드러나게 되어 있으니, 보는 사람이 없다고 비밀스럽게 죄를 짓지 말고, 마음 중심을 하나님 앞에 바로 하여 말씀대로 순종하는 삶을 살아야 할 것입니다.

새로운 공동체의 출발: 두 번째 인구조사

민수기 26:1-65

오택현
영남신학대학교

도입

오경의 네 번째 책인 민수기는 그 책명과 같이 두 번에 걸친 인구조사를 중심으로, 시내산에서 모압 평지까지, 출애굽한 이스라엘이 광야에서 보낸 시간들을 기록하고 있는 책입니다. 그중 첫 번째 인구조사는 이스라엘이 아직 시내 광야에 머물러 있었을 때 행했던 인구조사로, 시내산을 출발하여 가나안을 향해 여정을 떠나려는 이스라엘을 군대로 조직하여 진영을 구축케 하는 병적 조사의 성격을 띠고 있었는데, 조사된 백성들의 수는 603,550명이었습니다. 이와 비교해 두 번째 인구조사는 40년 광야생활이 막바지에 다다랐을 때인 모압 평지에서, 가나안 땅에서의 새로운 공동체의 출발을 염두에 두고 실시한 인구조사였습니다. 두 번째 인구조사의 특징은 처음 조사 당시 계수된 사람 중 여호수아와 갈렙을 제외하고는 한 사람도 포함되어 있지 않다는 것입니다. 이는 불평과 패역을 일삼았던 구세대의 퇴장을 의미하는 것으로, 두 번째 인구조사를 통하여 새로운 공동체의 출발에 큰 의미를 두고 있는 것이었습니다. 또한 "전쟁에 나갈 만한 모든 자"라는 표현을 14번이나 쓰며 병적 조사의 성격을 가진 첫 번째 인구조사와는 달리, 두 번째 인구조사는 가나안 땅에서의 땅 분배를 위한 지파의 규모를 조사하는 성격이 강하게 나타나고 있어, 첫 인구조사와 그 성격을 달리하고 있습니다. 이러한 두 번째 인구조사는 본문 말씀인 민수기 26장에 자세히 기록되어 있는데 이를 자세히 살펴보면 다음과 같습니다.

본문 강해

1. 인구조사 명령 (1-4절)

브올에서 우상숭배와 음행함으로 인해 하나님으로부터 전염병 심판을 받았던 이스라엘은 24,000명이 죽은 이후에야 전염병이 그치게 됩니다[25장]. 이후 하나님께서는 모세와 아론의 아들 대제사장 엘르아살을 통하여 두 번째 인구조사를 명령하시는데[1절], 아론은 호르산에서 죽었고 대제사장의 직분은 그의 아들 엘르아살에게 넘어갔었기 때문에[21:22-29] 우리에게 덜 친숙한 이름인 엘르아살이 전염병 후에도 그 직분을 감당하고 있습니다. 하나님께서는 이제 구체적으로 인구조사의 목적과 방법에 대해 말씀하시는데[2절], 두 번째 인구조사의 제일 큰 목적은 가나안 땅을 분배하기 위해 지파별 가족들을 파악하는 데 있었습니다. 3절에서는 인구조사의 장소를 구체적으로 명시하고 있는데 그 장소는 여리고 맞은편 모압 평지로, 이스라엘은 이곳에서 인구조사를 시행하고 하나님의 말씀을 받으며 민수기를 마감하고 있습니다. 모세와 엘르아살은 민수기 1장에서 여호와께서 하셨던 명령과 같이 20살이 넘은 사람들을 계수하고 있는데[4절], 20살은 군대

징집 연령으로 이후의 역사에서도 민수기의 선례대로 20세를 기준으로 군대 징집을 하기도 하였습니다대하 25:5. 인구조사를 마친 이후 이스라엘 12 지파의 구체적 지파 명단이 뒤를 잇고 있습니다.

2. 르우벤, 시므온, 갓 지파 (5-18절)

두 번째 인구조사 결과는 르우벤 지파부터 시작하고 있습니다. 르우벤은 야곱과 레아 사이에서 난 맏아들로, 형제 전체의 장자였으나 아버지의 첩 빌하와의 부적절한 관계로 인해 형제 중에서도 유다에 밀려 큰 힘을 발휘하지 못한 사람이었습니다. 야곱의 축복에서도 르우벤은 아버지의 침상을 더럽혔기 때문에 으뜸이 되지 못할 것이라는 책망을 받았습니다창 49:4. 이러한 르우벤 지파는 첫 번째 인구조사에서 46,500명이 계수된 것에 비하면 여기서는 43,730명으로, 광야생활 동안 2,770명의 인구가 감소하였습니다7절. 아마도 이러한 결과는 그가 아버지의 침상을 더럽혔기 때문에 장자의 명분을 요셉에게 넘겨주며 땅의 분배에서도 주도적인 역할을 감당하지 못하고, 가나안 땅이 아닌 요단 동쪽 지역을 분배받아, 인구에 있어서도 일부 감소함을 통해 세력이 약화되었음을 보여주는 것이라 볼 수 있습니다.

시므온은 야곱의 두 번째 아들이지만, 세겜의 살육 사건이나창 34:25 형제들을 대신해서 이집트에 볼모로 잡힌 행동창 42:24 외에는 형제들 사이에서 그리 뛰어난 역할을 감당하지 못했던 사람입니다. 야곱은 그가 죽기 전 아들들에게 축복을 내릴 때도 세겜에서의 잔인한 복수 때문에 시므온에게 이스라엘에서 흩어질 것이라는 비극적인 미래를 예언하기도 하였습니다창 49:5-7. 가나안 점령 후 시므온 지파는 처음에는 가나안 중앙 부분을 분배받았으나, 그들의 영토를 지키지 못한 채 처음 출발했던 유다 남부지역으로 후퇴하였고, 훗날 유다 지파에 복속되면서 지파의 명맥이 끊어진 지파입니다. 이 시므온 지파는 첫 번째 인구조사에서는 59,300명이 계수되었지만, 두 번째 인구조사에서는 22,200명이 계수되어 무려 37,100명이 감소한, 몰락에 가까운 인구 감소 폭을 보여주고 있습니다[14절]. 이러한 결과에는 여러 가지 원인이 있겠지만, 가장 큰 이유는 위에서 언급한 대로 유다 지파에 복속된 까닭으로 보고 있습니다.

갓은 야곱의 일곱 번째 아들로, 야곱이 레아의 몸종인 실바에게서 낳은 아들입니다. 갓은 야곱으로부터는 "군대의 추격을 받으나 오히려 그 뒤를 추격할 것"이라는 축복을 받았고[창 49:19], 모세로부터는 "여호와의 공의와 이스라엘에 세우신 법도를 행하는" 지파로 축복을 받았습니다. 갓 지파는 첫 인구조사 때는 45,650명이 계수되었지만, 두 번째 인구조사 때는 40,500명이 계수되어 5,150명의 인구가 줄어들었습니다[18절].

3. 유다, 잇사갈, 스블론 지파 (19-27절)

유다는 야곱의 넷째 아들로, 창세기에 나타난 요셉의 이야기에서는 형제의 대변자로서 르우벤과 더불어 특별한 역할을 한 것으로[창 37:26; 43:3, 8; 44:14, 16, 18; 46:28] 알려져 있습니다. 여호수아의 죽음 후 유다 지파는 제일 먼저 가나안의 남쪽 비탈진 지역에서 분리된 땅을 차지하였고 일시적으로는 예루살렘을 점령한 것으로 보입니다[삿 1:1-20]. 유다는 영토를 남쪽으로 팽창해 가면서 새로운 발전을 하였고 그 영역 안에 있는 여러 세력들과 연합하면서 더 큰 정치적 영향력을 가질 수 있었습니다. 유다는 민수기의 인구조사에서 두 번 모두 가장 많은 수의 인구를 가지고 있었고, 정착 지역은 크게 유다 산악지역[수 15:48], 쉐펠라 평원 지대[수 15:33], 남쪽의 네게브 지역에 위치하면서 전체 이스라엘의 남쪽 중심을 이루고 있었습니다. 인구조사 결과 유다 지파는 1차 조사 때는 전체 인구의 1/10이 넘는 74,600명이 계수되었고, 두 번째 인구조사 때는 1,900명이 증가한 76,500명이 계수되었습니다[22절]. 이 결과 유다 지파는 1, 2차 인구조사 모두 12지파 중 최고의 인구수를 보여주며, 훗날 지형적으로도 최고의 요지를 차지하게 되어, 이를 기반으로 모든 지파 위에 탁월한 지위를 점하게 됩니다.

잇사갈은 야곱의 아홉 번째 아들로서 레아가 다섯 번째 출산한 아들입니다. 야곱의 축복에서는 잇사갈이 "양의 우리에 꿇어앉은 건장한 나귀"로 비유되면서[창 49:14] 잇사갈이 좋은 곳을 분배받아 강한 지파가 될 것임을 암시하고 있고, 모세의 마지막 축복에서도 잇사갈을 향해 "장막에 있음을 기뻐하라"라고 말하면서[신 33:18] 그가 평안을 안위할 것이라 선언하고 있습니다. 실제로 잇사갈은 다볼과 깃네렛 호수 남쪽 끝이라는 이스르엘 평원 지대의 비옥한 옥토를 분배받았습니다. 사사시대의 역사에서도 잇사갈은 하솔 왕 야빈의 침략 시에 드보라를 도와 큰 전과를 올렸다고 기록되어 있고[삿 5:15], 아비멜렉 이후 23년 동안 이스라엘을 다스렸던 사사 돌라도 잇사갈 지파 출신입니다. 잇사갈 지파는 첫 번째 인구조사에서는 54,400명이었지만 두 번째 인구조사에서는 64,300명으로 계수되어, 9,900명의 인구가 늘어나 유다 지파와 단 지파에 다음가는 세 번째 지파 규모로 성장하여, 광야생활에서 큰 발전을 이룬 지파였습니다[25절].

스불론은 야곱의 열 번째 아들로 레아의 여섯 번째 아들입니다. 그는 잇사갈과 함께 레아가 첩들의 출산에 뒤이어 낳은 아들로 주요 행적이 잇사갈의 행적과 중첩되어 있습니다. 야곱의 축복에서는 "배를 메는 해변에 거주할 것"이라 말하면서 그들이 해상 무역에 종사할 것을 암시하고 있고[창 49:13], 모세의 축복에서는 "밖으로 나감을 기뻐하라" 말하면서 역시 바다로 뻗어나가는 지파가 될 것임을 암시하고 있습니다 신 33:18. 스불론 지파는 첫 번째 인구조사에는 57,400명이 계수되었고, 두 번째 인구조사에서는 60,500명이 계수되어, 3,100명의 인구가 증가하여 27절 가까운 형제인 잇사갈 지파와 더불어 광야생활에서 발전을 이룬 지파라 할 수 있습니다.

4. 므낫세, 에브라임, 베냐민 지파 (28-41절)

요셉은 라헬의 첫 번째 아들이지만, 전체 형제들로 보았을 때는 열한 번째 아들이었습니다. 하지만 르우벤이 아버지의 침상을 범함으로 말미암아 장자의 권한이 박탈되고, 장자의 권한이 요셉에게로 내려왔습니다 대상 5:1. 열한 번째 아들인 요셉이 장자의 명분을 받은 이유는 레아의 첫째 아들이 잘못하여 권한이 없어지자 다른 부인인 라헬의 첫째 아들인 요셉에게 그 권한이 돌아간 것입니다. 이스라엘에서 장자는 기업을 다른 형제보다 두 배 더 받을 수 있었기 때문에 요셉의 두 아들인 므낫세와 에브라임이 각각 땅을 기업으로 받게 되었습니다.

므낫세는 요셉의 장자였지만 야곱이 동생 에브라임에게 오른손으로 축복함을 통하여 이후 모든 주도권을 동생인 에브라임에게 빼앗기게 됩니다. 므낫세 지파는 요단 동편과 건너편 양쪽 지역을 모두 분배받았고 이후의 역사에서 기드온과 입다와 같은 위대한 사사를 배출하기도 하였습니다. 므낫세 지파는 처음 인구조사를 할 때는 32,200명이 계수되었는데, 2차 인구조사 때는 52,700명이 계수되어 20,500명이나 인구가 증가하였습니다. 이는 첫 인구조사 때는 열두 번째로 제일 마지막 위치에 있었던 것에 비해 여섯 번째로 급상승한 것으로, 12지파 중 최고의 증가율을 보이며 광야생활 동안 가장 비약적으로 지파의 규모를 발전시켰습니다 34절.

에브라임은 요셉의 둘째 아들로, 야곱에게서 장자의 축복을 받은 후[창 48:1ff] 므낫세보다 먼저 나타나게 되었습니다[창 50:23]. 에브라임은 출애굽 이후 실시한 인구조사에서는 40,500명[민 1:33, 열 번째]과 32,500명[민 26:37, 열한 번째]으로 그 수에 있어서 미미한 지파였으나 시간이 지나면서 중요한 지파가 되었는데, 이러한 발전은 초기의 역사에도 명백히 나타나고 있습니다. 초기 역사에서 에브라임은 지도자 여호수아를 배출하여 다른 지파에 비교우위를 점할 수 있었고, 후에 중앙 산악지역에 속해 있는 고지대를 분배받아[수 16:1-8] 자신의 위치를 더욱 공고히 할 수 있었습니다. 또한 북이스라엘의 초대 왕인 여로보암 역시 에브라임 출신[왕상 11:26]으로, 초기 왕정 시대까지 에브라임 지파는 항상 중요한 위치를 차지하고 있었으며, 성서에서 빈번하게 언급되고 있는 고대 이스라엘의 중요 도시였던 벧엘, 세겜, 실로 등도 모두 에브라임 안에 포함되어 있어 에브라임 지파의 중요성을 확인할 수 있습니다. 에브라임 지파는 역사에서의 중요성에 비해 인구의 수나 가족의 수에 있어서는 매우 미미하였습니다. 그들의 인구는 첫 인구조사 때보다 8,000명이 감소하였지만[37절], 이후의 역사에선 유다 지파에 필적하는 지파로서 중요한 위치를 차지하게 됩니다.

베냐민은 야곱의 열두 번째 아들로 라헬의 둘째 아들이었습니다. 베냐민은 야곱의 형제들 중에서 유일하게 가나안 지역에서 태어난 사람으로 벧엘과 에브랏 사이에서 태어났습니다. 야곱의 축복에서는 "물어뜯는 이리"로 표현되며 좋은 평가를 받지 못했었고[창 49:27], 모세의 마지막 축복에서는 "여호와께서 그를 날이 마치도록 보호하시고 그를 자기 어깨 사이에 있게 하시리로다"[신 33:12]라고 말하며 여호와께서 그를 지키실 것을 약속하고 있습니다. 훗날 땅을 분배받을 때는 유다와 에브라임 사이의 중앙 산악지역을 분배받았고[수 11:18], 에훗과 같은 훌륭한 사사도 나왔지만, 레위인 첩 사건을 통해 나머지 지파들의 공격을 받아 간신히 멸족되는 것을 면하게 됩니다삿 19-20장. 이 사건 이후 쇠약한 위치에 있었으나 기스의 아들 사울이 왕이 됨을 통해 재기에 성공하였습니다. 하지만 다시 사울의 전사와 다윗의 건국으로 세력을 잃고 다윗에 반대하는 비그리의 아들 세바의 반란 등 다윗 왕조에 반대하는 몇 번의 시도만이 역사에 기록되어 있을 뿐입니다. 베냐민 지파는 첫 번째 인구조사 결과 35,400명이 계수되었고 두 번째 인구조사 결과 45,600이 계수되어 모두 10,200명이 증가하였는데41절 첫 인구조사 인구 순위인 열한 번째에서 일곱 번째로 상당히 격상되게 됩니다.

5. 단, 아셀, 납달리 지파 (42-50절)

단은 야곱의 다섯 번째 아들이며 라헬의 몸종 빌하가 낳은 첫 번째 아들입니다. 단 지파는 이스라엘 역사를 통해 야곱의 형제 중 제일 나쁜 평가를 받은 지파였습니다. 야곱의 축복에서는 단을 가리켜 "길섶의 뱀이요 샛길의 독사"창 49:16-17라고 평가하면서 그를 책망했고, 모세의 축복에서는 "바산에서 뛰어노는 사자의 새끼"라고 말하면서 바산 지역을 차지할 강한 지파라고 말하고 있습니다신 33:22. 땅을 분배받을 때는 지중해 연안 지역을 분배받았지만, 블레셋과의 경쟁에서 패배하여 영토를 버리고 북쪽 라이스 성을 점령하고 그 이름을 지파의 이름을 따서 단이라 부르게 되었습니다. 하지만 단 지파가 세운 이 도시는 훗날 여로보암의 벧엘과 단의 금송아지 신전으로 말미암아 역사가의 무서운 질책을 받았고 요한 계시록의 '인' 받은 12지파 목록에서 빠지게 되는 비운을 겪게 됩니다계 7:4-8. 단 지파는 첫 번째 인구조사에서는 62,700명이 계수되었고, 두 번째 인구조사에서도 1,700명이 증가한 64,400명이 계수되었습니다43절. 이러한 규모는 유다 지파 다음가는 규모로 이스라엘 역사를 통해 큰 역할을 감당할 만한 충분한 여지가 있는 지파였으나 그 결과는 참담했습니다.

아셀은 야곱의 여덟 번째 아들로 레아의 여종 실바의 둘째 아들입니다. 야곱의 축복에 의하면 "그에게서 나는 먹을 것은 기름진 것이 될 것"이라 말하며 좋은 땅을 기업으로 받을 것을 예상하고 있고창 49:50, 모세의 축복에서 아셀은 "그의 형제에게 기쁨이 되고 그의 발이 기름에 잠길 것"이라고 말하며 역시 미래에 좋은 결과가 있을 것임을 말하고 있습니다신 33:24. 가나안 정복 후 땅을 분배할 때 아셀 지파는 두로와 갈멜산에 이르는 지역을 분배받았는데수 19:24-31, 좋은 땅을 분배받은 것에 비해 그 영향력은 매우 미미하였고 드보라의 전쟁에도 참여하지 않아 자기 자리에만 머물러 있다고 비난받기도 하였습니다삿 5:17. 아셀 지파는 첫 번째 인구조사에서는 41,500명이 계수되었고, 두 번째 인구조사에서는 53,400명이 계수되어 11,900명의 인구가 증가한, 발전된 지파였습니다47절.

납달리는 야곱의 여섯 번째 아들로 라헬의 여종 빌하의 둘째 아들입니다. 납달리는 야곱의 축복에서는 "놓인 암사슴과 같이 아름다운 소리를 발한다"라고 말했고창 49:21, 모세의 축복에서는 "은혜가 풍성하고 여호와의 복이 가득하다" 말하고 있습니다신 34:23. 실제로 납달리 지파는 요단강 상부 지역의 비옥한 땅을 분배받았지만, 구약시대에 그 지역은 방어하기가 어려운 지역이었기 때문에 땅이 기름진 것만큼 사람들이 살기를 선호하는 지역은 아니었습니다. 이렇게 구약시대에 소외되었던 납달리 지역은 후에 이사야의 예언과 같이사 9:1 예수의 공생애 대부분이 이루어질 정도로 그 중요성은 오히려 신약시대에 더 강조되었습니다. 납달리 지파는 처음 인구조사 때는 53,400명이 계수되었고 두 번째 인구조사 때는 45,400명이 계수되어 8,000명의 인구가 감소하였습니다50절.

6. 가나안 땅 분배 원칙과 레위지파 (51-62절)

이상과 같은 두 번째 인구조사로 계수된 이스라엘의 인구는 모두 601,730명이었습니다[51절]. 이는 첫 번째 인구조사 당시 인원인 603,550명보다 1,820명 감소한 것으로, 40년 동안의 광야라는 척박한 환경에서 비교적 잘 생존한 것으로써 하나님의 은혜로 광야생활을 무사히 보냈음을 의미하는 숫자이기도 합니다. 이제 하나님께서는 두 번째 인구조사의 목적이라고 할 수 있는 가나안에서 땅을 분배하는 원칙에 대해 모세를 통해 말씀하고 있습니다. 땅을 분배하는 원칙은 사람의 수대로 땅을 나눠주게 되는데[53절], 당연한 이야기겠지만 지파가 크면 큰 땅을 할당해 주고 지파가 적으면 상대적으로 적은 땅을 할당해 주는 것입니다[54절]. 하지만 땅의 크기는 지파의 인구수에 비례하여 배분하지만, 땅의 위치를 정할 때는 반드시 제비뽑기로 배분할 것을 말하고 있습니다. 왜냐하면 구약시대 사람들은 제비뽑기의 결과를 하나님께서 주관하고 계신다고 믿었기 때문입니다[55절]. 이제 56절에서는 분배의 원칙에 근거하여 땅의 최종 분배를 어떻게 할지를 세밀히 다시 설명해 주면서 사람 수가 많은 지파는 큰 땅을, 수가 적은 지파는 작은 땅을 놓고 각각 제비뽑기를 해서 땅을 분배하라고 원칙을 정하고 있습니다.

이제 끝으로 레위 지파의 인구조사 결과를 말하고 있습니다. 레위는 야곱의 셋째 아들로 레아의 아들입니다. 레위는 세겜성 살육에 주도적 역할을 감당하여 야곱의 축복에서 “이스라엘 자손 가운데 흩어지게 할 것”이라는 저주에 가까운 선언을 듣기도 하였습니다[창 49:5-7]. 그리고 모세의 축복에서는 “하나님 앞에서 분향하고 번제를 주 앞에서 드리는 지파”로서 제사 직분을 감당하는 지파임을 명시하고 있습니다[신 33:10]. 가나안 땅을 분배함에 있어서 레위 지파는 각 지파에 흩어져 살면서 예배를 주관해야 하기 때문에 땅을 분배받지 못했습니다. 그래서 레위 지파의 인구조사의 목적은 땅 분배가 아닌 레위인이 흩어져 거주하게 될 48개 성읍의 분배를 위한 기초 자료 조사의 성격이 강했습니다[35:1-8]. 1개월 이상 된 레위인으로 두 번째 인구조사에서 계수된 사람은 모두 23,000명이었습니다[62절]. 이러한 인원은 첫 번째 인구조사에서 22,000명이 계수된 것과[3:39] 비교하면 1,000명이 증가한 숫자입니다. 하지만 레위 지파는 전체 이스라엘의 인구수에는 빠져 있었는데, 레위인들에게는 땅이 기업으로 돌아가지 않았기 때문입니다.

7. 새로운 세대를 향한 약속 (63-65절)

63절에서는 두 번째 인구조사 장소를 다시 언급하고 있습니다. 즉, 모세와 제사장 엘르아살이 인구조사를 시행한 장소는 여리고 맞은편에 있는 모압 평지로, 이스라엘이 광야생활 40년이 다 끝나고 새롭게 그들의 조직을 정비하여 가나안에 들어갈 준비를 하는 장소로서 모세의 세 번의 설교인 신명기가 선포된 장소이기도 합니다. 64-65절에서는 이제 중요한 선언을 하고 있습니다. 즉, 그들이 시내 광야에서 실시한 첫 번째 인구조사 때 계수된 인원 중에서는 한 사람도 두 번째 인구조사 때 계수되지 못했다는 것입니다. 하나님께서는 이미 가데스 바네아에서의 패역 사건 때 여호수아와 갈렙을 제외한 어느 누구도 가나안 땅에 들어가지 못할 것을 선언한 바 있는데[14:30], 하나님의 말씀대로 패역한 세대는 광야에서 모두 죽임을 당하였고 오로지 새로운 세대만이 가나안으로 들어갈 수 있게 된 것입니다. 결론적으로 두 번째 인구조사는 첫 번째 세대에 대해서는 하나님의 무서운 심판을 상징하고 있고, 두 번째 세대에 대해서는 새로운 시대에 대한 기대와 하나님의 약속을 상징하고 있다고 할 수 있습니다.

결단의 말씀

1. 인구조사를 통한 하나님의 보호하심을 확인

출애굽 이후 40년이 지날 무렵 이스라엘 백성은 온갖 우여곡절 끝에 여리고 맞은편 모압 평지에 도착하였고 거기에서 두 번째 인구조사를 실시하게 되었습니다. 출애굽 직후 이스라엘은 광야생활을 효율적으로 대처하고 광야생활에서 필연적으로 발생할 수 있는 다른 나라와의 전쟁을 준비하기 위한 병적 조사의 목적에서 첫 번째 인구조사를 실시한 바 있었습니다. 하지만 두 번째 인구조사에서는 병적 조사의 성격보다는 가나안 땅에 들어가 그 땅을 점령한 이후 땅을 분배할 목적에서 지파의 규모를 계수하였는데, 그 결과 601,730명이 계수되어 처음 인구조사 당시의 603,550명보다 1,820명이 감소한 결과가 나오고 있습니다. 이러한 두 번째 인구조사가 기록된 민수기 26장을 통해 우리는 다음과 같은 교훈을 얻을 수 있습니다. 먼저, 두 번째 인구조사를 통해 우리는 이스라엘이 척박한 광야에서 하나님의 도우심과 보호하심 속에서 생존하고 발전하여 왔음을 볼 수 있습니다. 왜냐하면 광야의 뜨거운 태양과 물과 식량의 부족, 일교차, 외적의 침입 등 잠시도 안심할 수 없는 열악한 환경 속에서 장정만 60만이 넘는 큰 공동체가 지속적으로 생존하는 일은 매우 힘든 일이기 때문입니다. 상식적으로 그들이 광야에서 40년을 보냈을 때 멸족되지 않으면 다행일 정도로 광야생활은 생존 자체가 문제가 되는 상황이었습니다. 하지만 광야생활의 결과 이스라엘은 40년 이전의 인구를 거의 그대로 유지하였는데,

이는 매일매일의 광야생활 속에서 하나님의 크신 은혜와 도우심을 받으며 살았기 때문에 가능했던 것입니다. 우리는 어려운 환경을 '광야 같은' 환경으로 비유하곤 합니다. 성도들에게 있어 광야는 척박한 환경 속에서 하나님이 그들을 연단하는 장소이기도 하지만, 이스라엘의 광야생활 결과와 같이 날마다 베풀어 주시는 하나님의 큰 사랑을 체험할 수 있는 장소이기도 합니다. 광야생활을 마친 이스라엘이 하나님의 사랑을 체험하며 더욱 강한 민족이 되었듯이, 광야와 같은 환경 속에서 하나님을 체험한 성도들은 더욱 강한 신앙인으로서 거듭나게 되는 것입니다.

2. 인구조사를 통한 미래의 희망 선언

다음으로, 두 번째 인구조사는 미래의 희망을 선언하고 있습니다. 이제 그들은 약속의 땅 가나안에 곧 들어가게 될 것이고, 그곳에서 보다 구체적으로 기업으로 받을 땅을 잘 분배하기 위하여 인조사를 실시하고 있는 것이기 때문입니다. 그렇기 때문에 두 번째 인구조사는 죄악으로 점철되었던 이전 광야 세대와의 단절을 의미하는 것이었고, 새로운 세대에게는 오직 하나님의 약속의 세대로서 새출발을 하라는, 하나님의 희망의 메시지라 볼 수 있습니다. 아직도 이스라엘 백성들이 이전 세대와 같이 이집트의 고기 가마를 그리워하거나 하나님의 언약의 백성답지 않게 하나님을 의심하며 산다면 가나안은 그들의 것이 될 수 없을 것입니다. 이제 그들은 새로운 시대를 대망하며 미래의 희망을 바라보며 살아야 함을 인구조사를 통해 새로운 이스라엘에게 강조하고 있는 것입니다. 옛 이스라엘과 같이 오늘 우리도 하나님의 백성답지 못하게 아직도 세상의 구습을 좇거나 불평과 원망으로 점철된 광야생활을 하고 있다면 약속과 희망의 땅 가나안을 차지할 명단에서 우리의 이름을 발견할 수 없을 것입니다. 우리가 가나안 이라는 하나님의 약속의 땅을 분배받기 위해선 반드시 광야생활의 구습을 단절하고 하나님이 주시는 미래의 희망을 대망하고 살아야 할 것입니다.

3. 인구조사를 통한 광야생활의 평가

마지막으로, 두 번째 인구조사에서는 이스라엘 각 지파들의 살아온 광야 생활의 결과를 보여주고 있습니다. 광야생활의 결과는 전체 이스라엘로서도 평가되지만 각 지파 단위로도 평가되고 있는 것입니다. 각 지파들에게 하나님께서는 인구의 수에 비례해서 가나안 땅을 분배하라 명령하고 계십니다. 인구가 많은 것이 땅 분배의 가장 큰 기준이 되기 때문입니다. 이미 살펴보았듯이 시므온 지파는 무려 37,100명이 감소하여 땅 분배에 있어서도 상당한 불이익을 당했고 나중에는 유다지파에 복속되는 비운의 운명이 됩니다. 하지만 유다는 처음과 두 번째 모두 가장 많은 인구수를 기록하며 땅 분배에 있어서도 가장 좋은 중앙 산악지역의 땅을 차지하여 나머지 지파들의 지도적인 위치를 선점하게 됩니다. 이렇듯 광야생활의 결과는 하나님의 은혜의 상징인 땅의 분배로 이어지게 됨을 살펴볼 수 있습니다. 이 말씀은 오늘 우리에게도 같은 교훈이 적용된다 할 수 있습니다. 즉, 척박한 광야생활을 통해 신앙생활의 많은 열매를 맺은 사람은 더 많은 하나님의 은혜를 받게 되지만, 그렇지 못한 사람은 시므온과 같은 비극이 그를 기다리고 있음을 상기해야 할 것입니다. 하나님께서는 이스라엘 모든 지파들에게 그랬듯이 모든 성도들에게도 광야생활의 결과를 항상 평가하고 계십니다.

하나님 나라의 상속자들

민수기 27:1-23

이미숙
장로회신학대학교

도입

민수기民數記에서는 책 제목이 제시하는 것처럼 두 차례에 걸친 이스라엘 인구조사가 중요한 역할을 합니다. 본문은 두 번째 인구조사인 26장에 바로 이어지는 이야기입니다. 26장은 출애굽 세대를 부모로 둔 자녀들로 가나안 땅에 정착해서 하나님 나라를 실현해 갈 주역들을 소개하는 장입니다. 따라서 시내 광야에서 계수된 1차 인구조사 명단과 구별되는 특징이 주목됩니다. 2차 인구조사 명단에는 각 지파별 계수와 함께 모두 70 종족들의 이름이 새롭게 등장합니다. 2차 인구조사는 군사적인 목적뿐만 아니라 땅 분배를 위한 목적도 있기 때문입니다26:52-56. 그리고 이 명단에는 1차 인구조사에는 없었던 여성들의 이름이 보입니다. 므낫세 지파에서는 슬로브핫의 딸들26:33, 아셀 지파에서는 세라26:46, 레위 지파에서는 모세 가족들 중 요게벳과 미리암26:59이 나타납니다. 광야 세대인 요게벳과 미리암을 제외하고 이 여성들은 땅 분배와 관련이 있다는 것을 암시한다고 볼 수 있습니다.

26장을 시작으로 민수기의 마지막 부분은 약속의 땅 가나안을 향한 미래와 그 시대를 살아갈 세대들에 초점이 맞추어져 있습니다. 이 새로운 세대들은 아직 가나안 땅을 밟기 전이지만 이전 광야 세대의 반란과 배신으로 점철된 여정들과 확실히 다른 길을 보여주었습니다. 그들은 미디안에게 원수를 갚으라는 여호와의 명령에 순종해 전쟁에서 승리했고[31장], 동요르단 땅을 정복하는 데 성공했습니다[32장]. 그들은 하나님께 정복해야 할 가나안 땅의 경계를 받았고 기업을 나눌 책임자들도 선출했습니다[34장]. 하나님은 그들에게 기업이 없는 레위인들을 위한 성읍들을 나눠 줄 것과 도피성을 마련하도록 명령하셨습니다. 이렇게 하여 하나님은 2차 인구조사에 있는 종족들, 소외되었던 여성들, 땅이 없는 레위인들, 심지어 실수로 사람을 죽인 범죄자들조차 거주할 장소를 마련해 주셨습니다. 하나님의 백성은 누구나 약속의 땅에서 살 수 있도록 해주신 것입니다.

민수기 26-36장이 새로운 세대와 그들이 살아갈 땅에 대한 관심을 보여주는 것으로써 희망에 찬 미래를 열어주는 가운데 본문 27장이 포함됩니다. 27장은 2차 인구조사 중 므낫세 지파의 종족들을 소개하는 가운데 이미 나왔던 슬로브핫의 딸들이 땅 분배 문제를 제기하는 전반부[1-11절]와 모세의 후계자로 여호수아를 세우는 내용의 후반부[12-23절]로 나눠집니다. 슬로브핫의 딸들은 26, 27장뿐만 아니라 민수기의 마지막 부분인 36장에서 다시 등장하며, 여호수아는 동요르단 땅과 가나안 땅 분배 문제와 관련해서 엘르아살과 함께 지도자로 나옵니다[32:28; 34:17]. 그러므로 이들은 새로운 세대의 미래를 힘차게 여는 주인공들이며 이들을 통해 가나안 땅에서 펼쳐질 하나님 나라의 모습을 기대하게 합니다. 오늘날에도 본문은 하나님 나라의 상속자들인 그리스도인들이 어떻게 살아가고 미래를 준비해야 하는지 가르쳐주고 있습니다.

본문 강해

1. 우리에게 기업을 주소서 (1-5절)

민수기 26장은 2차 인구조사를 통해 가나안 땅에 처음 입주할 세대들의 가문을 소개하는데, 70 종족의 이름을 따라 등장합니다. 70 종족은 부계사회의 가장들로, 이스라엘이 남성 중심의 전형적인 부족사회였음을 반영합니다. 민수기 26장은 20세 이상의 남성들 601,703명으로 채워진 가운데, 여성들은 슬로브핫의 딸들 5명과 나머지 3명, 모두 8명의 이름이 기록되어 있습니다. 이렇게 남성 중심의 가계에 여성들이 있는 것만으로도 이례적인 일이지만, 민수기 27장의 첫 구절에서는 이보다 훨씬 더 놀라운 일이 벌어집니다. 므낫세 지파에 속한 '슬로브핫의 딸들', 말라, 노아, 호글라, 밀가, 디르사 5명이 전면에 등장합니다. 이들은 아버지가 죽어 없는 미혼 여성들입니다. 이스라엘 공동체에서 남성 보호자가 없는 미혼 여성의 지위는 아무런 권리도 지위도 없는 상태가 됩니다. 그런데 이들은 대담하게도 남성 중심의 의사결정권이 있는 공적인 회의에 나와 가나안 땅에 대한 분배를 요구했습니다.

이 여성들은 자신들의 요구에 대한 정당한 근거를 3-4절에서 두 가지로 설명합니다. 첫째로 슬로브핫은 죽었지만, 범죄자가 아니기에 땅 상속권을 상실하지 않았다고 주장합니다. 그들은 고라당과 아버지를 비교했는데 그들의 반역죄는 민수기 26장 9절에서 상기된 바 있습니다. 고라의 무리는 심판을 받았지만 흥미롭게도 고라의 아들들은 죽지 않았다는 언급이 있습

27장

니다[26:11]. 이 말은 범죄자의 아들들도 땅 상속에 대한 희망이 있는데 자신들이 오직 딸이라는 이유로 차별받는 것은 공정하지 않다는, 정의의 문제에 호소하는 것입니다. 둘째로 그들은 아버지의 이름이 소멸되는 것에 대한 우려를 말합니다. 부족사회에서 이름의 보전과 땅 소유는 밀접한 연관이 있습니다. 그들의 주장은 사실 민수기 26장에 나온 하나님의 땅 분배의 원칙에 근거한 것입니다. 26장 56절의 "오직 그 땅을 제비 뽑아 나누어 그들의 조상 지파의 이름을 따라 얻게 할 것이라"는 말씀입니다. 슬로브핫의 딸들은 하나님의 약속을 분명히 알고 있었기에 이 원칙에 근거해 땅 상속권을 주장하는 것입니다.

이스라엘 백성의 계수대로 땅을 분배하라는 하나님의 말씀은 부계 상속법을 반영한 것이며 각 지파가 땅을 보전함으로써 가계를 유지하기 위한 수단이었습니다. 만일 슬로브핫의 딸들의 주장처럼 공정성과 평등성을 고려해 상속권을 인정해 준다면 이스라엘 사회를 지탱해 줄 부계상속의 원칙을 무너뜨리는 결과가 될 것입니다. 진퇴양난에 처한 모세는 이 문제를 들고 하나님 앞에 나왔습니다. 슬로브핫의 딸들이 요구한 문제를 해결하기 위해서는 율법을 수정하거나 보완을 해야 한다는 의미입니다. 이러한 일은 선례가 없어 새로운 경험이지만 모세는 하나님과 늘 소통하며 계시를 받아왔기에 물으러 나올 수 있었습니다.

2. 슬로브핫 딸들의 말이 옳다 (6-11절)

하나님은 슬로브핫 딸들의 요구가 정당하다고 인정해 주셨습니다. 하나님은 모세에게 전통적인 관습을 깨고 전격적으로 그들에게도 땅을 상속해 주라고 명령하십니다. 히브리어 원문으로 '땅을 주라'는 명령은 절대 부정사가 함께 쓰여 '반드시, 꼭'이라는 말로 강조되어 있는 것을 보면 하나님의 단호한 의지뿐만 아니라 그들에 대한 존중과 지지의 의사를 알 수 있게 해 줍니다. 하나님은 그들에게 땅을 상속해 아버지의 기업과 이름을 보전할 수 있도록 조치해 주신 후 이 문제가 개인적인 차원이 아닌 공동체의 문제라는 것을 모세에게 가르쳐 주시고 더 온전한 상속법이 되도록 개정해 주셨습니다[8-11절].

8-11절에서 하나님은 이스라엘 공동체에게 땅 상속권의 사각지대에 있어 소외되었던 사람들을 위해 새롭게 율법을 재편할 것을 명령하셨습니다. 첫째, 슬로브핫처럼 아들이 없고 딸들만 있는 가정들을 위해 딸에게도 땅 상속권을 인정해 주는 새로운 규정입니다. 사실 슬로브핫같이 딸들만 있는 가정들이 당시 이스라엘 사회에도 많이 있었을 것입니다. 둘째로, 자녀 없이 죽은 사람에게는 그의 형제에게 땅 상속권을 주어 죽은 이의 이름이 보존될 수 있도록 했습니다. 자녀 없이 세상을 떠난 사람들에게 땅 상속은 의미가 없지만 그들조차 하나님의 약속 안에 포함되어 있던 사람들이므로 그들의 이름이 보존될 수 있도록 하신 것입니다. 마지막으로 형제조차 없는 이들에게는 아버지의 형제에게, 그마저도 없으면 가까운 친척에게 땅을 상속할 수 있도록 했습니다. 이렇게 해서 2차 인구조사 명단으로 대표되는 새 세대는 누구나 하나님께 약속의 땅을 물려받을 수 있는 권한을 보장받게 되었습니다.

3. 이 회중 위에 한 사람을 세워주소서 (12-17절)

27장 전반부가 임박한 땅 상속의 문제를 다루었다면 후반부에서는 이스라엘 공동체를 이끌고 갈 새로운 지도자의 후계자 문제가 언급되고 있습니다. 하나님께서 모세에게 그의 죽음이 임박했으며 그는 가나안 땅에 들어갈 수 없다고 알려 주셨습니다. 출애굽과 광야 여정을 이끌어 온 모세가 가나안 입성이 허락되지 않는다는 것은 자신뿐만 아니라 공동체에게도 충격적인 일이 아닐 수 없습니다. 그러나 본문에서는 모세도 출애굽 1세대에 속하며 자신의 죄로 죽는다는 언급 외에는 더 말하지 않습니다. 모세의 죽음과 가나안 입성이 허락되지 않은 것과 관련한 의문은 신명기에서 더 언급될 것입니다[신 1:37; 3:23-27; 4:21-22].

본문의 관심은 모세의 질문을 통해 분명하게 드러납니다. 모세는 자신의 죽음보다 공동체를 이끌어 갈 새로운 후계자 문제를 하나님께 요청합니다. 17절에서 모세는 두 가지 자질을 갖춘 새 지도자가 필요하다고 말합니다. 첫째로 그는 백성 앞에서 "출입"하며 백성의 "출입"을 인도할 사람입니다. 여기서 말하는 '출입'은 군사적인 의미로 전쟁을 수행하는 능력과 작전을 계획할 수 있는 사람을 말합니다. 새 지도자는 백성을 이끌고 강성한 가나안을 상대해 땅을 정복해야 하는 과제를 앞두고 있기 때문입니다. 둘째로 그는 목자로서 회중을 하나님의 길로 인도하는 사람입니다. 목자는 고대 근동 사회에서 왕을 가리키는 이미지로 사용되었지만, 이스라엘에서 목자는 하나님 마음에 합한 자로서 회중을 그의 길로 이끌어야 했습니다[렘 3:15]. 후대에 다윗은 백성의 목자로 인정받았으며 그가 백성을 위하여 세워진 자임을 스스로 인식했습니다[삼하 5:2, 12]. 이렇게 모세는 새 시대에 적합한 지도자의 자질을 잘 파악하고 있었지만 자기 마음에 드는 사람보다 하나님께서 한 사람을 선출해달라고 합니다.

4. 여호수아를 데려다가 안수하라 (18-23절)

하나님이 지체없이 선택한 사람은 "영이 머무는 자"라고 소개한 여호수아였습니다. 여호수아는 갈렙과 함께 충성스러운 정탐꾼으로 출애굽 1세대 중에서 유일하게 가나안 땅 입성이 허락된 사람입니다. 여호수아는 르비딤에서 아말렉족을 무찌른 용맹한 장수였으며 모세의 측근 보좌관이자 협력자였습니다. 모세는 새 세대의 지도자로 여호수아를 공동체에게 인식시키기 위한 세 가지 방식을 지시받았습니다. 먼저 그는 여호수아에게 안수했습니다. 안수는 축복을 가져오거나[창 48:14], 희생 제사[레 1:4], 직무에 대한 헌신[민 8:10]을 할 때 하는 의식입니다. 모세의 안수는 리더십의 이양을 뜻하기도 합니다. 그리고 모세는 여호수아를 제사장 엘르아살과 회중 앞에 세우는 의식을 했습니다. 이로써 여호수아는 모세의 리더십을 공식적으로 이양받았을 뿐만 아니라 백성의 순종을 위해 모세의 권위인 '명예와 위엄'도 받았습니다.

그러나 21절에서 여호수아의 리더십은 모세의 시대와 다른 점을 강조하고 있습니다. 모세는 하나님께 직접 계시를 받아 회중을 이끌어 온 반면 여호수아는 대제사장 엘르아살을 통해 하나님의 뜻을 받아야 했습니다. 여호수아와 회중은 엘르아살의 말을 따라야 합니다. 비록 여호수아의 권위가 모세에 미치지는 못할지언정 하나님께 물어 회중을 이끄는 리더십의 본질은 달라지지 않았습니다. 사실 그보다 의미 있는 변화는 새 시대에는 하나님의 계시 방식이 달라진다는 것입니다. 여호수아와 새 세대는 모세를 통해 계시된 율법이 주어졌으므로 그것을 통해 하나님의 뜻을 찾아 살아가게 될 것입니다[수 1:7-8].

결단의 말씀

민수기 27장은 가나안 땅에서 새롭게 하나님 나라를 구현할 상속자들이 누구인지, 그리고 하나님 나라의 특성을 잘 보여주고 있습니다. 본문은 오늘날 하나님 나라의 상속자들인 그리스도인에게 어떤 교훈을 주는지 살펴보고자 합니다.

첫째, 슬로브핫의 딸들은 하나님의 약속을 굳게 믿은 하나님 나라의 상속자들이었습니다.

본문은 가부장 사회인 고대에서 부계상속 제도를 배경으로 하고 있습니다. 아버지가 죽고 남자 형제가 없는 슬로브핫의 딸들은 가나안 땅에 대한 상속권이 원래 없습니다. 그러나 그들은 하나님께서 조상 지파의 이름을 따라 기업을 주실 것이라는 약속을 분명히 듣고 이해하고 있었습니다. 이 문제는 여성들의 평등과 경제적 생존을 위한 공동체의 선을 위해 필요한 제안이기도 했습니다. 그들이 고라의 무리와 다른 점은 하나님의 약속과 공동체의 선과 정의를 신뢰했기에 대담하게 모세와 회막 앞에 나올 수 있었다는 것입니다. 슬로브핫의 딸들로 인해 부계상속이라는 제도의 한계를 뛰어넘어 율법을 개정하는 이례적인 일이 일어났습니다. 그들은 가나안 땅에서 펼쳐질 하나님 나라에 대한 비전을 확신했기 때문입니다. 예수님은 천국은 침노하는 자들의 것이라고 말씀하셨습니다[마 11:12]. 우리는 예수 안에서 함께 상속자가 되고 약속에 참여하는 자가 되었습니다[엡 3:6]. 이기는 자는 새 하늘과 새 땅을 상속할 것입니다[계 21:7]. 이 약속을 믿고 살아가는 사람들이 하나님 나라의 영원한 상속자들입니다.

둘째, 모세는 교회 공동체가 하나님 나라의 상속자들인 다음 세대를 어떻게 준비시켜야 하는지 가르쳐줍니다. 모세는 출애굽 미션과 가나안 땅 진입 직전까지 백성의 목자가 되어 광야 여정을 이끌어왔습니다[시 77:2]. 모세는 가나안 땅 입성이라는 큰 프로젝트를 성공시킨 일등공신임에도 불구하고 가나안 땅에 들어가지도 못하고 그 전에 죽을 것이라는 예고를 받았습니다. 우리도 의문이 들 정도인데, 본인은 마음이 얼마나 참담했겠습니까? 그러나 모세는 오로지 공동체의 미래를 염려했습니다. 하나님의 나라를 상속해 나가야 할 다음 세대를 위해 준비하는 일에 집중했습니다. 모세는 새 세대와 새 시대에 대해 잘 이해하고 준비하고 있었습니다. 슬로브핫의 딸들처럼 공동체의 선을 위해 율법을 개정해 달라는 새 세대의 필요에 공감해 주었습니다. 모세는 전통에 갇혀있지 않았습니다. 그는 시급한 가나안 땅 정복의 과제를 위해 군사적인 리더십과 하나님의 길로 백성을 인도할 목자 리더십이 새 시대에 필요하다고 생각했습니다. 오늘날 우리는 4차 산업혁명의 시대, 인공 지능의 시대, 저출산과 노령화 인구, 탈종교의 가속화 문제 등으로 급변하는 사회 속에 살고 있습니다. 더욱 복잡하고 세속화된 사회를 내다보며 교회 공동체는 다음 세대를 위해 어떤 노력들을 해야 하는지 다각도로 모색해야 할 때입니다.

셋째, 하나님 나라의 상속의 핵심은 주님의 뜻을 찾아 살아가는 삶의 양식에 놓여있습니다. 출애굽 1세대는 모세를 통해 하나님의 뜻을 알 수 있었습니다. 여호수아는 모세와 달리 대제사장 엘르아살을 통해 하나님의 뜻을 찾아가야 했습니다. 새 세대에게는 하나님의 말씀, 율법이 있기 때문입니다. 율법에 순종하는 삶은 모세의 리더십보다 더 안전하고 확실합니다. 제사장의 나라는 하나님의 말씀으로 통치되는 세상입니다. 오늘날 우리는 복음으로 말미암아 예수님 안에서 상속자가 되어 함께 약속에 참여하는 자들입니다. 우리는 우리의 선한 목자 되신 예수님의 뜻을 알아야 합니다. 우리에게는 하나님의 뜻을 분명하게 알 수 있는 성경이 있습니다. 그리고 성령님의 인도함을 받아 주님의 뜻을 찾아 살아가는 사람들입니다. 하나님 나라의 상속자는 순간마다 주님의 뜻을 찾고 물으며 그분의 뜻에 순종하는 삶을 살아가는 사람들입니다.

사랑하는 성도 여러분!

오늘 본문은 하나님의 땅 약속이 상속자들을 통해 얼마나 확실하고 줄기차게 이어지고 있는지를 보여줍니다. 여호수아와 새 세대들은 하나님께 땅을 기업으로 받지 못한 사람들이 아무도 없었습니다. 오늘날에도 야고보서 2장 5절 말씀처럼 하나님의 나라를 상속하는 데에는 아무런 차별이 없습니다. 오직 슬로브핫의 딸처럼 하나님 나라의 비전을 굳게 믿고 담대하게 나간다면, 아무리 복잡하고 세속화된 세상이 우리를 혼란스럽게 한다 해도 이 땅에서 하나님 나라를 이루어가며 장차 새 하늘과 새 땅을 영원히 상속받게 될 것입니다.

약속의 땅에서 드려야 할 예배들

민수기 28:1-31

오택현
영남신학대학교

도입

오경의 4번째 책인 민수기는 출애굽한 이스라엘이 시내산에서 하나님과 언약을 체결한 이후부터 가나안 땅에 들어가기 직전까지의 과정을 기록한 책으로, 시간적으로는 출애굽 2년에서 40년까지의 역사 과정을 기록한 책입니다. 또한 민수기는 공간적으로 시내 광야에서 출발하여 여리고 맞은편 모압 평지에 이르기까지의 여정을 기록하면서 대부분의 시간을 광야에서 보냈던 이스라엘의 행적을 기록하고 있습니다. 민수기 10장 11절에 의하면 이스라엘이 출애굽한 지 2년 2월 20일에 시내 광야를 떠나는 장면이 기록되어 있고, 36장 13절에 의하면 40년 광야의 여정을 마치고 여리고 맞은편 모압 평지에 머물며 가나안 땅에 들어갈 준비를 하고 있는 장면이 나타나 있습니다. 본문의 말씀인 민수기 28장은 이러한 상황 속에서 이스라엘이 모압 평지에 도착한 이후인 두 번째 인구조사 상황을 반영하고 있는 말씀으로, 가나안 땅에서 드려야 할 예배의 방법에 대해 말하고 있습니다. 민수기 28장에서는 이제 곧 가나안 땅으로 들어가는 이스라엘 백성들을 향하여, 가나안의 종교가 아닌 오직 여호와 하나님만을 섬길 것을 강조하면서 그들이 가나안 땅에서 반드시 지켜야 할 예배와 그 규정들을 자세히 설명해 주고 있는데, 이에 대해 살펴보면 다음과 같습니다.

본문 강해

1. 전후 문맥

민수기는 책 제목처럼 1장과 26장에 기록된 두 번의 인구조사를 기본 축으로, 출애굽 세대의 여정이 기록된 1-25장과 새로운 세대에 대한 당부가 나타난 26-36장의 기록으로 구분할 수 있습니다. 출애굽 세대와 가나안을 차지할 세대라는 서로 상반되는 공동체의 성격상 전자의 기록은 반역과 불순종의 역사가 주류를 형성하고 있고, 후자는 미래에 대한 희망이 크게 나타나고 있습니다. 본문의 말씀인 28장은 두 번째 단락인 26-36장에 속해 있는 부분입니다. 26장에서는 두 번째 인구조사[26:1-65]를 보도하며 가나안 땅에 들어가 하나님의 백성답게 살아야 할 새로운 세대의 이스라엘 백성들을 향하여 가나안 땅을 차지하기 전에 준비해야 할 사항을 전달하고 있으며, 이에 따르는 부수적인 문제들인 여인들의 땅의 상속 문제[27:1-11], 정복 지도자 선정[27:12-23], 가나안 땅에서 반드시 지켜야 할 제사 규정[28:1-29:40], 서원 문제[30:1-16] 등 가나안 땅을 얻기 위한 마지막 준비 사항들을 강조하고 있는 본문들 사이에 28장이 위치하고 있습니다. 다시 말해 본문의 내용은 현실로 다가온 가나안 정착을 새로운 세대 이스라엘에게 준비시키고, 이들이 이전 세대의 잘못된 전철을 다시는 밟지 않고 하나님이 허락하실 땅에서 하나님의 백성답게 살기를 간절히 소망하면서, 그들이 반드시 지켜야 할 예배와 그 규정들을 제시하고 있다고 할 수 있는데, '날마다 바치는 번제'로 알려져 있는 '상번제'부터 시작하고 있습니다.

2. 날마다 바치는 번제: 상번제 (1-8절)

서론적인 말씀이 기록된 1-2절에서는 이스라엘이 가나안 땅에 들어간다면 하나님이 정해주신 절기에 따라 바른 제물을 바칠 것을 요구하고 있습니다. 이러한 제사에 관한 규정이 민수기 28장에서 29장까지 이어 나타나고 있는데, 여기서 여러 제사는 순서 없이 기록된 것이 아니라 빈도수가 많은 것에서 시작하여 적은 순서로 제사들을 열거하고 있습니다. 그리고 민수기 28-29장에서는 제사의 방법과 더불어 제물의 내용에 대해 중점을 두고 말하고 있는 특징이 있다고 할 수 있는데, 철저한 예물을 준비하는 것이 철저한 제사를 드리는 첫걸음임을 강조하는 것이라 볼 수 있습니다.

28장에 나타난 첫 번째 규정은 당연하게도 예배드리는 빈도수가 가장 많은 예배라 할 수 있는데, 바로 '날마다 바치는 번제'에 대한 규정입니다. 민수기에 의하면 하나님께서는 이스라엘 백성에게 매일 아침저녁으로 드리는 번제를 통해, 하나님 앞에서 예배를 통해 하루를 시작하고 마무리하라고 명령하고 있습니다. 이러한 '날마다 바치는 번제'는 이후 성경에서 '매일 드리는 제사'로 나타나는데, 매일의 삶을 하나님께 바치며 최선을 다해 살 수 있게 해주는 예배라 할 수 있습니다. 특별히 헬라 시대 안티오쿠스 4세 에피파네스의 종교 탄압으로 '매일 드리는 제사'가 폐하여지게 되었을 때 유다 백성들은 이를 묵시적인 정황으로 받아들이고 대항하기도 하였습니다단 8:11; 11:31; 12:11. 날마다 바치는 번제의 이름을 6절에 의하면 '상번제'常燔祭라 부르고 있는데, 이것은 매일 아침과 해질 때 드리는 제사입니다. 제사장은 날마다 일 년 된 흠 없는 어린 숫양 두 마리를 번제로 바치되, 아침에 한 마리 저녁에 한 마리씩을 바쳐야 했고[4절], 제물을 바칠 때 해야 하는 구체적인 방법들이 본문에 기술되어 있습니다. 즉, 이 '날마다 바치는 번제'[상번제]는 하나님께서 시내산에서 모세를 통해 명령하신 예배로서, 매일매일 아침예배를 통해 하루하루의 삶을 (자신의 뜻대로가 아니라) 여호와께 모든 것을 맡기는 것으로 시작하고, 또한 저녁예배를 통해 하루를 마무리하는, 가장 기본적인 예배의 모습을 보여주고 있습니다[6절]. 7절에서는 역시 날마다 바치는 번제를 드릴 때의 방법을 말하고 있는데, 전제奠祭를 통해 바칠 것을 말하고 있습니다. 전제는 술을 부어 하나님께 제사드리는 방법으로 주로 포도주가 사용되었는데, 포도주를 제단에 부어 바치는 전제와 병행할 것을 말하고 있습니다. 8절에서는 저녁에 번제를 드릴 때의 방법을 설명하고 있는데, 저녁에는 아침 번제와 다르게, 번제와 더불어 곡식을 바치는 소제와 포도주를 부어 바치는 전제를 함께 실시하여 하나님께 화제火祭를 드릴 것을 명하고 있습니다.

3. 안식일 (9-10절)

안식일의 의미는 레위기 23장 3절에 잘 나타나 있습니다. 레위기에서는 "엿새 동안은 일할 것이요 일곱째 날은 쉴 안식일이니 성회의 날이라. 너희는 아무 일도 하지 말라. 이는 너희가 거주하는 각처에서 지킬 여호와와의 안식일이니라"라고 말하며 안식일의 중요성을 강조하고 있습니다. 실제 이스라엘의 역사에서 안식일이 크게 강조되었던 시기는 바벨론 포로 시기로, 성전 예배가 불가능해지자 공간의 개념인 성전 예배 대신 시간의 개념인 안식일 예배에 강조점을 두며, 일정한 때 어디서든지 지킬 수 있는 안식일을 강조하면서 포로 상황의 위기를 극복하려 하였습니다.

민수기에서는 안식일에 바치는 제물에 대한 규정이 나와 있는데, 안식일에 제물을 드릴 때는 날마다 바치는 번제 제물보다 고운 가루가 1/10이 많은 특징이 있고9절, 날마다 바치는 번제는 계속 드리고 안식일을 위한 제물은 따로 바쳐야 했습니다10절. 이는 안식일에도 아침과 저녁에 드리는 '날마다 바치는 번제'를 계속 드리고, '안식일 제사'를 따로 드리라는 명령으로, 안식일에는 모두 3번의 제사를 하나님께 드리고 있음을 살펴볼 수 있습니다. 이를 일주일 단위로 살펴본다면, 특별한 절기가 없는 상황에서 일반적으로 구약에서는 일주일에 최대 15번의 제사를 드리고 있음을 확인할 수 있으며, 오늘 우리의 예배 횟수와 비교해서도 결코 적지 않은 예배를 드렸었다고 볼 수 있습니다.

4. 초하루 예배 (11-15절)

여기서는 매달 초하루에 드리는 예배에 대한 명령이 나옵니다. 이 말씀은 우리가 교회에서 드리고 있는 '월삭'月朔 예배에 대한 성서적 근거가 되는 구절이기도 합니다. 이 초하루 예배의 의미는, 이전 달에 죄를 범하고도 아직 하나님 앞에 속죄하지 못한 죄들에 대해, 초하루 예배를 통해 참회하고 하나님께 죄를 용서받기 위한 목적에서 드려진 예배라 할 수 있습니다. 구약 시대에도 초하루에 하나님께 예배드리는 모습은 성서에 자주 언급되고 있는데, 이후의 역사에서도 초하루 예배는 백성들에게 중요한 예배로 자리 잡고 있었음을 볼 수 있습니다삼상 20:5; 왕하 4:23; 겔 46:6-7; 암 8:5 등. 민수기 본문에서는 이 초하루 예배 때 하나님께 드리는 제물에 대해 자세히 기록하고 있습니다. 초하루 예배는 한 달 단위로 드려지는 예배 중 가장 큰 예배이기 때문에 그 제물의 양은 유월절이나 칠칠절 기간 중 드려지는 제물의 양과 동일하게 바치라 명하고 있습니다. 즉, '날마다 드리는 번제물'과 함께 수송아지 두 마리, 숫양 하나, 일 년 되고 흠 없는 숫양 일곱을 '번제'로, 그리고 숫염소 하나를 '속죄제'로 드리도록 규정하고 있습니다. 또한 기름 섞은 '소제'와 포도주를 부어 드리는 '전제'가 번제와 함께 드려졌는데 제물의 양이 늘어난 만큼 포도주와 고운 가루의 양도 늘어난 특징이 있습니다. 이를 통하여 이스라엘에서는 초하루 예배를 유월절과 칠칠절에 준하여 매우 크고 성대하게 드리고 있음을 살펴볼 수 있습니다.

5. 유월절 (16-25절)

'유월절'逾越節은 하나님이 출애굽 전야인 니산월성서의 아빕월, 3/4월 14일에 이집트 땅을 치실 때 사람이든 가축이든 이스라엘의 처음 태어난 것들을 그냥 '넘어간 것'을 기념하는 절기입니다. 유대인들은 열 가지 이적과 재앙 중 마지막 재앙인 이집트의 처음 난 모든 것들을 죽이는 재앙이 시작하기 전, 하나님께서 모세를 통해 명령하신 대로 집집마다 문설주에 우슬초로 어린양의 피를 발라 하나님의 자녀임을 표시하여 그 집이 재앙에서 넘어갔는데, 이를 기념하기 위해 유월절이 시작되었습니다. 또한 니산월 15-22일의 7일간 '누룩을 넣지 않은 빵'을 먹기 때문에 이 기간을 '무교절'이라 부르기도 합니다. 현재 이스라엘은 유월절을 지키기 위해 출애굽 당시와 같이 누룩이 들어가지 않고 만든 '마짜'Matzah라는 무교병으로 일주일간의 양식을 삼고, 유월절을 기념하기 위해 니산월 15일에 먹는 종교적 식사인 '세데르'Seder 만찬에서는 넉 잔의 포도주를 음미하고 음식마다 부여된 상징적인 의미를 되새기면서 먹기도 합니다. 세데르 식사에는 기도와 전승의 내용을 암송하는 의식도 포함되며, 또한 '하가다' Haggadah 를 통해 유월절 세데르 저녁식사 때 반드시 다시 듣는 출애굽기 이야기를 통하여, 어린이들이 질문한 '그들 조상들에게 행하신 하나님의 위대한 역사'에 대해 대답해주기도 합니다. 한편 회당에서는 안식일에 예배의 한 순서로 '아가'를 낭독합니다. 이러한 유월절의 전통은 그 자체가 엄숙하고 무거운 성격을 가지고 있기 때문에 다른 절기에 비해 종교적 의미가 더욱 크게 강조되고 있습니다. 이는 그들의 삶을 통해 형성된 가장 중요한 예배의 현장인 유월절을 통해 일상의 삶과 종교의식이 구분되지 않고 일상의 삶을 자연스럽게 종교가 지배하며 그들의 삶 속에서 반드시 지켜야 할 종교적인 원칙을 제시해 주고 있기 때문입니다.

민수기 28장에 의하면, 무교절의 첫째 날은 거룩한 성회로 모이며, 생업을 돕는 일은 아무것도 해서는 안 됐고, 역시 마지막 날에도 성회로 모이며 아무 일도 해서는 안 되었습니다[18, 25절]. 이는 하나님께서 이스라엘을 이집트로부터 구원해 주신 거룩한 기간이기 때문에, 그 시작과 마지막을 반드시 성회를 통해 보내야 함을 강조하고 있는 것입니다. 그리고 나머지 5일 동안 매일 초하루 예배 때 드리던 예물 외에 하나님께서 정해주신 같은 양의 제물을 하나님께 드려야 했습니다. 즉, 수송아지 두 마리와 숫양 한 마리, 일 년 된 어린 숫양 일곱 마리를 번제로 드렸고, 숫염소 한 마리를 속죄제로 드려야 했으며, 고운 가루 소제와 전제도 제물을 양에 비례하여 바쳤습니다. 이는 초하루 예배에서의 제물의 양과 같은 규모로, 이러한 양을 날마다 바치는 번제의 제물과는 별도로 절기 기간인 7일 동안 계속 드려야 했습니다.

6. 칠칠절 (26-31절)

'칠칠절'Shavuot 이란 '시반월'Sivan, 5/6월 6일에 지켜지는 절기로, 보리추수를 시작하는 유월절/무교절이 끝난 뒤 7주가 지난 후 50일째 되는 날 지키며, 밀 추수를 하여 하나님께 드리는 여름 추수감사절이자 그해 첫 열매에 대한 감사 절기로 오순절, 맥추절이라고도 불리고 있습니다. 구약성경에서는 칠칠절에 대한 규정이 여러 책에서 나타나고 있고, 본문인 민수기 말씀도 그중의 하나입니다출 23:16; 34:22; 레 23:15-22; 민 28:26-31; 신 16:9-12. 칠칠절은 하나님께서 가진 자만의 잔치가 아닌 남종, 여종, 레위인, 나그네, 고아, 과부와 함께 즐길 것을 명령하신 것이며, 하나님 앞에서 사회적 약자와 더불어 즐거움을 함께 할 것을 강조하고 있기도 합니다신 16:9-12. 이러한 전통은 오늘날에도 계속되어 칠칠절에는 회당을 꽃과 열매로 장식하고 있고, 주후 2세기 이후부터는 시내산에서 율법을 받은 사건을 기념하는 절기라 생각하여 절기의 과정에서 토라를 공부하고 있으며, 구약성경 중 '룻기'를 읽는 것이 관습화되어 있습니다.

민수기에 나타난 칠칠절 제사 규정은 다음과 같습니다. 즉, 이 기간에는 어떤 노예의 노동도 금지되었고, 모든 이스라엘 남자들이 성소에 모여 거룩한 성회로 모여야 했습니다. 그리고 칠칠절에 드리는 예물도 초하루 예배나 유월절 예배 때 드리는 예물과 같이 번제로는 수송아지 두 마리와 숫양 한 마리, 일 년 된 숫양 일곱 마리, 그리고 속죄제를 위한 숫염소 한 마리이며 제물에 비례하는 소제와 전제물을 바쳐야 했습니다. 이러한 제물들은 날마다 바치는 번제의 제물은 그대로 바치고 그 외에 따로 바치는 것들이라 할 수 있습니다.

민수기 28장에 나타난 제의와 제물의 종류

절기	수소	숫양	어린 숫양	숫염소(속죄제)
매일 드리는 제사 (28:3-8)	-	-	2	-
안식일 (28:9-10)	-	-	2	-
초하루 (28:11-15)	2	1	7	1
유월절 절기 칠 일간 (28:16-25)	2	1	7	1
칠칠절 (28:26-31)	2	1	7	1

결단의 말씀

민수기 28장에서는 이스라엘이 새로운 땅에서 지켜야 할 여러 제의를 강조하고 있습니다. 그들이 들어갈 땅인 가나안은 가나안 사람들이 이미 오래전부터 정착하여 살면서 그들만의 독특한 문화와 종교를 형성하며 살았던 곳입니다. 그런데 이스라엘은 이제 그곳에 다른 문화, 다른 종교를 가지고 들어가 살아야 하기 때문에, 철저한 예배를 드리지 않는다면 자칫 가나안 문화와 종교에 동화되어, 유일신 종교가 훼손되고 민족도 사라져 버릴 위험이 있었습니다. 그렇기 때문에 새로운 공동체 이스라엘에게 민수기는 철저한 예배를 드릴 것을 당부하고 있는 것입니다. 그들이 철저한 예배를 드릴 때, 분배받은 땅에서 하나님의 백성다운 삶이 시작될 수 있다고 민수기는 바라보고 있는 것입니다.

민수기 28장에서 먼저 강조하고 있는 예배는 '날마다 바치는 번제'입니다. 날마다 바치는 번제는 매일 아침과 저녁에 드리는 번제로, 다른 예배와 중복되지 않으며 이스라엘이 존재하는 한 어떤 경우라도 중단되어서는 안 되는 예배였습니다. 성경에서는 날마다 바치는 번제가 폐하여지는 사건을 국가의 존망을 위협하는 중차대한 사건으로 보고 이에 대항하는 경우가 많이 나타나 있을 정도로[단 8:11; 11:31; 12:11], 날마다 바치는 번제의 중요성은

28장

매우 크다 할 수 있습니다. 바쁜 현대인에게 날마다 바치는 번제는 하루의 시작과 끝을 하나님께 기도하며 시작하고 마무리 짓는 행위와 비견된다고 할 수 있을 것입니다. 즉, 오늘 하루를 온전히 하나님께 바치겠다 약속하며 하루를 시작하고, 저녁 시간에 지내온 하루를 돌이켜보고 반성하면서 함께해주신 하나님께 감사함으로 마무리 짓는 행위와 상응합니다. 우리 역시 매일 하나님께 드리는 이러한 기도가 중단된다면, 우리의 신앙이 큰 위기 상황에 봉착해 있다고 볼 수 있습니다.

두 번째는 '안식일 예배'입니다. 구약에서는 하나님께서 창조를 제7일에 마치시고 그날에 안식하셨기 때문에, 매 안식일마다 이날은 한 주간의 다른 날과 구별된 거룩한 날이라는 의미에서 특별한 제물을 바치며 예배를 드렸습니다. 훗날 바벨론 포로 당시에는 안식일이라는 시간의 개념에 거룩성을 부여하여 안식일의 중요성을 크게 강조하였습니다. 하지만 예수님 당시에는 외식하는 자들에 의해 안식일의 의미가 변질되자 '안식일이 사람을 위해 있는 것이지 사람이 안식을 위해 있는 것이 아니다'막 2:27라는 말씀을 통해 왜곡된 안식일의 의미를 바로잡으려고도 하였습니다. 이러한 안식일의 전통이 예수께서 부활하신 날인 일요일을 주님의 날로 삼아 주일을 성수하는 전통으로 바뀌어 우리는 거룩한 주일을 지키고 있는 것입니다. 우리는 당연히 거룩한 주일에 하나님 앞에서 구별된 예배를 드려야 할 것입니다.

세 번째는 '월삭 예배'로 알려진 '초하루 예배'입니다. 구약시대에도 무엇을 '시작하는 때'에 언제나 큰 의미를 두었습니다. '한 해를 시작하는 날'과 같이 '새 달을 시작하는 날'도 역시 매우 중요한 날로, 하나님 앞에서 예배드림을 통해 의미 있게 보낼 것을 명령하고 있습니다. 날마다 바치는 번제를 통해 하루의 시작과 끝을 하나님 앞에서 예배드리는 사람들이라면, 매달 첫 시작을 하나님께 무릎 꿇고 시작하는 것은 하나님의 도우심을 받으며 살아가는 백성으로서 당연한 의무라 할 수 있을 것입니다.

네 번째는 '유월절 예배'로 여기에는 이스라엘이 겪었던 역사적인 의미가 많이 담겨 있습니다. 유월절은 하나님께서 이스라엘이 이집트에서 당하는 고통과 압제와 신고를 보시고 열 가지 이적과 재앙을 통해 그들을 해방시키셨던 출애굽 사건을 기념하는 절기로서, 역사 속에서 함께하시는 하나님을 기념하고 찬양하는 예배라 할 수 있습니다. 우리 역시 우리의 역사를 돌이켜 보며 격동의 역사 속에서 우리들을 지켜주시고 함께해주신 하나님께 감사하는 예배를 드린다면, 이스라엘이 유월절을 통해 '함께해주신 하나님'의 의미를 되새기듯이, 우리도 그와 같은 예배를 드린다고 할 수 있을 것입니다.

다섯 번째는 '칠칠절 예배'로 유월절이 지난 후 첫 수확을 하나님께 감사드리는 예배입니다. 여기에서도 다른 예배와 같이 '처음'의 중요성을 다시 강조하고 있는데, 칠칠절 예배의 의미는 '첫 수확은 하나님이 주신 선물로 반드시 하나님께 바치며 감사하라'는 의미입니다. 우리는 칠칠절을 '맥추감사절'로 표현하여 하나님께 예배를 드리고 있는데, 도시 생활을 하는 사람들에게는 잘 와닿지 않을 수도 있는 절기입니다. 하지만 첫 수확을 하나님께 감사드리는 의미로 받아들여, 우리 일상에서 처음 이룬 성과를 하나님께 바치는 의미로 예배드린다면, 칠칠절과 같이 매우 큰 의미의 예배가 될 수 있을 것입니다.

이상과 같은 민수기의 예배 강조는 가나안에서 철저한 예배를 드리지 않는다면 이스라엘이 가나안화 되어 멸절될 수도 있다는 절박한 위기 상황에서 생긴 것이라 할 수 있습니다. 마찬가지로 우리도 철저한 예배를 외면하고 나름대로의 신앙과 예배에 익숙해져 있다면, 멸망의 위기가 우리의 것이 될 수도 있다는 사실을 우리는 직시해야 할 것입니다. 어떤 상황에서도 철저한 예배를 드리라는 민수기의 외침에 우리 모두는 귀를 기울여야 할 것입니다.

일곱째 달에 지키는 절기

민수기 29:1-40

배정훈
장로회신학대학교

도입

민수기 28-29장은 이스라엘 백성의 새로운 세대가 장차 가나안 땅에서 거룩하게 살아가는 방법을 가르치고 있습니다. 거룩해지는 방법은 매일 매일, 매달, 그리고 절기마다 거룩하게 살려는 노력입니다. 이러한 거룩함의 추구는 사실상 창세기 1장에서 제시된 창조의 원리와 일치합니다. 하나님이 밤과 낮을 창조하신 것처럼, 민수기에서는 매일 제사를 드립니다. 하나님이 안식을 정하신 것처럼, 민수기는 안식일 제사를 규정합니다. 하나님이 해와 달로 사계절, 일자, 그리고 연한을 주관하게 하신 것처럼, 제의력에 사계절의 구분에 따라 정기 제사에 관한 것을 규정해 주셨습니다. 민수기 28-29장에 나타난 제의력은 앞으로 가나안 땅에 들어간 새로운 세대가 시간을 어떻게 거룩하게 할 수 있는지를 보여줍니다. 민수기 28-29장의 제의력이 레위기 23장과 유사하지만, 레위기 23장은 평신도가 해야 할 임무에 중점을 두는 반면에, 민수기 28-29장은 제사장이 해야 할 일, 즉 공적인 제사 규정에 중점을 둡니다. 민수기 28-29장은 일 년을 둘로 양분합니다. 28장은 한 해의 전반부를, 29장은 한 해의 후반부를 다루고 있습니다. 29장은 한 해의 후반부인 일곱째 달에 지키는 절기를 집중적으로 다루고 있습니다. 절기란 하나님께서 베푸신 구원을 감사하며, 정해진 시간과 장소에서 거룩하신 하나님을 만나는 것입니다. 주로 일곱째 달에 지키는 절기를 나타내는 29장은 다음과 같이 나눌 수 있습니다.

A. 나팔절 (29:1-6)
B. 대속죄일 (29:7-11)
C. 초막절 (29:12-38)
D. 맺음말 (29:39-40)

예물 드리는 날	번제			소제	속죄제
	수송아지	숫양	1년 되고 흠 없는 숫양		숫염소
나팔절 (29:1-6)	1	1	7	번제에서 드리는 짐승에 따라 다름	1
대속죄일 (29:7-11)	1	1	7		1
초막절 첫날 (29:12-16)	13	2	14		1
초막절 둘째 날 (29:17-19)	12	2	14		1
초막절 셋째 날 (29:20-22)	11	2	14		1
초막절 넷째 날 (29:23-25)	10	2	14		1
초막절 다섯째 날 (29:26-28)	9	2	14		1
초막절 여섯째 날 (29:29-31)	8	2	14		1
초막절 일곱째 날 (29:32-34)	7	2	14		1
초막절 여덟째 날 (29:35-38)	1	1	7		1

본문 강해

먼저, 29장 전체에서 예물을 어떻게 드리는가에 대해서는 왼쪽의 표로 설명할 수 있습니다.

이 표를 보면 왼쪽은 예물을 드리는 날을 표시하였는데, 나팔절과 대속죄일, 그리고 초막절 첫날부터 여덟째 날까지 제시됩니다. 표 오른쪽에 보면 각각 번제, 그리고 번제에 드리는 짐승에 따라 드리는 소제, 그리고 속죄제에 대해 설명합니다. 이렇게 드리는 제물은 일상적인 다른 제사들과는 별도로 드리는 것입니다. 예물의 유형은 처음 등장하는 나팔절과 속죄일, 그리고 맨 아래 있는 초막절 여덟째 날의 제물들이 유사하고, 초막절 첫째 날부터 일곱째 날에 이르기까지의 제물들이 유사합니다. 첫 번째 유형인 나팔절, 대속죄일, 그리고 초막절에는 다음과 같이 예물을 드립니다. 번제를 위하여 수송아지 1마리, 숫양 1마리, 1년 되고 흠 없는 숫양 7마리, 그리고 속죄제를 위하여 숫염소 1마리를 드립니다. 또한 고운 가루에 기름을 섞어서 쓰는 소제는 번제로 드리는 짐승에 따라 다르게 드리는데, 수송아지 1마리에는 10분의 3 에바, 숫양 1마리에는 10분의 2 에바, 어린 숫양 7마리의 경우에는 각각의 숫양 1마리마다 10분의 1 에바를 바쳐야 합니다. 두 번째 유형인 초막절 첫날부터 일곱째 날까지의 예물들 중에서 동일한 것은 번제로서 숫양 2마리와 1년 되고 흠 없는 숫양 14마리이며, 수송아지의 경우에는 첫날 13마리를 드린 후에 매일 한 마리씩 줄여서 일곱째 날에는 수송아지 7마리를 드립니다. 그리고 속죄제를 위하여 숫염소 1마리를 드립니다.

첫 번째 절기인, 나팔절에 대하여 살펴보겠습니다. 나팔절은 7월 1일에 지킵니다. 7월 1일은 이스라엘의 옛 언약으로 설날레 23:23-25에 해당됩니다. 새해가 1월이 아니라, 7월이 된 이유는 무엇일까요? 옛 달력에서 한 해는 이른 봄에 시작하지만, 포로기에 사용되던 일반 달력은 7월을 해의 첫해로 여깁니다. 민수기에서는 바벨론 포로기 이후 사용되던 일반 달력을 사용하기 때문에 7월을 해의 첫해로 여깁니다. 성회['미크라-코데쉬'/מִקְרָא־קֹדֶשׁ]라는 말은 거룩한 부르심으로 하나님의 부르심에 응답한 모임입니다. 나팔절은 모든 성도가 함께 모이는 거룩한 날입니다. 안식일처럼 아무 노동도 하지 않고, 하나님의 임재를 준비해야 하는 절기입니다. 이날은 새해의 시작을 알리기 위하여 나팔을 불기 때문에 나팔절이라고 부릅니다. 나팔은 하나님이 소집한 공식적으로 권위 있는 명령을 전달하는 신호입니다. 이스라엘 백성들은 전투를 치르거나[민 10:1-10; 수 6:5; 암 2:2], 특별한 행사를 축하하기 위하여[삼하 6:15; 시 98:6] 나팔을 불었습니다. 나팔절[7월 1일]은 이어지는 대속죄일[7월 10일]을 준비하게 하고, 가을절기의 시작인 초막절[7월 15일]을 알립니다.

나팔절에 드리는 제사의 목록은 위에서 본 대로 수송아지 1마리, 숫양 1마리, 일 년 되고 흠 없는 숫양 7마리를 여호와께 향기로운 번제로 드리는 것입니다[2-4절]. 번제에 드리는 짐승에 따라 소제물의 양은 다음과 같이 드립니다. 수송아지 1마리에는 10분의 3 에바, 숫양 1마리에는 10분의 2 에바, 일 년 되고 흠 없는 어린 숫양 7마리의 경우에는 각각의 숫양 1마리마다 10분의 1 에바를 바쳐야 합니다. 또한 숫염소 1마리를 속죄 제물로 바쳐 백성의 죄를 속해야 합니다[5절]. 이러한 제사는 향기로운 냄새로 드리는 화제[불살라 바치는 제사]로서 일반적으로 새 달에 바치는 번제와 거기에 딸린 소제, 날마다 바치는 번제와 거기에 딸린 소제, 그리고 거기에 딸린 전제 외에 따로 바치는 제사입니다[6절].

두 번째 절기인 대속죄일에 대하여 설명하겠습니다[29:7-11]. 7월 10일에 드리는[7절] 대속죄일을 '욤-키푸르'[레 23:27]라고 하는데, 이 이름은 이날에 이스라엘 백성의 죄를 아사셀 염소에게 전가하여 광야로 내보내는 의식에서 비롯하였습니다[레 16장]. 레위기 16장에서 대속죄일은 대제사장을 중심으로 진행한다면, 민수기 29장에서는 일반 백성에게 초점을 맞추어 진행합니다. 대속죄일에는 거룩한 모임을 열고, 심령을 괴롭게 하고, 아무 일도 해서는 안 됩니다[7절]. "심령을 괴롭게 하다"['아나'/ענה]라는 말은 금식하며 참회하는 것을 의미합니다. 이날은 이스라엘 백성들이 육체의 모든 즐거움을 삼가고, 금식하면서 자신의 죄를 애통해하는 날입니다.

속죄일에 드리는 예물은 나팔절에 드리는 예물과 같은데, 번제로는 수송아지 1마리, 숫양 1마리, 일 년 된 흠 없는 숫양 7마리를 드려야 합니다[8절]. 번제와 함께 드리는 소제의 양은 다음과 같습니다. 수송아지 1마리에는 10분의 3 에바요, 숫양 1마리에는 10분의 2 에바, 어린 양 7마리에는 어린 양 1마리마다 10분의 1 에바를 드려야 합니다[9-10절]. 또한 숫염소 1마리를 속죄제로 드려야 하는데, 이는 죄를 속하는 속죄제물과, 날마다 드리는 번제와 거기 딸린 소제와 전제 외에 드리는 것입니다[11절].

세 번째 절기인 초막절에 대하여 설명하겠습니다[29:12-38]. 이스라엘 백성들은 모든 추수를 끝낸 후, 하나님께 풍성한 결심을 감사하는 초막절을 드립니다. 초막절['하그-하수코트'/חַג הַסֻּכּוֹת]이라는 명칭은 레위기 23장 34절에서 비롯됩니다. 출애굽기 23장 16절에서는 수장절['하그-하아시프'/חַג הָאָסִף]이라고 부릅니다. 초막절의 시작은[12절] 7월 15일입니다[출 23:16; 34:22; 레 23:33-36; 신 16:13-15]. 초막을 가리키는 '숙곳'은 원래 광야에서 숙소로 거하던 장막을 뜻하는 것으로, 가나안에 들어가서도 광야 시절을 회상하면서 하나님만을 바라보면서 하나님을 의지하는 신앙의 원형을 기억하게 합니다[레 23:39-43; 신 16:13-15]. 초막절 첫날에는 거룩한 집회로 모이고 생업을 위하여 아무 노동도 하지 않고, 온전히 하나님만을 생각하고 섬겨야 합니다[28:18, 25-26; 29:1]. 첫날부터 이레 동안, 곧 일곱째 달 15일부터 21일까지 여호와 앞에서 이 절기를 지켜야 합니다.

초막절 첫날에 드리는 예물은 다음과 같습니다[13-15절]. 번제물은 수송아지 13마리, 숫양 2마리, 일 년 된 흠 없는 숫양 14마리입니다. 이 번제물을 드리면서 거기에 딸린 소제도 규례에 따라 드립니다. 초막절에 일주일 동안 드리는 번제물의 수송아지는 첫날 13마리에서 시작하여 일곱째 날 7마리를 드릴 때까지 하나씩 줄어듭니다[17, 20, 23, 26, 29, 32절]. 그러나 함께 번제로 드리는 다른 제물인 숫양 2마리와 일 년 된 흠 없는 숫양 14마리는 변하지 않고 일정합니다. 번제물에 따라 함께 드리는 소제의 양은 다음과 같습니다. 수송아지 13마리에는 10분의 3 에바요, 숫양 2마리에는 10분의 2 에바, 어린 양 14마리에는 각기 10분의 1 에바를 드려야 합니다[14-15절]. 이 기간 동안 속죄제로 드리는 숫염소의 수는 1마리로 일정하며[19, 22, 25, 28, 31, 34절], 이는 날마다 드리는 번제와 거기 딸린 소제와 전제 외에 별도로 드리는 것입니다[16절].

둘째 날부터 일곱째 날까지의 제물은 번제물 중에서 수송아지가 한 마리씩 줄어드는 것 이외에 모두 유사합니다. 17-19절은 초막절 둘째 날에, 20-22절은 초막절 셋째 날에, 23-25절은 초막절 넷째 날에, 26-28절은 초막절 다섯째 날에, 29-31절은 초막절 여섯째 날에, 32-34절은 초막절 일곱째 날에 드리는 제물에 관한 규정입니다.

초막절 후 여덟째 날은 초막절 절기에 추가된 날로 초막절과는 별도로 거룩한 대회[‘아체렛’/עֲצֶרֶת]로 모입니다[왕하 10:20; 사 1:13; 암 5:21; 욜 1:14]. 이날은 초막절과 같은 순례 축제가 아니기에 성소가 아닌 각자의 거주지에서 지킬 수 있습니다. 초막절 여덟째 날에 드리는 예물은 나팔절이나 대속죄일에 드리는 예물과 유사합니다. 초막절 여덟 번째 날에 드리는 번제의 양은 수송아지 1마리, 숫양 1마리, 일 년 되고 흠 없는 숫양은 일곱으로 줄어듭니다. 번제와 함께 드리는 소제와 전제도 정해진 규례대로 함께 드려야 합니다[37절]. 날마다 드리는 번제와 거기에 딸린 소제와 전제 이외에 숫염소 1마리를 드리는 속죄제를 드려야 합니다.

마지막으로 39-40절은 28-29장에서 선포된 제의력 규정을 마감하는 결론입니다. 지금까지 설명한 예물은 절기력에 따라 드리는 공적인 예물입니다. 그런데 본문은 이외에도 개인적으로 드리는 예물이 있었음을 보여줍니다. 서원제와 낙헌제로 드리는 번제, 소제, 전제, 화목제 등의 개인적으로 드리는 예물들이 있었습니다. 서원제는 서약하고 맹세하는 다짐의 표시로 드리는 예물입니다[레 7:16]. 낙헌제는 자발적으로 드리는 성물, 즐거이 드리는 예물입니다[레 22:21]. 40절은 28-29장을 마감하고 있습니다. 모세는 28-29장에 담긴 하나님의 명령을 그대로 이스라엘 백성에게 전하였습니다[40절].

결단의 말씀

1) 우선 민수기 28-29장은 민수기의 어떤 맥락에서 읽어야 할까요? 민수기는 제사장 문헌으로서 가나안 땅을 향해 행진하는 공동체가 하나님의 임재를 경험하며, 하나님 앞에서 거룩하게 살아가는 법을 가르칩니다. 민수기는 특별히 하나님과 동행하는 거룩한 삶을 위하여 공간과 시간의 정결을 중요하게 여깁니다. 민수기는 공간적인 거룩을 강조하기 위하여, 진의 중앙에 성막을 두고, 지파들을 바깥에 두되, 성막과 지파들 사이에 제사장과 레위인들을 완충지대에 배치하여 하나님의 강력한 임재를 장애 없

이 경험하게 합니다[2-4장]. 민수기 28-29장에서는 시간의 거룩함을 강조합니다. 백성들이 시간적인 주기와 경계를 따라 하나님의 임재를 중심으로 사는 삶을 생활화하는 것입니다. '주기'라 함은 한 해 동안 여러 절기가 순차적으로 돌아가면서 지켜지는 것입니다. 다양한 절기에는 각각의 신앙적 강조점에 따라 다른 주제가 담겨 있습니다. 또한 '경계'라 함은 한 절기에서 다른 절기로 옮겨 갈 때, 새로운 절기에서도 동일한 하나님이 이스라엘 백성을 다스리고 있음을 기억하게 해야 합니다. 절기가 바뀔 때 동일한 하나님이 새롭게 역사하심을 기억하고, 변화된 절기 가운데 하나님께서 우리의 주인 되심을 선포해야 합니다. 이스라엘의 제사장은 하나님이 정해주신 제의력에 따라 합당한 제물을 하나님께 드려야 합니다.

2) 29장에서는 7월에 지키는 세 절기인 나팔절, 대속죄일, 초막절에 대하여 가르칩니다. 세 절기의 공통적인 특징은 모든 성도가 성회로 모이며[7절, 12절, 35절], 다른 아무 노동도 하지 않으며[7절, 12절, 35절], 하나님이 명령하신 대로 번제와 속죄제를 비롯한 모든 제사를 드려야 한다는 것입니다. 모든 절기는 어떤 마음 자세로 드려야 할까요? 절기의 주인은 하나님이십니다. 절기 기간 내내 온전히 왕이신 하나님의 통치가 임하도록 해야 합니다. 그러므로 절기 기간 내내 온 마음을 다해 하나님과 동행해야 합니다. 그래서 절기에는 모든 백성이 성회[거룩한 모임]로 하나님 앞에서 하나님의 임재를 갈망하는 마음으로 모여야 합니다. 모든 절기에는 온전히 안식일을 지키듯이 자신의 개인적인 이익을 위하여 어떤 노동도 하지 않고 온전한 하나님의 임재를 갈망해야 합니다. 하나님의 명령에 따라 규정된 대로 제사를 드림으로, 하나님 앞에서 모든 죄를 사함받아 영이 회복되며, 하나님과 백성 사이에, 또는 백성과 백성 사이에 교제가 회복되는 시간을 갖습니다.

본문은 오늘날 교회가 절기를 어떻게 준비하며, 매 절기를 맞이하면서 어떤 기대를 해야 하는지 보여줍니다. 구약의 제의력은 신약에서 교회력으로 변화되었습니다. 신약에는 신년, 부활절, 오순절, 추수감사절, 성탄절 등의 절기들이 있습니다. 이 절기의 특징은 모든 성도가 함께 모여서 하나님의 임재를 기다리는 것입니다. 절기 기간에 거룩한 하나님과의 동행을 위하여 개인적인 유익을 위한 활동을 멈추고 하나님과 성도의 교제를 생각하는 모임이 되어야 합니다. 교회력에는 모든 절기마다 독특한 특징들이 있습니다. 매 절기에 모든 절기의 주인은 하나님이심을 기억하고, 절기 때마다 모든 성도가 함께 모여서 온전히 거룩하게 지키고, 영적인 예배를 통하여 하나님의 임재를 경험하고, 회복과 능력을 경험하는 절기가 되어야 합니다.

3) 모든 절기의 공통점 이외에도 절기마다 각자의 특징이 있습니다. 이 특징을 유념하여 다양하게 절기의 교훈을 적용할 필요가 있습니다. 본문에 등장하는 절기는 나팔절, 대속죄일, 초막절입니다. 나팔절은 한 해의 첫날에 하나님께 예물을 드리는 절기입니다. 과거의 해가 지나가고, 새해가 시작됩니다. 작년에도 하나님이 우리의 주인이셨지만, 올해에도 하나님이 주인이십니다. 하나님이 한 해year의 왕으로 즉위하셔서 한 해 내내 주관하시는 것으로 고백해야 합니다. 새해 한 해가 지나도록 하나님이 통치하시고 다양하게 찾아오는 모든 혼돈과 악으로부터 우리들을 보호하시도록 기도해야 합니다. 나팔을 부는 것은 신령한 하나님의 주권 선포입니다. 다시금 하나님의 통치를 기다리며, 신령한 해의 시작에 하나님을 다시 주인으로 모시는 귀한 절차가 시작됨을 알립니다. 모든 성도가 새해 첫날에 함께 모여 예배를 드립니다. 나팔절의 정신은 신년 감사 예배와 동일합니다. 새

해의 첫날에 세상 일을 멈추고 모두 함께 모여서 예배 가운데 하나님의 임재를 경험하고, 성도 간에 교제하면서 새해에도 한 해 동안 하나님의 다스리심과 임재의 풍성함을 기대하는 시간이 되어야 합니다.

대속죄일 성회는 7월 10일에 모입니다. 대속죄일에서 가장 중요한 것은 개인만이 아니라 공동체의 죄를 용서받는 것입니다. 그래서 모든 성도가 아무 일도 하지 않고 함께 모여서 "심령을 괴롭게 하는 것"입니다. 심령을 괴롭게 한다는 것은 금식하며, 죄를 뉘우치고, 때로는 자신의 육체를 괴롭게 하기까지 하는 것입니다. 목표는 육체의 욕심을 절제하고, 하나님의 영의 이끌림에 순종하기를 결단하는 것입니다. 또한 성도 개인이 지은 죄로 인하여 공동체가 어려움을 당하지 않도록 공동체의 모든 죄를 사해주시기를 간구해야 합니다. 레위기 16장과 연결하여 이해한다면, 대속죄일에 대제사장이 회개하지 않은 백성의 죄를 용서받기 위하여 속죄제의 피를 가지고 지성소에 들어갑니다. 대속죄일은 개인적인 죄의 차원을 넘어서서 백성 전체의 죄를 용서받는 날입니다. 대속죄일은 예수 그리스도의 속죄와 관련하여 이해해야 합니다. 대제사장은 매년 자기 백성의 허물을 위하여 염소와 송아지의 피로 지성소에 들어가 속죄를 이루었지만, 예수 그리스도는 자기의 피로 영원한 속죄를 이루어 단번에 성소에 들어가셨습니다[히 9:12]. 그리스도의 일회적인 희생이 동물의 반복적인 피 흘림을 대신한 것입니다. 우리의 죄가 아무리 크다 할지라도 그리스도의 피를 통하여 하나님이 계시는 지극히 거룩한 곳으로 나아갈 수 있습니다.

초막절은 7월 15일에 일주일 동안 열리는 절기로서 가을 추수 시기에 지키는 감사절에 해당합니다. 7일 동안 여호와 앞에 절기를 지키는데, 7일 이후에 여덟째 날에 드리는 제사는 나팔절이나 대속죄일과 동일합니다. 초막절을 지키는 7일 동안 거주지 바깥에 설치한 초막에서 생활해야 합니다.

초막절의 중요성은 추수와 감사입니다. 추수한 소산을 바라보면서 한 해의 소산을 주신 하나님께 감사하는 것입니다. 소산만이 아니라 한 해 동안 베푸신 하나님의 은혜를 기억해야 합니다. 초막절에 각자의 처소가 아니라, 거주지 바깥에 있는 초막에 거하는 것은 신앙적인 의미가 있습니다. 그것은 이스라엘 백성이 애굽을 떠나 가나안 땅에 들어오기 전에 광야에서 거주했던 모습입니다. 집을 짓지 않고 초막에 거하는 것은 언제나 떠날 수 있는 나그네로서의 정체성을 보여주는 것입니다. 집이라는 안정성을 선호하여 떠나지 않고 머물려고 하는 그들을 향하여 언제든지 고향, 본토, 친척 집을 떠나라고 명령받았던 아브라함처럼 하늘에 있는 본향을 향하여 나그네처럼 살아가기를 요청하는 하나님의 명령입니다. 이 땅의 본향을 떠날 때 외로움과 아쉬움이 밀려오지만, 하나님이 주인 되시는 새로운 곳에서 행할 일들을 기대하는 믿음과 소망으로 하늘 본향을 향한 새로운 여정을 시작합니다. 이 여행이 예기치 못한 숱한 고난을 감내하는 고독한 길이 될지라도, 하늘에서 오는 위로와 소망으로 인하여 넉넉히 이기는 행복한 여정이 될 것을 확신합니다.

구약에서 절기는 곧 이스라엘의 성도들이 하나님과 동행하며, 거룩하게 살도록 돕는 거룩한 시간이었습니다. 민수기 29장은 이 가운데 7월에 있는 세 절기인 나팔절, 대속죄일, 초막절을 다루고 있습니다. 이 절기에는 모든 성도가 성회로 모여, 다른 아무 노동도 하지 않고 하나님과 동행하며, 하나님이 명령하신 대로 번죄와 속죄제를 비롯한 모든 제사를 드려야 합니다.

아울러 한 해 중에 특별한 절기에 담긴 하나님의 뜻을 생각할 뿐 아니라, 구약의 절기가 신약에서 어떻게 변화되었는지를 유념할 필요가 있습니다. 구약에서 지키던 절기는 모두 신약에서 의미가 있습니다. 나팔절에 나팔을 부는 관습은 해가 바뀌어 새로운 해가 되어도 여전히 하나님이 통치하시는 것을 기리는 것으로, 신약에서 예수님의 재림과 관련됩니다. 신약성경에서는 예수께서 나팔 소리와 함께 재림하실 것을 믿습니다[살전 4:16]. 나팔 소리가 새로운 시대를 알리는 소리가 되는 것입니다. 예수의 재림하심을 통해서 진정한 신년, 곧 나팔절이 성취될 것을 믿습니다.

대속죄일은 예수 그리스도의 속죄와 깊은 관련이 있습니다. 대제사장은 매년 자기 백성의 허물을 위하여 염소와 송아지의 피로 지성소에 들어가 속죄를 이루었지만, 예수 그리스도는 자기의 피로 영원한 속죄를 이루어 단번에 성소에 들어가셨습니다[히 9:12]. 죄 없는 순결한 양은 세상 죄를 지고 가는 예수 그리스도를 상징합니다[요 1:29; 계 13:8]. 예수는 우리를 위하여 십자가에서 돌아가신 분으로[사 53:3-6; 롬 4:25], 제단에 향기로운 제물과 희생 제물로 바쳐지셨습니다[엡 5:2]. 이제 그리스도인들은 예수의 피를 힘입어 성소에 들어갈 담력을 얻습니다[히 10:19]. 우리의 죄가 아무리 크다 할지라도 그리스도의 피를 통하여 하나님이 계시는 지극히 거룩한 곳으로 나아갈 수 있습니다.

구약의 예언자들은 초막절을 종말론적으로 이해했습니다. 스가랴는 초막절을 메시아 왕국의 도래와 구원의 날로 이해했습니다[슥 12-14장]. 초막절은 종말에 올 그리스도의 재림과 우주적인 통치를 바라보게 합니다. 초막절은 그리스도의 재림으로 그 의미가 성취될 것입니다. 이스라엘 백성이 추수를 마치고 광야 시대의 은혜를 돌아보는 것처럼, 신약의 성도들이 그리스도의 재림의 날에 추수의 기간이 끝나고, 하나님의 구속을 찬양할 것입니다[계 14:14-20]. 그리스도의 재림과 함께 하나님의 구속 역사가 완전히 이루어지면 초막절의 의미가 완전히 성취될 것입니다.

신약의 그리스도인들은 구약의 절기가 그리스도의 사건을 통해서 어떻게 성취되었는지를 돌아보아야 합니다. 하나님께서 세우신 거룩한 절기들을 맞이하면서 다시금 거룩하신 하나님과 동행하고, 예수 그리스도를 통해 이루실 미래 사건을 기대해야 합니다. 나팔절, 대속죄일, 그리고 초막절을 통하여 우리의 죄를 사함받고, 다시 오실 그리스도의 재림을 기대하면서 믿음으로 나아가야 할 것입니다.

서원한 것은 지키라

민수기 30:1-16

최현준
대전신학대학교

도입

오늘 본문인 민수기 30장은 서원의 중요성과 그것을 이행하는 규례를 설명해 주고 있습니다. 성경 시대에 서원은 사람이 하나님께 드리는 약속이며, 매우 신성하고 엄숙한 행위로 간주되었습니다. 이번 설교에서는 서원의 의미와 중요성, 그리고 현대의 신앙생활에서 서원을 어떻게 이해하고 실천해야 하는지 다루고자 합니다.

본문 강해

민수기 30장은 이스라엘 백성의 서약과 맹세에 관한 법률을 말해주고 있습니다. 이 장의 역사적 배경은 이스라엘 백성이 가나안 땅에 들어가기 직전에 모세가 하나님의 율법과 명령을 정리하고 재확인하는 과정에서 나옵니다. 이 장은 주로 개인적인 서약과 맹세를 강조하며, 특히 여성의 서약에 대한 가족의 역할과 권한에 대해 자세히 가르치고 있습니다.

오늘 본문 이전을 보게 되면, 이스라엘 백성들이 애굽을 떠나 광야에서 살았던 40년의 세월은 하나님께 불평하고 불순종하며 살았던 시간이었습니다. 그런 이스라엘 백성들을 하나님께서는 품어주시고, 이들에게 만나와 메추라기, 물로 메마름을 채우시는 사랑을 보여주신 세월이기도 했습니다. 그뿐 아니라 그들의 지도자로 세우신 모세와 아론에 대해 11장의 고라의 사건처럼 반역하며 도전하던 이스라엘 백성들의 모습을 언급하고 있습니다. 13장에 언급되는 가나안 땅에 대한 정탐꾼들의 보고는 출애굽 후 중요한 전환점이 된 사건이었습니다. 12명의 정탐꾼 중 여호수아와 갈렙을 제외한 사람들이 두렵다고 보고했고, 이로 인해 이스라엘 백성들은 가나안 땅에 들어가기를 원치 않았습니다. 이 불순종한 사건으로 인해 하나님은 출애굽 1세대는 광야에서 살게 하셨고, 약속의 땅에 들어가는 것을 허락하지 않으셨습니다. 이에 하나님은 새로운 세대가 가나안 땅에 들어가도록 준비시키셨는데, 26장에 보면 인구조사를 하게 하신 것은 그 준비의 과정이었고, 이는 부모 세대의 불순종을 교훈 삼아 하나님의 말씀에 순종함을 배우게 하시려는 뜻이었습니다. 광야에서의 삶은 이스라엘 백성들이 하나님의 인도하심을 경험하는 시간이었고, 훈련받고 성장하는 과정이었습니다. 이 기간에 그들은 이스라엘과 함께하시는 하나님을 경험하고, 하나님의 율법을 준수하는 것을 훈련했던 것입니다.

본문인 민수기 30장은 이스라엘 백성이 광야에서의 여정을 마무리하고, 하나님이 약속하신 땅인 가나안에 들어가기 직전에 주어진 법령들 중 하나를 언급하고 있습니다. 모세는 이스라엘 백성들이 가나안 땅에서 하나님의 율법을 준수하고, 그들의 신앙과 생활을 하나님께 바르게 드리도록 여러 가지 규례와 법령을 재확인합니다. 오늘 본문에서는 개인의 서약과 맹세를 중심으로 가족과 공동체 내의 책임과 권한을 명확히 규정하고 있습니다. 이스라엘은 가부장적 사회였기 때문에, 가족의 법률적 결정이 개인의 서약과 맹세에 큰 영향을 미쳤습니다. 여성의 서약에 대한 아버지나 남편의 권한이 명시되어 있는 이유도 여기에 있다고 할 수 있습니다.

본문에서는 개인이 하나님께 서약하거나 맹세할 때 이를 반드시 지켜야 함을 강조합니다. 하나님 앞에서 맹세와 서약을 지키는 것은 신앙생활의 중요한 요소로 여겨졌습니다. 이스라엘 백성은 서약을 통해 하나님께 자신을 헌신하고, 특정 행동을 다짐하는 것을 통해 신앙의 깊이를 더해갔습니다. 오늘 본문뿐만 아니라 구약성경에 나타난 서원을 살펴보면 목적과 성격에 따라 몇 가지 특징을 발견할 수 있습니다.

첫째는 감사를 표현하기 위해서 하는 서원이 있습니다. 특정한 축복이나 도움을 경험한 후 감사를 표하기 위해 하는 서원입니다. 사무엘상의 한나가 그 예입니다. 사무엘의 어머니인 한나가 오랫동안 아이를 갖지 못해 슬퍼하고 있을 때, 그가 하나님께 '아들을 주시면 그를 하나님께 바치겠다'고 했던 것이 그 예입니다. 시편 116편에서 다윗이 하나님이 주신 축복에 대해 감사의 서원을 행하는 것도 같은 예입니다. 그는 시편 116:12-14에서 다음과 같이 고백합니다.

> [12]여호와께서 내게 주신 모든 은혜를 무엇으로 보답할까 [13]내가 구원의 잔을 들고 여호와의 이름을 부르며 [14]여호와의 모든 백성 앞에서 나는 나의 서원을 여호와께 갚으리로다

두 번째로, 기원과 간구의 서원이 있습니다. 사람이 절박한 상황에서 도

움을 요청하며 서원을 하는 경우가 있습니다. 사사기 11장에 나오는 입다의 서원이 이에 해당합니다. 입다는 이스라엘의 사사로, 암몬과의 전쟁에서 승리를 간절히 원하면서 하나님께 약속을 합니다. '전쟁에서 이기게 해주시면 돌아올 때 자신을 맞이하는 첫 번째 사람을 번제로 드리겠다'고 하나님께 서원했던 예가 여기에 속합니다.

세 번째로, 금욕적 서원이 있습니다. 이런 서원의 대표적인 예가 나실인 서원입니다. 금욕적인 서원은 개인이 어떤 특별한 이유로 자기 자신을 하나님께 헌신하고자 할 때 일상적인 삶의 일부를 포기함으로써 그 헌신을 표현하는 방식이었습니다. 민수기 6장 6-7절에 "자기의 몸을 구별하여 여호와께 드리는 모든 날 동안은 시체를 가까이 하지 말 것이요 그의 부모 형제 자매가 죽은 때에라도 그로 말미암아 몸을 더럽히지 말 것이니 이는 자기의 몸을 구별하여 하나님께 드리는 표가 그의 머리에 있음이라"라고 기록되어 있는데, 나실인은 부정하게 되는 죽은 자의 시체를 만지지 말아야 했으며, 심지어 그것이 가족의 시체라도 안 된다는 규정을 언급하고 있습니다.

이와 같이 구약성경의 서원은 하나님과의 관계를 깊게 하는 중요한 행위로 여겨졌습니다. 이는 자신의 신앙을 표현하고 하나님께 대한 헌신의 의지를 표현하는 수단이었습니다. 또한 서원을 통해 사람들은 하나님께 자신의 삶을 거룩하게 하고, 하나님께 더 가까이 나가려고 노력했습니다. 서원의 중요성은 서원이 바로 이스라엘 백성들이 하나님께 표현하는 자신의 믿음과 신실함, 그리고 헌신의 징표였기 때문입니다.

특별히 오늘 본문에서는 여성의 서원의 대한 특별한 규정이 눈에 띕니다. 30장 전체가 사람이 행한 모든 서원은 반드시 지킬 것을 강조하면서 특별히 여성이 행한 서원에 관하여 어떻게 지켜야 할지를 자세히 설명하고 있습니다. 본문은 여성이 한 서원과 관련해서 세 가지의 경우를 규정하고 있습니다.

첫 번째로 여성이 미혼인 경우에 해당하는 서원을 언급합니다. 3-5절은 "또 여자가 만일 어려서 그 아버지 집에 있을 때에 여호와께 서원한 일이나 스스로 결심하려고 한 일이 있다고 하자 그의 아버지가 그의 서원이나 그가 결심한 서약을 듣고도 그에게 아무 말이 없으면 그의 모든 서원을 행할 것이요 그가 결심한 서약을 지킬 것이니라 그러나 그의 아버지가 그것을 듣는 날에 허락하지 아니하면 그의 서원과 결심한 서약을 이루지 못할 것이니 그의 아버지가 허락하지 아니하였은즉 여호와께서 사하시리라"라고 말씀합니다. 미혼 여성이 하나님께 서원하거나 맹세했을 때, 그 서원이나 맹세가 유효하게 되려면 특정 조건이 충족되어야 한다고 규정하고 있습니다. 즉, 미혼 여성이 자기 아버지의 집에 살고 있는 동안에는 하나님께 서원하거나 자기 자신을 구속할 맹세를 할 수 있습니다. 그러나 만일 아버지가 그 서원을 듣고 즉시 반대하거나 취소하면, 그 서원은 효력을 잃게 된다고 말씀합니다. 그리고 아버지가 서원을 취소한 경우에는 하나님은 그 여성에게 책임을 묻지 않으신다는 말씀입니다. 이 규정은 구약성경 시대의 문화적 배경을 반영하고 있습니다. 고대 이스라엘 사회는 가부장적 구조를 가지고 있었습니다. 미혼 여성은 그 가족의 일원으로서 그 가족의 가장 어른인 아버지의 보호 아래 있었으며, 아버지가 딸의 중요한 결정을 승인하거나 반대할 권한을 가지고 있었습니다. 이는 구약시대에 가족 내에서 각자의 자리에 따른 그 권위와 책임이 분명하게 구분되어 있었음을 보여줍니다. 또한 이 규정은 아버지가 딸의 서원에 대해 책임을 지고, 그 서원이 성급하거나 잘못되었을 때 이를 취소할 수 있는 보호 장치를 제공하고 있다는 것입니다. 그만큼 하나님과 한 약속이 얼마나 중요한지를 나타내는 표현이기도 한 것입니다. 그 서원은 하나님과 한 약속이므로 반드시 신중하게 해야 하며, 단순히 변심으로 취소되거나 무시될 수 없는 중요한 행위임을 나타내는 것이라고 할 수 있습니다.

본문에서 언급하는 여성의 서원과 관련해서 두 번째 언급하고 있는 규정은 기혼 여성과 관련한 것입니다. 기혼 여성이 서원이나 맹세를 할 때에는 그 서원의 유효성은 남편의 반응에 따라 달라진다고 말씀합니다. 민수기 30장 6-7절에 "또 혹시 남편을 맞을 때에 서원이나 결심한 서약을 경솔하게 그의 입술로 말하였으면 그의 남편이 그것을 듣고 그 듣는 날에 그에게 아무 말이 없으면 그 서원을 이행할 것이요 그가 결심한 서약을 지킬 것이니라"라고 기록하고 있습니다. 이는 기혼 여성이 남편과 함께 살고 있는 동안 하나님께 서원하거나 자기 자신을 구속할 맹세를 한다면, 남편이 이를 들었을 때 아무 말이 없거나 반대하지 않으면 그 서원은 유효하다는 의미입니다. 그리고 8절에 "그러나 그의 남편이 그것을 듣는 날에 허락하지 아니하면 그 서원과 결심하려고 경솔하게 입술로 말한 서약은 무효가 될 것이니 여호와께서 그 여자를 사하시리라"라고 말씀하고 있는데, 이는 남편이 아내의 서원을 들었을 때, 즉시 이를 반대하거나 취소하면 그 서원은 효력을 잃게 된다고 규정하는 것입니다. 만일 남편이 서원을 취소한 경우에는 아내는 그 서원에 대해 책임을 지지 않으며, 하나님께서 그 여성에게 책임을 묻지 않으신다고 말씀합니다.

위의 규정에 추가로 10-15절에 "부녀가 혹시 그의 남편의 집에서 서원을 하였다든지 결심하고 서약을 하였다 하자 그의 남편이 그것을 듣고도 아무 말이 없고 금하지 않으면 그 서원은 다 이행할 것이요 그가 결심한 서약은 다 지킬 것이니라 그러나 그의 남편이 그것을 듣는 날에 무효하게 하면 그 서원과 결심한 일에 대하여 입술로 말한 것을 아무것도 이루지 못하나니 그의 남편이 그것을 무효하게 하였은즉 여호와께서 그 부녀를 사하시느니라 모든 서원과 마음을 자제하기로 한 모든 서약은 그의 남편이 그것을 지키게도 할 수 있고 무효하게도 할 수 있으니 그의 남편이 여러 날이 지나도록 말이 없으면 아내의 서원과 스스로 결심한 일을 지키게 하는 것이니 이는 그가 그것을 들을 때에 그의 아내에게 아무 말도 아니하였으므로 지키게 됨이니라 그러나 그의 남편이 들은 지 얼마 후에 그것을 무효하게 하면 그가 아내의 죄를 담당할 것이니라"라고 기록하고 있는데, 이는 남편이 처음에는 서원에 대해 아무 말이 없다가 나중에 서원을 취소할 경우, 그는 아내의 서원을 무효로 할 수 있지만, 그 책임은 남편에게 돌아간다는 규정입니다.

마지막으로 여성의 서원과 관련해 본문에 세 번째 경우를 언급하고 있는데, 과부나 이혼한 여성의 서원과 관련된 것입니다. 9절에 "과부나 이혼당한 여자의 서원이나 그가 결심한 모든 서약은 지킬 것이니라"라고 말씀합니다. 이는 과부나 이혼한 여성의 경우, 그들이 한 서원은 자신의 결정을 따르고, 그 서원은 남편의 허락 여부와는 관계없이 유효하며, 자기 스스로 책임져야 한다고 규정합니다.

위에 언급한 여성의 서원과 관련된 규정들은 이스라엘 사회가 가부장적 구조였기 때문에 여성의 서약이나 맹세는 아버지나 남편의 허락이 필요하다는 의미를 가지고 있습니다. 문화적인 측면에서 구약시대에 여성은 가정 내에서 아버지나 남편의 권위와 보호 아래 있음을 상징하는 것이기도 합니다. 가정 내의 질서와 책임을 강조하는 면도 있다고 보입니다.

신앙적인 측면에서 하나님께 행한 서약과 맹세는 단순한 약속이 아니라 신성한 것으로 여겨졌습니다. 하나님 앞에서 한 약속은 반드시 지켜야 하는 것으로, 이를 어기면 하나님과의 수직적 관계에 문제가 생기게 됩니다. 그러나 오늘 민수기 30장의 규정들은, 서원이 가정의 상황을 배려하고 충돌하지 않도록 조정하는 역할도 하고 있습니다. 하나님과의 약속의 중요성과 그 성실한 이행을 강조하면서도 가정 내에서의 합의 또한 배려하고 있는 것입니다.

결단의 말씀

그럼 우리는 본문을 통해 무엇을 배울 수 있을까요?

첫째로, 본문은 우리에게 서원의 의미와 중요성을 교훈하고 있습니다. 서원은 하나님과의 특별한 약속이기 때문에, 그것은 지켜도 되고 안 지켜도 되는 것이 아닙니다. 이는 일종의 계약으로, 하나님께 드리는 헌신과 결단입니다. 이는 단순히 행위 자체의 문제가 아니라, 중심을 보시는 하나님께 대한 자신의 진실한 영적 표현이며 결단이라는 의미를 가지고 있는 것입니다. 따라서 성경은 우리에게 하나님 앞에서 하는 모든 약속에 대해 신실하고 책임감 있게 행동하라고 말씀합니다. 서원은 우리가 한 말에 대한 책임을 의미합니다. 우리가 살아갈 때 말과 행동이 일치하는 삶을 살아야 한다는 의미도 가지고 있습니다. 하나님께 신실한 사람은 다른 사람에게도 신실한 사람이 될 수 있기 때문입니다. 우리는 우리가 하나님께 약속한 것들에 대해서 얼마나 진실하고 성실하게 여기고 실천하고 있는지 돌아보아야 할 것입니다.

둘째로, 우리가 오늘 본문을 통해 배우는 것은 가정 내의 권위와 책임의 문제입니다. 여성의 서원이 아버지나 남편의 동의를 필요로 한다는 것은 가정 내 권위와 책임의 중요성을 의미한다고 볼 수 있습니다. 이는 서로의 동의를 통해 가정의 단합과 조화를 이루고자 하는 목적이 있는 것입니다. 가정 내에서 각 구성원은 서로를 존중하고, 각자에게 주어진 권위와 책임을 잘 수행함으로써 가정이 평화롭게 유지될 수 있도록 힘써야 한다는 의미이기도 합니다. 오늘 본문은 우리에게 가정을 돌아보라고 교훈하고 있습니다. 가정이 서로 단합하고 배려하며 화평 가운데 있을 수 있도록 나는 무엇을 어떻게 하고 있는가를 돌아보라고 말씀합니다. 가정 내 권위와 책임을 올바르게 실천하기 위해 우리는 어떤 노력을 하고 있는지 생각해 보아야 할 것입니다.

마지막으로, 구약시대뿐만 아니라 현대의 신앙생활에도 하나님께 하는 약속은 소중하다는 사실입니다. 현대의 신앙인들은 구약시대의 율법은 이미 지나간 유물이라고 생각할 수 있습니다. 물론 구약시대 율법을 우리가 지켜야 할 필요는 없습니다. 그러나 율법이 가지고 있는 의미와 중요성은 변함이 없음을 기억해야 합니다. 하나님께 드리는 우리의 약속은 여전히 신성한 것이며, 성실하게 지켜야 합니다. 하나님께 드리는 서원은 우리의 믿음과 헌신을 나타내는 중요한 척도이기도 합니다. 이를 통해 우리는 하나님께 더 가까이 갈 수 있기 때문입니다. 오늘날 우리는 기도나 헌금, 봉사와 같이 다양한 형태의 약속을 하나님께 드립니다. 중요한 것은 이런 신앙적 행위들을 어떤 마음으로 하고 있느냐는 것입니다. 우리의 마음을 다해 하나님께 대한 나의 중심을 드리는 신앙적 삶을 살아갈 수 있어야 할 것입니다.

경계의 불안을 넘어
현재와 순종과 거룩의 삶을 향해

민수기 31:1-24

조용현
호남신학대학교

도입

요즘 외국으로 여행을 많이 가는데, 외국에서 여행을 시작하려면 먼저 입국심사를 통과해야 합니다. 대부분은 입국심사를 무사히 통과합니다만, 간혹 통과하지 못할 때가 있습니다. 그러면 사무실로 따로 불려가 몇 시간에 걸친 인터뷰를 하면서 문제가 없다는 점을 증명하고 나서야 겨우 공항을 빠져나올 수 있습니다. 그러나 인터뷰에서 문제가 생기면 공항을 나가 보지도 못하고 바로 본국으로 돌아가야 합니다. 그런데 입국심사에서 문제가 생겨 무려 18년 동안 공항에서 생활했던 메르한 카리미 나세리라는 사람이 있었습니다. 나세리는 1977년 팔레비 국왕에 대한 시위 혐의로 이란에서 추방당한 후, 여러 나라를 전전하다가 1986년 벨기에로의 망명 허가를 받았습니다. 다만, 나세리는 벨기에 대신 어머니의 고국이면서 유럽연합 소속국인 영국으로 가고자 했습니다. 하지만 그는 파리 공항에서 환승하면서 여권이 들어있는 가방을 분실한 상태에서 영국에 도착했습니다. 그는 여권이 없어서 영국에서 입국을 거부당하자 어쩔 수 없이 파리로 돌아왔지만, 무국적이었기에 프랑스에도 입국할 수 없었습니다. 결국 그는 1988년 8월부터 공항에서 기약 없는 생활을 해야 했습니다. 나세리는 공항 직원이나 승객이 건네주는 음식으로 끼니를 때우며 독서나 경제학 공부를 하면서 시간을 보냈습니다. 그런데 오랫동안 공항에서 살다 보니 그 생활이 익숙해졌고 이때 쓴 일기를 바탕으로 자서전을 출간했으며 그의 이야기를 모티브로 한 영화도 제작되었습니다. 그러다가 2006년에 적십자의 도움을 받아 병원에 입원하게 되며 공항 밖으로 나올 수 있었습니다. 그러나 공항 밖의 생활에 적응하는 데에 어려움을 겪자 2022년에 파리 공항으로 돌아와 몇 주간 생활하다가, 2022년 11월 12일에 77세의 나이로 공항에서 삶을 마감했습니다. 무국적자였던 나세리가 안전하다고 느낀 곳은 아이러니하게도 공항, 즉 나라와 나라 사이의 경계에 있는 곳이었습니다.

『고려대한국어대사전』에 따르면 '경계'는 "어떤 지역과 다른 지역 사이에 일정한 기준으로 구별되는 한계"를 뜻합니다. 우리는 경계 안에 있을 때 소속감과 안전함을 느끼지만, 반대로 지역과 지역, 나라와 나라를 구별하는 경계선상에 있을 때 불안함을 느낍니다. 입국심사장에서 긴장하는 것이 이런 이유 때문일 것입니다. 그러다 보니 우리는 물리적으로 또는 정서적으로 경계선상에 있기보다는 경계 안으로 들어가 소속감과 안전함을 느끼기를 원합니다. 본문의 이스라엘 백성은 40년간 지속되었던 광야 생활의 막바지에 이르렀고 하나님께서 약속하신 가나안 땅 입성을 앞두고 있었습니다. 이들이 있었던 곳은 민수기 31장 12절의 "여리고 맞은편 요단강가 모압 평지"였습니다. 즉, 이스라엘 백성은 이제 떠나야 할 광야와 곧 들어가야 할 가나안 사이의 경계선상에 있었습니다. 그러나 그들은 광야와 가나안이라는 물리적인 경계선상에만 있었던 것은 아니었습니다. 그들은 미래와 과거의 경계, 순종과 불순종의 경계, 거룩과 부정의 경계에 있어서 언제든지 어느 한쪽으로 기울 수 있었습니다. 하나님께서는 본문에서 이스라엘 백성이 미래와 과거, 순종과 불순종, 거룩과 부정의 경계에서 불안해하지 말고 현재에 충실하며 순종과 거룩의 삶을 향해 나아갈 것을 말씀하시며 그들을 인도하셨습니다.

본문 강해

1. 과거와 미래의 경계로서의 현재

첫째, 하나님께서는 우리에게 과거의 잘못에 빠져 있거나 허황된 미래만을 꿈꾸는 불안한 경계의 삶에서 벗어나 현재를 충실하게 살라고 말씀하십니다. 사람은 불완전하고 부족하기에 실수하기 마련이고 죄를 짓기도 합니다. 그런데 어떤 사람은 과거의 잘못에 발목이 잡혀 자신을 자책하고, 또 어떤 사람은 과거의 죄를 남의 탓으로 돌리며 자신의 문제를 간과합니다. 두 가지 자세 모두 과거의 잘못에 대한 적절한 태도는 아닙니다. 잘못했다면 누구를 탓하기 전에 먼저 자신을 돌아보아야 하고, 자기 잘못이 있다면 하나님께 회개하고 다른 사람에게 용서를 구해야 합니다. 이러한 성찰의 자세가 있을 때 과거의 잘못을 거울로 삼아 성숙할 수 있고 앞으로 나아갈 수 있습니다. 본문의 이스라엘 백성이 과거의 사건을 해결하지 못한 채 앞만 보며 가나안으로 나아가려고 하자, 하나님께서는 잠시 그들의 발걸음을 멈추시고 미래를 향한 발돋움을 내딛기에 앞서 과거를 청산함으로써 현재의 삶을 성실하게 살게 하셨습니다.

이스라엘 백성은 출애굽 후, 요단 동편의 땅을 점령하고 이제 요단 서편의 가나안으로의 진입을 앞두고 있었습니다. 따라서 이스라엘 백성이 싸워야 할 대상은 요단 동편의 족속이 아니라 요단 서편에 있던 가나안의 여러 족속이어야 했습니다. 그런데 하나님께서는 2절에서 모세에게 "이스라엘 자손의 원수를 미디안에게 갚으라"고 말씀하시며 미디안과 전쟁하라고 명령하셨습니다. 여기서의 미디안은 요단 서편이 아닌 동편에 있었던 족속이었는데 이스라엘은 요단 동편의 미디안과 굳이 전쟁할 필요가 없었습니다. 그럼에도 하나님께서는 "이스라엘 자손의 원수"를 갚기 위해 미디안과 전쟁하라고 명령하셨습니다. 원수를 갚는다는 것은 과거에 미디안이 이스라엘에게 원한이 맺힐 정도로 해를 끼친 일이 있다는 점을 암시합니다. 이 일은 민수기 25장에 기록된 브올의 사건을 가리킵니다. 브올의 사건은 이스라엘 백성이 브올에서 우상에게 절하고 미디안 여인 때문에 염병이 일어난 일이었습니다. 이 염병으로 죽은 이스라엘 사람은 이만 사천 명이었습니다. 브올의 사건 이후 하나님께서는 미디안에 대해 25장 17-18절과 같이 말씀하셨습니다.

> [17]미디안인들을 대적하여 그들을 치라 [18]이는 그들이 속임수로 너희를 대적하되 브올의 일과 미디안 지휘관의 딸 곧 브올의 일로 염병이 일어난 날에 죽임을 당한 그들의 자매 고스비의 사건으로 너희를 유혹하였음이니라

하나님께서 이스라엘 백성에게 우상을 섬기게 하고 염병으로 많은 사람을 죽게 한 미디안 사람들을 분명히 치라고 말씀하신 것은 우상숭배와 그로 인한 과거의 잘못을 완전히 끊기를 원하셨기 때문입니다. 그리고 하나님께서는 민수기 31장 2절에서 다시 "이스라엘 자손의 원수를 미디안에게 갚으라"

고 말씀하심으로 이스라엘이 과거의 사건을 해결하도록 인도하셨습니다.

모세는 미디안에게 원수를 갚으라는 하나님의 말씀을 이스라엘 백성에게 전하며 과거의 사건을 해결하라는 하나님의 뜻을 전했습니다. 그런데 모세는 과거의 사건을 청산하되, 이스라엘 백성이 사사로운 원한이나 감정에 사로잡혀 전쟁하기를 원하지 않았습니다. 그래서 모세는 3절과 같이 이스라엘 백성에게 말했습니다.

> 너와 함께 있는 사람들 가운데서 전쟁에 나갈 사람들을 무장시키고 미디안을 치러 보내어 여호와의 원수를 갚되

하나님께서는 2절에서 "이스라엘 자손의 원수를 미디안에게 갚으라"고 말씀하셨지만, 모세는 3절에서 "미디안을 치러 보내어 여호와의 원수를 갚되"라고 말했습니다. 하나님께서는 이스라엘 백성이 염병으로 많은 사람을 죽게 한 미디안 사람들에게 원수를 갚고 과거의 죄와 아픔에서 벗어나라고 하셨지만, 모세는 미디안과의 전쟁이 단순히 이스라엘의 원수를 갚고 가슴에 맺힌 원한을 푸는 수단이 되어서는 안 될 것을 알고 "여호와의 원수"를 갚으라고 말한 것입니다.

사실 염병으로 죽은 이스라엘 사람의 숫자가 이만 사천 명이니, 이는 26장에서 계수된 이십 세 이상의 육십만 천칠백삼십 명 중 약 4%에 해당하는 인원으로, 적지 않은 수였습니다. 미디안 여인 한 사람 때문에 이만 사천 명이 죽었으니 그 가운데 가족이나 친지가 있던 사람들은 그 여인과 미디안에 대한 원한이 사무쳤을 것입니다. 그런데 하나님께서 미디안을 치라는 명령을 하셨으니 개인적인 감정과 사사로운 원한이 전쟁의 주목적이 될 수도 있었습니다. 만약 이스라엘이 이렇게 개인적인 감정과 사사로운

원한으로 미디안과 전쟁했다면, 과거의 잘못과 아픔을 치유하기는커녕 또 다른 원한을 낳았을 것이며 앞으로의 전쟁에서도 같은 실수를 되풀이했을 것입니다. 이것은 결코 과거의 잘못을 청산하는 올바른 방법도 아니며 앞으로의 발걸음을 내딛는 데 있어서 도움이 되지도 않습니다. 미디안과 전쟁을 하는 주된 목적은 하나님의 백성을 속이고 그들을 우상숭배에 빠뜨렸던 미디안을 벌하고 하나님만이 오직 유일한 여호와이심을 만방에 선포하라는 하나님의 뜻을 수행하는 것이었습니다. 이스라엘 백성은 미디안과의 전쟁에서 이러한 하나님의 뜻을 수행함으로써 과거의 잘못을 뉘우치고 아픔을 덜어내는 동시에 앞으로 나아갈 수 있는 동력을 얻었을 것입니다. 우리도 과거의 잘못에 발목이 잡히거나 허황된 미래만을 꿈꾸는 어리석음을 범하기보다는 과거와 미래의 경계에 있는 현재를 하나님의 뜻을 실천하는 삶으로 살아가야 합니다.

2. 순종과 불순종의 경계로서의 전쟁

둘째, 하나님께서는 순종과 불순종의 경계에 있는 우리에게 하나님의 거룩한 전쟁을 수행하여 순종의 삶을 살라고 말씀하십니다. 순종과 불순종을 나누는 기준은 사람에게 있지 않고 그의 행동과 삶에 있습니다. 아무리 성품이 훌륭하고 믿음이 좋아 보여도 하나님의 말씀을 듣지 않고 그 말씀대로 살지 않는다면 그것은 불순종입니다. "그런즉 선 줄로 생각하는 자는 넘어질까 조심하라"는 고린도전서 10장 12절과 같이 하나님을 믿는 우리는 하나님의 말씀에 순종하다가도 언제든지 불순종할 수 있는 경계선상에 있습니다. 본문의 이스라엘 백성도 순종과 불순종의 경계에 있었습니다. 하나님께서 이스라엘 백성을 애굽에서 구원하신 후, 시내산에서 그들과 언약을 맺으실 때부터 그들에게 줄곧 요구하신 것은 하나님의 말씀에 대한 순종이었습니다. 출애굽기 19장 5절입니다.

> 세계가 다 내게 속하였나니 너희가 내 말을 잘 듣고 내 언약을 지키면 너희는 모든 민족 중에서 내 소유가 되겠고

시내산에서 하나님과 언약을 맺은 이스라엘 백성은 그 언약대로 하나님의 말씀에 순종하기도 했지만, 때로는, 아니 자주 하나님의 말씀에 불순종했습니다. 이스라엘 백성이 40년 동안 광야에서 방랑해야 했던 이유 역시 하나님의 약속을 불신하고 하나님의 말씀에 불순종하고 자신들 마음대로 하려고 했기 때문이었습니다.

본문에서 하나님께서는 모세를 통해 이스라엘 백성에게 미디안과 전쟁하라고 말씀하셨고, 이스라엘 백성은 하나님의 말씀에 따라 각 지파에서 천 명씩, 총 만 이천 명이 미디안과 싸웠습니다. 그 결과, 7-12절에 자세히 기록되었듯이 이스라엘의 군대는 미디안 남자를 다 죽였고 다섯 왕도 죽였으며, 부녀들과 아이들을 사로잡고 가축과 양 떼와 재물을 다 탈취하였으며, 그들의 성읍과 촌락을 다 불사르고 모든 것을 빼앗았습니다. 한 마디로 이스라엘의 군대는 미디안과의 전쟁에서 대승을 거두었습니다. 모세는 전쟁에서 승리를 거두고 귀환하는 이스라엘의 군대를 영접하기 위해 진영 밖으로 나갔는데 그는 갑자기 천부장들과 백부장들에게 화를 냈습니다. 모세는 하나님의 말씀에 순종하여 미디안과의 전쟁에서 승리하고 돌아온 군대의 지도자들에게 왜 화를 냈을까요? 그 이유는 15절에 기록되었듯이 이스라엘 군대가 미디안의 여자들을 살려 두었기 때문입니다. 미디안과의 전쟁을 치르기 전, 하나님께서 이스라엘 백성에게 미디안의 남자들뿐만 아

니라 여자들도 죽이라고 말씀하셨는지는 본문에 기록되어 있지는 않습니다. 그런데도 모세는 미디안의 여자들을 살려 둔 이스라엘 군대의 지도자들에게 화를 냈습니다. 왜냐하면 미디안과의 전쟁은 사사로운 감정이나 원한을 갚기 위해서가 아니라 하나님 앞에서 죄를 짓게 한, 즉 하나님의 말씀에 불순종하게 하고 우상을 숭배하게 한 미디안을 진멸하시는 하나님의 거룩한 전쟁이었기 때문입니다. 본문 16절이 이 점을 명확하게 알려줍니다.

보라 이들이 발람의 꾀를 따라 이스라엘 자손을 브올의 사건에서 여호와 앞에 범죄하게 하여 여호와의 회중 가운데에 염병이 일어나게 하였느니라

하나님의 거룩한 전쟁, 즉 하나님의 거룩함을 드러내고 하나님의 뜻을 수행하는 전쟁을 히브리어로 '헤렘'이라고 합니다. '헤렘'의 중요한 특징은 하나님께서 가증하게 여기시는 적군과의 전투에서 승리한 후에 그들의 가족과 가축까지도 모두 진멸함으로써 하나님을 향한 온전한 헌신을 보이는 것이었습니다. 모세는 3절에서 "여호와의 원수"를 갚으라고 명령하며 이 전쟁은 하나님의 거룩한 전쟁으로서, 하나님의 거룩함을 드러내고 하나님의 뜻을 수행하는 전쟁이라는 점을 분명히 했습니다. 그러나 이스라엘 백성은 하나님의 거룩한 전쟁을 수행하는 데 있어서 하나님의 말씀에 온전히 순종하지 못하였고 헌신하지 못했기에 모세는 화를 냈던 것입니다. 전쟁에 나가 하나님을 위해 열심히 싸웠던 군사들의 처지에서는 미디안 여자들을 살려 두었을 뿐인데 그것이 왜 큰 잘못인지 이해할 수 없었고, 오히려 남자들과 다섯 왕을 죽이고 모든 것을 탈취해서 가져온 노고에 대해서는 왜 치하하지 않는지 불평했을 수 있습니다. 그럼에도 모세는 그들을 치하하기는커녕, 미디안의 남자아이들, 그리고 남자와 동침하여 사내를 아

는 여자를 모두 죽이라고 단호히 명령했습니다. 모세는 만약 이들을 살려 두게 된다면, 브올의 사건처럼 이들은 이스라엘 백성을 유혹하여 배교에 이르게 할 위험이 있다는 사실을 알았기에 그렇게 명령했습니다.

본문의 이스라엘 군대와 같이 우리도 하나님의 말씀에 순종했다고 생각했는데 그것이 온전한 순종과 헌신이 아닐 때가 있습니다. 하나님의 말씀에 따르되, 말씀을 주신 하나님의 뜻을 생각하기보다는 우리의 상황과 형편에 맞게, 융통성이라는 이름으로 불순종을 합리화할 때가 있습니다. 본문의 이스라엘 군대도 '굳이 미디안의 부녀들을 무자비하게 죽일 필요가 있을까? 오히려 이들을 사로잡아 데려간다면 우리에게 도움이 될 수 있을 거야. 이것이 하나님께서 미디안과의 전쟁에서 우리에게 원하시는 바야!'라고 생각하며 자신들의 불순종을 합리화했을 것입니다. 그러나 융통성과 자기 합리화는 다른 모든 순종의 행위를 불순종으로 만듭니다. 우리 역시 순종의 삶을 살다가도 융통성이라는 이유로 자기를 합리화할 때 우리의 삶은 이내 불순종의 삶으로 변질됩니다. 그리고 불순종은 브올의 이스라엘 백성처럼 우리도 하나님을 떠나게 하고 우상을 숭배하는 죄를 범하게 합니다. 온전한 순종이 온전한 헌신을 낳습니다.

우리가 하나님의 말씀에 순종해야 하는 이유는 순종이 하나님과 우리의 관계를 규정짓는 기초이기 때문입니다. 순종은 '순할 순'順과 '따를 종'從의 한자로 이루어진 말로서, "순순히 따른다"는 뜻입니다. 상대방의 말에 순순히 따르려면 상대방과의 친밀한 관계 속에서 형성된 신뢰가 있어야 합니다. 자녀가 부모의 말씀에 순종하는 이유는 오랫동안 자신에게 사랑을 베푼 부모와의 관계 속에서 형성된 신뢰가 있기 때문입니다. 신뢰가 없는 상태에서 상대방의 말에 따른다면 그것은 순종이 아니라 복종服從입니다. 복종은 순종과 달리 상대방이 갖고 있는 권위 때문에 상대방의 말을 따르는 소극적인 행동입니다. 하나님께서 우리에게 원하시는 것은 하나님에 대한 신뢰에 기초하여 자발적으로, 적극적으로, 기쁨으로 따르는 것입니다. 마르틴 부버는『나와 너』에서 "너와 나의 만남은 은총으로 이루어진다. 결코 노력해서 이루어지는 것이 아니다. 내가 너에게 근원어를 말하는 것은 내 존재 전체의 행위이며 나의 본질적 행위다. 너는 나를 만난다. 그리고 나는 너와의 직접적인 관계로 들어간다."라고 했습니다. 순종과 불순종의 경계에 있는 우리가 하나님의 말씀에 온전히 순종할 수 있는 이유는 은총으로 우리와 직접적인 관계를 맺으신 하나님에 대한 신뢰와 감사가 있기 때문입니다. 이 신뢰와 감사가 우리의 삶에서 수행해야 할 하나님의 거룩한 전쟁에서 우리가 하나님의 말씀에 온전히 순종하도록 이끌 것입니다.

3. 거룩과 부정의 경계로서의 공동체

셋째, 하나님께서는 거룩과 부정의 경계에 있는 우리에게 자신뿐만 아니라 이웃과 공동체를 위해 성결의 삶을 살라고 말씀하십니다. 순종이 하나님의 거룩한 전쟁에서 승리하는 원동력이라면, 거룩은 하나님의 백성으로 살아가는 삶의 자세라고 할 수 있습니다. 하나님께서는 레위기 19장 2절에서 "너희는 거룩하라 이는 나 여호와 너희 하나님이 거룩함이니라"고 말씀하셨습니다. 우리가 하나님의 백성임을 알려주는 표지가 거룩함인데, 왜냐하면 우리가 믿는 하나님께서 거룩하시기 때문입니다. 하나님의 거룩함을 닮아 거룩하게 살아가는 것이 우리가 하나님의 백성으로 살아가는데 필요한 모습입니다. 그런데 거룩의 중요한 특성은 영향력이 있다는 것입니다. 내가 하나님의 거룩함을 닮아 살아간다면, 그 거룩함은 곧 나의 가족과 이웃, 더 나아가 내가 속한 공동체에도 영향을 미칩니다. 반대로 내가 부정한 삶을 산다면, 그 부정 역시 나의 가족과 이웃, 내가 속한 공동체에도 안 좋은 영향을 줍니다. 본문은 바로 이 점을 강조합니다.

앞서 살펴봤듯이 이스라엘의 군대는 미디안과의 전쟁에서 승리를 거두었습니다. 물론 이스라엘의 군대는 하나님의 거룩한 전쟁을 수행하는 데 있어서 하나님의 말씀에 온전히 순종하지 못했기에 모세의 명령에 따라 미디안의 남자아이들, 그리고 남자와 동침하여 사내를 아는 여자를 죽여야 했습니다. 전쟁이 끝난 후에 미디안 사람들을 죽인 것은 브올의 사건과 같은 배교와 우상숭배를 되풀이하지 않기 위해서였습니다. 그런데 모세는 여기에서 끝나지 않고 이스라엘 군대에게 19-20절과 같이 한 가지 명령을 더 내렸습니다.

> [19]너희는 이레 동안 진영 밖에 주둔하라 누구든지 살인자나 죽임을 당한 사체를 만진 자는 셋째 날과 일곱째 날에 몸을 깨끗하게 하고 너희의 포로도 깨끗하게 할 것이며 [20]모든 의복과 가죽으로 만든 모든 것과 염소 털로 만든 모든 것과 나무로 만든 모든 것을 다 깨끗하게 할지니라

이스라엘 군대는 미디안과의 전쟁에서 승리하였고 모세의 명령에 따라 전쟁 후에도 미디안 사람들을 죽였는데도 한 가지 더 해야 할 일이 있었으니 부정한 사체로부터 자신들의 몸을 깨끗하게 하고 공동체의 거룩함을 유지하는 것이었습니다.

이스라엘이 미디안과 치른 전쟁은 하나님의 명령에 순종해서 수행된 전쟁이었으며 하나님의 거룩함을 드러내는 전쟁이었습니다. 더군다나 본문 6절과 같이 제사장 엘르아살의 아들 비느하스는 성소의 기구와 신호 나팔을 가지고 전쟁에 동참하였습니다. 비느하스가 가지고 갔던 성소의 기구

와 신호 나팔은 전쟁에 직접적으로 도움이 되는 무기는 아니었습니다. 그럼에도 비느하스에게 성소의 기구와 신호 나팔을 가지고 전쟁에 나가게 한 것은 미디안과의 전쟁은 하나님께서 명령하신 전쟁이기에 하나님께서 이스라엘 군대와 함께 하시며 그들을 승리로 이끄실 것이라는 믿음을 주기 위해서였습니다. 그러나 제사장이 아무리 성소의 기구를 가지고 전쟁에 참여했다고 해도 이스라엘의 군사들은 부정한 사체로부터 스스로 거룩함을 유지할 수 없었습니다. 이스라엘의 군사들은 전쟁에서 승리하고 돌아온 후, 하루빨리 가족의 품으로 돌아가고 싶었을 것입니다. 그러나 그들은 살인에 따른 사체와의 접촉으로 부정해진 자신들의 몸을 정결하게 해야 했습니다. 따라서 이스라엘의 군사들은 셋째 날과 일곱째 날에 몸을 깨끗하게 했고 사로잡은 포로들의 몸도 깨끗하게 했으며 전쟁에서 사용된 모든 의복과 도구들까지도 깨끗하게 했습니다. 그리고 이스라엘의 군사들은 본문 24절과 같이 일곱째 날에 옷을 빨아서 깨끗하게 한 후에야 비로소 진영 안으로 들어갈 수 있었습니다.

이스라엘의 군사들이 자신들의 몸과 포로들, 의복, 도구들까지 깨끗하게 해야 했던 이유는 먼저 살인으로 인한 부정을 씻고 거룩함을 회복하기 위해서였습니다. 그러나 본문에 기록된 정결 의식은 이스라엘의 군사들만을 위한 것이 아니라 이스라엘 백성과 공동체 모두를 위한 것이기도 했습니다. 전쟁에서 마치고 돌아와 일상의 삶을 다시 살아야 할 군사들을 위해서, 군사들이 하나님의 거룩한 전쟁을 성실하게 수행할 수 있도록 바라며 진영 안에서 기도했던 나머지 이스라엘 백성을 위해서, 이들 모두가 함께 건설해 가야 할 공동체를 위해서 정결 의식이 수행되었던 것입니다. 김기석 목사님은 『고백의 언어들』에서 "일상과 거룩함이 서로 배척하지 않는다는 사실입니다. 저는 삶의 모든 순간이 하나님의 은총이 유입되는 통로라고 믿습니다. 거룩함은 예배를 위해 구별된 특별한 장소에서 발현되는 것이 아닙니다. 우리 일상의 자리 또한 거룩함이 현현하는 자리입니다."라고 했습니다. 이스라엘의 군사들이 정결 의식을 행했던 곳은 치열한 싸움이 벌어졌던 전쟁터가 아니라 일상의 삶을 이어가야 할 진영 밖이었습니다. 거룩과 부정의 경계에 서 있는 우리가 하나님의 거룩하심을 닮아가기 위해 애써야 하는 곳은 교회뿐만 아니라 치열한 삶의 현장입니다. 우리가 있는 일상의 자리가 하나님의 거룩함이 현현하는 자리가 된다면, 그곳이 하나님의 나라입니다.

결단의 말씀

우리는 모두 삶의 안정을 추구합니다만, 과거의 잘못에 빠져있거나 허황된 미래만을 꿈꾸며 불안한 경계의 삶을 삽니다. 또한 우리는 융통성과 자기 합리화로 순종과 불순종의 경계를 넘나들며 불안정한 삶을 삽니다. 마지막으로 우리는 치열한 삶의 현장에서 불가피하게 부정함과 접촉하게 되며 거룩과 부정의 아슬아슬한 경계선상에서 살고 있습니다. 우리가 경계선상에 있다는 것은 우리의 삶이 우리의 부족함과 실수로 원하지 않는 방향으로 갈 수도 있다는 점을 의미합니다. 아마도 경계선상의 삶은 우리가 이 땅에서 사는 한 계속될 것입니다. 그럼에도 하나님께서는 본문을 통해 우리에게 미래와 과거의 경계에서 벗어나 현재를 충실하게 살라고 말씀하십니다. 또한 하나님에 대한 신뢰와 감사로 하나님의 말씀에 온전히 순종할 때 우리는 하나님의 거룩한 전쟁에서 승리할 수 있다고 약속하십니다. 더 나아가 우리가 하나님의 거룩하심을 닮아 우리의 삶의 현장이 하나님께서 현현하시는 자리가 되라고 권면하십니다. 이것이 우리가 본문을 통해 경청하고 청종해야 할 하나님의 말씀입니다.

주님과 함께 걷는 여정

민수기 32:1-42

김태훈
한일장신대학교

도입

김기림[1908-미상]의 '유리창'이라는 시입니다. 강한 것 같으나 연약한 인생의 모습을 묘사합니다. 그의 시 모음집『바다와 나비』[1946]에 수록되어 있습니다.

여보
내 마음은 유린가 봐 겨울 하늘처럼
이처럼 작은 한숨에도 흐려버리니 …
만지면 무쇠같이 굳은 체하더니
하룻밤 찬 서리에도 금이 갔구료
눈포래 부는 날은 소리치고 우오
밤이 물러간 뒤면 온 뺨에 눈물이 어리오
타지 못하는 정렬, 박쥐들의 등대

밤마다 날아가는 별들이 부러워 쳐다보며 밝히오
여보
내 마음은 유린가 봐
달빛에도 이렇게 부서지니

'여보'는 자신을 대상화한 것일 수도, 자신을 잘 아는 아내일 수도, '여보오'라며 누군가를 부르는 것일 수도 있습니다. 시인은 자신의 연약한 모습을 유리에 빗대어 토로합니다. 유리는 단단하고 투명합니다. "무쇠같이 굳은 체"가 그것을 말합니다. 그러나 유리는 찬 공기에 눈물 맺고, 바람에 소리치고 울며, 서리에도 금이 가고, 달빛에도 부서지는 약한 존재입니다. 유리창은 우리 모두의 모습이기도 합니다. 신앙인들도 연약함으로 흔들리고 유혹에 넘어가 금이 가고 심하면 부서지기도 합니다.

이스라엘 백성은 하나님의 은혜로 모압에 이르렀습니다. 이제 가나안 땅을 눈앞에 두었습니다. 그런데 생각지 못한 일이 일어났습니다. 갓 자손과 르우벤 자손이 초지를 보고는 그곳에 머물겠다고 한 것입니다. 이는 사기를 떨어뜨리고 협력을 무너뜨리는 일입니다. 지금까지 고생하면서 기다려온 가나안 점령도 어렵게 될 것입니다. 모세는 분노하지만 그들의 요청을 조건부로 허락합니다. 갓 자손과 르우벤 자손도 마음을 고쳐먹습니다. 이미 자신들의 땅을 확보했지만 요단강을 건너 형제 지파들과 함께 최선을 다해 싸웁니다. 하나님은 자기 백성 혹은 자녀들이 흔들리고 깨어질 때 자비로운 은혜의 빛으로 감싸십니다. 그들을 변화시키시며 인도하시며 약속의 지점에 이르게 하십니다.

본문 강해

가나안 진입을 목전에 두고 갓 자손과 르우벤 자손이 요단강을 건너지 않고 요단 동편의 초지에 머물겠다고 합니다1-5절. 전쟁에서 승리하기 위해서는 사기 진작과 협력이 필수적인데 몇 지파의 주장으로 가나안 정복이 난관에 부딪혔습니다. 왜 이런 문제가 생겼는지, 모세와 지도자들은 이 일을 어떻게 해결했는지 본문을 통해 살펴봅니다.

첫째, 르우벤 자손과 갓 자손에게 가축이 많았습니다. 32장 첫 문장은 "'우미크네 랍 하야'그리고 가축, 많은, 있었다 '르브네 르우벤 워리브네-갓'르우벤 자손과 갓 자손에게 '아춤 므오드'강력한 매우"입니다. 접속사 '우'그리고를 제외하고 처음 나오는 단어는 '가축''미크네' 입니다. 많은 번역 성경에서 생략되어 있지만, '아춤 므오드'매우 많은/강한는 가축의 많음을 이중으로 강조합니다. 갓 자손과 르우벤 자손의 생각을 사로잡은 것은 하나님께서 약속하신 가나안 땅이 아니라, 지금 그들 눈앞에 보이는 수많은 가축이었습니다. 그 가축들은 애굽에서 끌고 나왔고출 12:38, 광야에서도 성공적으로 불렸으며민 20:4, 상당 부분은 아모리 족과 미디안 족의 가축 떼를 노략한 것입니다참고, 민 31:11; 43-44.

가축이 많은 것은 좋은 일이지만 큰 유혹이 되기도 합니다. 르우벤 자손과 갓 자손은 가나안 땅에 들어가면 반드시 가축을 먹일 '초지를 할당받아야지'라고 생각했을 것입니다. 가나안에서 싸우게 되면 가축을 보존할 수 있을지 염려했을 것입니다. "우리가 두루 다니며 정탐한 땅은 그 거주민을 삼키는 땅"민 13:32이라는 정탐꾼의 악평에 흔들리기도 했습니다. 가나안 족속과 싸우는 일이 두렵고 또한 가축을 마음에 두다 보니 당당 눈앞에 펼쳐진 기름진 초지가 마음을 점령했습니다. 사실, 르우벤 자손과 갓 자손의 연약함은 인간 누구에게나 있을 수 있는 일입니다. 아이 성에서 패퇴한 후 여호수아와 이스라엘 장로들은 "우리가 요단 저쪽을 만족하게 여겨 거주하였더면 좋을 뻔하였다"고 하나님 앞에서 애통하기도 했습니다[수 7:7]. 어려운 일이나 두려운 일을 만나면 쉽게 무너지는 것이 인간입니다. 물론 여호수아는 마음을 고쳐먹고 하나님의 약속을 붙들고 가나안 정복에 나섭니다. 하나님은 인간의 연약함을 아시고 도우시고 고치시고 이끄십니다.

야셀 땅과 길르앗 땅은 위치에 따라 조금씩 차이가 있지만 비옥하고 물이 풍부하며 비교적 서늘한 해발 550-700미터의 고원지대입니다. 야셀 땅은 얍복강과 사해 북단 사이의 중간 지점에 위치합니다. 목축에 적합했을 뿐 아니라 대표적인 포도 산지입니다[사 16:8-9; 렘 48:32]. 길르앗 지방은 야르묵강 북쪽, 바산 지역 남쪽에 있습니다. 지형 특징 때문에 자주 '길르앗 산지'라 불립니다[창 31:25; 아 4:1]. 길르앗 영역은 실제 역사에서 주변 국가의 국력 성쇠에 따라 범위가 달라지며, 넓게는 모압 지역을 포함하여 요단강 동편 전체를 이르기도 합니다[수 22:9, 13]. 모압 왕 메사가 "새끼 양 십만 마리의 털과 숫양 십만 마리의 털을 이스라엘 왕에게 바쳤다"는 기록에서 보듯 길르앗 지방은 목축의 최적지였습니다[왕하 3:4].

둘째, 초지에 마음을 뺏긴 자손과 르우벤 자손은 모세와 제사장 엘르아살과 회중 지휘관들에게 이곳에 머물게 해달라고 요청합니다. 엘르아살은 아론의 셋째 아들로[출 6:23], 첫째와 둘째가 잘못된 불을 드리다가 죽는 바람에 아론의 실제적 장자가 되었습니다[민 3:4]. 아론이 죽자 엘르아살이 대제사장 직분을 이었습니다[민 20:28]. "회중 지휘관들"['나쉐 하에다']은 지파 지도자들[민 2:3 이하의 '나시'(지도자)]이나 70인의 장로들[민 11:16의 '즈케님'(장로들)]로 생각됩니다. 갓 자손이 르우벤 자손보다 먼저 언급됩니다. 1절에서는 "르우벤 자손과 갓 자손"의 순서였지만 2, 6, 25, 29, 31, 33, 34, 37절에서는 갓이 먼저 나옵니다. 르우벤과 갓이 함께 나오는 다른 구절에서는 늘 르우벤이 먼저 나옵니다예, 민 34:14; 신 3:12; 4:43; 신 27:13; 29:8; 수 1:12; 4:12. 갓 자손이 먼저 혹은 더 강력하게 그곳에 머물게 해달라고 요청한 것으로 보입니다. 갓은 야곱의 일곱 번째 아들이며 모친은 여종 실바입니다. 르우벤은 첫째 아들이며 모친은 레아입니다. 르우벤 지파와 갓 지파 곁에 시므온 지파가 진을 쳤으나민 2:12, 14 여기서 시므온 지파는 언급되지 않습니다. 아마 시므온 지파는 자신들의 생각을 주장할 만큼 강력한 지파가 아니었던 것으로 보입니다. 처음에는 나서지 않던 요셉의 아들 므낫세 반 지파도 요단 동편에 정착하겠다고 합니다33절. 어떻게 해서 갓 자손과 르우벤 자손과 생각을 같이했는지 성경에 나오지 않습니다. 므낫세 사람들은 자신들이 그 지역에서 누구보다 열심히 싸웠기 때문에39절; 수 17:1 그 지역을 소유하게 해 달라고 했을 수 있습니다. 그들도 갓과 르우벤처럼 많은 가축 떼를 가지고 있었을 것입니다. 처음에는 의견을 내지 않았으나 갓 자손과 르우벤 자손의 요청이 받아들여지는 것을 보고 므낫세 지파의 일부도 모세에게 요청한 것으로 생각됩니다. 이와 같이 갓 자손을 따라 르우벤 자손과 므낫세 반 지파가 영향을 받았습니다.

셋째, 모세는 꾸짖음으로 그들의 생각을 교정합니다. "너희 형제들은 싸우러 가거늘 너희는 여기 앉아있고자 하느냐"고, "어찌하여 이스라엘 백성을 낙심시키느냐"고 꾸짖습니다. "형제들"과 "이스라엘 백성"에게 영향을 끼치는 것을 말한 것입니다. 현재 점령된 땅, 즉 갓 자손과 르우벤이 요청하는 땅은 그들만의 힘으로 정복한 땅이 아닙니다. 함께 힘을 모아 정복한 땅입니다. 그런데 갓 자손과 르우벤 자손과 므낫세 반 지파가 자기들에게 달라고 합니다. 르우벤 지파는 장자 지파가 아닙니까? 그렇다면 이스라엘 백성 가운데 낙심은 전염병처럼 퍼지고 사기가 떨어지고 각자도생의 위험이 나타나게 될 것입니다. 좋은 땅을 보면 지파들이 서로 먼저 차지하려 할 것이기 때문에 경쟁과 분열로 이어질 수도 있습니다. 결국 가나안 정복은 실패하게 될 것입니다. 그렇지 않아도 가나안 족속을 두려워하는 사람들이 있었습니다. 모세는 열두 정탐꾼들이 보인 태도 때문에 닥쳤던 일들을 언급합니다. 열 명의 정탐꾼들이 이스라엘 자손을 낙심하게 하였습니다9절. 그로 인해 그 세대가 다 끊어졌는데, 이제 갓과 르우벤의 새로운 세대들이 여호와의 분노를 "더욱 심하게"14절 일으킨 것입니다.

넷째, 모세의 꾸짖음에 갓 자손과 르우벤 자손은 하나님의 명령으로 받고 마음을 바꿉니다. 가축과 자녀들을 보호하는 조치를 한 후 자신들도 요단강을 건너가 힘을 다해 함께 싸울 것이라고 합니다. 갓과 르우벤은 다른 지파 '뒤를 따르겠다'고 하지 않습니다. 이미 영토를 확보했으니 싸우는 척할 수도 있지만 그렇게 하지 않았습니다16-18, 27, 31절. 선봉에 서서 땅의 완전한 점령을 이룰 때까지 끝까지 함께 싸우겠다고 합니다. 갓 자손과 르우벤 자손은 이렇게 마음을 돌리고 하나님의 역사에 헌신적으로 참여합니다. 여호수아 22장 1-6절 말씀입니다.

[1]그 때에 여호수아가 르우벤 사람과 갓 사람과 므낫세 반 지파를 불러서 [2]그들에게 이르되 여호와의 종 모세가 너희에게 명령한 것을 너희가 다 지키며 또 내가 너희에게 명령한 모든 일에 너희가 내 말을 순종하여 [3]오늘까지 날이 오래도록 너희가 너희 형제를 떠나지 아니하고 오직 너희의 하나님 여호와께서 명령하신 그 책임을 지키도다 [4]이제는 너희의 하나님 여호와께서 이미 말씀하신 대로 너희 형제에게 안식을 주셨으니 그런즉 이제 너희는 여호와의 종 모세가 요

단 저쪽에서 너희에게 준 소유지로 가서 너희의 장막으로 돌아가되 [5]오직 여호와의 종 모세가 너희에게 명령한 명령과 율법을 반드시 행하여 너희의 하나님 여호와를 사랑하고 그의 모든 길로 행하며 그의 계명을 지켜 그에게 친근히 하고 너희의 마음을 다하며 성품을 다하여 그를 섬길지니라 하고 [6]여호수아가 그들에게 축복하여 보내매 그들이 자기 장막으로 갔더라

결단의 말씀

지금까지 민수기 32장을 읽고 묵상했습니다. 이제 우리는 말씀을 생각하며 결단합니다.

첫째, 신앙인은 하나님의 부르심과 약속을 붙들고 살아갑니다. 하나님께서 지시하는 곳을 향해 진군합니다. 삶에서 방향 선택이란 일상적인 것이지만 어떤 선택은 인생 전체를 결정합니다. 아담과 하와는 하나님 말씀보다 나무 열매를 바라보다가 에덴에서 쫓겨났고, 삼손은 여인을 바라보다가 사역을 망쳤습니다. 롯과 갓 자손과 르우벤 자손은 자신들의 마음에 따라 많은 가축과 최적의 초지를 택했습니다. 롯은 망해버렸고 갓 자손과 르우벤 자손이 돌이키지 않았다면 잃어버린 지파가 될 뻔했습니다.

우리는 하나님의 부르심을 따라 살다가도 "여기가 좋사오니" 하며 안주합니다. 어려운 길인 줄 알고 나섰으면서도 너무 힘들어 길을 벗어나기도 합니다. 결정적인 순간인데 하나님의 말씀보다 본능을 선택하여 낭패를 당하기도 합니다. 베드로를 통한 하나님 말씀입니다. 베드로후서 1장 10-11절입니다.

[10]더욱 힘써 너희 '부르심과 택하심을 굳게 하라' 너희가 이것을 행한즉 언제든

지 실족하지 아니하리라 [11]이같이 하면 우리 주 곧 구주 예수 그리스도의 영원한 나라에 들어감을 넉넉히 너희에게 주시리라

하나님의 인도를 받는 것이 가장 안전합니다. 하나님께서 주시는 나침반의 가리킴이 우리를 주님 품으로 인도합니다. 우리는 일시적인 승리가 아니라 최후 승리를 바라고 믿습니다. 그리하여 최후 승리를 얻기까지 다른 어떤 것보다 주의 십자가 사랑하고 빛난 면류관 얻기까지 험한 십자가 일지라도 그 십자가를 붙듭니다.

둘째, 신앙인은 같은 마음으로 주님을 섬기고 함께 사역을 감당합니다. 전쟁에서 승리하기 위해서는 협력과 사기진작이 필수적입니다. 용기를 주는 사람이 있고 사기를 꺾는 사람이 있습니다. 움츠림은 남을 움츠리게 만들고 욕심은 남도 욕심을 갖게 만듭니다. 혼자 편하고자 하는 사람, 자기 명예를 얻고자 하는 사람은 공동체를 모래알로 만듭니다. 선한 영향을 끼치며 먼저 순종하고, 먼저 문제를 일으키는 사람이 아니라 먼저 헌신하는 사람으로 알려지면 좋겠습니다. 우리는 우리가 사랑하는 주님 나라의 확장을 위해서 다양한 방면에서 섬깁니다. 가르치고 찬양하고 선교하고 구제하고 예배합니다. 우리 모두 빠져나간 벽돌이 아니라 함께 세워져 가는 건축물이 되었으면 합니다. "허락하신 새 땅에"[347장] 찬송가 가사 일부입니다. "허락하신 새 땅에 들어가려면 맘에 준비 다 하여", "모두 힘을 합하여", "힘써 일해야" 합니다.

셋째, 선봉에 서는 사람이 귀합니다. 선봉에 서는 것은 위험을 감수하는 것입니다. 마음을 바꾼 갓 자손과 르우벤 자손은 선봉에 섰습니다[17절]. 선

32장

봉에 서는 사람은 더 많은 눈물과 땀을 흘리게 됩니다. 앞서 일하는데도 누군가 알아주지 않으면 큰 시험에 들 수도 있습니다. 튄다고 비난을 받을 수도 있습니다. 그러나 자신에게 이익이 되는지의 여부와 관련 없이 신앙공동체를 위해, 연약한 형제자매들의 본으로 선봉에 서는 사람은 귀한 분입니다. 그의 모범적 헌신은 다른 사람들에게 본이 됩니다. 성령 충만한 사람은 하나님 나라의 확장을 위해 어떤 일에서나 선봉에 섭니다. 하나님을 사랑하는 사람은 공동체를 앞서서 자발적으로 섬깁니다.

넷째, 갓 자손과 르우벤 자손처럼 늦게라도 마음을 바꿔 새로운 결심으로 헌신하는 사람도 귀합니다. 사도 바울과 어거스틴은 삶의 방향을 전환하여 누구보다도 더 귀하게 쓰인 분들입니다. 찰스 콜슨Charles W. Colson, 1931-2012이란 분이 있습니다. 40세에 닉슨 대통령의 특별 참모가 되었습니다. 월스트리트저널1971. 10. 15.은 닉슨을 재선시키기 위해 대통령의 추잡한 업무를 이행한 청부업자로 딱지 붙였습니다. 워터게이트 사건을 포함하여 닉슨을 재당선시키려는 작업으로 인해 탈진했을 그 무렵, 콜슨은 오랜 친구이며 레이선 회사Raytheon Company의 회장인 탐 필립스Tom Phillips, 1923-2019를 만나고 싶은 마음이 일어났습니다. 콜슨이 '잊을 수 없는 밤'이라고 한 그 시간, 필립스가 예수님을 소개했습니다. 콜슨에게 놀라운 변화가 일어났습니다. 콜슨은 집으로 가는 길에 차 안에서 흐르는 눈물을 지체할 수 없었습니다. 콜슨은 인생에서 처음 진심으로 기도를 드렸습니다. "하나님, 저는 어떻게 당신을 발견하는지 알지 못합니다. 그래도 해 보겠습니다! 나는 현재 제 모습은 아니지만 왠지 주님께 저 자신을 바치고 싶습니다." 콜슨은 더는 어떻게 말해야 할지 몰라서 몇 번이고 되풀이해서 말했습니다. "저를 취하소서." 콜슨은 워터게이트 스캔들1974년로 인해 7개월간 감옥살이를 했습니다. 그때 그곳에서 죄수들을 사랑하고픈 마음이 생겼습니다. 그는 출옥하여 '교도소 선교회'Prison Fellowship를 설립했습니다. 그 선교회는 오늘도 미국에 큰 영향을 끼치고 있습니다. 콜슨은 1993년에 종교계의 노벨상이라 불리는 템플턴상을 받았습니다. 상금으로 받은 백만 달러와 그 이후 받은 모든 강연료와 저작권을 교도소 선교회에 바쳤습니다출처: 'Charles Colson'-Wikipedia. 콜슨의 변화된 삶은 그의 딸과 가족의 삶을 변화시켰습니다. 콜슨에게 그리스도를 소개한 탐 필립스가 죽자, 예술가이며 저술가로서 장애인 사역을 한 콜슨의 딸 에밀리 콜슨Emily Colson이 애도의 글을 썼습니다.

> 탐, 고맙습니다. [중략] 당신께서는 그리스도께 순종하셨으며 당신의 신앙을 제 아버지에게 나누어주었습니다. 그로 인해 수천 명의 생명이 변화되었습니다. 그러나, 탐, 개인적인 말씀을 드립니다. 저의 삶 역시 변화되었습니다. [중략] 제 아버지가 자신의 생애를 그리스도께 드렸을 때, 그것은 저에게 아버지를 돌려주신 것입니다. [중략] 그런 후 제가 제 생애를 그리스도께 드렸습니다. 그 후 제 아들이 자신의 생애를 그리스도께 드렸습니다.[17]

필립스의 복음을 들은 콜슨은 늦게나마 생애의 방향을 그리스도에게로 틀었고 하나님 나라의 확장에 큰 기여를 했습니다. 그의 자손들도 부친을 따라 주님의 충성된 일군으로 살았습니다.

말씀을 맺습니다. 여호와 하나님은 이스라엘 백성을 가나안으로 인도하

---

17 https://www.breakpoint.org/the-man-who-led-my-dad-to-christ-tom-phillips, 2024.6.4. 접속

셨습니다. 그곳에 이르기까지 원망하는 사람들도 이탈하는 사람들도 불신하는 사람들도 있었습니다. 그러나 감사하고 헌신하고 끝까지 충성한 사람들도 있었습니다. 우리의 삶도 비슷합니다. 하나님의 은혜로 여기까지 왔습니다. 하나님이 우리 삶을 인도하시고 우리는 하나님의 말씀에 순종하며 삶의 여정을 이어갑니다. 넘어질 때도 있었지만 하나님 손을 붙잡고 다시 일어나 걷습니다. 주님이 맡기신 일과 사명을 마칠 때까지 그러합니다. 손경민 목사가 작사하고 작곡한 찬송 '여정'의 가사입니다.

나의 눈가에 주름이 지고 눈물이 많아졌습니다
잠시 눈 감고 뜬 것 같은데 어느새 여기 있습니다
가슴 아픈 날도 많았었고 기쁜 날도 있었습니다
짧은 여정을 뒤돌아보니 하나님의 은혜입니다
지금까지 나의 여정은 모두 하나님의 은혜라
지금까지 나의 모든 여정 인도하셨네
나의 남은 모든 여정을 모두 하나님께 맡기리라
나의 모든 삶 마치는 날까지 붙드시리

우리는 하나님의 은혜로 여기까지 왔습니다. 하나님의 말씀을 따라 여기까지 왔습니다. 지나온 생애처럼 남은 생애도 하나님의 인도를 따라 살게 될 것입니다. 안주하지 않고 목표를 바꾸지 않고 곁길로 가지 않고 하나님이 원하시는 길을 걷기를 원합니다. 우리 삶과 신앙과 사역의 여정을 마치는 날까지 그러합니다. 일시적인 승리가 아니라 '최후 승리'를 얻으려고 합니다. 최후 승리 얻기까지 주의 십자가 사랑하고, 부질없는 명예가 아니라 빛난 면류관 얻기까지 험한 십자가 붙들 것입니다.

하나님 백성의 여정

민수기 33:1-56

이삭
연세대학교

도입

21세기 한국 사회는 빠른 경제적 성장과 기술 발전 속에서 많은 사람들이 새로운 기회를 좇아 바쁘게 살아가고 있습니다. 그러나 급변하는 환경과 치열한 경쟁 속에서 사람들은 점점 지치고, 삶의 목적이나 방향을 잃는 경우가 많습니다. 이런 혼란 속에서 성경의 민수기 33장은 이스라엘 백성이 겪은 여정을 통해 삶의 의미와 방향에 대해 깊이 있는 교훈을 전해 줍니다. 민수기 33장은 단순한 역사적 이동 경로의 나열이 아니라, 하나님께서 이스라엘 백성을 어떻게 인도하시며 그들에게 순종과 신뢰를 가르치셨는지를 보여줍니다. 하나님과 맺은 언약을 지키는 여정 속에서 이스라엘의 성공과 실패는 오롯이 그들의 순종 여부에 달려 있었으며, 이를 통해 하나님과의 관계가 얼마나 중요한지를 일깨워 줍니다. 오늘날 한국 사회에서도 민수기 33장이 주는 메시지는 신앙인들에게 중요한 교훈으로 다가옵니다. 과거를 기억하는 것이 단순히 역사적 기록이 아니라, 우리가 지금 하나님 앞에서 올바른 삶을 살아가는 데 필요한 실천적 지혜를 제공한다는 것입니다. 민수기 33장은 이스라엘 백성이 하나님을 신뢰하고 따랐을 때 얻은 승리와 그들이 불순종할 때 경험한 실패를 기록하며, 우리 역시 삶의 어려움과 도전 속에서 하나님을 신뢰하는 것이 무엇보다 중요함을 보여줍니다. 이 글에서는 민수기 33장을 통해 이스라엘 백성이 걸어온 42개의 주요 장소에서 하나님이 주신 교훈을 살펴봅니다. 이 여정을 통해 하나님께 대한 신뢰와 순종의 의미를 되새기고, 새로운 세대를 위한 신앙의 계승과 가나안 땅을 정복하라는 명령이 오늘날 우리 삶에 주는 의미를 성찰하고자 합니다. 이를 통해 우리의 여정에서도 하나님이 인도하시는 바른길을 따르며, 하나님 나라를 실현하는 신앙적 삶을 살아가야 할 이유를 다시금 깨닫게 될 것입니다.

본문의 배경과 구조

33장은 이집트의 라암셋에서 시작해 모압 평지에 도착하기까지의 경로를 자세히 설명하고 있습니다. 이스라엘 민족이 애굽을 떠나 약속된 땅인 모압 평지에 도착할 때까지 지나온 모든 장소들을 '이스라엘 자손이 A에서 출발해 B에 진을 쳤고, B에서 출발해 C에 진을 쳤다'라는 형식으로 열거했습니다. 광야에서의 여정은 모세가 기록하고자 한 원자료로, "모세는 여호와의 명령에 따라 그들의 여정을 기록하였으니, 그 여정은 다음과 같습니다."33:2 라고 말하고 있습니다. 본문에 나오는 지명 목록은 학자들에 의하면 출애굽기와 민수기에 기록된 여러 목록이 혼합된 것으로 보입니다. 첫 번째 목록은 출애굽기 12장 37절, 13장 20절, 17장 1절, 19장 2a절, 민수기 10장 12절, 21장 10-11절, 22장 1절에서 찾을 수 있으며, 두 번째 목록은 출애굽기 13장 17-18a절, 15장 22절과 27절, 16장 1절, 19장 1절과 2b절,

민수기 10장 33절에서 발견되고, 아마도 민수기 10장 1절과 22절, 21장 4절과 33절도 포함될 것입니다. 특히 민수기 33장은 다른 성경 구절에서는 전혀 언급되지 않는 도시들–돕가, 알루스, 릿마, 림몬베레스, 립나, 릿사, 그헬라다, 세벨산, 하라다, 막헬롯, 다핫, 데라, 밋가, 하스보나, 아브로나, 에시온게벨, 살모나–을 처음으로 언급하고 있습니다. 이 목록에 포함된 장소들은 고대의 여행자나 순례자들이 따라갔던 여정과 어느 정도 관련이 있는 것으로 보입니다.

먼저 3절에서는 이스라엘 백성이 출발한 날짜를 첫째 달 15일이라고 밝히고 있습니다. 38절에서는 호르산에서 아론이 죽은 날을 "이집트를 떠난 지 40년째 되는 해 오월 초하루"라고 명시하고 있습니다. 39-40절에서는 아랏 왕이 이스라엘의 진군 소식을 들었다는 내용을 삽입하고 있습니다. 그리고 50-56절에서는 하나님께서 모압 평지에서 이스라엘 백성에게 가나안 땅을 점령하라고 명령하신 내용을 비교적 상세하게 서술하고 있습니다. 민수기 33장은 약속의 땅에 대한 개략적인 준비 문서로 볼 수 있습니다. 이어지는 민수기 34장에서는 이 땅이 어떻게 나누어져야 하는지를 묘사하고 있습니다.

이스라엘이 머문 42개의 지역 이름을 보면, 마치 왕이 군대를 이끌고 원정을 떠나 승리한 기록이 새겨진 승전비와 비슷한 느낌을 줍니다. 33장의 기록은 야훼께서 황량한 광야에서 그의 백성을 안전하게 이끌고 승리하게 하신 위대한 업적을 널리 알리기 위해 작성된 것입니다.

광야에서 옛 세대가 겪었던 여러 사건은 새로운 세대에게 더 큰 경고로 남았습니다. 이방 신을 숭배한 것에 대한 하나님의 심판[33:4; 25장과 비교]과 죄로 인해 아론이 죽은 사건[33:38-39; 민수기 20:22-29과 비교]은 이스라엘 백성에게, 하나님을 믿지 않고 그분의 뜻에 따르지 않는 자들에게는 하나님의 심판이 실제로 임할 수 있다는 사실을 다시 일깨워 줍니다. 광야에서의 각 장소 이름은 하나님께서 모세와 이스라엘 백성에게 주신 교훈과 격려의 말씀으로 끝맺음을 짓습니다. 이 마지막 지시는 이스라엘 백성이 광야에서 거쳤던 장소들과 그에 대한 기억이 약속의 땅에 들어가기 위한 그들의 행동을 이끌고 형성하려는 의도가 있음을 보여줍니다.

모세는 이스라엘이 약속의 땅에 들어가기 전에 마지막으로 충성할 것을 권고합니다. 이때 이방의 영향을 주는 모든 것을 제거하라는 명령이 주어지며, 흥미롭게도 이 명령은 약속의 땅 경계에 대한 설명과 땅 분배 과정과 함께 나옵니다. 모든 주민을 몰아내고, 그들의 종교적 상징물과 신상들을 파괴해야 합니다. 만약 이스라엘이 가나안의 모든 주민을 내쫓지 못한다면, 그들은 '눈에 가시'와 '옆구리에 찌르는 가시'가 되어 이스라엘에게 걸림돌이 될 것입니다.

33장은 출애굽 세대의 제사장이었던 아론의 죽음과 그의 후계자인 대제사장 엘르아살의 지도로 가나안 사람 아랏 왕을 무찔렀던 호르산에서의 승리를 강조합니다. 이는 2세대의 출범을 알리는 동시에, 가나안 땅에서 '거룩한 전쟁'을 통해 승리할 수 있다는 확신을 심어주는 중요한 부분으로, 38-40절에서 그 의미가 더욱 부각됩니다. 따라서 이 구절을 중심으로 33장의 구조를 나눌 수 있습니다.

이스라엘의 행군 노정 - 이집트에서 모압 평지까지

1. 머리말: 모세가 기록한 군대의 행군 기록 (1-2절)
2. 행군 노정 - 이집트에서 모압 평지까지 (3-49절)
   1) 첫 번째 행군 노정 (3-15절)

(1) 개선행진 (3-4절)

(2) 라암셋에서 시내산까지 (5-15절)

2) 두 번째 행군 노정 (16-40절)

(1) 시내산에서 호르산까지 (16-36절)

(2) 호르산에서 (37-40절)

3) 세 번째 행군 노정 (41-49절)

(1) 호르산에서 모압 평지까지 (41-49절)

3. 가나안 땅 점령 명령 (50-56절)

본문 강해

1. 머리말: 모세가 기록한 군대의 행군 기록 (1-2절)

33장은 여행 목록의 목적1절과 저자2절를 먼저 소개하면서 시작됩니다. 이 목록은 이스라엘 백성이 이집트를 떠나 광야를 지나갈 때, 마치 군대처럼 질서 있게 행군했다는 사실을 설명하고 있습니다. 모세는 하나님의 명령에 따라 그들이 지나간 장소와 진을 친 곳을 기록했습니다. 하나님께서 이 목록을 기록하게 하신 이유는, 족보가 조상들의 역사를 요약하듯이 이 여행 목록도 40년의 광야 생활을 한눈에 볼 수 있게 해주기 때문입니다. 이를 통해 이스라엘 백성은 광야에서 하나님께서 그들을 어떻게 인도하셨는지를 기억할 수 있습니다. 기록에 따르면 이집트에서 모압 평지까지의 여정에는 시내산까지 12곳, 모압 평지까지는 총 42곳의 체류지가 있었으며, 40년 동안 41곳을 거쳐 모압 평지에 도달했습니다.

이스라엘 백성이 이집트를 떠날 때는 하나님의 능력으로 이집트에 재앙을 내리고 마치 개선행진을 하듯 떠났습니다. 그들은 광야를 지나 모압 평지에 도착해 가나안 땅을 점령하라는 하나님의 명령을 듣게 됩니다. 그들이 머문 장소들을 소개할 때는 흔히 "어디에서 떠나 어디에 진을 쳤다"라는 형식이 반복됩니다. 이것은 그들의 모든 이동과 정착이 하나님의 명령에 따랐음을 강조하는 표현입니다. 이는 민수기 9장 18절에서처럼 하나님의 명령에 따라 이동하고 진을 친다는 의미를 담고 있습니다.

2. 행군 노정: 이집트에서 모압 평지까지 (3-49절)

1) 첫 번째 행군 노정 (3-15절)

① 개선행진 (3-4절)

이스라엘 백성은 이집트를 떠날 때 두려움에 도망치지 않았고, 마치 승리자가 행진하듯 대낮에 당당하게 이집트 사람들 앞에서 나아갔습니다민 25:6; 출 12:10, 22. 본문은 하나님께서 이집트를 수호하는 신들에게 심판을 내리셨음을 강조하고 있습니다. 이는 하나님께서 가나안 땅의 신들에게도 동일하게 심판을 내리실 수 있음을 시사합니다. 여기서 강조하고 있는 중요한 메시지는 하나님이 이끄실 때, 그 누구도 하나님 백성의 행진을 막을 수 없다는 것입니다.

② 라암셋에서 시내산까지 (5-15절)

이 단락은 이스라엘 백성이 이집트를 떠나 시내산에 이르기까지의 여정을 체류한 장소별로 나열하고 있습니다. 특별한 사건이 있었던 장소에는 그 사건을 떠올릴 수 있도록 간단한 단서가 추가되어 있습니다. 이 단락에서 언급된 지명 중 구약의 다른 책에서도 나오는 곳은 오직 기브롯핫다아와 하세롯16-17절, 모세롯, 브네야아간, 홀하깃갓, 욧바다30-33절, 에시온게벨35-36절, 가데스36절뿐입니다. 체류지 목록을 살펴보면 이스라엘 백성은 라암셋을 떠나 하나님의 능력으로 홍해를 마치 마른 땅처럼 건넜습니다. 그러나 그들은 해안도로를 통해 바로 가나안으로 가지 않고 광야로 들어가 시내산을 향해 나아갔습니다. 광야는 물과 음식을 찾기 어려운 메마른

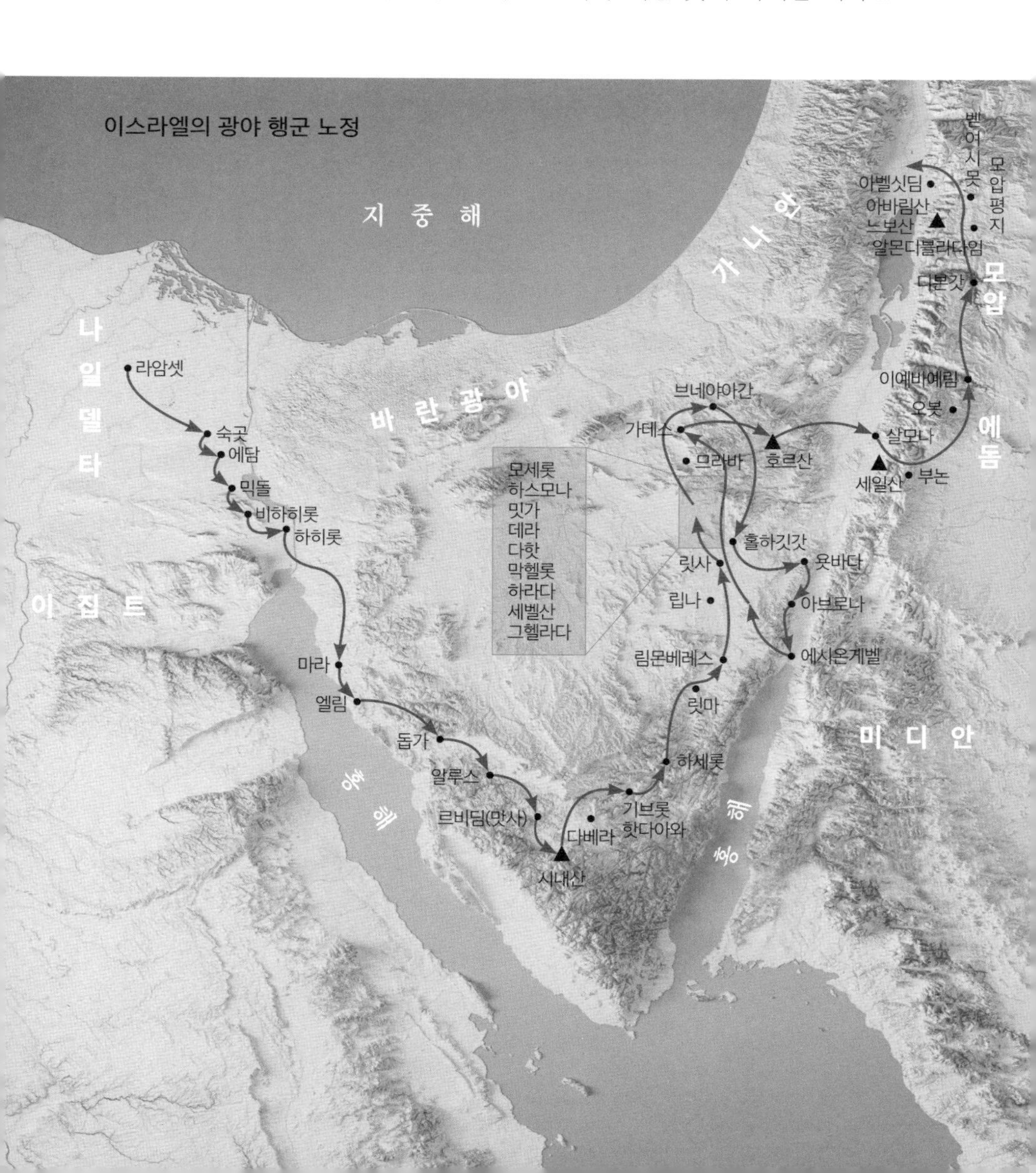

땅으로, 뜨거운 날씨와 차가운 밤 속에 생존을 위협받는 곳입니다. 당연히 백성들의 불평이 쏟아졌습니다. 하지만 하나님은 르비딤에서 반석에서 물을 내어주시고, 신 광야에서는 만나와 메추라기로 그들을 먹이셨습니다. 또한, 르비딤은 이스라엘 백성이 아말렉과의 전투에서 승리한 곳이기도 합니다. 그 이후 이스라엘 백성들은 무사히 시내산에 도착했습니다.

2) 두 번째 행군 노정 (16-40절)

① 시내산에서 호르산까지 (16-36절)

시내산은 이스라엘에게 매우 중요한 장소로, 이곳에서 이스라엘은 다시 태어난 것과 같은 경험을 했습니다. 하나님께서 시내산에서 이스라엘에게 율법을 주시며 그들이 어떻게 살아가야 할지 가르쳐 주셨고, 이 율법은 '시내산 전승'으로 성경에 기록되어 있습니다출 19:3-민 10:10. 그러나 본문에서는 이러한 사건을 상기시킬 만한 단서만 제공할 뿐, 그 내용을 크게 강조하지는 않습니다. 이는 본문이 개선행진의 맥락 속에서 전투에서의 승리를 주로 강조하고 있기 때문일 것입니다.

② 호르산에서: "거룩한 전쟁" (37-40절)

본문은 호르산을 특별히 중요하게 다루고 있는데, 그 이유는 대제사장 아론이 그곳에서 죽고 그의 아들 엘르아살이 대제사장직을 이어받았기 때문입니다. 아론의 죽음은 두 절에 걸쳐 상세히 묘사되어 있으며38-39절. 20:22-29도 참고, 이는 하나님을 신뢰하지 않고 불순종할 때 하나님의 심판이 임할 수 있다는 경고의 의미를 담고 있습니다.

호르산은 또한 새로운 세대의 지도자가 임명된 곳입니다. 이 사건이 "이집트에서 나온 지 사십 년째 오월 초하루"에 발생했다고 명시하고 있습니다. 시내산을 떠난 후 38년이 넘는 시간이 흐른 지금, 가데스와 호르산에서의 시간이 38년 정도 되었음을 감안하면, 40년의 형벌 기간이 거의 끝나가고 새로운 세대가 승리를 이룰 앞날이 가까워졌다는 메시지를 전하고 있습니다. 특히 "거룩한 전쟁"을 수행하는 데 있어서 대제사장의 역할은 더욱 중요합니다. 40절에서는 아론의 죽음 이후 아랏 왕이 이스라엘의 진군 소식을 들었다고 기록되어 있습니다[21:1 참고]. 비록 아랏과의 전쟁에 대한 내용은 여기서 생략되었지만, 독자들은 이스라엘이 가나안과의 전투에서 승리했다는 사실을 상기할 수 있습니다.

가장 중요한 것은 이스라엘이 하나님 앞에서 서원하고 "거룩한 전쟁"을 수행하여 승리를 거두었다는 점입니다. 이러한 전쟁은 가나안 정복 전쟁의 모델이 되며, 이와 같은 방식으로 "거룩한 전쟁"을 수행한다면 하나님의 능력으로 약속의 땅을 정복할 수 있다는 메시지를 전달하고 있습니다.

3) 세 번째 행군 노정 (41-49절)

① 호르산에서 모압 평지까지 (41-49절)

호르산에서 모압 평지까지의 여정은 민수기 21장 4절부터 22장 1절까지에 자세히 나타나 있습니다. 주요 사건으로는 불뱀과 놋뱀 이야기[21:4-9], 모압 동편 지역의 행군[21:10-20], 아모리 왕 시혼과 바산 왕 옥과의 전투[21:21-35] 등이 있습니다. 이 전투들은 야훼께서 승리를 보장해 주신 "거룩한 전쟁"이었으며, 이스라엘은 그 승리의 기쁨을 나누었습니다. 모압 평지는 이스라엘의 광야 여정의 마지막 종착지로, 요단강 동쪽에 위치하며, 이스라엘의 진영은 벧여시못에서 아벨싯딤까지 이르렀습니다. 비록 광야를 지나왔지만, 자손이 번성하리라는 하나님의 약속은 성취되었습니다.

3. 가나안 땅 점령 명령 (50-56절)

이스라엘의 최종 목표는 가나안 땅을 정복하는 것이었습니다. "거룩한 전쟁"을 통해 그 땅을 차지해야 했습니다. 모압 평지에서 주신 야훼의 명령은 간결했습니다: 가나안 땅을 점령하고 정착하라는 것입니다. 그들은 원주민을 몰아내고, 우상을 파괴하며, 산당을 헐어 모든 방해 요소를 제거해야 했습니다. 또한 제비를 뽑아 각 지파의 인구수에 맞춰 땅을 공정하게 나누도록 했습니다. 마지막으로, 만약 가나안 땅을 완전히 정복하지 못한다면 남겨진 자들이 눈의 가시와 옆구리의 찌르는 가시처럼 이스라엘을 괴롭힐 것이라는 경고를 잊지 않았습니다. 성경의 다른 부분에서는 이것을 올무와 덫이라고 경고하고 있습니다출 23:33; 34:12. 그보다 더 엄중한 경고는 가나안 땅을 완전히 점령하지 못하면 가나안 사람들을 추방한 것과 같이 이스라엘을 그 땅에서 추방할 것이라는 경고였습니다.

결단의 말씀

1. 하나님을 신뢰하며 그분이 인도하는 길을 따라가는 믿음과 용기가 필요합니다

이집트에서 광야를 거쳐 가나안까지의 여정은 마치 개선행진과도 같습니다. 33장에서 강조하는 것은 이스라엘이 하나님의 능력으로 이집트에서 가나안까지 승리하게 된다는 점입니다. 물론 그 과정에서 어려움이 있겠지만, 하나님을 신뢰하고 전진한다면 하나님께서 "거룩한 전쟁"을 통해 이스라엘에게 승리를 안겨 주실 것이라는 메시지입니다. 이스라엘이 노예의 땅 이집트를 떠나 강력한 군대를 물리치고 자유롭게 출발할 수 있었던 것도 하나님의 능력이었으며, 죽음의 땅이라 불리는 광야에서 인구가 더 크게 번성할 수 있었던 것도 하나님의 능력이었고, 가나안 땅을 점령하는 것 또한 하나님의 능력 덕분입니다. 이스라엘의 힘이 아닌, 하나님의 능력으로 승리할 것이라는 메시지입니다. 우리가 하나님께서 인도하시는 바른길을 따라간다면, 하나님은 불기둥과 구름기둥으로 앞장서실 것이며, 우리는 하나님이 주시는 승리를 누릴 수 있습니다. 우리가 해야 할 일은 하나님을 바라보며 길을 확인하고, 하나님을 믿는 믿음으로 과감히 출발하는 것입니다. 하나님의 말씀에 귀를 기울여 노예의 땅에서 탈출하는 용기, 홍해에 발을 내딛는 용기, 죽음의 땅이라 불리는 광야를 향해 나아가는 용기, 요단강을 건너는 용기가 필요합니다.

2. 새로운 지도자의 계승은 이스라엘의 승리를 위해 중요합니다

이스라엘이 치른 전투는 하나님께서 승리를 보장해 주시는 "거룩한 전쟁"이었으며, 제사장은 그 전쟁에서 중요한 역할을 담당했습니다. 대제사장 아론의 죽음과 엘르아살이 새로운 대제사장으로 임명된 것은 새 세대를 위한 신앙 지도자를 세우는 것이었습니다. 아랏 왕과의 전투에서 이스라엘은 서원을 했고, 하나님께서는 이 "거룩한 전쟁"에서 그들에게 승리를 주셨습니다. 글의 흐름을 보면 엘르아살이 아랏 왕과의 전투에 참여하여 이를 이끌었을 가능성이 있습니다[20:22-21:3]. 하나님의 뜻에 따라 새로운 제사장을 임명하고, 그 제사장이 이끄는 전투에서 승리한 것은 큰 희망의 상징입니다. 우리는 어떻게 승리할 전략을 세워야 할까요? 신앙의 지도자를 바로 세우고, 신앙의 힘으로 전투를 치러야만 승리할 수 있습니다. 아론이 이루어 놓은 위대한 일 중 가장 중요한 것은 엘르아살을 훈련하고 훌륭한 대제사장으로 양성한 것이었습니다. 새로운 시대를 위해 새로운 지도자를 준비하고 양성하는 일은 매우 중요하며, 그것이야말로 희망을 만드는 일입니다.

3. 가나안 땅을 점령하여 거기에 거주하라

이스라엘은 가나안 땅을 점령하라는 하나님의 명령을 완전히 따르지 못했고, 그 결과 멸망하여 이방 땅으로 포로로 끌려갔습니다. 오늘날 우리에게도 하나님은 성취해야 할 목표와 정복해야 할 영역을 제시해 주십니다. 이 목표는 예수님께서 가르쳐 주신 주기도문에도 나타나 있습니다: “나라가 임하시오며, 뜻이 하늘에서 이루어진 것 같이 땅에서도 이루어지이다.” 우리는 하나님의 나라가 이 땅에 이루어지도록 모든 노력을 기울여야 합니다. 이 목표는 절대 포기할 수 없는 것입니다.

민수기 33장은 하나님께서 우리 각자에게 인생이라는 여정 속에서 주시는 분명한 메시지를 담고 있습니다. 하나님은 이스라엘 백성을 단지 약속의 땅에 이르게 하는 데 그치지 않고, 그들의 모든 여정을 인도하시며, 필요할 때마다 격려와 교훈을 주셨습니다. 오늘날 우리의 삶 속에서도 우리는 하나님께서 인도하시는 길을 신뢰하고 순종함으로써 하나님의 영광을 드러내는 삶을 살아가야 합니다. 광야의 이스라엘이 하나님을 신뢰하지 못했을 때 마주한 어려움과 실패는 우리에게도 신앙을 바로 세울 중요성을 일깨워 줍니다. 하나님께서 원하시는 길을 묵묵히 걸어갈 때, 그분은 불기둥과 구름기둥처럼 우리 앞에서 인도하시는 분이십니다.

또한, 민수기 33장은 우리의 삶이 누군가를 위해 길을 내어 주고, 그들을 하나님께 인도해야 할 사명이 있음을 가르쳐 줍니다. 새로운 세대가 우리 뒤를 따라올 것이며, 우리는 그들에게 하나님을 따르는 신앙의 본을 보여야 합니다. 우리는 아론이 엘르아살을 대제사장으로 세웠듯이, 다음 세대를 위한 신앙의 유산을 남겨야 합니다.

마지막으로, 하나님께서 주신 목표에는 우리의 노력이 필요하며, 그것은 우리에게 주어진 땅에서 하나님의 뜻을 실현하라는 사명입니다. 우리는 가나안을 완전히 정복하지 못해 어려움을 겪었던 이스라엘처럼, 세상의 유혹에 흔들리지 않도록 마음을 다해 하나님을 섬겨야 합니다. 하나님의 나라는 우리의 삶을 통해 확장되며, 우리의 믿음이 세상에서 빛을 발할 때, 우리는 진정한 하나님의 나라를 이루어 갈 수 있습니다.

별도 부록:
민수기 33장 3-49절에서 상술된 이스라엘 백성들의 광야 여정

구절	지명	본문과 관련된 지리적 정보
3절	라암셋	‘피-람메세스’(이집트어로 “라메세스의 집”이라는 뜻). 타르굼(Targum)은 ‘람메세스’를 ‘펠루시움’(Pelusium)과 동일시한다.
5절	숙곳	‘비돔’(이집트어로 ‘피르 아툼’[Pr-Atum]) 서쪽에 있는 ‘텔 엘 마쿠쉬타’(Tell el-Maqushita)로 알려진 곳으로, 이집트어로는 ‘트제쿠’(Tjeku)로 알려져 있다.
6절	에담	‘수르’ 광야 가장자리에 위치한 곳으로 알려져 있다.
7절	비하히롯	‘갈대 바다’와 ‘믹돌’ 사이에 위치한 것으로 보인다. ‘바알스본’ 맞은편 바닷가, 즉 ‘갈대 바다’ 근처 있는 것으로 보인다.
	믹돌	‘믹돌’은 이집트 고고학자 겸 역사학자인 제임스 호프마이어(James Hoffmeier)에 따르면 ‘텔 엘 보르그’(Tell el-Borg) 혹은 ‘텔 엘 케이르’(Tell el-Keir)이다. 믹돌은 실루의 요새 즉 삼각주 동쪽 국경선 이집트 사령부와는 거리가 떨어져 있는 곳이다.

구절	지명	본문과 관련된 지리적 정보
8절	하히롯	남쪽으로 여정의 방향을 알려주는 세 장소이다. 이들의 위치는 정확히 알려져 있지 않다.
	에담 광야	
	마라	
9절	엘림	'테레빈'(terebinth) 나무가 우거진 오아시스
10절	홍해 가	'갈대 바다'(히브리어로 '얌 수프'[yam Sup], 이집트어로 '피 티우퓌'[P-Tiufy])의 가장자리
11절	신 광야	
13절	돕가	'도프카', 이집트 황소 숭배지로 알려진 '세라빗 엘 카딤'(Serabith el-Khadim) 근처로 알려져 있다.
	알루스	'알루쉬'
14절	르비딤	'르피딤', 출 17:1-7에 따르면 '맛사'나 '므리바'라고도 불린다.
15절	시내 광야	'바란 광야'
16절	기브롯핫다아와	"탐욕의 무덤들"이라는 뜻, 민 11:34에서 언급된 메추라기와 관련된 사건이 있었던 곳이다.
17절	하세롯	'제벨 무사'에서 35km 정도 떨어진 '아인 엘 쿠드라'(Ain el-Khudra)로 알려져 있다.
18절	릿마	'리트마'
19절	림몬베레스	'리몬 페레츠'
20절	립나	'리브나', 신 1:1 라반 참조
21절	릿사	'릿사'
22절	그헬라다	'크헬레타'
23절	세벨산	'하르 세풰르'
24절	하라다	'하라다'
25절	막헬롯	'막헬로트'
26절	다핫	'다하트'
27절	데라	'테라흐'
28절	밋가	'미트카'
29절	하스모나	'하쉬모나'; 유다 최남단 도시 중 하나인 '헤스몬'과 동일한 장소로도 알려져 있다.
30절	모세롯	'모쉐로트'

구절	지명	본문과 관련된 지리적 정보
31절	브네야아간	'브네 야아칸'; 신 10:6에서 '브에롯 브네야아간'으로 언급된 곳으로, 아론이 죽고 그의 아들 엘르아살이 대제사장직을 승계한 곳이다.
32절	홀하깃갓	'호르 학기드'
33절	욧바다	'엘랏 만' 안에 있는 한 섬, '요타베'(Yotabeh)로 알려져 있다. '제지랏 파룬'(Gejirath Pharun)으로도 알려져 있다. 신 10:7에 따르면 그 땅에 시내가 많다고 기록하고 있다.
34절	아브로나	'아브로나'
35절	에시온게벨	오늘날 '에일랏' 남서쪽, '마안 무하파자'(Ma'an Muhafazah)로 알려져 있다.
36절	신 광야	출 16:1은 신 광야가 '엘림'과 시내산 사이에 위치했다고 기술한다.
	가데스	'가데스 바네아'의 줄임말, '아인 엘 쿠데이라트'(Ain el-Khudeirat)로 알려진 곳으로, 광야 유랑기간 동안 이스라엘 백성들이 38년 이상 머문 곳이다. 민 20:1에 따르면 이 곳에서 미리암이 죽어 장사되었다.
37절	호르산	에돔 땅 변경의 호르산이라는 부가적 설명 때문에 호르산을 나바테아 족의 '페트라'(Petra) 근처에 있는 '제벨 네비 하룬'(Jebel Ne'bi Harun, 즉 아론의 산)으로 동일시하기도 한다.
41절	살모나	'찰모나'
42절	부논	'와디 페이난'(Wadi Feinan)에 있는 '페이난'으로 알려져 있다. 민 21장의 놋뱀 전승 때문에 '페이난' 구역에 있는 '키르벳 엔 나하스'(Khirbet en-Nahas)라는 구리채굴 광산이 주목받기도 한다. '나하쉬'(Nahash)가 히브리어로 뱀이라는 뜻이기 때문이다.
43절	오봇	'오보트'
44절	이예아바림	개울의 폐허들, 하천 기슭의 폐허들이라는 뜻으로, '와디 엘 하사'(Wadi el-Hasa)의 북쪽에 위치한 '메데이네'(Medeineh)를 가리킨다.
45절	디본갓	'디본 가트', 민 21:30은 이스라엘이 아모리인의 헤스본과 디본까지 멸하였다고 언급한다. 메사 석비가 발견된 '디본'(Dibon)이 이 디본갓으로 알려져 있다.
46절	알몬디블라다임	'벧디블라다임'(렘 48:22 참조)
47절	아바림산	신 32:49는 모세가 죽음을 맞이한 산으로 아바림산과 느보산을 함께 언급한다.

구절	지명	본문과 관련된 지리적 정보
48절	모압 평지	협의의 의미로 여리고 맞은편, 요단강가에서 느보산 아래 자락 '아벨싯딤', 즉 아카시아 언덕까지 뻗은 지역. 광의의 의미로는 아르논 골짜기, 즉 '와디 무집'(Wadi Mujib) 북쪽 지역의 평평한 고지대를 의미한다.
49절	벧여시못	'벧 하여쉬모트', 여기서 '여쉬모트'라는 옛 이름은 '키르벳 에스 수웨이메'(Khirbet Es-Suweimeh)에 반영되어 있다.
	아벨싯딤	'텔 엘 케프레인'(Tell el Khefrein)으로 사해와 요단 동편으로부터 북쪽으로 6마일 정도 떨어진 곳이다.

하나님 백성들의 땅 경영과 사회적 책임

민수기 34:1-29

이삭
연세대학교

도입

민수기 34장은 이스라엘 백성이 약속의 땅인 가나안에 들어가 그들의 지파별로 땅을 나누고 정착하기 위한 구체적인 지침을 담고 있습니다. 이 장은 단순히 땅의 경계를 지정하는 것이 아니라, 하나님께서 아브라함에게 약속하신 언약이 실현되는 중요한 순간을 보여줍니다. 이스라엘은 그 땅을 분배받기 위해 하나님의 명령에 따라 철저히 준비하며, 지도자들의 역할과 책임을 명확히 합니다. 이처럼 하나님의 인도에 대한 신뢰와 순종이 약속의 성취를 이루기 위한 필수적인 요소임을 강조하는 본문은 오늘날 우리에게도 중요한 교훈을 줍니다. 21세기 한국 사회에서도 우리는 하나님께서 주신 자원과 기회를 잘 활용하며, 그것들을 어떻게 관리하고 분배해야 하는지에 대한 책임감을 갖고 살아가야 합니다. 급속한 발전과 글로벌화로 인해 한국 사회는 풍요로워졌지만, 동시에 사회적 불평등과 자원 분배 문제에 직면하고 있습니다. 우리는 하나님이 주신 영역을 지혜롭게 다루고, 그것을 공정하고 정의롭게 나누는 데 힘써야 합니다. 약속의 땅을 분배받은 이스라엘이 그 안에서 하나님의 법과 지침을 지키며 살아가야 했듯이, 현대의 신앙인들도 하나님께서 주신 은혜와 자원 속에서 사회적 책임과 신앙적 삶의 일치를 이루어야 합니다.

이 글에서는 민수기 34장의 가르침을 통해 신앙인들이 어떤 마음과 태도로 살아야 할지 탐구하고자 합니다. 첫째로, 가나안 땅의 경계 설정에 담긴 신학적 의미를 분석하며, 하나님께서 구체적인 삶의 터전을 제시하신 의도를 살펴봅니다. 둘째로, 지파별 지도자 임명의 의미를 통해 한국 사회에서 지도자들이 맡아야 할 공정한 역할과 책임을 생각해 보려 합니다. 셋째로, 이스라엘이 가나안 땅에 정착하며 지켜야 할 법과 원칙이 오늘날 신앙인의 삶에 주는 교훈을 제시하여, 신앙적 책임과 사회적 의무를 균형 있게 실천할 수 있도록 방향을 제시합니다.

본문의 배경과 구조

대부분의 학자는 민수기 34-36장이 제사장 문서를 편집한 이들에 의해 기록되었다고 주장합니다. 그들은 이스라엘의 조상 아브라함에게 하신 하나님의 두 가지 중요한 약속이 민수기의 후반부에서 성취되고 있음을 보여주고자 했습니다. 첫 번째 약속은 "번성하는 자손"에 대한 것으로창 12:2, 이는 민수기 26장에 나오는 두 번째 인구조사에서 나타납니다. 두 번째는 "땅의 소유"에 대한 약속창 12:7으로, 이는 민수기 34-36장에서 실현되고 있습니다. 사실 약속의 땅은 민수기 전체를 관통하는 중요한 주제입니다. 34-36장은 가나안 땅에서 지켜야 할 법을 선포하며, 민수기의 마지막 단원을 장식합니다. 이러한 법들은 신명기에서 열왕기하에 이르는 '신명기 역사'에서도 더 발전된 형태로 나타나며, 이스라엘이 신명기 율법을 실천하는 실제적인 법률과 적용 상황을 설명하고 있습니다. 따라서 민수기 34-36장은 민수기의 결론일 뿐 아니라 '신명기 역사'의 주요 주제를 제시하는 역할을 하고 있습니다. 일부 학자들은 민수기 33장 50-56절을 34-36장과 연결하기도 합니다. 이 구절들은 34-36장의 내용을 가능하게 하는 서론 역할을 하기 때문입니다. 즉 가나안 백성을 완전히 몰아내지 않으면 약속의 땅을 차지하거나 분배할 수 없고, 다음 세대에 유업으로 전수할 수도 없기 때문입니다. 이러한 의미적 연결을 생각하면, 33장 50-56절이 서론으로서 34-36장과 논리적으로 이어지는 것은 당연하게 보입니다.

이 장은 가나안 약속의 땅 접경 건너편에 대한 간략한 묘사로 시작됩니다. 가나안 땅의 경계는 이스라엘이 한 번도 완전히 점령한 적이 없는 광범위한 영토를 암시하며, 어느 정도 이상화된 지역입니다. 남쪽 경계는 염해 남쪽 끝에서 시작해 신 광야와 가데스 바네아를 포함한 지역으로 이어지며, 서쪽 경계는 애굽 와디, 즉 애굽 시내에서 지중해로 이어집니다. 동쪽 경계는 긴네렛 바다갈릴리 바다에서 아라바 바다사해까지의 요단강 계곡을 포함하며, 북쪽 경계는 르보 하맛을 지나 시리아와 레바논의 일부를 포함합니다. 또한 르우벤, 갓, 므낫세 반 지파가 요단 동편에 그들의 정주 지역을 이미 점령했다는 사실이 다시 상기됩니다.

민수기 34장의 경계선 묘사는 민수기 13-14장에 기록된 정탐꾼들이 탐색했던 지역과 매우 유사합니다. 서쪽 경계는 신 광야에 이르며13:21. 비교, 34:3, 북쪽 경계는 하맛 어귀에 이릅니다13:21. 비교, 34:8. 정탐꾼 이야기에서 요단강이 서쪽 경계를 이루었고, 민수기 34장에서는 대해지중해가 서쪽 경계를 이룹니다13:29. 비교, 34:6, 12. 이처럼 민수기 13-14장과 34장에 나타난 약속의 땅 경계의 일치는, 새로운 세대에게도 옛 광야 세대에게 주셨던 원

34장

래의 약속이 변함없이 이어졌다는 것을 재확인시킵니다. 이 본문은 이전 세대에게 주어진 임무인 약속의 땅 분배와 이를 돕기 위해 나머지 열 지파에서 족장들을 임명한 일에 대해 설명하고 있습니다.

민수기 34장은 남은 아홉 지파와 반 지파에게 땅을 분할하는 일을 감독할 열 지파의 지도자 명단으로 마무리됩니다[34:16-29]. 이 명단에서 르우벤, 갓, 그리고 므낫세 반 지파는 제외되었는데, 그들은 이미 요단강 동쪽 트랜스요르단 지역에서 땅을 받았기 때문입니다[34:13-15]. 이는 트랜스요르단 지역과 그곳에 거주하는 두 지파와 반 지파의 지위에 대한 질문을 제기합니다. 그 지역도 약속의 땅에 포함되는가? 이 문제는 신명기 2장 24절의 전통과 함께 이해해야 합니다. 즉, 신명기에서는 하나님께서 트랜스요르단 지역을 정복하라고 명령하시므로 그 지역도 약속의 땅의 일부로 간주되어야 합니다. 이런 맥락에서, 민수기 32장에서 르우벤, 갓, 므낫세 반 지파가 그 땅에 정착하겠다고 요청한 것은 모세와의 협상 가능한 요청으로 이해될 수 있습니다.

민수기에는 이스라엘 지파의 지도자들에 관한 세 가지 중요한 명단이 등장합니다. 1장에 있는 인구조사의 감독관 명단, 13장에 나오는 열두 지파의 정탐꾼 명단, 그리고 34장에 있는 약속의 땅을 분할할 사람들의 명단입니다. 이 명단들은 각각 책에서 중요한 전환점을 나타냅니다. 민수기 1장의 첫 번째 인구조사는 약속의 땅을 향한 행군의 시작을 의미하고, 민수기 13-14장은 첫 번째 인구조사에 포함된 광야 세대가 반역하여 결국 광야에서 죽게 되는 과정을 보여줍니다. 마지막으로, 민수기 34장은 두 번째 인구조사에서 계수된 새로운 세대가 약속의 땅을 차지하게 될 것을 나타냅니다. 해당 명단들은 책의 시작, 중간, 그리고 끝을 하나로 엮으며 중요한 내러티브 전환점을 나타냅니다.

땅을 분배하는 개념은 이미 민수기 26장 52-56절에서 수립되었습니다. 그러나 이 본문은 그 계획을 구체화하고, 그 세부 사항들이 모세에게 주어진 신적 계시의 일부임을 강조하고 있습니다. 모세는 요단 서편에 정착할 각 지파를 대표하는 열 명의 족장과 함께, 그 땅을 분배할 책임을 맡은 두 명의 지도자를 임명하고 있습니다. 지파들의 순서는 먼저 남쪽에 위치한 네 지파, 유다, 시므온, 베냐민, 단이 19-22절에 나와 있으며, 그 뒤로 중앙에 위치한 므낫세와 에브라임이 23-24절에, 마지막으로 북쪽에 위치한 네 지파, 스불론, 잇사갈, 아셀, 납달리가 25-28절에 등장합니다. 여호수아 13-19장과 비교해 보면, 민수기 저자가 이스라엘의 약속의 땅을 남쪽에서 북쪽으로 서술하고 있음을 알 수 있습니다. 본문은 이 땅이 야훼의 선물이라는 신학적 확신을 다시 확인시켜 줍니다. 그리고 그 선물은 추상적인 개념이 아니라 사람들이 거주하고 정착할 수 있는 실질적이고 현실적인 장소입니다. 하나님께서 이스라엘 백성들의 광야 여정을 계획하고 인도하셨듯이, 그들은 정복과 정착의 과정에서도 하나님의 함께 하심을 경험하게 될 것입니다.

이스라엘 온 백성들을 위한 약속의 땅 분배 (1-29절)

1. 약속의 땅의 경계 (1-15절)
   1) 기업이 된 가나안의 경계에 대한 서론 (1-2절)
   2) 남쪽 경계선/서쪽 경계선 (3-6절)
   3) 북쪽 경계선 (7-9절)
   4) 동쪽 경계선 (10-12절)
   5) 정리 (13-15절)
2. 땅 분배에 대한 하나님의 지시와 지파별 기업 분할 책임자 (16-29절)

본문 강해

1. 약속의 땅의 경계 (1-15절)

성경의 여러 구절에서는 "단에서부터 브엘세바까지"라는 공식적인 문구를 사용하여 이스라엘 민족이 정착한 땅의 경계를 나타냅니다[사 20:1; 삼상 3:20; 삼하 3:10; 17:11; 24:2, 15; 왕상 5:5; 암 8:14]. 그러나 제사장 문서를 편집한 이들은 약속의 땅의 경계를 더 넓은 지역으로 간주하여 "하맛 어귀에서부터 애굽 하수까지"라는 지리적 표현을 사용했습니다. 이 넓은 지역을 자세히 설명하기 위해 본문에서는 여러 특수한 지점을 나열하고 있습니다. 나열의 방식은 남쪽 경계 지역[3-5절]에서 시작하여 시계 방향으로 서쪽[6절], 북쪽[7-9절], 그리고 동쪽[10-12절]에 이릅니다.

1) 기업이 된 가나안의 경계에 대한 서론 (1-2절)

이 본문에서 선포된 가나안 땅의 경계는 하나님께서 아브라함에게 주신 약속이 성취되고 있음을 보여줍니다[창 12:7]. 후손의 번성과 함께[창 12:2], 하나님께서 주시겠다고 하신 땅의 약속이 이제 이루어지고 있는 것입니다. 가나안 땅은 항상 '기업'으로 불리며, "가나안 땅, 곧 그 사방 경계선에 따른"이라는 표현을 통해, 하나님께서 정해 주신 구체적인 경계 안에서 백성들이 받을 기업임을 강조하고 있습니다.

2) 남쪽 경계선/서쪽 경계선 (3-6절)

약속의 땅의 남쪽 경계선은 네게브 지역을 훨씬 넘어서서 남쪽 아래까지 내려갑니다수 15:1-4. 이 경계는 사해 남쪽 끝에서 시작해 서쪽으로 가데스 바네아와 신 광야를 지나비교, 민 13:21; 34:3, 애굽의 와디애굽 시내를 따라 지중해대해까지 이어집니다.

3) 북쪽 경계선 (7-9절)

북쪽 경계선은 오늘날의 시리아와 레바논 일부를 포함한 지역으로 추정됩니다. 가장 북쪽에 위치한 곳은 하맛 어귀에 있는 스닷으로 언급됩니다. 이 경계는 갈릴리 호수긴네렛 바다에서 북쪽으로 뻗어나가 레바논과 헤르몬산 사이의 평야를 포함할 것으로 보입니다. 히브리어로 '얌'은 바다와 호수를 모두 의미할 수 있어, 갈릴리 호수가 긴네렛 바다로 불리는 이유입니다. 여기서 말하는 호르산은 에돔 근처에서 아론이 죽은 호르산과는 다르게, 레바논산맥 북서쪽에 위치한 것으로 추정됩니다.

4) 동쪽 경계선 (10-12절)

동쪽 경계선은 긴네렛 동쪽 언덕에서 시작해 요단강을 따라 내려와 사해에 이릅니다. 북쪽 경계선과 마찬가지로, 동쪽 경계선에 언급된 특정 지점들의 정확한 위치는 알 수 없으나, 요단강이 가나안 땅의 동쪽 경계선이라는 것은 분명합니다.

5) 정리 (13-15절)

지금까지 설명한 가나안 땅은 르우벤, 갓, 므낫세 반 지파를 제외한 나머지 아홉 지파와 반 지파에게 분배됩니다. 르우벤, 갓, 므낫세 반 지파는 이미 요단강 동편의 땅을 분배받았기 때문입니다. 본문에 따르면, 요단강 동편의 땅은 약속의 땅에 속하지 않는 지역입니다.

2. 땅 분배에 대한 하나님의 지시와 지파별 기업 분할 책임자 (16-29절)

모세는 각 지파에서 한 명의 지도자를 임명해, 기업으로 받은 땅을 나누게 하라고 명령합니다. 이 지도자들에는 유다 지파의 갈렙, 시므온 지파의 스므엘, 베냐민 지파의 엘리닷, 단 지파의 북기, 므낫세 지파의 한니엘, 에브라임 지파의 그므엘, 스불론 지파의 엘리사반, 잇사갈 지파의 발디엘, 아셀 지파의 아히훗, 납달리 지파의 브다헬이 포함됩니다. 요단강 서쪽의 땅은 이스라엘의 아홉 지파와 반 지파에게 나눠지게 됩니다. 이 지도자들은 그들의 지파에게 세습적인 소유로 땅을 분배할 책임을 맡고 있습니다. 지도자들의 순서는 남쪽에서 북쪽으로 진행되는 가나안 땅의 지리적 위치를 따르고 있습니다.

민수기 1장 5-15절에서 보고된 것처럼, 하나님은 이곳에서도 이스라엘의 지도자들을 돕기 위해 평신도 사역자들을 임명하셨습니다. 본문에서의 차이점은 첫째, 모세와 아론 대신 여호수아와 엘르아살 제사장이 이스라엘의 지도자로 등장한다는 것입니다. 이는 본문이 출애굽 세대가 아닌 광야 세대를 대상으로 하고 있기 때문입니다. 둘째, 여분네의 아들 갈렙은 여호수아와 함께 구세대에서 살아남은 유일한 지도자로, 이는 민수기 13-14장의 정탐 사건과 관련이 있습니다[14:24, 30, 38]. 셋째, 르우벤과 갓 지파는 이미 요단 동편에서 기업을 받았기 때문에 명단에서 제외되었습니다[32장]. 넷째, 열 지파에게 주어진 기업의 땅은 남쪽에서 북쪽으로 분배되었으며, 이는 민수기 34장 1-15절에 나타난 방향성과 일치합니다. 다섯째, 여호수아 13-19장에 나오는 지파 순서와도 일치하여, 약속의 땅 정복과 분배의 기록을 반영합니다. 단, 요셉의 지파들인 에브라임과 므낫세의 순서가 다른 것은 민수기 26장 26-37절에 기록된 제2의 인구조사를 기반으로 했을 가능성이 있습니다. 여섯째, 유다 지파가 가장 먼저 언급된 것은 이스라엘 진영의 구성을 보여준 2장, 족장들의 헌물을 기록한 7장, 광야 행군의 순서를 보여준 10장에서 유다 지파의 우월성을 암시하는 것과 일치합니다.

결단의 말씀

이스라엘 백성이 모압 평지에서 요단강을 넘어 약속의 땅을 바라보며 기대감에 가득 차 있을 때, 하나님은 그들에게 중요한 지침을 주십니다. 약속의 땅은 어디까지 이르는가? 하나님이 주신 이 땅을 어떻게 나누어 평화롭게 살아갈 것인가? 민수기 34장은 이러한 질문에 답을 줍니다. 약속의 땅을 눈앞에 두고 희망에 찬 새로운 세대를 위해 하나님은 세심한 준비를 하셨습니다. 가나안 땅의 경계를 명확히 제시하셨고, 땅을 나누어줄 지도자도 임명하셨습니다. 또한, 이미 요단 동편의 땅을 받은 르우벤 지파, 갓 지파, 므낫세 반 지파를 고려하여 나머지 아홉 지파 반에게 땅을 배정해 주셨습니다.

먼저, 1-12절에 나열된 지명 중 많은 곳의 정확한 위치를 알 수 없지만, 이처럼 상세하게 나열한 것은 하나님께서 그 약속을 신실하게 이행하고 계시다는 것을 강조하기 위한 것입니다. 하나님이 약속하신 땅은 막연한 넓은 지역이 아니라, 명확하게 지정된 실제 공간임을 의미합니다. 이는 하나님의 약속이 구체적인 장소에서 이루어지고 있음을 보여줍니다. 이 구절은 광야 시대 옛 세대에게 주셨던 하나님의 약속이 이제 새로운 세대에게 성취되고 있음을 암시하고 있습니다. 하나님께서 이 약속의 땅을 새 세대에게 선물로 주신다는 선언이 이 본문에 새겨져 있습니다. 오랫동안 기다렸던 약속의 선물이 이제 아브라함의 후손에게 주어지고 있는 것입니다. 이는 곧 구속사의 언약이 마침내 성취되고 있음을 보여줍니다.

둘째, 본문에서 규정된 약속의 땅 경계는 이스라엘의 열두 정탐꾼이 정탐한 지역과 동일합니다. "그들이 신 광야에서부터 하맛 어귀 르홉까지 올라가서 탐지하고, 남방으로 올라가 헤브론에 이르고 에스골 골짜기까지 갔다"민 13:21-23. 이 구절은 정탐꾼들이 북쪽 끝에서 남쪽 끝까지 약속의 땅 전체를 탐지했음을 보여주며, 본문에 나타난 지역들이 약속된 경계 지역임을 확인시켜 줍니다.

셋째, 각 지파의 지도자들은 민수기 이야기 전개에서 중요한 역할을 맡고 있습니다. 민수기 1장에서는 첫 번째로 열두 지파의 족장들이 등장하는데, 이들은 이스라엘을 하나님의 군대로 조직해 약속의 땅으로 이끄는 지도자들입니다. 그러나 민수기 13-14장에서는 두 번째로 등장한 지도자들인 정탐꾼들이 이스라엘을 불평과 반역으로 이끄는 주모자가 되어, 출애굽 세대가 광야에서 죽음을 맞이하는 비극적인 결말을 초래했습니다. 이제 민수기 34장에서 세 번째로 등장하는 족장들은 새 세대 이스라엘에게 약속의 땅을 분배하는 중요한 역할을 맡습니다. 이들은 하나님의 약속이 공정하게 구현되도록 부름 받은 지도자들로, 이들이 있음으로써 약속의 땅은 이스라엘에게 공정하게 분배됩니다. 하나님은 각 시대에 따라, 그 시대가 필요로 하는 일에 쓰임 받을 일꾼들을 세우십니다. 이름보다 중요한 것은 그들의 역할이며, 그들의 업적은 역사가 평가할 것입니다.

민수기 34장은 약속의 땅을 눈앞에 둔 이스라엘 백성에게 분명한 지침을 줍니다. 하나님께서 구체적으로 정하신 경계는 그들이 살아가야 할 터전이며, 이 땅에서 평화롭게 공존하기 위한 원칙이자, 하나님의 말씀에 대한 순종의 표지입니다. 오늘날 우리 삶에서도 하나님이 주신 영역 안에서 질서를 지키고 그분의 뜻에 따라 살아가라는 도전이 있습니다. 이스라엘이 가나안 땅을 소유하기 위해 하나님의 명령을 따르고 경계를 지켰듯이, 우리도 하나님이 주신 것들을 소중히 여기고, 그 안에서 하나님의 뜻을 이루기 위해 노력해야 합니다.

하나님이 주신 은혜와 선물은 우리 삶을 풍요롭게 하지만, 동시에 우리가 어떻게 그분의 뜻에 따라 살아야 할지에 대한 책임을 요구합니다. 오늘날 많은 사람이 하나님이 주신 것을 누리는 것에만 집중할 때가 많습니다. 그러나 민수기 34장은 하나님이 주신 땅 안에서 올바르게 살아가도록 명령하셨음을 기억하게 합니다. 약속의 땅을 나누고 지키며 살아가는 일에는 책임과 순종이 따릅니다. 우리가 각자의 삶에서 하나님이 주신 것들을 잘 관리하고 하나님이 정하신 경계 안에서 그분의 뜻을 이루는 삶을 살아가기를 결단합시다.

레위인의 성읍과 도피성

민수기 35:1-34

이은우
장로회신학대학교

도입

민수기 35장은 이스라엘 백성이 가나안 땅에 들어가 정착하기 전에 하나님의 명령에 따라 레위인의 성읍과 도피성을 설치하라는 내용을 담고 있습니다. 이 장에서는 특정 지파, 특히 레위 지파에게 주어지는 성읍의 배치와 더불어 실수로 살인을 저지른 자를 보호하기 위한 도피성 제도가 언급됩니다. 이러한 주제는 정의, 은혜, 그리고 공동체의 안전에 대한 하나님의 구성을 보여줍니다.

본문 강해

1. 레위인에게 주어진 성읍 (1-8절)

이 단락에서는 레위인들에게 주어질 성읍의 수와 그 성읍의 배치에 대한 명령이 담겨 있습니다. 레위인들은 제사장으로서의 역할을 수행해야 하므로, 이스라엘 각 지파에서 레위 성읍으로 그들을 배정함으로써 전체 공동체와의 연결을 강화하려 하신 하나님의 의도가 엿보입니다.

1-2절에서 하나님께서는 모세에게 레위인에게 거주할 성읍과 그 주변 초장을 주도록 명령하십니다. 물론 이 말씀은 땅을 분배받지 못한 레위인들에 대한 배려이기도 하지만, 레위인들은 제사장으로서 이스라엘 백성이 하나님과의 관계를 유지하도록 돕는 역할을 담당하므로, 그들에게 성읍을 배정하는 것은 그들의 사역을 돕기 위한 것입니다. 『개역개정』의 2-3절에서 '초장'으로 번역된 히브리어 '미그라쉬'는 '가축을 모는 장소'를 의미하는 것으로, '들'보다는 '초장'이 좋은 번역으로 보입니다. 『개역개정』의 4-5절에서는 이 단어를 '들'로 번역합니다. 2-5절의 번역을 통일해서 '초장'으로 번역하는 것이 좋아 보입니다.

3절에 보면 그 성읍은 레위인들이 거주하는 곳이 되어야 하며, 그 주위에 초장은 가축과 짐승들을 둘 곳이 될 것임을 강조합니다. 4-5절에 보면 그 성읍의 들[초장]의 둘레에 대한 설명이 나오는데 이것을 명확히 설명하기 위해 다수의 학자들이 노력해 왔습니다. 이 들[초장]의 둘레는 성벽에서 사방 천 규빗, 성읍 중앙에서 동서남북으로 이천 규빗으로 보는 것이 설득력 있어 보입니다.

6-8절에 보면 레위 자손에게 주어지는 성읍은 도피성 여섯 개를 포함해 총 48개이며, 레위 지파는 제사장의 역할을 담당하기 때문에 이들 성읍은 이스라엘 공동체 내에서 중요한 역할을 합니다. 이 성읍들이 여러 지파 안에 퍼져 있음을 통해, 하나님의 말씀과 제사가 백성에게 더욱 가깝게 이루어질 수 있음을 보여줍니다. 이 단락은 도피성에 대해 자세히 설명하는 9-34절 부분의 연결고리 역할을 합니다.

35장

2. 도피성 (9-34절)

이 단락에서는 고의가 아니라 부지중에 살인을 저지른 자가 도피할 수 있는 성읍의 지정에 대해 설명하고 있습니다. 이 법은 인간의 생명에 대한 존중을 바탕으로 하며, 잘못된 행위에 대한 공정하고 은혜로운 처리를 나타냅니다. 도피성은 그런 이들에게 안전한 피난처를 제공하여 그들의 생명을 보호하고, 동시에 정의를 실현할 수 있는 길을 열어줍니다.

9-12절에서 하나님은 이스라엘 자손에게 가나안 땅에 들어가 도피성을 두어 백성이 실수로 살인한 경우에 도망칠 수 있는 방법을 제시하십니다. 하나님은 자신의 자녀들에게 자비를 베푸시는 은혜의 하나님이십니다. 도피성 제도는 고대의 다양한 문화권에서 발견되는데, 주로 다른 문화권에서는 도피성이 살인 의도의 유무와 관계없는 치외법권 지역으로 이해되었지만, 이스라엘의 도피성 제도는 사후에 유죄 여부를 판단한다는 차원에서 구별됩니다. 도피성 제도는 실수로 살인한 자들에게 피의 보복자를 피해 판결을 받기까지 보호를 제공하여 정의를 수행하면서도 그들에게 기회를 주는 시스템입니다. 이는 하나님의 공의와 은혜의 조화를 보여줍니다.

13-15절에 보면 도피성은 가나안 땅에 세 개, 요단 동편에 세 개를 두어야 하고, 이 도피성은 이스라엘 자손뿐 아니라 타국인과 이스라엘에 거류하는 부지중에 살인한 모든 자의 피난처가 될 수 있음을 강조합니다. 여섯 성읍의 명단은 여호수아 20장 7-8절에 나타납니다. 요단 동편에 있는 도피성은 베셀, 길르앗 라못, 골란이고, 요단 서편에 있는 도피성은 가데스, 세겜, 헤브론입니다. 이 본문을 통해 하나님은 생명을 중시하는 은혜의 하나님이심을 알 수 있습니다.

16-21절에서는 철 연장이나 돌, 나무 연장으로 사람을 쳐 죽이거나 어

떤 고의적인 의도를 가지고 사람을 죽인 자예를 들면 벼랑이나 난간에서 사람을 밀어 죽이거나 무엇을 던져 쳐 죽인 경우는 반드시 죽어야 하고, 피를 보복하는 자는 이런 살인자를 만나면 죽일 수 있음을 강조합니다.

22-25절에서는 고의가 아니라 부지중에 살인한 자는 도피성으로 도망하여 구원의 길을 찾을 수 있음을 강조합니다. 이런 경우 사건이 일어난 곳에서 가까운 한 성읍에서 재판을 하여 규례대로 판결하고 피를 보복하는 자의 손에서 살인자를 건져 그가 원래 피했던 도피성으로 돌려보내 대제사장이 죽을 때까지 거기에 거할 수 있게 합니다. 여기에서 하나님의 공의와 은혜를 함께 발견하게 됩니다.

26-28절에 의하면 살인자는 도피성 밖에 나와서는 안 되고 대제사장이 죽기까지 그 도피성에 머물러야 합니다. 이는 도피성이 안전한 장소이지만, 그럼에도 불구하고 범죄자에게 정당한 처벌이 필요함을 나타냅니다. 이 구절은 정의의 중요성을 강조합니다.

29-34절에 의하면 이 법은 이스라엘 자손이 거주하는 곳에서 대대로 지켜야 할 영원한 규례가 됩니다. 살인자의 고의 살인 여부는 다수의 증인의 증언에 따라 판단하여 죽일 수 있으나 한 증인의 증거만으로는 안 됨을 강조합니다. 31절의 속전 불가 규정은 다른 문화권에서는 찾아볼 수 없는 것으로, 코란의 경우 고의적인 살인의 경우에도 속전을 허용합니다. 구약의 규정은 하나님의 공의와 동등처벌법 규정에 근거해서 이를 거부하는 것입니다. 이 규정에 의하면 하나님은 백성의 정의와 안전을 최우선으로 생각하시며 공동체의 안전과 도덕성 유지를 강조하는 분이심을 알 수 있습니다.

결단의 말씀

사랑하는 성도 여러분, 오늘 우리는 민수기 35장을 통해 하나님께서 이스라엘의 공동체를 어떻게 인도하시는지를 살펴보았습니다. 특히 도피성의 제도는 우리에게 매우 귀중한 교훈을 줍니다.

첫째, 하나님은 실수할 수밖에 없는 인간의 한계를 이해하십니다. 누구나 실수할 수 있는 존재입니다. 우리는 때때로 무심코 상처를 주거나 더 큰 문제를 일으킬 수 있습니다. 그러나 하나님은 이러한 실수를 그대로 내버려두지 않으십니다. 도피성은 자비의 상징입니다. 실수로 범죄한 우리에게도 회복의 기회를 주십니다.

둘째, 도피성은 공동체의 안전을 위한 것입니다. 우리는 서로에게 책임이 있습니다. 우리의 행동은 누군가에게 영향을 미칩니다. 도피성을 통해 우리는 서로의 안전과 평화를 지킬 책임이 있음을 알 수 있습니다. 우리가 누리는 하나님의 은혜는 우리의 공동체가 함께 성장하고 번영하는 데 기여해야 합니다.

마지막으로, 하나님은 정의와 은혜의 균형을 이루십니다. 우리가 저지른 실수에 대한 대가를 치르지 않고는 이 땅에서 올바른 삶을 살 수 없습니다. 그러나 하나님은 그 대가를 치르게 하시되, 은혜로 허락하시는 길이 있음을 잊지 말아야 합니다.

오늘 우리가 기억해야 할 것은, 하나님은 우리에게 항상 피난처가 되시고, 우리의 모든 실수에도 불구하고 새로운 기회를 주시는 분이라는 것입니다. 그러므로 우리는 그분의 자비와 은혜를 간직하며, 다른 이들에게도 같은 자비를 베풀어야 할 것입니다.

각각 자기 기업을 지켜라

민수기 36:1-13

이미숙
장로회신학대학교

도입

민수기 26-36장은 이 책의 마지막 부분이며 분량으로는 전체에서 삼 분의 일을 차지합니다. 민수기 26장의 2차 인구조사는 광야 세대의 자녀들로 구성된 새로운 세대로서 이스라엘을 12지파 70종족의 가문으로 재편성하였습니다. 이들은 요단강을 건너 가나안 땅에서 마침내 하나님 나라를 구현해 갈 주역들로서 역사적으로 매우 중요한 의미를 갖습니다. 민수기의 마지막 부분은 '이들은 부모 세대처럼 반역과 불순종으로 무너질 것인가? 이들이 과연 약속의 땅을 차지할 것인가? 이들은 어떻게 달라져야 하는가?'라는 질문들로 당시의 이스라엘의 새 세대뿐만 아니라 현대의 우리에게도 같은 도전적인 질문을 던집니다.

민수기 26-36장은 새로운 세대에 대한 관심과 기존의 율법들을 보완하는 새 규정들, 가나안 땅에 대한 관심, 즉 '새 세대, 율법, 땅'이라는 세 가지 주제를 긴밀하게 연결하거나 반복함으로써 다가올 가나안 시대의 미래에 초점을 맞추고 있습니다. 먼저 26-27장은 새 세대들이 누구인지 소개하며 이들을 대표해 므낫세 지파의 슬로브핫 딸들이 제기한 땅 상속법의 개정을 다룹니다. 28-30장은 번제, 절기 규례, 서원법에 대한 새 규정들을 보완하고 있는데 특별히 절기와 제물에 대한 율법을 보완함으로써 이들이 하나님의 거룩한 질서, 시간 안에 들어온 예배 공동체임을 확인합니다. 31-32장은 하나님께서 앞서 명령하신 미디안 족속에 대한 심판[25:16-18]과 동요르단 땅을 정복하는 과정을 전합니다. 이 전쟁은 가나안 땅의 정복과 성전聖戰을 미리 선취하는 사건이기도 합니다. 여기에서도 새 세대들의 특징이 나타납니다. 군대 지휘관들은 전쟁에서 전사자가 한 명도 없는 것에 감사하며 전리품으로 받은 패물을 드렸습니다. 르우벤과 갓 지파는 동요르단 땅에서 정착하도록 허락해 달라고 뜻밖의 제안을 했습니다.

민수기 33장은 애굽을 떠나 광야를 경유해 모압 평지에 이르기까지의 여정지들을 회상하며 새 세대들에게 부모 세대의 징계와 심판을 반면교사 삼도록 경고합니다[33:50-56]. 33장을 중심으로 34-36장은 앞서 나왔던 세 가지 주제를 반복하되 가나안 땅에서의 더 확실한 미래를 그리고 있습니다. 34장에서는 가나안 땅 경계가 정해지고 12지파에서 분배 지휘관들이 선출됩니다. 35장에서는 레위 성읍들의 분배와 도피성 규정의 보완이 이루어집니다. 마지막 36장은 므낫세 지파 중 길르앗 종족의 수령들이 모세에게 나와 슬로브핫의 딸들로 인한 딸 상속법의 문제를 제기함으로써 앞의 27장과 연결을 짓고 있습니다. 민수기 마지막 부분[26-36장]은 왜 므낫세 지파들의 땅 상속 문제로 시작해서 이 문제로 다시 종결하고 있는 걸까요? 새 세대들은 군대 지휘관들처럼 신실하기도 하지만 슬로브핫의 딸들과 르우벤, 갓 지파, 길르앗 종족의 수령들처럼 전통의 한계나 문제를 지적하는 당찬 세대이기도 합니다. 마지막에 다시 등장하는 땅 상속법과 므낫세 지파를 통해 본문은 오늘 우리에게 어떤 도전과 교훈을 하고 있는지 살펴보도록 하겠습니다. 본문은 길르앗 종족 수령들의 문제 제기[1-4절]와 모세가 그것을 수용하고 상속법을 개정하는 내용[5-9절]과 그 법을 수용하는 슬로브핫 딸들의 이야기[10-13절]로 나눠볼 수 있습니다.

본문 강해

1. 조상 지파의 기업에서 아주 삭감되리이다 (1-4절)

민수기 34-35장은 가나안 땅의 경계와 땅을 분배할 책임자들을 선출하고 마지막으로 기업이 없는 레위인들에게 48개의 성읍을 떼어줄 것과 도피성 제도로 거룩한 땅의 정결을 보장함으로써 새 세대의 희망찬 미래를 여는 결론으로 적합해 보입니다. 그런데 민수기는 슬로브핫의 딸들이 제기했던 27장의 땅 상속법의 문제로 다시 돌아갑니다. 이번에 문제를 제기한 사람들도 같은 므낫세 지파로서 '마길의 아들' 가문에 속합니다. 마길 가문은 야일과 노바와 함께 아모리인들을 쫓아내고 동요르단 땅을 빼앗은 용감한 종족들로 민수기 32장 39-42절에 나옵니다. 말하자면 므낫세 지파는 12지파 중 인구가 가장 많기도 했지만, 하나님의 땅 약속에 가장 민감하고 적극적인 반응을 보인 새 세대를 대표합니다.

슬로브핫의 딸들은 사적인 차원의 문제 제기였지만 이를 회막과 회중 앞에서 공개적으로 했습니다. 길르앗 종족의 수령들은 지파의 문제를 들고 모세와 이스라엘의 주요 지휘관들 앞에 나왔습니다. 당시 이스라엘은 가나안 땅이라는 새로운 상황과 요인에 적응해야 했던 만큼 소통의 통로가 다양하고 합리적인 협상이 가능한 사회였던 것으로 보입니다. 길르앗 종족의 수령들은 같은 가문에 속한 슬로브핫 딸들의 땅 상속권을 반대하는 것은 아니지만 허점이 있다고 문제를 제기했습니다. 딸들이 다른 지파의 남자와 결혼을 하게 되면 기업이 넘어가고 희년에는 영구적으로 땅을 잃게 되는 결과가 발생한다는 것입니다. 딸 상속권이 지파 기업의 경계를 유지하도록 한 땅 분배의 기본적인 원칙에 위배되는 경우를 예측하고 있는 것입니다. 땅은 하나님께 속해 있어, 기업의 경계가 변경되는 것은 사회경제적 측면뿐만 아니라 신학적인 측면과도 관련 있는 매우 민감한 사안입니다.

민수기 27장에서 슬로브핫의 딸들만이 땅 상속권을 가지게 된 것이 아니라 이 문제가 공동체 차원에서 다루어지고 상속법이 보완된 것처럼, 이번에 길르앗 종족이 제기한 문제도 므낫세 지파에게만 해당하는 것은 아닙니다. 근본적으로 모든 지파에게 발생할 수 있는 문제이기 때문입니다. 땅 분배에 있어서 공정하면서도 하나님의 뜻을 받들기 위한 최선의 방안이 무엇인지, 공동체가 함께 소통하고 대안을 모색하고 있습니다. 딸들의 땅 상속권은 이미 하나님의 명령에 의해 정해졌지만, 그들의 결혼으로 인해 생길 새로운 환경과 문제에 직면해서 조치가 필요했습니다. 가나안 땅의 분배가 임박한 시점에서 지파별 기업의 경계를 지키기 위한 원칙들을 더 세밀하게 살필 필요가 있는 시기였습니다.

2. 요셉 자손 지파의 말이 옳도다 (5-9절)

모세는 길르앗 종족의 수령들이 제기한 문제가 타당하다고 여겼습니다. 민수기 27장에서 슬로브핫의 딸들이 제기한 문제들처럼 하나님께서 직접 말씀해 주시는 방식은 아니지만 신성한 하나님의 계시라는 점을 강조합니다. 모세는 5절에서 요셉 지파의 문제 제기를 수용하는데 그것이 '여호와의 말씀'여호와의 입으로 전해지고 있습니다. 또한 6절에서 '여호와의 명령'으로 딸 상속법에 대한 개정이 선포됩니다. 모세의 조치는 두 가지입니다. 첫째, 슬로브핫의 딸들에 대한 명령으로, 조상 지파의 종족과 결혼해야 한다는 제한입니다. 둘째, 기업을 이어받은 딸들도 결혼은 같은 지파 안에서 해야 한다는 공동체 차원의 율법 개정으로 적용됩니다. 이 개정의 목적은 분명합니다. 이스라엘 자손 지파가 각각 자기 기업을 지켜야 하기 때문입니다. 이렇게 딸 상속법은 지파 내 혼인이라는 개정이 더해짐으로써 지파의 기업 경계가 보호받을 수 있도록 했습니다.

27장의 딸 상속법이 땅 분배에서 아무도 소외되지 않도록 하는 평등성에 초점을 두었다면, 36장의 개정은 각 지파의 기업 경계가 임의로 변경되지 않도록 예방하는 차원이었습니다. 본문의 개정법은 땅 상속의 지파 경계를 지켜야 한다는 원칙을 강화하고 있습니다. 이것은 몇 가지 이유로 중요합니다. 땅은 단순히 부동산의 문제가 아니라 이스라엘에게 주신 하나님의 약속을 상징하는 것이자 언약 관계에 대한 구체적인 표현입니다. 이스라엘의 땅의 의미는 주변 국가들의 삶과 대조되는 방식을 제시합니다. 하나님은 아브라함에게 땅을 약속해 주셨고창 17:8, 땅을 소유하는 것은 하나님의 공급과 축복을 의미합니다. 땅은 삶의 경제적 기반에 그치는 것이 아니라 구원받은 하나님의 백성이 그의 말씀을 실현해야 할 토대로써 진정한 의미를 갖습니다. 이것이 주변 국가와 다른 삶의 방식입니다. 그러므로 땅은 이스라엘에게 하나님이 주시는 '기업'이요, 약속을 상징하는 것으로 굳건히 지켜야 했습니다.

기업의 의미와 중요성은 이스라엘 역사에서 잘 나타납니다. 희년법은 매매된 기업을 되돌려주어 토지의 독과점을 막고 평화적인 공동체를 회복하고 실현할 수 있도록 제정되었습니다. 보아스는 손해를 감수하고 룻과 나오미의 기업을 무르는 일을 감당해 다윗 가문의 시조가 되었습니다. 그런가 하면 나봇은 아합으로부터 기업을 지키려다 목숨을 잃기도 했습니다. 지파 기업의 경계를 임의로 변경해서는 안 되는 이유를 본문 9절에서 이렇게 말해줍니다. "각각 자기 기업을 지키리라." 9절에서 '지키다'라는 말로 번역된 히브리어 '다바크'는 원래 '들러붙다, 붙박다'라는 뜻입니다. 이스라엘은 하나님이 주신 기업, 즉 땅에 들러붙어 살아야 할 존재들이기 때문입니다. 기업은 하나님 약속의 상징이요 언약 관계의 구체적인 표현이므로 그 토대 안에 머물러야 하나님의 백성으로서 살아갈 수 있기에 그러합니다.

3. 그들의 기업이 남아 있었더라 (10-13절)

민수기의 끝에 슬로브핫의 딸들이 다시 주인공으로 등장합니다. 본문은 그들이 모세의 명령에 순종했고 그 결과로 그들의 기업이 지파 경계 안에 남게 되었다고 주목합니다. 히브리어는 원래 성구분이 명확하므로 "그 여자들의 기업이 남았다!" 이렇게 번역할 수 있습니다. 슬로브핫 딸들의 순종으로 므낫세 지파의 기업 경계가 지켜졌습니다. 실제로 여호수아서에는 슬로브핫의 딸들이 기업을 받았다고 확인해 주며수 17:3-6, 이들은 포로기 시대의 역사책인 역대기에서도 기념되고 있습니다대상 7:15. 그뿐만이 아닙니다. 고고학자들이 고대 사마리아를 발굴해 60개의 오스트라카도기 파편를 발견했는데 그곳에 놀랍게도 슬로브핫의 딸들의 이름이 있었습니다. 고고학 유물은 므낫세 산지 지역의 관리들에게 포도주와 기름을 보내고 기록한 행정기록으로 밝혀졌는데 여기에 행정구역이 므낫세 종족들의 이름으로 나왔습니다. 그래서 므낫세 종족들이 어디에 정착했는지를 알 수 있게 되었습니다. 오스트라카에는 길르앗 종족이 다 나오는데 헤벨의 이름만 없고 대신 슬로브핫의 딸들 중 호글라와 노아 이름이 있었습니다. 이는 슬로브핫 딸들이 므낫세 산지의 북동부 지역을 차지한 여시조였다는 사실이 역사적으로 증명된 셈입니다.

민수기 27장에서는 슬로브핫의 딸들이 가부장 사회에서 소외된 여성들의 목소리를 들려준 담대함이 하나님의 약속에 대한 신뢰와 소망에 근거하고 있음을 말해 주었습니다. 민수기의 마지막이 그들의 이야기로 끝나고 있는 것은 주목할 만합니다. 본문에서는 그들의 순종과 그 결과로 '그 여자들의 기업이 남았다'라고 강조합니다. 결국 슬로브핫 딸들로 대표되는 새 세대는 하나님의 약속을 성취하고자 하는 열망에는 담대했고 하나님의 명령에는 자기들의 자유를 제한하더라도 순종했던 사람들이었습니다. 이러한 담대함과 순종으로 인해 새 세대는 모압 땅에서 이미 하나님의 약속이 이루어지고 있는 것을 목격하고 체험하고 있습니다.

마지막으로 13절은 여호와께서 모세에게 명하신 계명과 규례들이 기록된 장소를 특별하게 언급합니다. 모압 평지라는 장소는 '여리고 맞은 편 요단 가'로 위치가 나옵니다. 모압 평지 앞에 '여리고 맞은 편 요단 가'라고 덧붙이는 상투적인 묘사는 민수기에서 총 9번 나옵니다. 22장 1절을 제외하고는 모두 새 세대들의 이야기인 26-36장에서 나옵니다. 여리고는 요단강을 건너면 마주치는 첫 성읍입니다. 새 세대는 모압 땅에서 이미 하나님의 약속이 성취되는 것을 맛보고 있지만 그들은 요단강을 건너야 합니다. 이렇게 민수기의 끝에 나온 여리고는 새 세대로 하여금 자신들이 가야 할 목표를 뚜렷이 보도록 이끌고 있습니다.

결단의 말씀

민수기의 마지막 36장은 므낫세 지파의 길르앗 종족의 수령들이 딸 상속법으로 인해 지파 기업의 경계가 변경될 수 있는 상황을 예측하고 문제를 제기하며 모세는 이에 대해 상속법을 개정하는 과정을 보여줍니다. 가나안 땅에서 하나님 나라를 구현해 갈 첫 세대들로서 그들은 기업을 받고 그것을 지키기 위해 얼마나 열정을 다하고 세심하게 노력했는지 모릅니다. 그러므로 본문은 오늘날 우리에게 주신 기업이 무엇인지 돌이켜 보게 하며 우리가 그것을 어떻게 지켜 나갈 것인지의 도전을 던져줍니다.

첫째, 이스라엘이 상속하게 될 가나안 땅은 오늘날 우리가 상속하게 될 기업이 무엇인지 상기시켜 줍니다. 이스라엘이 요단강을 건너 가나안 땅에서 정착하며 살아가는 궁극적인 목표는 하나님의 구원입니다. 하나님이 그들과 함께 거주하며 그들을 축복하는 새로운 삶입니다. 그리하여 모든 열방이 이스라엘의 거룩한 삶을 목격하고 그들도 하나님의 복을 받아 하나님을 영화롭게 하는 구원받은 삶을 누리게 하는 것입니다. 하나님의 구원을 체험하는 토대로서 기업의 본질은 같으나, 베드로전서는 우리가 상속할 기업이 무엇인지 분명하게 말해줍니다. 베드로전서 1장 3-4절은 이렇게 말합니다.

> [3]우리 주 예수 그리스도의 아버지 하나님을 찬송하리로다 그의 많으신 긍휼대로 예수 그리스도를 죽은 자 가운데서 부활하게 하심으로 말미암아 우리를 거듭나게 하사 산 소망이 있게 하시며 [4]썩지 않고 더럽지 않고 쇠하지 아니하는 유업을 잇게 하시나니 곧 너희를 위하여 하늘에 간직하신 것이라

베드로가 사용한 '유업'이라는 말은 구약에서 말한 '기업'과 같은 의미입니다. 우리는 영원하고 지속적인 땅을 유업으로 받습니다. 그 땅은 지상의 나라처럼 멸망하지도 썩지도 않을 것입니다. 히브리서 기자도 우리의 기업은 '더 나은 본향이며 하늘에 예비하신 도성'이라고 말합니다히 11:16. 그리스도인은 세상을 살아가면서도 하늘의 도성, 하늘의 상속을 기다리는 사람들입니다.

둘째, 길르앗 종족의 수령들과 슬로브핫의 딸들처럼 각각 자기 기업을 지키는 일에 온 힘을 기울여야 합니다. 민수기 마지막 장인 본문에서 '기업'이 무려 15번이나 나와 민수기에서 가장 많이 사용되고 있습니다. 광야의 여정 끝에서 새 세대는 하나님이 주신 기업을 바라보며 그의 약속에 민감했고 그것을 지키기 위해 세심한 주의를 기울였습니다. 기업은 단순한 부동산의 문제가 아니라 하나님의 뜻을 실현하고 그가 주시는 축복과 구원을 누리는 삶의 기반이기 때문입니다. 민수기의 마지막은 슬로브핫의 딸들 이야기로 마무리됩니다. 기업을 지켜낸 새 세대의 모범적인 전형으로 5명의 여성들이 다시 한번 나오는 것에 대한 의의를, 유대인 주석가는 이렇게 설명합니다. '창조에서 시작해서 광야 이야기를 마치는 대여정은 하나님의 약속을 이어간 사람들의 족보에 대한 관심 때문'이라고 합니다. 아담에서 노아까지 10대, 노아에서 데라까지 10대, 아브라함에서 슬로브핫의 딸들까지 10대로 정리하려 했다는 것입니다. 하나님의 약속에 호소해 기업 상속권을 얻어낼 정도로 담대했던 그들은 지파의 기업을 보존하기 위한 땅 상속법의 제한을 받아들이고 순종했습니다. 그들의 담대함과 순종은 민수기에 나타난 믿음의 영웅들, 여호수아, 갈렙, 비느하스와 다르지 않습니다. 하나님께서는 우리에게도 개인적으로, 또한 교회 공동체에도 각각 기업을 주셨습니다. 그것은 개인과 교회 공동체가 처한 지역과 상황에 따라 다릅니다. 그러나 이 땅에서 그리스도인은 나그네이지만 하늘나라의 시민으로서 하나님 나라를 이루어야 할 사명은 같습니다. 본문의 영웅들처럼 담대함과 순종으로 그 기업을 지켜내라고 말씀하십니다.

사랑하는 성도 여러분!

오늘 민수기의 마지막 본문은 '기업을 지켜내라'는 우리의 미션을 상기시킵니다. 새 세대는 약속의 땅에서 이스라엘의 거룩한 삶에 관심을 두고 순종과 성실함으로 기업을 지켜냈습니다. 오늘날 하나님의 영원한 기업을 상속할 그리스도인의 삶과 교회 공동체의 삶도 마찬가지입니다. 우리가 하나님의 백성으로 부르심에 대한 담대한 비전과 열정으로 그분의 뜻에 순종한다면 영원한 하늘의 기업을 상속하는 영적 여정에서 승리할 것을 믿습니다.